G. 340.
3. C.

DESCRIPTION
GÉOGRAPHIQUE ET HISTORIQUE
DES PEUPLES LES PLUS RENOMMÉS
DE L'EUROPE ANCIENNE,
ET DES LIEUX LES PLUS REMARQUABLES.

ON TROUVE CHEZ L'AUTEUR :

L'ATLAS UNIVERSEL, par Robert de Vaugondy, grand in-fol. en 117 cartes.

L'ATLAS PORTATIF, grand in-4. par le même, dressé pour l'instruction de la jeunesse, en 54 cartes, revu, corrigé et spécialement adapté à la Géographie de Nicole de la Croix, avec la carte générale de l'Empire François ; les cartes de détail combinées de manière, que la même carte présente les anciens noms de provinces et les divisions en départemens.

ATLAS D'ÉTUDE, en 35 cartes in-fol. pour l'instruction de la jeunesse, composé des quatre parties du Monde et des différens Etats de l'Europe, avec quelques cartes de détail sur la Géographie ancienne et sacrée.

ATLAS ÉLÉMENTAIRE, petit in-4. en 33 cartes, précédé des Institutions géographiques, ou de la Description générale du globe terrestre, deuxième édition.

PETIT ATLAS moderne en 30 cartes, ou Collection des cartes élémentaires, dédié à la jeunesse.

ATLAS CÉLESTE de Flamsteed, petit in-4. en 30 cartes, troisième édition, revue, corrigée et augmentée par les astronomes de Lalande et Mechain, où les positions des différentes étoiles sont réduites pour le premier janvier 1800.

GLOBES terrestres et célestes ; Sphères de Ptolémée et de Copernic, de différentes grandeurs.

MACHINE GÉOCYCLIQUE, qui démontre le mouvement de la terre autour du soleil, avec les phases de la lune, et autres Instrumens servant à la Géographie et à l'Astronomie.

LES USAGES des Globes et des Sphères, c'est-à-dire, l'explication de leur mécanisme, dans laquelle la pratique, jointe à la théorie, facilite beaucoup l'étude de l'astronomie.

Enfin on peut se procurer, à la même adresse, tout ce qui concerne l'Astronomie et la Géographie.

DESCRIPTION
GÉOGRAPHIQUE ET HISTORIQUE

DES PEUPLES LES PLUS RENOMMÉS
DE L'EUROPE ANCIENNE,
ET DES LIEUX LES PLUS REMARQUABLES;

PRÉCÉDÉE

D'une INTRODUCTION ANALYTIQUE sur les prérogatives des citoyens Romains, sur les différentes dénominations et priviléges accordés aux peuples alliés, vaincus ou volontairement soumis.

Cette Description est accompagnée de Notes qui, avec certains détails instructifs, appellent, pour ainsi dire, en témoignage tous les auteurs anciens, sur lesquels elles se fondent.

Comme une annexe de la Grèce, ou plutôt à cause d'un rapprochement de circonstances et de faits extraordinaires, à la suite se trouve placé l'Itinéraire Historique des Conquêtes d'Alexandre.

Un ATLAS, composé de dix-huit Cartes, vient à l'appui, non seulement pour montrer les Peuples et indiquer les principaux Lieux, mais encore pour guider dans l'étude des deux autres parties.

Cet Atlas est du même format in-4.° que celui de la Géographie moderne, dressé par *Robert de Vaugondy*, revu, corrigé et adapté aux Nouvelles Divisions.

PAR C. F. DELAMARCHE,

Géographe et Successeur de ROBERT DE VAUGONDY.

A PARIS,

Chez l'Auteur, Rue du Jardinet, N.° 13, Quartier St.-André-des-Arcs.

1809.

Pour assurer la propriété de l'Auteur, deux exemplaires ont été déposés à la Bibliothèque Impériale, conformément à la loi.

INTRODUCTION.

Avant de reconnoître les contrées que Rome a soumises à son Empire, de passer en revue les peuples les plus renommés dans l'histoire, et les lieux les plus remarquables, il est à propos de donner quelques notions analytiques sur les différentes classes dans lesquelles cette maîtresse du monde a rangé ses sujets, sur les différens droits et priviléges qu'elle a accordés à certains peuples, et sur ce que les Romains eux-mêmes entendoient par provinces, municipes, colonies, préfectures, villes alliées et étrangers. Ces notions, que difficilement on trouveroit ailleurs réunies dans un même cadre, deviennent d'autant plus nécessaires, qu'elles servent à l'intelligence d'un grand nombre d'auteurs anciens, et que ces dénominations se présenteront plus d'une fois dans la Description qui va suivre.

Dès que Rome eut étendu son empire d'abord dans le Latium, ensuite dans l'Italie, et enfin sur la surface presque entière du monde connu, ses sujets furent rangés en quatre classes ; les *citoyens*, les *Latins*, les *Italiens*, et les *habitans des pays conquis* ou *provinces*.

1.° Cives. Au commencement, le domicile établi dans Rome même ou dans son territoire, suffisoit pour obtenir le droit de cité Romaine (1). Romulus étoit si jaloux d'augmenter le nombre des citoyens, qu'il faisoit passer dans sa ville les ennemis vaincus, les plaçoit dans les curies, et leur assignoit un champ. Cet exemple fut suivi par ses successeurs.

Après l'expulsion des rois, une décision du peuple, une délibération du sénat déféroient ce même droit, tantôt en particulier, tantôt en

---

(1) Dans la jurisprudence Romaine, on distingue le droit de cité Romaine, *jus civitatis Romanæ*, du droit des Romains, *jus Quiritium*. Le premier a un rapport spécial avec le droit public, qui consistoit dans le cens, le service militaire, dans les impôts, dans le suffrage, les honneurs et les sacrifices.

Le second étoit le droit particulier ou civil, et renfermoit les droits de liberté, de famille, de mariage, de puissance paternelle, etc.

général et sans déplacement, même à des étrangers et à des ennemis vaincus. A mesure que ce droit acquit plus de considération, on l'accorda avec plus de réserve à certains peuples du Latium (1), soit en y joignant, soit en excluant formellement le droit de suffrage. Les Cérites furent les premiers qui reçurent le droit de cité, sans celui de suffrage (2).

2.° LATINI. Les Latins, de toute ancienneté, habitoient le Latium (3), et sont connus sous différens noms ; *socii Latini, socii nominis Latini, socii ab nomine Latino*. La politique des Romains, après de longues guerres, fut de se les attacher par un traité d'alliance, de les associer à leurs armes, s'engageant même à partager avec eux une partie du fruit de leurs conquêtes ; aussi sont-ils appelés *populi Romani fœderati*; gratifiés du droit du Latium, *jure Latii donati*. Ce fut pour affermir ce traité, et le frapper du sceau de la religion, que Tarquin le Superbe établit les féries Latines et rendit ces fêtes communes aux Romains et aux peuples du Latium (4). Chaque année, quarante-sept peuples de cette contrée s'assembloient sur le mont Albain (5) pour assister aux mêmes sacrifices présidés par des magistrats Romains. Le dieu, en l'honneur duquel se célébroit la fête, étoit Jupiter *Latialis*, Jupiter protecteur du Latium ; on demandoit à ce dieu la conservation et la prospérité de tous ces peuples en général, et de chacun en particulier.

Le droit du Latium, *jus Latii*, quant au civil, différoit en tout du droit des citoyens Romains. Les Latins jouissoient de la liberté, non pas de celle que donnoit aux citoyens Romains *jus Quiritium* (6),

---

(1) Liv. lib. VIII, 13 et 14. — (2) Strab. lib. v, pag. 220, edit. Casaub.

(3) Autrefois le Latium se divisoit en ancien et en nouveau, *vetus* et *novum*. L'ancien, où les Albains, les Rutules et les Èques s'étoient établis, avoit pour limites le Tibre, *Anio*, le Teverone ; *Ufens*, l'Aufente et la mer Tyrrhenienne (Plin. lib. III, cap. 5); le nouveau, depuis l'*Ufens* jusqu'au *Liris*, le Gariglian, fut occupé par les Osces, les Ausones et les Volsques (Strab. v, pag. 231).

(4) Liv. lib. 1, 52. — (5) Dionys. Hal. Antiq. Rom. IV, pag. 250.

(6) « Car, comment, dit Cicéron, celui qui n'est pas *in numero Quiritium*, peut-il être » libre *jure Quiritium* » ? (Cicer. pro Cæcin. 33). La liberté d'un citoyen Romain se perdoit par l'interdiction de l'eau et du feu, ce qui ne peut s'appliquer à la liberté du droit des gens.

mais de la liberté du droit des gens, nommée *jus Gentium*. Quant au droit public, ce droit du Latium s'éloignoit moins de celui de cité Romaine, en ce qu'il donnoit aux Latins le privilége de servir dans les légions, non pas comme légionnaires, mais seulement comme alliés, toujours obligés de fournir les deux tiers en cavalerie et quelquefois le même nombre en infanterie ; de manière que l'autre tiers n'étoit composé que de citoyens Romains (1). Un soldat Latin, pris en faute, étoit frappé de verges, punition qui n'avoit point lieu sur un citoyen Romain. Ils ne pouvoient prendre les armes, même pour leur propre défense, sans un ordre du peuple Romain ; ils payoient les impôts de toute espèce, impôts plus onéreux que ceux des citoyens.

Dans les temps postérieurs, un Latin, qui avoit exercé une charge dans sa patrie ayant le droit du Latium, acquéroit la qualité de citoyen Romain (2), privilége qui existoit encore sous Trajan ; mais il n'en avoit pas tous les avantages, car il ne pouvoit prétendre aux honneurs dans Rome. La plus grande faveur accordée à certains Latins, en vertu du traité, étoit d'être appelés pour donner leur suffrage, et cette faveur dépendoit de la volonté des consuls ; ces Latins d'ailleurs n'ayant point de tribu fixe, souvent recevoient l'ordre de sortir de la ville, lorsqu'il s'agissoit d'aller au suffrage. Il y avoit des sacrifices auxquels ils participoient, tels que ceux établis par Servius Tullius en l'honneur de Diane, dans un temple bâti à frais communs, et les féries Latines. Enfin ils n'étoient point soumis à des préteurs, ni à des proconsuls, mais à leurs propres magistrats, se gouvernant suivant leurs usages et leurs lois, à moins qu'ils n'eussent adopté celles des Romains.

Sur le déclin de la république, le droit de cité Romaine prit insensiblement plus d'extension ; n'étant réservé peu auparavant qu'à certaines villes du Latium, comme un bienfait spécial. L. Junius César, par sa loi Julia, l'an de Rome 663, en gratifia les alliés du nom Latin qui, pendant le feu de la guerre d'Italie, étoient restés fidèles (3) ; ce droit fut accordé même aux étrangers portés sur le rôle des villes alliées.

---

(1) Liv. lib. III, 22. — (2) Plin. paneg. 37. — (3) Cicer. pro Balbo, 12.

Quoique les Latins eussent acquis toute la plénitude du droit de cité Romaine, cependant celui du Latium subsistoit encore, car, depuis cette époque, il passa chez un grand nombre de villes et de colonies hors de l'Italie (1). Déjà le consul Pompeius Strabon l'avoit accordé à tous les Gaulois d'au-delà du Pô (2); Néron aux peuples des Alpes Maritimes; Vespasien à toute l'Espagne; Adrien à beaucoup d'autres villes, qui furent nommées villes des citoyens Romains, *oppida civium Romanorum* (3). Suivant le même historien, l'Espagne citérieure contenoit en tout cent soixante-dix-neuf villes; savoir: douze colonies, treize villes de citoyens Romains, dix-huit villes de l'ancien droit Latin, une ville confédérée, et cent trente-cinq villes tributaires (4). Pour mettre une différence entre l'ancien et le nouveau, le droit du Latium fut appelé *jus antiquum*, lequel, après avoir gagné toute l'Italie, commença à être connu sous le nom de *jus Italicum*.

3.º ITALICI. Les Romains appeloient Italie, tout l'espace qui, sans y comprendre le Latium, s'étend entre les deux mers jusqu'au Rubicon. Sous plusieurs rapports, les Italiens peuvent être comparés avec les alliés du nom Latin. Privés du droit de prétendre aux honneurs dans Rome, ils n'étoient point soumis aux proconsuls, ni aux préteurs, et n'obéissoient qu'à leurs magistrats; ils n'avoient pas, comme les Latins, le droit de suffrage, mais ils l'obtinrent en vertu de la loi Julia; enfin ils furent reconnus citoyens Romains par la loi Plotia, portée par M. Plautius, tribun du peuple, l'an de Rome 666. Assujettis au service militaire et aux impôts, on leur fit la remise de l'impôt, *tributum* (5), de manière que, dans les derniers temps de la république, le droit italique consistoit dans l'exemption de la taxe personnelle et réelle; *in immunitate à censu capitis et soli*. Mais sous les derniers empereurs, cette exemption leur fut ôtée et la charge de l'impôt augmentée.

4.º PROVINCIALES, les habitans d'un pays conquis. *Provincia* (6),

---

(1) Strab. IV, pag. 186.—(2) Tacit. Annal. xv, 32.—(3) Plin. Hist. Nat. III, cap. 3.
(4) *Ibidem*.
(5) *Tributum* étoit l'impôt que chaque citoyen étoit obligé de payer dans sa tribu.
(6) Comme on nommoit, tous les ans, de nouveaux magistrats pour une province, on appela dans la suite *provincia* toute sorte de charge et de commission.

suivant l'étymologie du mot, vient de *procul vincere*, et signifie un pays soumis par les armes, ou réduit, par d'autres moyens politiques, sous la puissance de Rome; c'est ce que l'on appelle Province. Quoique le sort de chaque province ne fût pas le même, cependant toutes perdoient le droit de se gouverner par leurs lois, pour n'en recevoir que du vainqueur. Ordinairement on envoyoit dans chacune deux magistrats, l'un nommé d'un nom général *præses*, président; l'autre *quæstor*, questeur. D'abord les préteurs remplissoient les fonctions des présidens; mais, si l'on étoit menacé d'une guerre sérieuse, on préposoit des consuls et des préteurs; c'est par cette raison qu'il y avoit des provinces consulaires et prétoriennes; *consulares et prætoriæ*.

Lorsqu'Auguste eut partagé le gouvernement des provinces avec le sénat et le peuple Romain, l'usage introduisit de nouvelles dénominations, car les présidens, *præsides*, envoyés par le sénat, prirent l'ancienne qualité de proconsuls; ceux qui étoient envoyés par les empereurs se nommèrent *legati Augusti*, les lieutenans d'Auguste; *legati Cæsarum*, les lieutenans des Césars; de là vint aussi la différence entre les provinces populaires et les provinces des Césars. Mais les empereurs ne tardèrent pas à s'emparer de toute l'autorité sur toutes les provinces, sans en laisser même l'ombre au sénat.

Toutes les provinces payoient avec la plus grande rigueur différens impôts, désignés suivant la nature de l'impôt lui-même. Les Romains, aprés avoir subjugué un peuple, usoient de deux procédés à son égard. Pour prix de la victoire, ou ils exigeoient, chaque année, la paie du soldat, *stipendium*, et l'impôt, *tributum*; c'étoit la contribution personnelle : *undè census capitis*; ou ils lui laissoient son territoire, à condition de payer à la république une certaine partie du produit; c'étoit la contribution foncière : *undè census soli*. Dans le premier cas, la province étoit *stipendiaria* et *tributaria*; dans le second, on l'appeloit *vectigalis*. Celle-ci payoit la dixième partie de la récolte en froment, *decumas*. Ce dixième étoit payé par les citoyens Romains et les alliés du nom Latin, qui tenoient à ferme des terres de la république dans l'Italie et hors de l'Italie (1). Souvent, dans un besoin pressant, le sénat ordonnoit deux dixièmes : *binæ decumæ*; mais le second étoit payé en argent aux cultivateurs, afin qu'il parût moins un impôt qu'un achat (2). C'est ce qui eut lieu en Sicile et en Sardaigne : *binæ decumæ frumenti imperatæ* (3). Comme du temps de la république, ce dixième se payoit en nature, les empereurs établirent une mesure, *canon frumentarius*, qui déterminoit la quantité de froment que chaque province devoit fournir chaque année ; cette quantité fournie, soit par dixième, soit selon la mesure, tant à Rome que dans les provinces, étoit déposée dans les greniers publics, d'où les édiles, chargés de ce soin, la distribuoient au peuple et aux soldats. Si la province étoit moins fertile, on ne l'imposoit qu'au vingtième, comme en Espagne : *vicesima exigebatur* (4).

Le produit en argent, qui se percevoit sur les forêts et les pâturages au profit de la république, se nommoit *scriptura*, parce que le conducteur d'un troupeau étoit tenu de déclarer chez le fermier le nombre des bêtes qu'il vouloit mener paître ; le fermier l'inscrivoit sur son registre, d'après lequel il comptoit avec le conducteur. Mais, sous les empereurs, outre la somme en argent, il fallut dans les provinces fournir un certain nombre de bêtes tirées du troupeau.

Il y avoit encore, pour les marchandises, le droit d'entrée et de sortie des ports, *portorium*, qui se payoit en argent à ceux qui étoient chargés de la commission. L'Espagne payoit des droits considérables sur les mines de fer, d'argent et d'or; l'Afrique sur ses marbres; la Macédoine, l'Illyrie, la Thrace, la Grande Bretagne, la Sardaigne,

---

(1) Il étoit d'usage de donner à cultiver à des citoyens les terres prises sur les ennemis, si elles étoient en valeur ; si elles étoient en friche, les censeurs les louoient à des particuliers d'Italie avec la redevance du dixième en froment, et du cinquième pour les autres denrées.

(2) Cicer. in Verr. III, 42.

(3) (Liv. lib. xxxvii, 2). On disoit blé acheté, *emptum* ; blé de dixme, *decumanum* ; blé de réquisition, *imperatum*.

(4) *Idem*. XLIII, 2.

sur leurs métaux ; car, jusqu'à Tibère (1), les villes et même les particuliers pouvoient exploiter une mine. Ses successeurs rétablirent ce privilége, à condition qu'il seroit payé un droit de mine, nommé *canon metallicus*. L'île de Crète fournit aussi un revenu sur les pierres à aiguiser le fer, dont parle Pline. Les salines, telles que celles de la Macédoine et des autres provinces, n'en étoient point exemptes (2).

MUNICIPIA. Il ne faut pas confondre *municipium* avec *municeps*; l'un étoit la cité, l'autre l'habitant de la cité. Festus distingue deux sortes de municipes. 1.° Selon ce grammairien, *municipium* est cette classe d'hommes qui, sans être citoyens Romains, en partageoient néanmoins tous les avantages, excepté le droit de suffrage et l'exercice d'une magistrature (3). Ils étoient regardés comme étrangers, tant qu'ils restoient dans leur patrie ; en venant s'établir à Rome, ils acquéroient le droit de cité incomplètement, puisqu'ils ne pouvoient ni donner leur suffrage, ni prétendre aux honneurs. 2.° Festus appelle de même *municipium* la classe de ceux dont la cité toute entière s'incorporoit avec la cité Romaine, pour, dès ce moment, avoir le droit de suffrage et d'exercer une charge (4). Ceux-ci étoient réellement citoyens Romains, jouissant de tous les droits attachés à cette qualité ; ces habitans étoient nommés *Municipes*, Municipes (5). Les uns et les autres conservoient leur ville indépendante du peuple Romain, se gouvernoient suivant leurs lois particulières, qui se nommoient *municipales*. Ils n'étoient point forcés d'admettre chez eux des lois Romaines, auxquelles ils pouvoient librement se soumettre, et alors, par le fait, ils devenoient garans : *fundi facti* (6).

---

(1) Suet. Tiber. 49. — (2) Liv. lib. XLV, 29. — (3) Festus, voce *Municipium*.

(4) *Quorum civitas universa in civitatem Romanam ita venit, ut ab initio suffragii ferendi, et magistratûs capiendi jus haberent.*

(5) Suivant Aulu-Gelle, les Municipes étoient citoyens Romains, n'ayant pour règles de conduite dans leurs villes municipales que leurs lois et leurs coutumes (Gell. Noct. Attic. XVI, 13), participant seulement aux charges avec le peuple Romain, et c'est de la faculté d'y parvenir qu'ils semblent avoir pris leur nom : *à quo munere capessendo appellati videntur.*

(6) *Fundi facti. Fundus* est celui qui ratifie, qui autorise, se rend garant : *populi de suo jure, non de nostro, fundi fieri solent* (Cicer. pro Corn. Balbo. XXI).

Le droit de suffrage ne leur faisoit point perdre celui de se gouverner eux-mêmes, mais seulement l'alliance, *fœdus*, c'est-à-dire qu'ils cessoient d'être *fœderati* pour être *cives*. Ils partageoient les charges avec le peuple Romain, ce qu'il faut entendre spécialement des charges militaires ; car les villes municipales avoient le droit de légion, et il semble que c'est ce droit qui a fait nommer les habitans *Municipes*. Mais un citoyen Romain ne pouvoit être citoyen de plusieurs villes. Les Municipes pouvoient exercer les charges non seulement dans leur ville, mais même à Rome, parce qu'ils étoient moins considérés comme citoyens de deux villes différentes, quoiqu'il y eût quelque différence quant au droit particulier, que comme citoyens d'une seule ville ; d'où il résulte que les Municipes avoient deux patries, l'une celle dans laquelle ils étoient nés, l'autre celle dans laquelle ils avoient été reçus. Il est vrai que celle-ci, comme plus grande, *major*, sembloit renfermer l'autre (1).

La plupart des villes municipales avoient une forme de gouvernement calquée, pour ainsi dire, sur celle de la république Romaine. Rome avoit un sénat, elles avoient un collége de décurions, appelé ordre très-illustre, *amplissimus ordo*. Rome avoit ses deux consuls, elles avoient leurs décemvirs ; elles comptoient leurs dictateurs, leurs édiles, leurs questeurs, leurs censeurs, dont la magistrature duroit cinq ans. Leurs lois se portoient comme à Rome, ou avec peu de différence. Enfin elles avoient leurs flamines, leurs impôts publics pour subvenir aux dépenses nécessaires. On peut dire que les Municipes se conformoient en tout, autant qu'il étoit possible, à la manière de se gouverner des Romains.

D'abord on ne trouvoit des villes municipales que dans l'intérieur de l'Italie ; mais dans la suite, Rome ayant agrandi son domaine, elle accorda à plusieurs villes, même dans les pays conquis, *in Provinciis*, les avantages des villes municipales. Pline en compte huit (2) dans la Bétique, treize dans l'Espagne Citérieure, une dans la Lusitanie et deux dans la Sardaigne.

---

(1) Cicer. de leg. ii, 2. — (2) Plin. lib. iii, cap. 3 et seq.

Coloniæ. Lorsque les Romains avoient conquis quelque pays, leur usage étoit d'en transférer à Rome les habitans, et d'envoyer en leur place d'anciens citoyens pour garder les villes. Cet usage, établi par Romulus (1), étoit le meilleur moyen d'étendre leur domination; car toutes ces colonies, comme autant de postes avancés, servoient non seulement à couvrir leurs frontières et à contenir les provinces, mais encore à y répandre l'esprit et le goût du gouvernement Romain. Par là d'ailleurs on purgeoit la ville de cette populace, qui donnoit occasion à beaucoup d'émeutes et de séditions, et l'on avoit aussi la facilité de récompenser les soldats vétérans, en leur assignant une certaine portion de terre pour leur subsistance. Elles étoient, suivant l'expression d'Aulu-Gelle, de nouvelles tiges de citoyens sorties, en quelque sorte, du sein de la cité Romaine : *civitates ex civitate Romanâ quodam modo propagatæ*.

Il y avoit différentes sortes de colonies, les unes composées de citoyens Romains, les autres de Latins, et d'autres d'Italiens. Les premières se distinguoient par le nom de *Togatæ* (2) ou *Plebeiæ*, les secondes étoient nommées *Militares*. Les colonies de citoyens Romains avoient plus de prérogatives que celles du Latium; mais, en conservant une partie de leurs droits (3), ces citoyens, n'étant plus compris dans les tribus, perdoient absolument les droits de suffrage et d'exercer les charges à Rome.

Le sort des colonies Latines étoit beaucoup plus dur, puisqu'elles n'avoient pas même le droit particulier, *jus Quiritium*. Un citoyen Romain, qui se faisoit inscrire dans une de ces colonies, encouroit la peine de la moyenne dégradation, nommée *media capitis deminutio*, c'est-à-dire qu'il perdoit seulement ses droits de citoyen, en conservant sa liberté, de sorte qu'il étoit réduit à l'état d'étranger, *ad peregri-*

---

(1) Dionys. Hal. vii, 439.

(2) Pline, en parlant de la colonie de Cordoue, dit qu'elle fut surnommée Patricienne, parce qu'elle n'étoit composée que de familles choisies : *Corduba, Colonia Patriciæ nomine* (lib. iii, pag. 138).

(3) Liv. lib. xxxix, 55.

nitatem; c'étoit le sort des exilés auxquels on avoit interdit l'eau et le feu ; il ne lui étoit plus permis de porter la toge.

Les colonies du droit Italique, *Italici juris*, étoient, sans contredit, moins ménagées que les Latines, mais un peu plus que celles des pays conquis. La différence entre les deux consistoit sur-tout dans l'exemption de la taxe personnelle et réelle ; car quoique les dernières fussent quelquefois exemptes des impôts, cependant il est constant qu'elles ne jouissoient pas de la même faveur. C'est par cette raison que Pline dit que l'on accordoit à certaines colonies la seule exemption d'impôts, *solam immunitatem*.

Les colonies Militaires étoient formées de soldats vétérans ; elles furent fondées, afin que les soldats vétérans, fatigués par un long service, pussent trouver la récompense de leurs travaux. Cet établissement est dû à L. Sylla, qui fut imité par Jules César, par Auguste et ses successeurs. Ces colonies, composées de légions entières, étoient conduites par les centurions et leurs tribuns, ayant à leur tête leur drapeau et leur aigle. Il n'en fut pas de même sous Néron. « On ne conduisoit pas comme » autrefois, dit Tacite, des légions entières avec les tribuns, les centu- » rions et les soldats, chacun dans leur compagnie pour fonder une » république sur leur commun accord et leur attachement réciproque ; » mais ne se connoissant point entre eux, tirés de divers corps, sans » chef, sans affection mutuelle, c'étoit une collection d'hommes d'es- » pèces différentes, et plutôt une foule qu'une colonie » : *numerus magis, quàm colonia* (1).

Quant au gouvernement intérieur, les colonies, bien différentes des villes municipales, obéissoient aux lois que leur donnoient les Romains, sur-tout les décemvirs et les triumvirs chargés de les conduire. Aulu-Gelle exprime l'étonnement de l'empereur Adrien sur ce que les habitans d'Italica, *Italicenses*, et quelques autres villes municipales anciennes, avoient témoigné le plus grand empressement d'être gouvernées comme les colonies. Au reste les colonies mêmes avoient leurs magistrats

---

(1) Tacit. Annal. xiv, 27.

à peu près comme les villes municipales ; le conseil des décurions, des sénateurs, des duumvirs, des édiles, des questeurs, des censeurs, des prêtres, des augures, des pontifes, ce qui fait dire à Aulu-Gelle que les colonies sont, en quelque sorte, des images en petit qui retracent la majesté du peuple Romain : *quasi effigies parvas, et simulacra majestatis populi Romani* (1).

Præfecturæ (2). Les préfectures étoient traitées beaucoup plus rigoureusement que les colonies ; aussi réduisoit-on en préfectures les villes qui avoient montré de l'inconstance et de l'ingratitude. Leur régime intérieur étoit à peu près celui des Provinces. De même que dans celles-ci on envoyoit, tous les ans, des gouverneurs, *præsides*, on envoyoit dans les préfectures des préfets, *præfecti*, avec cette différence que les gouverneurs étoient choisis par le peuple ou par le sénat, lorsque Rome étoit libre, et que le choix des préfets dépendoit en partie du peuple et en partie du préteur de la ville.

Les préfectures n'avoient donc ni le droit de cité, ni du Latium, ni de l'Italie. Tout leur droit particulier émanoit des édits des préfets, et leur droit public du sénat, qui arbitrairement exigeoit les différens impôts et le service militaire. Il y avoit cependant des préfectures plus libres les unes que les autres ; elles composoient une espèce de république qui, sans être gouvernée par ses propres magistrats, avoit une assemblée ordinairement appelée *conventus*, représentant un sénat.

La création des préfets date de l'an 436 (3), que le peuple Romain en envoya pour la première fois à Capoue. Cette ville, qui alors s'étoit soumise d'elle-même, voulut se rendre libre ; mais, ayant été prise pendant la seconde guerre Punique, elle fut pour la seconde fois réduite en préfecture, et considérée comme une simple ville habitée, sans avoir

---

(1) Noct. Attic. xvi, 13.

(2) Les préfectures diffèrent en tout des colonies et des Municipes. Elles semblent composées de plusieurs bourgs, *vicis*, et de petites villes qui se réunissent dans un même lieu pour avoir justice. C'est ainsi que *Novempagi* sont assignés à la préfecture Claudienne. Les préfectures sont celles, dit Festus le grammairien, dans lesquelles on rendoit la justice et où se tenoient les foires.

(3) *Eodem anno primùm præfecti Capuam creari cœpti, legibus ab L. Furio prætore datis* (Liv. lib. ix, 20).

un corps de citoyens, sans sénat, sans assemblée de peuple, sans magistrats, enfin comme une multitude dépourvue de toute autorité légitime, n'ayant aucun des liens qui forment la société (1). On arrêta qu'on y enverroit, tous les ans, un préfet pour y rendre la justice. Ses habitans furent réhabilités pendant le consulat de Cicéron, qui parla en leur faveur; mais les préfets y furent toujours envoyés. Festus cite un grand nombre de ces préfectures, entre autres Capoue, Céré, Anagnie, Reati ; mais, suivant le témoignage de Charles Sigonius, dans son Traité sur l'ancien droit Italique, la plupart, dans les derniers temps, parvinrent au rang des villes municipales et des colonies.

FŒDERATÆ CIVITATES. Les villes confédérées étoient celles des peuples qui, ayant été vaincus, ne jouissoient de leur liberté qu'à certaines conditions que les Romains leur avoient imposées. Ainsi étoit Capoue, avant sa réduction en préfecture. Telles étoient *Tarentum*, *Tibur*, *Præneste*, *Neapolis*. Chacune d'elles élisoit ses magistrats, ne dépendant en rien du peuple, ni du sénat, de même que les villes affranchies, LIBERTATE DONATÆ, qui se conduisoient par leurs lois, ce qui supposoit toujours une alliance au moins tacite. Néanmoins leur constitution étoit telle, qu'un citoyen Romain, à qui on avoit interdit l'eau et le feu, étoit censé avoir perdu son droit de cité, dès qu'il s'étoit fait recevoir au nombre de ces citoyens. Les unes avoient à leur tête des dictateurs et des consuls ; les autres d'autres magistrats.

PEREGRINI. Quiconque n'étoit pas citoyen Romain, soit qu'il fût Latin ou Italien, soit qu'il habitât une province ou une préfecture, étoit appelé par les anciens Romains *hostis*, ennemi, et dans la suite *peregrinus*, étranger, en donnant à ce mot une signification moins avantageuse (2). Lorsque Caracalla eut étendu le droit de cité Romaine sur tout l'Empire Romain, on ne reconnut plus comme étrangers, que les affranchis de la condition des Latins et des peuples soumis volontairement; tous les autres furent nommés Romains, et tout l'Empire prit le nom de *Romania*, Romanie. Mais Justinien ayant admis même les affran-

---

(1) Liv. lib. XXVI, 16.
(2) *Hostis apud majores nostros is dicebatur, quem nunc peregrinum dicimus* (Cicer. de Offic. lib. 1, 12).

chis au droit de cité, la dénomination d'étrangers cessa presque d'être en usage, et tous les habitans de la terre furent divisés en Romains et en Barbares, *in Romanos et Barbaros;* de même que les Grecs appeloient *Barbaroi,* tous les peuples qui n'étoient pas Grecs.

Dans le temps que la république jouissoit encore de la liberté, les étrangers pouvoient à la vérité rester dans Rome; mais, outre le préteur de la ville, *prætor urbanus,* qui jugeoit les contestations entre les citoyens, il y en avoit un autre nommé *peregrinus,* dont le ministère se bornoit à vider les différends qui s'élevoient entre les citoyens et les étrangers. Leur domicile à Rome étoit comme précaire; souvent le caprice des magistrats les en expulsoit. Cicéron blâme le procédé d'un tribun du peuple, qui leur avoit enjoint à tous de sortir de la ville, et celui de Papius qui, de son temps, en avoit agi de même; parce qu'il est contre le devoir de l'humanité de priver les étrangers de respirer l'air d'une ville: *usu urbis prohibere peregrinos, sanè inhumanum est*(1). Les empereurs avoient recours à cet expédient, toutes les fois que la disette des vivres leur conseilloit de diminuer le nombre des bouches (2). Dans la suite, soit le peuple par faveur, soit les princes par clémence, leur accordèrent certains droits propres aux citoyens: *quædam jura Quiritium.* Enfin les empereurs diminuèrent beaucoup de la rigueur dont les anciens avoient usé envers les étrangers. Les habitans des pays conquis, les Barbares eux-mêmes trouvèrent place non seulement dans les troupes auxiliaires et parmi les alliés, mais encore dans les légions (3). Ce fut cette condescendance, à laquelle les empereurs eux-mêmes se virent forcés, qui ébranla les fondemens de l'Empire du Monde.

---

(1) De Offic. lib. III, 11. — (2) Suet. Aug. 42.

(3) Hérodien, historien Grec, vivant à Rome du temps de l'empereur Commode, fait mention d'une peste qui, sous cet empereur, ravagea l'Empire Romain, et il ajoute qu'elle sembloit avoir exercé ses fureurs de préférence contre les citoyens Romains, de manière que Rome reçut les étrangers qui venoient de toutes parts (Hist. I, 12). Sous Maximin, il y avoit tant de Syriens, de Phéniciens, d'Egyptiens, d'Africains, de Grecs et d'Asiatiques, non seulement dans la classe des plébéiens, mais même élevés aux premiers honneurs, qu'il ne seroit presque rien resté du sang Romain, et que la ville auroit été déserte, si on avoit ordonné la sortie des étrangers.

TABLE DES MATIÈRES.

	Pages.
EUROPE.	1
L'ESPAGNE	2
§. I. La Galice.	5
§. II. La Tarraconoise.	7
§. III. La Carthaginoise.	20
§. IV. La Bétique.	26
§. V. La Lusitanie.	32
§. VI. Les îles Baléares.	36
LA GAULE	39
La Narbonnoise.	42
§. I. La I.e Narbonoise.	43
§. II. La Viennoise.	44
§. III. La II.e Narbonoise.	47
§. IV. Les Alpes Maritimes	49
§. V. Les Alpes Graïes et Pennines.	ibid.
La Lyonnoise.	50
§. VI. La I.e Lyonnoise.	51
§. VII. La II.e Lyonnoise.	53
§. VIII. La III.e Lyonnoise.	54
§. IX. La IV.e Lyonnoise.	56
L'Aquitaine	57
§. X. Aquitaine I.re	58
§. XI. Aquitaine II.e	60
§. XII. La Novem Populane.	61
La Belgique	63
§. XIII. La Belgique I.re	ibid.
§. XIV. La Belgique II.e	64
§. XV. La Germanie Inférieure	66
§. XVI. La Germanie Supérieure.	69
§. XVII. La Grande Séquanoise.	70
LA GERMANIE.	73
La Chersonèse Cimbrique.	81
La Scandinavie.	103
LA GERMANO-SARMATIE	105
§. I. Vindélicie	109
§. II. La Rhétie	110
§. III. Le Norique	111
§ IV. La Pannonie.	112
La Dace	114
La Mésie.	116
La Thrace.	120
La Macédoine	127
LA GRÈCE.	132
§. I. L'Epire.	133
§. II. La Thessalie.	135

	Pages.
§. III. L'Acarnanie	139
§. IV. L'Etolie.	141
§. V. La Phocide.	142
§. VI. L'Eubée.	145
§. VII. La Béotie.	147
§. VIII. L'Attique.	151
LE PÉLOPONÈSE.	154
§. I. L'Achaïe.	155
§. II. L'Elide.	160
§. III. La Messénie.	162
§. IV. La Laconie	166
§. V. L'Argolide	170
§. VI. L'Arcadie	172
Les Cyclades.	176
L'île de Crète	184
CONQUÊTES D'ALEXANDRE	188
L'ITALIE.	219
La Gaule Cisalpine.	220
La Ligurie.	225
La Vénétie	226
L'Istrie	229
L'Illyrie.	230
ITALIE proprement DITE.	232
§. I. L'Etrurie	ibid.
§. II. Le Latium	237
§. III. La Campanie.	242
§. IV. L'Ombrie	246
§. V. Le Picénum	247
§. VI. Le Samnium	248
§. VII. La Lucanie	251
§. VIII. L'Apulie	254
§. IX. La Messapie ou Iapygie	257
§. X. Le Bruttium	258
La Sicile	261
La Sardaigne	271
La Corse	274
LES ISLES BRITANNIQUES	278
La Bretagne Romaine.	280
§. I. La Bretagne I.re	ibid.
§. II. La Bretagne II.e	281
§. III. La Flavie Césarienne	283
§. IV. La Grande Césarienne.	284
§. V. La province nommée *Valentia*	285
La Bretagne Barbare.	286
L'Hibernie	287

Fin de la Table des Matières.

ERRATA.

Pages 7 au lieu de Gallicie, lisez Galice.
   9 lisez VACCÆI.
  12 lisez Huesca, dans le nord de l'Aragon.
  15 au lieu de COSETANS, — CONTESTANS.
  23 en note, au lieu de (2), lisez (1). — Au lieu de (5), lisez (4).
  29 en note (2) Liv. lib. XXVIII, 30, (4) Plin. lib. III, 1.
  35 au lieu d'Alcatéjo, — Alentéjo.
  39 au lieu d'*Asturus*, — *Aturus*.
  41 au lieu de 25 ans avant J. C. — 27.
  47 au lieu de vis-à-vis de la jonction de l'Isère, etc. lisez au nord de celle des Tricastins, vers la rive droite du Rhône.
  50 au lieu de Durance, lisez Drance.
  51 au lieu d'Allobroges, lisez Ségusiens.
  52 en note (5), lisez cap. 28.
  53 qui fut formée de la seconde, ajoutez Belgique; et séparée de la première, ajoutez Lyonnoise.
  54 lisez *Condivicnum*.
  56 au lieu de gissent, lisez gisent.
  61 au lieu de dans l'évêché de Luçon, lisez dans le ci-devant Bas-Poitou.
  62 au lieu de avoient pour voisins à l'orient, lisez à l'occident.
  103 au lieu de *civitas valet*, lisez *civitates valent*.
  109 au lieu de *Brigantium*, lisez *Brigantia*.
  111 au lieu de Breuna, lisez Braunia.
  112 au lieu d'Ems, lisez Ens.
  114 au lieu de Marc-Aurèle, lisez Trajan.
  129 au lieu de *Picria*, lisez *Pieria*; — au lieu d'*Astœrus*, *Astrœus*.
  131 au lieu de *Thœsiœ*, *Thasiœ*.
  133 (1) doit être après ce dont Horace fait mention.
  189 au lieu d'Orbile, lisez Orbele.
  193 en note, au lieu de *Celanœ*, lisez *Celenœ*.
  253 au lieu de *Sunnum*, lisez *Semnum*.
  261 en note, Æneid. lib. III, au lieu de 355, lisez 553.
  262 en note, (6) Æneid. au lieu de vers. 420 et seq. lisez vers. 705.
  280 lisez *Durovernum*.

Nota. Il est bien difficile qu'un auteur saisisse toutes les incorrections qui peuvent se glisser à l'improviste dans un travail composé, en grande partie, de recherches et de citations; mais au moins, les sources étant indiquées, il est aisé d'y recourir, pour quiconque veut être initié dans la Géographie et la Littérature anciennes.

DESCRIPTION
GÉOGRAPHIQUE ET HISTORIQUE
DES RÉGIONS
OCCUPÉES PAR LES PEUPLES LES PLUS REMARQUABLES DE L'ANTIQUITÉ.

EUROPA (1).

« Toute l'étendue du globe terrestre, dit Pline, se divise en trois parties, l'Europe, l'Asie et l'Afrique. La description ordinaire commence au détroit de Cadix, *a Gaditano freto,* par où l'Océan Atlantique se jette et forme les mers intérieures. A son entrée, cet Océan a l'Afrique à droite, l'Europe à gauche, et l'Asie entre elles deux. Comme mer intérieure, il a pour limites d'une part le Tanaïs, et de l'autre le Nil. (2) C'est à la sortie d'une bouche si étroite, que se développe cette vaste plaine couverte d'eaux. La profondeur de cette bouche présente une autre merveille, en laissant apercevoir au pilote effrayé, à travers des flots écumans, des bancs de roches qui règnent dans toute la largeur, ce qui l'a fait nommer par plusieurs le seuil de la mer intérieure, *limen interni maris.* Deux montagnes, qui s'élèvent des deux côtés, où l'embouchure se resserre davantage, lui servent de barrières, *Abila* en Afrique et *Calpe* en Europe, bornes des travaux d'Hercule; par cette raison, les habitans du pays les appellent les colonnes de ce Dieu; ils croient que c'est lui qui a creusé ces montagnes, et changé ainsi la face de la nature, en introduisant la mer dans des parties qui jusqu'alors en avoient été séparées ».

« L'EUROPE (3), ajoute le même historien, cette mère nourrice du peuple vainqueur des autres nations, est sans contredit la plus belle

---

(1) On est fondé à regarder les descendans de Japhet comme les premiers habitans de l'Europe. Le témoignage de Moïse, les monumens historiques de la Grèce, tout défend de révoquer en doute ce trait de l'ancienne histoire. Comme aussi il est démontré que les enfans de Japhet passèrent dans le Péloponèse, et que les côtes de la Méditerranée étoient occupées par eux, on doit croire que la partie méridionale fut la première habitée.

(2) Plin. hist. nat. lib. III, Proem. — (3) *Idem*, cap. I.

» portion du globe terrestre ; aussi plusieurs auteurs en ont fait à juste titre
» la moitié du monde, et non pas la troisième partie, en divisant toute la
» terre habitable en deux portions égales, depuis le fleuve Tanaïs jusqu'au
» détroit de Cadix ».

Pour avoir une juste idée de toutes les parties qui composent la surface du globe, il est nécessaire de jeter un coup-d'œil sur la carte intitulée *orbis veteribus notus*, le monde connu des anciens. Elle distingue par le trait et par les couleurs les parties connues, laissant dans l'ombre celles qu'ils ne connoissoient pas.

La carte d'Europe montre la situation, l'étendue des différentes régions qu'elle renferme, et les grandes divisions. Les cartes particulières marquent les limites, les divisions assignées à chaque contrée, et les lieux qui en dépendent. Comme une description abrégée ne comporte pas un long détail géographique, elle met en vue seulement les peuples principaux, les objets les plus remarquables, accompagnés de traits historiques, afin d'intéresser davantage et de fixer l'attention. Une nomenclature alphabétique rappelle la correspondance des termes de l'ancienne géographie avec la moderne. Une carte moderne, dressée sur le même plan que l'ancienne, rendroit la comparaison plus facile, si l'une pouvoit strictement s'appliquer à l'autre ; mais la surface politique du globe a tellement changé suivant les temps et les circonstances, qu'une juste application devient impossible. « Il faut se souvenir,
» dit Pline, que le temps vient à bout de changer la distribution technique
» des lieux, d'intervertir les limites des anciennes contrées, en sorte que
» les mêmes noms ne conviennent plus aux mêmes pays ». Quoi qu'il en soit, il en résulte une utile familiarité avec l'un comme avec l'autre état de la géographie. Pour procéder, suivant l'usage des anciens géographes, l'Espagne se présente la première.

HISPANIA.

L'Espagne, à laquelle étoit joint le Portugal, est appelée *Iberia* (1) par les Grecs, du fleuve *Iberus* (2), qui ayant son embouchure dans la Méditerranée, devoit être plus connu des anciens, que les autres grands fleuves qui vont se perdre dans l'Océan. C'est de là que les peuples ont été nommés

---

(1) Les anciens entendoient seulement par *Iberia*, la partie qui, bornée par la Méditerranée, s'étend depuis les Pyrénées jusqu'au détroit de Gibraltar ; le reste étoit inconnu aux Grecs et aux Romains.

(2) *Propter quem universam Hispaniam Græci appellavére* Iberiam. (Plin. lib. III, c. 3.)

Ibères, ou Ibériens, *Iberi*, comme aussi *Hispani*, Espagnols. Sa situation vers le couchant lui a fait encore donner le nom de *Hesperia*, c'est-à-dire, chez les Grecs, pays d'Occident; mais pour la distinguer de l'Italie qu'ils désignoient par le même nom, et que Virgile appèle la Grande Hespérie, elle a reçu celui de dernière Hespérie, *Hesperia ultima*, parce que les anciens regardoient cette contrée comme l'extrémité du monde.

Cette grande presqu'île est séparée de la Gaule, vers le nord, par les Pyrénées; le détroit de Gibraltar, *fretum Gaditanum*, la sépare de l'Afrique, vers le sud; la mer Méditerranée l'environne au sud-est, et l'Océan Atlantique au nord-ouest. Elle est arrosée par six principaux fleuves; *Minius*, le Minho, le moindre et le plus septentrional des cinq qui se rendent dans l'Océan; *Durius*, le Douro; *Tagus*, le Tage, qui traverse le milieu du continent, l'un et l'autre ayant leur cours presque parallèle vers l'ouest. *Anas*, Guadiana, dans la partie méridionale, et *Bœtis*, le Guadalquivir, coulent plus obliquement de l'est vers le sud. *Iberus* (1), l'Ebre, le plus septentrional, vers l'est, se rend dans la Méditerranée.

Les montagnes les plus remarquables sont: *Idubeda*, longue chaîne, qui, du pays des Cantabres vers le nord, se prolonge vers le sud jusque chez les Celtibères. *Orospeda*, comme un cercle, entoure les sources du *Bœtis*. *Marianus mons*, entre la Castille nouvelle et l'Andalousie, donne le nom à Sierra Morena, du mot arabe *Ssiri*, ou *Sera*, qui signifie montagne.

On distingue trois promontoires principaux; *Artabrum* ou *Nerium*, le Finisterre; *Sacrum*, le cap Saint-Vincent sur l'Océan; *Charidemum*, le cap de Gates sur la Méditerranée.

L'Espagne étoit d'abord habitée par différentes peuplades séparées. Strabon (2) attribue la dispersion des Grecs chez les nations étrangères à leur séparation en petites peuplades, avec des chefs qui, par fierté, ne pouvoient se réunir pour la défense commune. A cette fierté, sur-tout chez les Ibères, se joignoit un caractère porté à la ruse, à la fourberie et au pillage. Hardis pour les petites entreprises, sans énergie pour les grandes, ils ne songèrent point à former un état puissant. « Si ces hommes, ajoute ce géographe,
» avoient voulu faire usage de leurs forces, jamais ni les Carthaginois, ni
» avant eux les Tyriens et les Celtes n'auroient envahi la plus grande partie
» de ce continent. »

---

(1) Ces fleuves sont désignés par ce vers technique:

Sunt *Minius, Durius, Tagus, Anas, Bœtis, Iberus.*

(2) Strab. lib. III, pag. 158, édit. de Casaub.

Les Celtes (1) Gaulois, ayant franchi les Pyrénées, viennent disputer aux Ibères (2) un terrain dont ils veulent se rendre les maîtres. Mais suivant le rapport de Diodore de Sicile, (3) les deux peuples, après une guerre soutenue à forces égales, consentirent à faire la paix, et un traité d'alliance qui réunit leurs intérêts et leurs noms. Ce peuple, ainsi formé de deux peuples, se partagea une région riche et abondante. Les Ibères occupoient le midi, les Celtes tout l'occident et le nord; lorsque, 1500 ans avant J. C. les Phéniciens parurent sur les côtes: attirés par la richesse et la fertilité du sol, ils y formèrent plusieurs établissemens, et lui donnèrent le nom de *Spania*, d'un terme phénicien qui, selon Bochart, signifie lapin (4), à cause du grand nombre de ces animaux qu'ils y trouvèrent. De ce nom les Romains ont fait *Hispania*, qu'ils ont étendu à tout le continent. Si l'on en croit Justin, l'Espagne doit ce nom à Hispanus, un des anciens rois; Cluvier le fait venir d'*Hispalis*, l'une des plus anciennes villes.

Déjà les Carthaginois, sous la conduite d'Annibal, avoient établi une puissance militaire et commerçante dans la Catalogne et l'Aragon; il fallut une guerre de treize ans pour les chasser de l'Espagne, et cette conquête, qui eut lieu vers l'an de Rome 546, fut le coup d'essai du jeune Scipion (5).

Les Romains la divisèrent d'abord en deux provinces, distinguées par le nom de *Hispania Citerior*, (6) c'est-à-dire la haute Espagne, la plus

---

(1) Les excursions des Celtes forment un point très-intéressant de l'histoire ancienne. On voit paroître des colonies celtiques au delà du Rhin, des Alpes et des Pyrénées; elles se répandent jusques dans la Grèce et même dans l'Asie, où elles se rendent fameuses par leurs exploits militaires. Nous les verrons passer en Italie par les gorges du Tirol et du Trentin, et venir en grand nombre s'emparer les armes à la main de différentes contrées de l'Italie.

(2) Les Ibères, non renfermés dans les limites de l'Espagne, s'étendirent sur toute la côte de la Méditerranée, depuis les Pyrénées jusqu'aux Alpes; et c'est par le passage méridional des Alpes qu'ils pénétrèrent en Italie.

(3) Diodor. Sic. lib. IV.

(4) Sur une médaille de l'empereur Adrien, elle est représentée sous la forme d'une femme assise, tenant une branche d'olivier, avec un lapin à côté d'elle.

(5) *Ductu atque auspicio P. Scipionis, pulsi Hispaniâ Carthaginienses sunt, tertio decimo anno post bellum initum, quinto quàm P. Scipio provinciam et exercitum accepit.* (liv. XXVIII, 16.)

(6) Pline, en parlant de l'Espagne Citérieure, observe que sa forme ancienne a éprouvé quelques changemens, comme aussi celle des autres provinces, si l'on considère ce que le grand Pompée atteste, dans les trophées érigés par lui sur les Pyrénées, qu'il avoit soumis huit cent soixante-dix villes, depuis les Alpes jusqu'à l'extrémité de l'Espagne Ultérieure. « Aujourd'hui, ajoute-t-il (lib. III, cap. 3), toute cette province se divise en six généralités, *conventus*, qui sont celles de Carthage, de Tarraco, de Cæsar Augusta, de Clunia l'Asturienne, de Lucques et de Bracara, auxquelles il faut joindre les îles. »

proche des Romains et des Gaules, et de *Hispania Ulterior*, celle qui étoit plus éloignée. Cette division se fit, selon Tite Live, après l'issue de la seconde guerre punique. Mais les Romains eurent à combattre pendant près de deux cents ans, pour vaincre la résistance des peuples, qui ne vouloient point subir le joug de ces nouveaux maîtres; et pour les réduire, l'empereur Auguste fut contraint d'employer toutes ses forces.

Après l'expulsion des Carthaginois, la grandeur des deux provinces fut à peu près égale; cette division subsista jusqu'au règne d'Auguste qui, conservant le nom de Citérieure dans toute son étendue, y ajouta celui de Tarraconoise, de *Tarraco*, la métropole. Ce prince divisa l'Ultérieure en deux provinces, la Lusitanie dont il se réserva le gouvernement, et la Bétique dont l'administration fut confiée à un proconsul, au nom du peuple. Telle est la division qui convient à l'ancienne géographie.

Sous les règnes de Dioclétien et de Constantin, l'étendue de la Tarraconoise fut diminuée et le nombre des provinces augmenté. Cette province primitive occupoit plus de la motié du continent; on en démembra deux nouvelles, l'une vers les limites de la Bétique et adjacente à la Méditerranée, nommée *Carthaginiensis*, de *Carthago Nova*; l'autre sur l'Océan, au nord de la Lusitanie, appelée *Callœcia*, du nom des *Callœci* ou *Callaici*; on ajouta les îles Baléares qui, dans cette augmentation, tinrent lieu d'une province particulière.

Outre cette distinction des provinces, l'Espagne étoit encore divisée en quatorze juridictions, appelées *conventus* (1) ou districts formés chacun de l'union de plusieurs villes, qui tenoient leurs assises dans la ville (2) principale de chaque district; les autres villes portoient les noms de provinces, de municipes, de colonies, etc. suivant les traités, les droits de la guerre, ou les priviléges acquis.

§. I. CALLÆCIA.

Sous Auguste, la Tarraconoise s'étendoit dans toute la partie septentrionale, depuis le pied des Pyrénées jusqu'à l'embouchure du fleuve *Durius*, où se termine la Lusitanie, et dans la partie orientale presque entière, jusqu'aux confins de la Bétique. La nouvelle circonscription forma dans l'angle,

---

(1) Plin. lib. III, cap. 1.

(2) Il y a une différence entre ville et cité. Une ville n'est que l'assemblage de plusieurs maisons et autres édifices entourés de murs; le mot cité, au contraire, signifie en général l'état particulier que composent plusieurs villes ou plusieurs bourgs pris ensemble, et liés par des lois et un intérêt communs.

qui s'avance vers le nord-ouest, la province nommée *Callæcia*, dont le nom subsiste dans celui de la Galice.

Ptolémée distingue les *Callaici* en *Bracari* et en *Lucenses*, du nom de leur capitale ; ils étoient très-belliqueux, et ce ne fut que par une victoire signalée, même contre les femmes, que Junius Brutus mérita le surnom de *Callaicus*.

Bracara Augusta, Brague, capitale des *Bracari*, qui occupoient la province entre Douro et Minho et Tra-los-Montes en Portugal. Cette ville devint chef-lieu d'une jurisdiction.

Calle, Porto, près de l'embouchure du Douro, étoit une ville ancienne, bâtie sur une colline ; son port ayant été environné de maisons, de la jonction des deux noms s'est formé d'abord celui de Portucale, d'où est venu celui de Portugal, royaume. On croit que le nom des *Callaici* en dérive.

Lethes ou *Limia cui Oblivionis cognomen est* (1), surnommé fleuve d'Oubli, aujourdhui Lima, est fameux chez les poëtes. Les soldats romains en redoutèrent tellement les eaux, (2) qu'ils n'osèrent le franchir, que quand Brutus (3), leur général, eut porté lui-même l'étendard sur l'autre rive.

Lucus Augusti, Lugo, capitale des *Lucenses*, qui, depuis le Minho, s'étendoient dans toute la partie méridionale. Leur ville devint aussi le chef-lieu d'une juridiction ; son ressort, selon Pline, étoit de seize peuples (4).

Tyde, Tuy, sur le Minho, étoit, suivant le même historien, la forteresse d'un peuple nommé *Grovii*, dont on croit retrouver le nom dans Ponte Vedra, et, si l'on s'en rapporte à Silius Italicus, cette forteresse étoit l'ouvrage de Grecs Etoliens.

Iria Flavia paroît avoir existé dans le lieu nommé aujourd'hui Padron, au nord de Compostelle, aujourd'hui capitale de la Galice.

Artabri (5), peuple qui semble avoir donné le nom au cap : il étoit aussi d'origine Celtique, ayant plusieurs villes et plusieurs ports appelés par ceux

---

(1) Pomp. Mela. lib. III. — (2) Liv. epit. 55. — (3) Florus. lib. II. 17.

(4) Pour avoir un ample détail sur les différens peuples, la plupart inconnus aujourd'hui, on peut consulter l'Histoire Naturelle de Pline (lib. III, cap. 31), en se mettant en garde contre un grand nombre de notes critiques qui se trouvent dans la traduction de Poinsinet de Sivry.

(5) Pline nomme ce cap *Celticum* et non pas *Artabrum*, comme l'ont pensé la plupart des géographes, trompés par la ressemblance des noms. Ce qui justifie Pline, c'est qu'aucun des anciens n'a nommé *Artabrum* le cap Finisterre, et lui-même déclare que, par ce nom, il n'entend que celui de Lisbonne, nommé cap de Rocca, *promontorium, quod alii Artabrum appellavêre, alii magnum, multi Olysipponense.* (Plin. lib. IV, cap. 21)

qui y naviguoient *portus Artabrorum*, les ports des Artabres. Strabon entend la rade qui est au sud du cap Finistère (1).

Brigantium se retrouve dans Betanços.

Trileucum, cap Ortegal, est la terre la plus élevée vers le nord.

Astures, répondent à la province des Asturies et à une partie du royaume de Léon. Ce pays est hérissé de forêts et coupé par des montagnes, entre lesquelles on remarque le mont *Vindius*, qui fait partie du mont *Idubeda* (2), et qui partage en deux le territoire. Son sommet est si élevé, que les Cantabres croyoient que les eaux de l'Océan y monteroient plutôt que les armes romaines. Les Astures (3), courageux, sauvages, féroces et jaloux de leur liberté, se signalèrent par leur résistance à subir le joug ; réduits enfin par Carisius, lieutenant d'Auguste, ils furent contraints d'abandonner leurs montagnes pour habiter un pays de plaines.

Asturica Augusta, Astorga, fut fondée pour contenir les Astures sur le bord de la rivière *Astura*, aujourd'hui Tuerta.

Legio VII gemina, Léon, ainsi nommée d'une légion romaine qui y fut envoyée sous le règne de Galba. Cette ville est aujourd'hui la capitale du royaume.

Lancia, place très-forte, qui servit d'asile aux débris de l'armée des Astures, qui se défendirent avec un tel acharnement, que, demandant des torches pour mettre le feu à la ville, le général obtint avec peine qu'ils la laissassent plutôt subsister comme un monument de la victoire des Romains : *ut victoriæ Romanæ stans potiùs esset, quàm incensa monumentum* (4).

Lucus Asturum, chef-lieu d'une juridiction, n'est pas précisément remplacée par Oviédo, capitale des Asturies. Leur ville avoit été bâtie dans un bois, où ils s'assembloient pour sacrifier à leurs divinités. Son district comprenoit vingt-deux peuples. Il répond à la province des Asturies et à une partie du royaume de Léon.

Poesici habitoient un canton qui, selon Ptolémée, étoit une péninsule, ou le coin de terre qui termine le cap appelé Pénas de Puçon.

Flavionavia, Aviles, non loin de la côte, étoit leur ville. Voilà, suivant les conjectures les plus probables, les peuples principaux que renfermoit cette nouvelle province.

§. II. TARRACONENSIS.

La province Tarraconoise se trouva bornée au nord-ouest par la Gallicie,

---

(1) Strab. lib. III, pag. 154. — (2) Festus, lib. IV, 12. — (3) *Ibid.* — (4) *Ibid.*

au nord par les Pyrénées, et à l'est par la Carthaginoise, renfermant les royaumes de Navarre, d'Aragon, de Catalogne, une partie de la Castille Nouvelle, et une portion de celui de Valence. Elle étoit occupée par un grand nombre de peuples.

CANTABRI (1). Les Cantabres, vers les sources de l'Ebre, divisés en plusieurs cantons, s'étendoient dans la Biscaye et dans une partie des Asturies. Plus indomptables que les Astures, et non contens de défendre leur liberté, ils attentoient à celle de leurs voisins. Florus dit qu'Auguste étant venu en personne à *Segisamo*, y établit son camp. Delà ayant divisé son armée en trois corps, et enveloppé en un seul jour toute la Cantabrie, nation cruelle, il la prenoit comme dans des toiles, ainsi que les bêtes farouches (2). Horace nous donne une idée de leur résistance (3) et de leur férocité, en parlant d'un peuple qui faisoit partie de cette nation, sous le nom de *Concani*, lequel buvoit avec délice du sang de cheval (4). Enfin, assaillis de toutes parts, le plus grand nombre aima mieux se donner la mort par le fer, par le feu, ou par le poison, que de se soumettre. Les femmes, oubliant leur sexe, partageoient le courage de leurs maris, se mêloient dans le combat, et étouffoient leurs enfans pour les soustraire à l'esclavage. Après plusieurs révoltes, Auguste chassa des montagnes ceux qui survivoient, et vint à bout de leur faire supporter la domination romaine (5).

Juliobriga, située au pied des montagnes où l'Ebre prend sa source, étoit la ville la plus considérable dans ce qu'on appelle aujourd'hui le Val de Viesse.

Flaviobriga, Porto Galleto, peu éloignée de Bilbao, capitale de la Biscaye.

On distingue, le long de l'Océan, plusieurs peuples qui dépendoient de la Cantabrie : *Autrigones*, *Caristi*, dans la Biscaye ; *Varduli* dans le Gui-

---

(1) Les Cantabres étoient originaires des Lacédémoniens, qui vinrent s'établir sur cette côte ; ils habitoient une partie du pays maritime et prirent leur nom du fleuve *Iberus*, qui a sa source dans leur territoire, et de leur capitale primitivement nommée *Canta*, et depuis *Juliobriga*. La terminaison *briga*, répétée dans un grand nombre de lieux en Espagne, désigne une ville dans la langue du pays, et semble indiquer un établissement des Celtes Briges. En effet, il y avoit des Briges non seulement dans la Celtique, mais encore dans la Thrace, dans la Phrygie, dans les Isles Britanniques et dans l'Espagne.

(2) *Partito exercitu, totam in diem amplexus Cantabriam, efferam gentem, ritu ferarum, quasi indagine debellabat.* (Flor. loc. citat.)

(3) *Cantaber serâ domitus catenâ.* (lib. III, od. 8.)

(4) *Et lætum equino sanguine Concanum.* (Ibid. od. 4.)

(5) Les Galiciens, les Astures et les Cantabres furent les derniers à subir le joug ; et, après deux cents ans de guerre, l'Espagne fut entièrement soumise.

puscoa :

puscoa, aux confins de l'Aquitaine; dans l'intérieur des terres, *Murbogi*, *Berones*, occupant une grande partie de la Castille Vieille.

Vacæei, entre les Astures et les Arévaques, habitoient le pays arrosé par le Douro, aujourd'hui partie du royaume de Léon et de la Castille Vieille. Le peuple semble être le même, quant à l'origine, que les *Vascones*, qui étoient épars et aussi inconstans dans leurs demeures que les Nomades et les Tartares.

Pallantia, Palentia, sur le *Pisoraca*, Pisuerga, avoit été une des villes les plus florissantes de l'Espagne; elle fut ruinée de fond en comble par les Romains.

Pintia, sur la même rivière, dans une situation peu éloignée de Valladolid.

Segisamo, que Florus appelle *Sagesama* (1), Villa Vieia, est remarquable par le campement d'Auguste. Les Vaccéens furent subjugués par L. Lucullus et Cl. Marcellus, l'an de Rome 602.

Arevaci occupoient un territoire partagé entre les deux côtés du Douro, et devoient leur nom à la petite rivière *Areva*, Arevalo, qui se rend dans le fleuve sur la rive méridionale. On reconnoît leur pays dans une partie de la Castille Vieille, sur les deux rives du Douro, vers ses sources.

Clunia. La capitale (2) ne présente que des vestiges sous le nom de *Corúna*, au nord du fleuve, peu au dessus d'Aranda. Assiégée par Metellus Nepos, elle fut délivrée par une ligue de plusieurs villes voisines, qui le défirent dans un combat. Elle devint dans la suite colonie romaine et chef-lieu d'une juridiction, d'où ressortissoient les Cantabres, les Autrigons, les Caristes, les Vardules, les Berons, les Murboges et les Vaccéens.

---

(1) Flor. lib. iv, cap. 12.

(2) Galba étoit gouverneur de la Tarraconoise dans le temps que Julius Vindex, descendant des anciens rois d'Aquitaine, et gouverneur de la Gaule Celtique, se révolta contre Néron. Ce fut à Clunia qu'un prêtre de Jupiter, après avoir été averti en songe, trouva dans le sanctuaire du temple une prédiction faite deux cents ans auparavant par une jeune devineresse. Elle annonçoit qu'un jour un homme sorti de l'Espagne posséderoit l'Empire du monde: *Oriturum quandoque ex Hispaniá principem, dominumque rerum*. Cette prédiction, fortifiée par la circonstance de la révolte de Vindex, détermina Galba à prendre l'empire, d'abord sous le titre modeste de lieutenant du sénat et du peuple Romain. Ce fut encore dans cette ville qu'après la nouvelle de la défaite et de la mort de Vindex, Galba apprit que les soldats, le sénat et le peuple lui avoient donné le titre d'empereur; et c'est en mémoire de ces heureux événemens que non seulement l'Espagne en général, mais Clunia en particulier, porte sur les médailles de ce prince le nom de *Sulpicia*, dont il l'honora par reconnoissance. (Plutarch. in Galb. cap. 9 et 10.)

Numantia étoit située près des sources du Douro, au dessus de la ville de Soria. Inférieure en richesses à Carthage, à Capoue et à Corinthe, elle les égaloit en valeur et en gloire. Florus l'appelle *Hispaniæ decus* (1). Elle opposa pendant quatorze ans une vive résistance aux armes des Romains. Le même historien en attribue la défense à quatre mille Celtibères contre une armée de quarante mille hommes. Enfin Scipion Emilien forma le siége de la citadelle, et, l'an de Rome 620, s'en rendit le maître, ou plutôt des ruines, car les habitans, après un affreux carnage, aimèrent mieux mettre le feu à la ville et s'ensevelir sous ses cendres, que de subir le joug. Le vainqueur ne put se glorifier de sa victoire, puisqu'il ne resta pas un seul Numantin pour orner son triomphe, qui n'en eut que l'apparence : *Triumphus fuit tantùm de nomine*. Il est à croire cependant qu'une nouvelle ville avoit été construite, puisqu'il en est parlé comme existante plusieurs siècles après.

Segovia, Ségovie, dans la Castille Vieille, éprouva les désastres de la guerre de Sertorius (2), et comme plusieurs autres fut obligée de se rendre après la défaite de Sertorius et de Perpenna. Trajan y fit construire un aqueduc, qui a plus de trois mille pas de longueur d'une montagne à l'autre; il est composé de deux rangs de cent soixante-dix-sept arcades l'un sur l'autre; ouvrage si solide, qu'il existe encore.

Cauca, qui conserve son nom, fut pillée par Lucullus. Ce général s'en empara de sa propre autorité; et, sans avoir égard à la capitulation qu'il avoit faite avec les habitans, il massacra ceux qui étoient en état de porter les armes, réduisit à l'esclavage les vieillards, les femmes et les enfans. Cette ville a vu naître Théodose I.er, que Gratien s'associa à l'empire.

Segontia, Siguenza, à l'entrée de la Castille Nouvelle. Il ne faut pas la confondre avec une autre du même nom qui se trouve chez les Celtibères, et près de laquelle Sertorius fut vaincu par Metellus.

Vascones (3), grande nation dont le nom, en passant les montagnes, est devenu propre à une province de l'ancienne Gaule, occupoient ce qui pos-

---

(1) Flor. lib. ii, 17, 18).

(2) Sertorius, grand capitaine, élève de Marius, retiré dans la Lusitanie, pour échapper aux proscriptions de Sylla, s'étoit mis à la tête des Lusitaniens et des Celtibères révoltés. Il donnoit des lois à toute l'Espagne, il y forma même comme une nouvelle Rome, en établissant un sénat et une école publique. On envoya contre lui Pompée, dont les armes ne furent pas d'abord fort heureuses. Metellus vint se joindre à lui, et Sertorius fut vaincu près de *Segontia*.

(3) Les Vascons passèrent les Pyrénées au VI.e siècle, s'établirent dans la Novempopulanie, et lui donnèrent le nom de *Vasconia*, d'où est venu celui de Gascogne.

térieurement s'est appelé la Navarre. Leur pays fut le théâtre de la guerre entre Sertorius et Pompée, le fils de Pompée et César.

Pompelo, Pampelune, capitale de la Navarre, à la descente des Pyrénées. Quelques historiens en attribuent la fondation à Pompée, comme un monument de la victoire remportée sur Sertorius.

Calagurris, Calahorra, dans la Castille Vieille, sur la rive méridionale de l'Ebre, étoit, avec *Pompelo*, leur ville principale. Après la mort de Sertorius, dont elle avoit pris le parti, elle fut assiégée par Afranius, lieutenant de Pompée. Ses habitans souffrirent toutes les horreurs auxquelles la faim et le désespoir peuvent réduire (1). Enfin elle fut prise et brûlée.

Graccuris, Alfaro, sur la même rive du fleuve, fut ainsi nommée de Tiberius Sempronius Gracchus, père des Gracques, qui la fonda après sa victoire sur les Celtibères (2).

Cascantum, Cascante, dans la Navarre, sur une rivière nommée *Chalybs*, aujourd'hui petite rivière de Queiles. Cette ville devint municipe.

Iaccetani, dans le territoire des Vascons; *Iacca*, Jaca, dans l'Aragon, a donné le nom au peuple et au territoire.

Ilergetes, dans une partie de l'Aragon, au nord de l'Ebre, et dans la portion de la Catalogne située vers la rive droite de la Sègre, *Sicoris*. Cette rivière, dont la source est dans les Pyrénées, coule du nord au sud, et va se rendre dans le fleuve. C'est chez ce peuple que régnoient Mandonius et Indibilis, tour à tour alliés ou ennemis des Romains.

Ilerda, Lérida, étoit nommée anciennement *Athanagia*, c'est-à-dire Eternelle. On croit que ce nom lui venoit des Grecs. Tite Live dit qu'elle étoit la capitale de ce peuple; *quæ caput ejus populi erat* (3). Elle fut prise par Scipion, et ses habitans furent soumis à la domination romaine. Cette ville devint célèbre par l'expédition de César qui, après avoir passé la Sègre, défit

---

(1) Florus dit que cette ville éprouva tout ce qu'il y avoit de plus infâme; *infame nihil non experta Calagurris*. (Flor. lib. III, cap. 22.) En effet, les habitans se portèrent jusqu'à cet excès abominable de tuer et de manger leurs femmes et leurs enfans, et d'en saler les chairs pour les conserver plus long-temps. (Valer. Maxim. lib. VII, chap. 6.) Juvenal fait allusion à ces traits de barbarie:

Vascones, ut fama est, alimentis talibus usi,
Produxére animas: sed res diversa, sed illic
Fortunæ invidia est, bellorumque ultima, casus
Extremi, longæ dira obsidionis egestas. (Juvenal. Satyr. xv, vers. 93.)

(2) Liv. Epitom. XLI. — (3) Liv. XXI, 61.

Afranius et Petreius, lieutenans de Pompée, et les força à lui céder toute l'Espagne Citérieure.

Celsa, Xelsa, dans l'Aragon, avoit un port sur l'Ebre. Les médailles d'Auguste et de Tibère la qualifient *Colonia Victrix Julia Celsa*.

Vescitani, occupoient un canton qui appartenoit aux Ilergètes, et le pays, selon Pline, se nommoit *Vescitania*.

Osca (1), Uesca, ville ancienne et fort riche qui possédoit, dans ses environs, des mines d'argent, dont Tite Live fait mention (2). Elle avoit été la première habitation des Vescitains. Sertorius, après sa défaite, conclut un traité avec Mithridate. Ce traité causoit à Rome une grande alarme, lorsque Perpenna, patricien sans mérite, mécontent d'être subordonné à un homme qui lui étoit inférieur en naissance, le fit assassiner à *Osca*, l'an 73 avant J. C., dans un repas où il l'avoit invité. Le traître, ayant pris le commandement, fut abandonné par les soldats; obligé de prendre la fuite et de se cacher, on le trouva dans un buisson. Pompée, pour le punir de sa témérité et de son crime, lui fit trancher la tête. A cette époque, Pompée fit placer sur le sommet des Pyrénées les trophées dont parle Pline. En cette même année, César passa en Espagne, pour la première fois, en qualité de gouverneur (3).

Ceretani habitoient une partie des Pyrénées, vers la source de la Sègre. Ils ont donné le nom à la Cerdagne, petite province voisine des Pyrénées. Une partie de cette province est en Espagne, dans la Catalogne; et l'autre en France, dans le ci-devant Roussillon. Pline, dans le dénombrement qu'il fait des peuples qui composent le ressort de Tarascon, divise les Cérétains en *Juliani* et en *Augustani* (4), division qui vient sans doute de ce que Jules César les gratifia du droit du *Latium*, et qu'ensuite Auguste étendit leur territoire jusqu'au pays des Vascons.

Julia Libyca, vers la source de la Sègre, est la seule ville que leur donne

---

(1) C'est dans cette ville que Sertorius établit une école, où l'on enseignoit les lettres grecques et romaines aux enfans des nobles Espagnols qui lui étoient attachés.

C'est, sans doute, de cette école que sont sortis tant d'hommes illustres, entre autres Columelle, Pomponius Mela, les Sénèques, Lucain, Martial, Quintilien et un grand nombre d'Espagnols, qui se sont distingués entre les écrivains de l'ancienne Rome.

(2) Liv. lib. xxxiv, 10.

(3) Arrivé à Cadix, en voyant la statue d'Alexandre, il dit, en répandant des larmes : « A l'âge où je suis, il avoit conquis le monde, et je n'ai encore rien fait de mémorable! » Ce désir de la gloire, joint à de grands talens secondés par la fortune, le conduisit à l'empire, l'an 48 avant J. C.

(4) *Ceretani, qui Juliani cognominantur, et qui Augustani.* (Plin. lib. iii, 3.)

Ptolémée. Il n'est pas aisé de déterminer sa position actuelle; peut-être est-ce *Livia*, petit lieu de la Cerdagne.

INDIGETES, peuple féroce, adonné à la chasse et au pillage, tiroient leur nom d'une ville nommée *Indica*, qui paroît avoir été dans la suite la même que *Emporiæ*. Leur pays s'étendoit depuis les Pyrénées, vers la mer, jusqu'à la rivière *Sambroca*, le Ter.

Emporiæ (1), Ampurias, fondée sur la côte par les Marseillois, appelée par Strabon *Dipolis*, c'est-à-dire double ville, parce que dans cette ville s'élevoit un mur qui séparoit les *Indigetes*, ou naturels du pays, d'avec les Grecs étrangers. Le nom désigne un lieu où les marchands se rendoient pour le commerce.

Les environs d'Ampurias se nommoient *Pagus Emporitanus*, connu aujourd'hui sous le nom d'Ampurdan.

Rhoda, Roses, sur la côte, colonie fondée par les Rhodiens, à laquelle ils donnèrent le nom de leur ville.

Pyrenæum promontorium, cap de Crux. Le savant Mariana, dans son Histoire d'Espagne (2), dit que ce cap portoit le nom de Vénus, qui avoit un temple sur l'un des côtés, raison pour laquelle Pline l'appelle *Pyrenæa Venus*; mais que, le paganisme ayant été aboli, la religion lui a donné le nom moderne *à Cruce*.

Juncaria, Jonquera, au pied des Pyrénées. Cette ville doit son nom à une plaine que les habitans d'Ampurias appeloient le Champ du Jonc, *Juncarius Campus* (3), parce qu'elle ne produisoit que cette plante. La plaine conserve encore son ancien nom; c'est la vallée de Jonquère, et le jonc est encore en usage, comme autrefois, pour les cables.

AUSETANI, différens d'un autre peuple, que Tite Live place près de l'Ebre, et allié des Carthaginois (4), prirent le nom de la ville qui étoit leur capitale.

Ausa. Cette ville, aujourd'hui Vich, dans la Catalogne, est située sur une petite rivière qui se rend dans le *Sambroca*, le Ter. Dans le moyen âge, elle

---

(1) Tite Live nous en donne la description. « Empories étoient déjà deux villes séparées
» par une muraille, *jam tunc Emporiæ duo oppida erant muro divisa* (Liv. lib. xxxiv,
» cap 9.); l'une possédée par les Grecs de la Phocide, d'où les Massiliens tiroient aussi
» leur origine; l'autre occupée par les Espagnols; mais la ville grecque, au bord de la mer,
» avoit moins de quatre cents pas de circuit; l'espagnole, plus loin de la mer, en avoit trois
» mille de tour. César, après la défaite des fils de Pompée, y ajouta une troisième
» sorte d'habitans, savoir, des Romains, dont on mena une colonie. Aujourd'hui ils ne for-
» ment plus qu'un même peuple. » *Nunc in corpus unum confusi omnes.*

(2) Hist. Hispan. lib. 1, cap. 2. — (3) Strab. lib. III, pag. 160. — (4) Liv. lib. XXI, 61.

fut nommée *Ausona*. Détruite par les Sarrasins au IX.ᵉ siècle, et rétablie dans la suite, on la nomma *Vich d'Osona*, ou simplement Vich.

Gerunda, Girone, sur la même rivière. Pline nomme ses habitans *Gerundenses*.

LALETANI, petit peuple, occupoient la partie maritime de la Catalogne, depuis *Blanda*, Blanés, jusqu'au fleuve *Rubricatus*, Lobregat.

Rubricatum, aujourd'hui Olesa, la seule dont Ptolémée fasse mention, située dans les terres sur le fleuve qui en a pris le nom, renferme plusieurs monumens de l'antiquité.

Barcino, Barcelonne, la capitale de ce peuple, et aujourd'hui de toute la Catalogne, fut fondée, suivant la tradition du pays, par Amilcar Barca (1), père d'Annibal, deux cent cinquante ans avant J. C. Les Romains lui donnèrent le titre de colonie avec les surnoms de *Faventia*, de *Pia*, de *Flavia*, *Julia Augusta*. Elle est devenue une des villes les plus considérables de l'Espagne, à cause de son port, qui y fait fleurir le commerce.

LACETANI, dans les terres, séparés des Ilergètes par le *Sicoris*. Tite Live nous les fait connoître, en disant que Cn. Cornelius Scipion, parti de l'embouchure du Rhône, ayant tourné les Pyrénées et pris terre à Ampurias, y débarqua son armée. Ce général commença son expédition par les Lacétains, et soumit toute la côte jusqu'à l'Ebre, soit en renouvelant les traités, soit en formant de nouveaux. Annibal, après avoir réduit sous sa puissance les Ilergètes, les Bargusiens, les Ausétains et la Lacétanie, qui est en-deçà des Pyrénées (2), avoit confié à Hannon la garde de toute cette côte, afin d'être maître des défilés qui communiquent des Espagnes aux Gaules. Hannon seul ne put résister à l'attaque. Le combat ne fut pas long; son camp fut pris, et lui-même, avec quelques officiers, fait prisonnier, l'an de Rome 534.

---

(1) Cet ennemi declaré des Romains méditoit le projet de porter lui-même en Italie la guerre qu'Annibal y porta dans la suite, et qui ne fut différée que par sa mort et la trop grande jeunesse de son fils. (Liv. lib. **xxi**, 2.) On dit que, battu par les Celtibères, il perdit la vie en voulant passer l'Ebre, pour se soustraire à leur poursuite. Horace fait allusion au malheur que cette mort causoit à Carthage, lorsqu'il fait dire à Annibal :

Carthagini jam non ego nuntios
Mittam superbos : occidit, occidit
Spes omnis, et fortuna nostri
Nominis, Asdrubale interempto. (lib. **iv**, od. 4, vers. 69.)

(2) *Ilergetes inde, Bargusiosque et Ausetanos, et Lacetaniam, quæ subjecta Pyrenæis montibus est, subegit......* etc. (Liv. **xxi**, 23.)

Lissa (1), détruite, fut le théâtre de la première victoire remportée par Scipion sur les Carthaginois.

Cosetani, sur la côte, depuis Lobregat jusqu'à l'Ebre. Ptolémée et Pline appellent leur territoire *regio Cossetania*, la région Cosétaune.

Tarraco, capitale des Cosétans, Tarragone, dans la Catalogne, à l'embouchure de la petite rivière *Tulcis*, Francoli, avec un port. Bâtie par les Phéniciens, elle fut nommée *Tarcon*, d'où les Latins ont formé *Tarraco* et les Espagnols *Tarragona*. Ayant été détruite, elle fut rétablie par les frères Cneius et Publius Scipion, qui en firent une très-belle place d'armes, et leur principal séjour pendant les guerres qu'ils soutinrent contre les Carthaginois. Ils y établirent le chef-lieu d'une juridiction, *conventus*, et elle devint la résidence des proconsuls que la république envoyoit en Espagne. Le jeune Scipion, qui succéda à son père et à son oncle, y résidoit toujours lorsqu'il n'étoit pas à la tête de son armée. Ce fut dans cette ville, qu'à son arrivée en Espagne il convoqua les députés des alliés qui avoient été envoyés de tout le département (2). Dans la suite, Tarragone, qui suivoit le parti de Pompée, ayant embrassé celui de César, reçut du vainqueur les titres de *Julia* et de *Victrix*, et fut élevée au rang de colonie romaine. Elle étoit si puissante et si riche, qu'Auguste, dans la répartition qu'il fit, donna son nom à la plus grande partie de ce continent, en l'appelant Tarraconoise. Sa juridiction s'étendoit sur quarante-trois peuples, dont les principaux sont :

CELTIBERI, les Celtibères, chez lesquels nous avons remarqué un nom d'origine joint à celui des premiers habitans (3), formèrent une nation des plus célèbres de l'Espagne, *Celtiberi, robur Hispaniæ* (4). Le pays qu'ils occupoient fut appelé Celtibérie, *Celtiberia*. Ils avoient pour limite la rive droite de l'Ebre, au nord; étoient bornés à l'est, par les Edétans; au sud, par les Cosétans et les Orétans; à l'ouest, par les Carpétans et les Arévaques; ainsi leur territoire s'étendoit dans une partie de l'Aragon, vers l'ouest; de la Castille

---

(1) Le même historien rapporte que la ville, qu'il nomme *Scissis*, voisine du camp d'Hannon, fut prise de force ; mais il n'y eut pas de butin à faire, cette ville n'étant habitée que par de vils esclaves. (Liv. xxi, 60.) On pourroit croire avec raison qu'elle est la même que *Lissa*, puisque Polybe la nomme *Kissa*, (Polyb. lib. III, cap. 76.) et que c'est là que les Carthaginois éprouvèrent leur première défaite.

(2) Liv. lib. xxvi, 19.

(3) . . . . *Profugique a gente vetustá*
Gallorum Celtæ miscentes nomen Iberis. (Lucan. lib. IV, vers 9.)

(4) Flor. lib. II, 17.

Vieille et Nouvelle vers l'est, avec la petite portion de la Navarre au sud de l'Ebre.

Ergavica (1), une des villes principales, mal à propos nommée *Ergavia* dans le texte de Tite Live, étoit située entre des montagnes près de la petite rivière Guadiela, que le Tage reçoit vers le haut de son cours. Cet historien en parle comme d'une cité courageuse et puissante, soumise par Gracchus, l'an de Rome 573. Il ne reste aucun vestige de cette ville.

Valeria, que Pline range au nombre des colonies, aujourd'hui Valera, nom que conserve un petit lieu dans le canton de la Castille Nouvelle, appelé la Manche.

Lobetum, capitale d'un peuple qui, selon Ptolémée, se nommoit *Lobitani*, entre les Celtibères et les Edétains. D'Anville pense que ce territoire pourroit convenir au district de Requena.

Bilbilis, près de la rivière *Salo*, aujourd'hui Xalon, célèbre par ses forges (2), avantage que lui procuroient les eaux de cette rivière, qui avoient la vertu de donner au fer une trempe si forte, que les Romains adoptèrent les épées espagnoles, qu'ils regardoient comme les armes les plus redoutables. Cette ville étoit la patrie du poète Martial, qui semble en tirer vanité (3). Elle se reconnoît dans Villa Veja, sur le mont Baubola, près de Calatayud, ville nouvelle construite par les Maures. Sur une médaille d'Auguste, de Tibère et de Caligula, elle est qualifiée *municipiam Augusta Bilbilis*.

Nertobriga, sur le *Salo*, aujourd'hui Ricla. C'étoit une ville grande et fort considérable; ce n'est plus qu'un bourg du royaume d'Aragon.

---

(1) *Ergavia*, ou plutôt *Ergavica*, *nobilis et potens civitas, aliorum circa populorum cladibus territa, portas aperuit Romanis*. (Liv. lib. xl, 49.)

(2) Pline dit que la plus grande différence de fer à fer est celle qui provient de la trempe, c'est-à-dire des diverses eaux où l'on plonge le fer tout rouge. (Plin. lib. xxxiv, cap. 14.) Cette seule opération a suffi pour faire la réputation de plusieurs villes, dont le territoire au reste ne possède aucune mine de fer; témoins *Bilbilis* et *Turiaso* en Espagne, et *Comum* en Italie.

(3). . . . . *Nos Celtis gnatos et ex Iberis*
Nostra nomina duriora terræ
Grata non pudeat referre versu,
Sævo Bilbilim optimam metallo
Quæ vincit Chalybasque Noricosque. (Mart. lib. iv, epigram. 55.)

Ce poète naquit sous Claude, vint à Rome sous Néron, à l'âge de vingt ans; il y passa trente années, aimé des empereurs, sur-tout de Domitien, qui le créa tribun. Pendant la vie de ce prince, il en fit un dieu, et le traita comme un monstre après sa mort.

Segontia,

Segontia, Epila, petit village près de la même rivière. Sous les murs de l'ancienne ville, Sertorius fut vaincu par Metellus.

Turiaso, Taraçona, dans l'Aragon, sur le *Chalybs*, dont les eaux donnoient une grande réputation au fer qui se forgeoit dans cette ville. Elle devint municipe. Au sud, s'élève une montagne nommée *Caünus*, remarquable par la bataille que Gracchus livra aux Celtibères (1). Après six heures de combat, la victoire resta indécise ; mais, dans le second, elle se rangea du côté des Romains.

Augustobriga, Muro, près d'Agréda, village de la Castille.

PELENDONES, placés par Pline dans la dépendance des Celtibères, vers les sources du Douro (2). « Ce fleuve, dit-il, l'un des plus considérables de l'Es-
» pagne, prend sa source chez les Pélendones, passe auprès de Numance,
» ensuite par le pays des Arévaques et des Vaccéens, séparant dans son
» cours l'Asturie d'avec les Vettons, et la Lusitanie d'avec les Galléciens. »

EDETANI s'étendoient, du nord au sud, depuis l'Ebre jusqu'au fleuve *Sucro*, Xucar, qui a sa source au mont *Idubeda*, près de celle du Tage, et va se rendre dans la Méditerranée. Leur territoire consistoit dans une partie du royaume de Valence et de l'Aragon.

Edeta, située à la hauteur de Sagonte, semble leur avoir donné son nom. Elle s'appeloit aussi *Leria*, et ce nom s'est conservé dans celui de Liria.

Saguntus (3), ville très-ancienne et très-riche, à mille pas environ de la mer. Suivant la tradition, elle fut bâtie par une colonie sortie de Zante, île de la mer Ionienne, à laquelle se joignit une colonie d'Ardée, capitale des Rutules dans le Latium. Cette ville fut une barrière qui, pendant quelque temps, arrêta Annibal dans le cours de ses conquêtes. Sa fidélité inviolable envers les Romains l'a rendue célèbre. Prise par le général carthaginois, l'an 534 (4),

---

(1) Flor. lib. II, 17.

(2) *Durius amnis ex maximis Hispaniæ, ortus in Pelendonibus, et juxta Numantiam lapsus, dein per Arevacos Vaccæosque, disterminatis ab Asturiá Vettonibus, a Lusitaniá Gallæcis.* (Plin. lib. IV, 20.)

(3) *Saguntum, civitas ea longe opulentissima ultra Iberum fuit sita passus mille ferme a mari. Oriundi a Zacyntho insulá dicuntur, mixtique etiam ab Ardeá Rutulorum quidam generis.* (Liv. XXI, cap. 7.)
Les Sagontins, après un siège de neuf mois, où ils éprouvèrent toutes les horreurs de la famine, refusèrent constamment de se rendre à Annibal. Fidèles à l'alliance contractée avec les Romains, ils élevèrent dans la place publique un bûcher immense, où ils se brûlèrent eux et leurs effets les plus précieux. (Liv. *ibid.* cap. 14.) Ce qui fait dire à Pline : *Saguntum civium Romanorum oppidum fide nobile.* (Plin. lib. III, 5 ; Florus, lib. II, cap. 6.)

(4) Liv. liv. XXI, 15.

elle fut reprise par les Scipions, l'an 558 (1), et rendue aux habitans que le sort de la guerre avoit épargnés. Plusieurs avantages remportés sur les Carthaginois déterminèrent presque tous les peuples de l'Espagne à se ranger dans le parti des Romains; *tùm omnes propè Hispaniœ populi ad Romanos defecerunt* (2). Sagonte conserve des vestiges dans un lieu nommé Murviédro, ou Morvedre, de deux mots latins, *muri veteres*, les vieux murs. On y voit encore les restes d'un amphithéâtre romain.

Valentia, Valence, près de l'embouchure de la rivière *Turia* qui, sous la domination des Maures, a pris le nom de Guadalaviar, est aujourd'hui la capitale du royaume de son nom. Tite Live nous indique l'origine de cette ville (3), en disant que Junius Brutus, étant consul en Espagne, la donna avec son territoire aux soldats qui avoient servi sous le fameux Viriatus (4), et qu'elle fut nommée *Valentia*. Détruite par Pompée pendant la guerre contre Sertorius, et rétablie par César, elle devint dans la suite une place considérable, avec le titre de *Colonia Julia Valentia*.

Segobriga (5), Segorbe, sur la rivière *Turulis*, Morvedre. Cette ville

---

(1) Liv. lib. xxiv, 42. — (2) *Idem*. xxiii, 49. — (3) *Idem*. epitom. lv.

(4) Sous la conduite de Viriatus, les Lusitains se montrèrent dignes de la liberté. Cet homme, d'un caractère souple et pénétrant, de chasseur devenu brigand, de brigand tout à coup général, et si la fortune l'eût secondé, le Romulus de l'Espagne, ne s'en tint pas à la défense de la liberté des siens; mais, pendant quatorze ans, il mit tout à feu et à sang en deçà et au delà de l'Ebre et du Tage, érigeant sur les montagnes des trophées composés des faisceaux et des toges pris sur les Romains. Enfin le consul Fabius Maximus l'avoit réduit à l'inaction; mais Pompilius, son successeur, jaloux de mettre la dernière main à cette expédition, ternit l'éclat d'une pareille victoire. Ce chef, sans ressources, étoit abattu, et songeoit à se rendre à discrétion. Pompilius, employant pour le perdre la ruse, les embûches et les bras d'assassins gagés, ajouta à la gloire de son ennemi la croyance qu'il n'avoit pu être vaincu que par un crime; *hanc hosti gloriam dedit, ut videretur aliter vinci non potuisse*. (Florus, lib. ii, 17.)

(5) Strabon attribue aux Celtibères *Segobriga* et *Bilbilis*, dans les environs desquelles Metellus et Sertorius firent la guerre. (Strab. pag. 162.) Possidonius, qu'il cite, dit que M. Marcellus imposa sur la Celtibérie une contribution de six cents talens, ce qui prouve que les Celtibères étoient une nation nombreuse et opulente, quoiqu'elle n'occupât qu'un territoire peu favorable.

Pline place les *Segobricenses* dans le ressort de Carthagène, dont Suétone fait mention en disant que Galba y tenoit l'assemblée générale; *Carthagine novâ conventum agens Galba*. (Suet. in Galb. cap. 9.)

Jean Vaillant, dans son ouvrage intitulé *Numismata Imperatorum*, remarque sur la médaille de Tibère qu'il y a, dans la Tarraconoise deux villes du nom de *Segobriga*, l'une dans le royaume de Valence, près de la rivière *Turulis*, Morvedre; l'autre dans la Castille

très-ancienne possédoit, comme elle possède encore, des carrières d'un si beau marbre, que les Romains en faisoient quelquefois transporter chez eux pour l'ornement de leur ville.

Cæsar Augusta, Saragoce, sur l'Ebre, capitale des Edétans et aujourd'hui de l'Aragon. Elle se nommoit d'abord *Salduba* (1). On prétend qu'elle fut bâtie par les Phéniciens, conservant son ancien nom, jusqu'à ce que, César Auguste l'ayant repeuplée par une colonie romaine, elle prit celui de cet empereur, d'où s'est formé le nom moderne. Cette ville étoit le chef-lieu d'un district qui renfermoit cent cinquante-deux peuples. Ce district se divisoit en deux : celui du nord renfermoit les Vascons, dans la Navarre; les Ilergètes dans une partie de l'Aragon, au nord de l'Ebre, jointe à la portion de la Catalogne, à la droite de la Sègre : celui du sud la partie supérieure, qui répond à une partie de l'Aragon et du royaume de Valence; les Celtibères dans la partie occidentale de l'Aragon, de la Castille Vieille et Nouvelle; les Carpétans au centre, dans l'Algarie.

Sucro, le Xucar, fleuve que Pline donne pour limite à la Contestanie; *Sucro fluvius et quondam oppidum Contestaniæ finis* (2) ; quoique Ptolémée indique ce fleuve dans le pays des Contestans. Strabon place à son embouchure une ville de même nom, dont Ptolémée ne parle point, parce qu'elle ne subsistoit plus de son temps. Tite Live rapporte que, près de ses murs, Scipion l'Africain appaisa par sa fermeté et une punition exemplaire la révolte de huit mille soldats (3). *Civilis alius furor in castris ad Sucronem ortus.* Ce fut aussi près de là que se livra le combat nommé *Sucronensis pugna*, entre Sertorius et Pompée, dans lequel le général Romain, blessé et prenant la fuite, ne se déroba à son ennemi, contre tout espoir, qu'à cause de l'avidité des soldats qui oublièrent de le poursuivre (4), pour partager et se disputer entre eux les riches dépouilles de son cheval.

Nouvelle, au pied du mont *Orospeda*. Celle que Pline dit être aux Celtibères, et qu'il donne même pour leur capitale, est placée par Strabon et par Ptolémée très-près de Numance. (Strab. pag. 162. Ptolem. lib. II, 6.)

(1) *Salduba.* Chez les Phéniciens, *Baal* étoit le dieu que les Grecs et les Romains appeloient Zeus et Jupiter; ce nom entroit dans la composition des noms de plusieurs villes qu'ils avoient fondées. *Salduba, Saltobaal*, qui peut signifier : son domaine est à Baal ; *Onoba, Onobaal*, c'est-à-dire, *Baal* est sa force; *Corduba, Chardobaal*, c'est-à-dire, *sa crainte est Baal.*

Cæsar Augusta Colonia immunis, amne Ibero affusa, ubi oppidum antea vocabatur Salduba, regionis Edetaniæ, recipit populos CLII. (Plin. lib. III, cap. 3)

(2) Plin. lib. II, cap. 6. — (3) Liv. lib. XXVIII, 24, 29. — (4) Plutarch. in Sertor. pag. 578.

ILERCAONES, vers les bouches de l'Ebre ; César les appelle *Ilurgavonenses qui Iberum attingunt* (1) ; Tite Live les nomme *Ilurcaonenses* (2), et Pline *Ilergaones*, Leur territoire s'étendoit entre les Edétans, les Cosétans et le long de la mer ; c'est-à-dire dans la partie méridionale de la Catalogne et dans la septentrionale du royaume de Valence.

Dertosa, Tortose sur l'Ebre, dans la Catalogne ; peu au dessus de l'embouchure, étoit la ville principale. Galba venoit d'être proclamé empereur, du vivant même de Néron, auquel il ne survécut que de quelques mois, lorsque, selon le rapport de Suétone (3), on vit arriver d'Alexandrie, dans le port de cette ville, un vaisseau chargé d'armes, sans pilote, ni passagers, ni matelots.

Indibilis, Xert, devoit son nom à un petit roi qui, selon Tite Live, régnoit sur les *Ilergetes*, avant que P. Scipion en eût fait la conquête. Ce roi, de concert avec son frère Mandonius, en soulevant les peuples voisins, donna beaucoup d'inquiétude aux Romains (4) ; vaincu, il implora la clémence de Scipion, dont il abusa ; mais enfin il trouva la mort sur le champ de bataille. Près de cette ville, Hannon fut mis en déroute par l'armée Romaine sous les ordres de Cn. Scipion

Chersonesus sur la côte, dénomination grecque, subsiste dans celle de Peniscola, tirée du latin *Peninsula* ; c'étoit une colonie de Phéniciens.

Carthago Vetus, Canta Vieja, dans l'Aragon. Parmi ses ruines on a trouvé des médailles qui prouvent que c'étoit une ville considérable, et vraisemblablement Carthage la Vieille, que faussement on a placée dans l'endroit où se trouve aujourd'hui Villa Franca.

§. III. CARTHAGINIENSIS.

Cette province fut nommée Carthaginoise de Carthage la Neuve, qui étoit la ville principale. Elle confinoit à la Bétique vers le sud ; à la Lusitanie vers l'ouest ; à la Tarraconoise, vers le sud-ouest : la Méditerranée la bornoit vers l'est ; de manière que son étendue consistoit dans une partie de la Castille Nouvelle, dans la partie méridionale du royaume de Valence et dans tout le royaume de Murcie. Elle renfermoit quatre peuples, les Carpétans et les Orétans dans les terres, les Bastitans et les Contestans vers la mer.

CARPETANI, à l'ouest des Celtibères, occupoient le centre du continent,

---

(1) De bell. civ. lib. LX, 6. — (2) Liv. lib. XXII, 21. — (3) Suet. vit. Galb. 10. — (4) Liv. lib. XXII, 21, XXIX, 3.

des deux côtés du Tage. Leur territoire, appelé *Carpetania*, arrosé par le fleuve, comprenoit, principalement au nord, une partie de la Castille Nouvelle et l'Algarie. Annibal, qui avoit l'intention de porter la guerre chez les Sagontins, réduisit d'abord sous son obéissance différens peuples, du nombre desquels étoient les Carpétans, et déjà tous ceux placés au-delà de l'Ebre, excepté les Sagontins, étoient au pouvoir de Carthage (1): *et jam omnia trans Iberum, præter Saguntinos, Carthaginiensium erant.*

Toletum (2). Tolède dans l'Algarie, province de la Castille Nouvelle, sur le Tage, étoit la ville principale des Carpétans; elle devint colonie Romaine et le dépôt des trésors qui devoient être envoyés à Rome. Si l'on en croit l'opinion commune, des Juifs, sortis de la captivité de Babylone, vinrent s'y établir cinq cent quarante-quatre ans avant J. C., et l'appelèrent *Toledoth*, qui veut dire *générations*; ou, selon quelques-uns, *mère des peuples*. De ce premier nom, en retranchant les deux dernières lettres, est resté Toledo.

Althæa. Tite Live, en parlant du dessein formé par Annibal, d'attaquer Sagonte, dit qu'il fit d'abord passer son armée sur les confins des Olcades, plus dans la dépendance des Romains que des Carthaginois (3). Ce général prend de force et pille la ville que l'historien nomme *Carteia* (4), ville riche et la principale de la nation, dont le nom semble s'être conservé dans celui d'Orgaz, voisine d'Ocanna.

Vicus Cuminarius, indique un champ fertile en cumin, connu sous le nom de Zarza, lieu où il s'en fait encore aujourd'hui un grand commerce.

Contrebia a laissé des vestiges dans un lieu nommé Santavert. Cette ville avoit demandé des secours aux Celtibères, qui, arrêtés dans la route par des pluies continuelles et par les débordemens des fleuves, arrivèrent trop tard. Ignorant qu'elle s'étoit rendue, et ne voyant aucune apparence d'hostilité, ils furent surpris par les Romains, et obligés de prendre la fuite (5).

---

(1) Liv. lib. xxi, 5.

(2) Pline donne un peuple à cette ville, et le distingue des Carpétans; *Carpetani et Toletani Tago flumini impositi.* (Plin. lib. iii, 3)

(3) *In Olcadum fines, prius, (Ultra Iberum ea gens in parte magis, quàm in ditione Carthaginiesium erat.)* (Liv. lib. xxi, 5.)

(4) Cette ville, suivant Polybe, doit plutôt être appelée *Althæa*, l'autre étant située sur la côte, vers le détroit d'Hercule. Néanmoins il est à croire que *Carteia* est un terme phénicien ou punique qui signifie *urbs*, à cause de la prépondérance d'*Althæa*, comme les Grecs disent ασυ pour Athènes, et les Romains *urbs* pour Rome.

(5) Liv. lib. xl, 33.

Mantua, qui se trouve dans Ptolémée, n'est attribuée à Madrid que par conjecture, cette dernière étant une ville nouvelle dans l'Algarie; et capitale de toute l'Espagne.

Oretani s'étendoient entre l'*Anas* et le *Bætis*, vers les sources de ces deux fleuves et même dans la Bétique, c'est-à-dire dans une partie de ce que l'on appelle la Manche, et dans une portion de l'Andalousie.

Oretum avoit donné le nom au peuple, l'emplacement se trouve dans un petit lieu nommé Oreto.

Laminium, d'où Pline fait sortir la source du fleuve *Anas*, donnoit aussi son nom à un territoire, qui répond aujourd'hui au Campo de Montiel. Cet historien nous dit que le fleuve, tantôt confondant ses eaux dans celles des étangs, tantôt les resserrant comme dans une espèce de défilé, ou se dérobant tout entier par des routes souterraines, comme s'il prenoit plaisir à renaître, se jette dans l'Océan Atlantique (1).

Mentesa Oretana : il y avoit deux villes de ce nom (2), l'une que Ptolémée place chez les *Oretani* et dont les habitans étoient nommés *Mentesani Oretani*, l'autre *Mentesa Bastitana* chez les Bastitans (3). Pline admet la même distinction : *Mentesani qui et Oretani, Mentesani qui et Bastuli*.

La ville des Orétans, celle dont il s'agit, étoit placée entre les montagnes que Pline nomme *Oretanorum juga*, et que d'Anville retrouve dans Benataez, près du *Tader* ou Segura.

Sisapo (4), que Ptolémée donne aux Orétans et placée par Pline aux confins de la Bétique, est un lieu recommandable par ses mines de *minium* ou de vermillon; il se reconnoît par le nom actuel d'Almaden, qu'il a reçu des Maures; *Maaden*, en langue arabe, étant le terme propre à désigner des mines.

* *Castulo* (5) sur la rive droite du *Bætis*, ville alors de considération,

---

(1) *Ortus hic Laminitano agro Citerioris Hispaniæ, et modo sese in stagna fundens, modo in angustias resorbens, aut in totum cuniculis condens, et sæpius nasci gaudens, in Atlanticum oceanum effunditur.* (Plin. lib. III, 1.)

(2) Ptol. lib. II, 6. — (3) Plin. lib. III, 3.

(4) La minière de *Sisapo* étoit très-renommée du temps de Pline; elle faisoit même partie des tributs de l'empire Romain, et aucun autre bien de l'Espagne n'étoit aussi soigneusement gardé. Almaden est un bourg de la Manche, province de la Castille Nouvelle, situé au sommet d'une montagne, au pied de laquelle est une mine de vif argent, qui passe pour la plus anciennement connue et pour la plus riche de l'Europe. (Plin. lib. XXXIII, 7.)

* Les lieux marqués d'un astérique sont hors des limites de la Tarraconoise, et appartenoient aux peuples indiqués.

(5) *Castulo, urbs Hispaniæ valida ac nobilis, et adeo conjuncta societate Pænis, ut*

aujourd'hui petit lieu nommé Cazlona dans l'Andalousie; elle étoit la patrie d'Imilcé, femme d'Annibal, et Strabon la cite comme la capitale de l'Orétanie. Les habitans, qui s'étoient montrés les alliés des Romains, dans le temps de leur prospérité, les avoient abandonnés pour prendre le parti des Carthaginois, aussitôt après la défaite des deux Scipions; Scipion l'Africain conduisit son armée vers cette ville, défendue non seulement par des Espagnols qui s'y étoient rassemblés, mais encore par les restes de l'armée Carthaginoise. La nouvelle du désastre d'*Illiturgis* ayant prévenu l'arrivée du général Romain, la ville se rendit, et cette reddition volontaire avoit déjà calmé le ressentiment de Scipion. (1).

BASTITANI, vers l'est, étoient renfermés dans la Bétique, lorsqu'Auguste prit une partie de leur territoire pour la joindre à la Tarraconoise.

Ilorcis, Lorca, ou Lorqui, présentement village sur le bord septentrional de la Segura, à l'occident de Murcie, capitale du royaume de même nom. Pline dit que c'est en cet endroit que la rivière se recourbe et semble se détourner du bûcher de Cn. Scipion, appelé *Scipionis monumentum* (2), c'est-à-dire de la tour construite en bois, dans laquelle ce général s'étoit retiré. Les soldats d'Asdrubal y mirent le feu, et Scipion y périt avec toute sa suite.

* *Mentesa Bastitana*, San Thomé, près de Cazorla, ville de l'Andalousie. Pline observe que le fleuve *Bœtis* prend sa source dans la province Tarraconoise (3), non pas, comme quelques-uns l'ont dit, dans la ville de *Mentesa*, mais qu'il sort de la montagne de Tugie, près de laquelle sort aussi le fleuve *Tader* (4).

* *Tugia*, aujourd'hui Toia, donnoit le nom au *saltus Tugiensis*, dont Tite Live fait mention en plusieurs endroits. Ce défilé, selon le P. Hardouin, est Sierra di Alcaraz.

---

uxor inde Annibali esset, ad Pœnos defecit. (Liv. lib. xxiv, 41.) La position de cette ville, dans l'endroit où le fleuve n'est nullement navigable à cause des rochers qui le bordent des deux côtés, lui a fait donner son nom. En effet les rochers forment des brisans, contre lesquels l'eau se porte avec impétuosité. *Castula*, en arabe, signifie le fracas que fait l'eau d'une rivière contre les obstacles qu'elle rencontre.

(2) Liv. lib. xxviii, 20.

(3) *Tader fluvius, qui Carthaginiensem agrum rigat, Ilorci refugit Scipionis rogum.* (Plin. lib. iii, 1.)

(4) Plin. lib. iii, 1.

(5) *Bœtis in Tarraconensi provinciâ non, ut aliqui dixére, Mentesa oppido, sed Tugiensi exoriens saltu, juxta quem Tader fluvius.*

* *Basti*, Baza, a donné le nom au peuple.

* *Acci*, colonie romaine, dont les citoyens qui la composoient prirent le nom de *Gemellenses* (1), parce qu'ils avoient été tirés de deux légions, la troisième et la sixième. Elle étoit nommée *Colonia Julia Gemella Accitana*. Cette ville conservoit son nom sous les Maures en celui de Guadi Acci, duquel s'est formé le nom actuel de Guadix, dans le royaume de Grenade.

En remontant dans les terres, *Gemellæ* désignoit les colonies formées de soldats tirés d'une légion qui portoit le nom de *Gemella*, et ce titre se donnoit à celles qui avoient été recrutées en y incorporant une légion incomplète, faisant, par ce moyen, de deux légions une légion complète.

Bigerra (2), Bogarra, dans la Castille Nouvelle, étoit alliée des Romains ; les Carthaginois en avoient commencé le siège, lorsque la présence de Cn. Scipion le fit lever sans aucun combat.

Salaria, Chinchilla, dans la Castille Nouvelle ; c'étoit, selon Pline, cette ville qui avoit fourni une colonie à Castulon, dont les habitans avoient vendu leurs terres à César.

CONTESTANI habitoient, vers la mer, la partie méridionale du royaume de Valence et le royaume de Murcie.

Carthago Nova (3), Carthagène, fondée par Asdrubal, gendre d'Amilcar et beau-frère d'Annibal. Sa position sur la Méditerranée lui donnoit l'avantage d'un beau port, et une entrée toujours ouverte en Espagne. Tite Live nous en donne la description et nous fait connoître sa richesse (4). Pline et Antonin la surnomment *Spartaria*, à cause d'une terre voisine, que Strabon appelle *Spartarius Campus*, qui produisoit une grande quantité de joncs, dont on faisoit des cordages que l'on transportoit sur-tout en Italie. Les deux Scipions envoyés contre Annibal, après plusieurs victoires qu'ils durent à la valeur des Celtibères, furent battus dès que ceux-ci les eurent

---

(1) Plin. lib. III, 5.

(2) *Bigerra urbs, (socia et hæc Romanorum erat) a Carthaginiensibus oppugnari cœpta est, cum obsidionem sine certamine adveniens Cn. Scipio solvit.* (Liv. lib. XXIV, 42.)

(3) Contre le sentiment de la plupart des commentateurs, il paroit plus à croire que Pline met en parallèle *Tarraco* et *Carthago Nova*, villes d'une grande prépondérance, et non pas *Carthago Vetus*. Comme les Romains avoient la première pour être le centre de leur domination en Espagne, les Carthaginois avoient bâti la seconde pour se ménager un accès facile sur le même continent. *Colonia Tarraco, Scipionum opus, sicut Carthago Pœnorum.* (Plin. lib. III, 3.)

(4) Liv. lib. XXVI, 42.

abandonnés,

abandonnés (1), et ils périrent sur le champ de bataille, l'an de Rome 540. Deux ans après, P. Scipion vengea la mort de son père et de son oncle P. et Cn. Scipion, par la prise de Carthage la Neuve. Lors de la division de la Tarraconoise en trois provinces, sous Dioclétien et Constantin, cette ville fut élevée au rang de colonie, et devint chef-lieu d'un district qui renfermoit soixante-cinq peuples.

Scombraria, ins. et prom. Cap de Palos, ainsi nommée à cause de la quantité de maquereaux que l'on y pêchoit. Le port, au fond du golfe, étoit fermé par cette île.

Vergilia, dont Pline appelle les habitans *Virgilienses*. C'est improprement que l'on applique sa position à celle de Murcie, sur la Ségura, capitale du royaume de même nom, et dont il n'est fait mention que depuis l'invasion des Maures.

Orcelis, Orihuela, dans le royaume de Valence, située entre des montagnes au bord de la Ségura, au milieu d'une plaine si fertile en blé, qu'elle donne lieu au proverbe espagnol ; *qu'il pleuve ou ne pleuve pas, il y a toujours du blé à Orihuela*.

Ilicis, Elche, dans un territoire fertile en dattes et en vin. Il y a tout lieu de croire qu'elle a succédé à l'ancienne ville, et qu'elle a profité de son nom et de ses ruines. Pline la qualifie Colonie affranchie, *Colonia immunis Illici*, et sur les médailles d'Auguste et de Tibère, *Colonia immunis Illici Augusta*.

Illicitanus Sinus, Golfe d'Alicante, ainsi appelé, selon Pline, du nom de la ville.

Lucentum, Licant et, suivant l'usage actuel, Alicante, ville avec un port très-fréquenté, et dont les vins sont recherchés. Elle jouissoit du droit des Latins, *Latinorum Lucentum*.

Dianium, Denia : Pline lui donne l'épithète de tributaire, *Stipendiarium*. Elle fut fondée par des Marseillais quelques siècles avant J. C. ; ils la nommèrent *Artemisium*, du mot grec *Artemis*, nom de la déesse Diane d'Ephèse, en l'honneur de laquelle ils élevèrent un temple magnifique et très-fréquenté. Par la même raison, les Latins l'appelèrent *Dianium* (2).

---

(1) Liv. lib. xxv, 36.

(2) Les mêmes Grecs la nommèrent aussi *Hemeroscopium*, à cause d'une tour, du haut de laquelle, pendant le jour, on découvroit les vaisseaux qui croisoient sur la côte. (Strab. lib. III, pag. 159.) Elle procura un grand avantage à Sertorius, pour faire venir des secours par mer, et pour s'y ménager une retraite dans le cas où il éprouveroit une défaite.

Sœtabis (1), Xativa, sur une petite rivière de même nom, qui se joint au Xucar, dans le royaume de Valence (2). Pline donne le troisième rang au lin de cette ville, entre les meilleurs et les plus estimés de l'Europe. *A Sœtabi tertia in Europâ lino palma.* Ses toiles surpassoient en finesse et en beauté celles de l'Arabie, et le fil qu'on y employoit valoit bien celui de Péluse en Egypte. On y fabriquoit aussi des étoffes de laine.

§. IV. BOETICA.

Le fleuve *Bætis* (3), qui traverse cette Province, lui donne son nom; elle forme la partie la plus méridionale. Bornée au sud par la Méditerranée, *mare Internum,* et par l'océan, *mare Atlanticum;* séparée de l'Afrique par le détroit de Gades, ou d'Hercule, *fretum Herculeum*, elle a pour limite, à l'ouest et au nord, le cours du fleuve Anas, qui la sépare de la Lusitanie; la Tarraconoise la termine vers le nord-est. Ses côtes s'étendent depuis l'embouchure de l'Anas jusqu'à *Vrci*, ville dont il reste encore des vestiges sur la limite de la Tarraconoise. Distinguée des autres provinces par la richesse de son territoire, par sa fertilité et le nombre de ses villes, elle fut la première connue des Phéniciens, qui y trouvèrent de grands avantages pour leur commerce. Son étendue répond assez précisément à la partie de l'Espagne, qui a pris le nom d'Andalousie (4), dérivé de *Vandalitia,* que les Vandales laissèrent à cette contrée, avant d'être forcés par les Goths de passer en Afrique. Les Sarrasins, qui avoient trois rois dans l'Andalousie, l'ont appelée Andalous, nom que, dans leurs histoires, ils donnent à toute l'Espagne. Cette province s'étend encore dans la partie maritime du royaume de Grenade (5). Elle avoit trois peuples principaux: *Turdetani, Bastuli Pœni, Turduli.*

---

(1) Ce nom dérive des mots phéniciens *sith-iouths*, qui signifient toile de lin. Cette ville, très-belle autrefois, après une longue résistance contre les armes de Philippe V, dans la guerre de Succession, en 1707, fut enfin prise et démolie. On l'a rétablie depuis, et on lui a donné le nom de Saint-Philippe.

(2) Plin. lib. xix, cap. 1. — (3) Idem. lib. iii, cap. 1.

(4) Homère appelle les plaines de l'Andalousie *les Champs-Elysées.*

(5) Pline dit que cette province comprenoit quatre chefs-lieux de jurisdiction, *conventus juridici,* nommés *Gaditanus, Cordubensis, Astigitanus, Hispalensis;* en tout cent soixante-quinze villes, parmi lesquelles neuf colonies, huit villes municipales, *municipia,* viii; vingt-neuf anciennement gratifiées du droit du Latium, *oppida Latio antiquitus donata* xxix; six affranchies, *libertate donata* vi; deux alliées, *fœdere* ii; cent vingt tributaires, *stipendiaria* cxx. (lib. iii, 1.)

Turdetani, placés sur les deux rives du fleuve *Bœtis*, occupoient un très-grand espace et le long des côtes. Ce peuple simple, et possesseur de grands trésors, n'en connut le prix qu'après en avoir été dépouillé.

Hispalis, Séville, sur la rive gauche du fleuve ; son nom est phénicien, dérivé de *spala*, qui signifie une plaine, ou pays couvert de verdure, ce qui se reconnoît dans les environs. Elle n'a conservé le nom ancien qu'avec altération dans celui de Séville, qui, sous les Maures, étoit Isbilia. Agrandie et ornée par Jules César, qui y envoya une colonie nommée *Julia Romulea*, elle devint dans la suite un des quatre chefs-lieux d'un tribunal de la province. Cette ville, l'une des principales de l'ancienne Espagne, et dont le commerce étoit considérable, est aujourd'hui la capitale de l'Andalousie, et la première ville après Madrid.

Italica, Séville la Vieille, ou Sévilla la Vieja, sur la rive droite du même fleuve. P. Scipion en fit la retraite des soldats dont les blessures, reçues pendant la guerre punique, les mettoient hors d'état de servir. Cette ville d'abord municipe, et pouvant se gouverner par ses propres lois, devint ensuite colonie ; comme les soldats étoient du nom italien, *Italici nominis*, elle en prit le surnom. Elle est la patrie de Trajan et d'Adrien.

Le fleuve *Bœtis*, auquel on ne connoît actuellement qu'une seule embouchure, se divisant en deux bras jusqu'à la mer, formoit une île célèbre dans l'antiquité sous le nom de *Tartessus*. Dans cette île étoit une ville du même nom, située sur le bord de la mer. Les Phocéens furent les premiers des Grecs qui y abordèrent. Elle devint l'entrepôt d'un commerce très-florissant, auquel prirent part les Phéniciens, les Egyptiens et plusieurs autres peuples, même les Hébreux (1).

Cepionis Turris, Chipiona, bâtie par Q. Servilius Cepion, lorsqu'il eût remporté des avantages sur les Lusitains, pour arrêter les courses des pirates qui infestoient les flottes romaines, peut-être aussi à cause des écueils qui se trouvoient dans le voisinage.

Asta Regia, dont il ne reste que le nom sur le lieu qu'elle occupoit, adjacent au bras du *Bœtis*, qui n'existe plus. Cette ville étoit une colonie.

---

(1) M. Pluche conjecture que la ville de *Tartessus* est la fameuse *Tharsis* (Spect. de la nat. tom. IV, 2.ᵉ part. entret. 2), où Salomon envoyoit ses vaisseaux, de concert avec ceux d'Hiram, roi de Tyr, pour rapporter de la Béturie et des côtes d'Afrique qui, se trouvoient sur la route, de l'or, de l'argent, de l'ivoire, etc. Les Hébreux et les autres Syriens équipoient des vaisseaux propres à des voyages de long cours, auxquels ils donnoient le nom de vaisseaux de *Tharsis* ; ils s'embarquoient à Asiongaber, port de la mer Rouge, et employoient trois ans pour aller et revenir.

Nebrissa, surnommée *Veneria*, selon Pline, Lebrixa; on voit dans cette ville un vieux château, qui, après avoir résisté aux injures du temps, donne une idée de ce qu'elle étoit anciennement.

Bastuli Pœni, s'étendoient le long des côtes de la Méditerranée, depuis *Gades* jusqu'à *Urci*, limite commune entre la Bétique et la Tarraconoise. Originaires de Phénicie par les Carthaginois, ils furent surnommés *Pœni*, d'un nom propre à la nation phénicienne en général, comme il s'applique à la Carthaginoise en particulier.

Gades, Cadix, dans le royaume de Grenade, ville très-ancienne, fondée par les Tyriens, qui la nommèrent Gadir, mot qui signifie en hébreux, haie ou rempart. Elle est dans une petite île de même nom, mais jointe par une chaussée à une plus grande, que sépare du continent un canal semblable à une rivière. Sa position sur l'Océan, et un des plus beaux ports connus, rendirent cette ville célèbre par son commerce, qui prit de nouveaux accroissemens sous la domination des Romains (1). Magon l'ayant abandonnée pour passer en Italie, au secours d'Annibal son frère, Scipion l'Africain s'en empara, ou plutôt les habitans se livrèrent eux-mêmes. Ainsi fut achevée la conquête de l'Espagne. La ville devint colonie romaine sous le nom de *Julia Augusta Gaditana*, et chef-lieu d'un *conventus* nommé *Gaditanus*, aujourd'hui grande et belle ville, riche par son port, où se font les embarquemens pour l'Amérique. Elle est la patrie du géographe Pomponius Mela.

Herculis Templum, temple consacré à Hercule, la grande divinité du peuple fondateur de la ville. Il étoit situé sur un monticule isolé, à l'embouchure du canal dans la mer. C'est aujourd'hui Saint-Pedro.

Junonis promontorium, promontoire de Junon, aujourd'hui cap de Trafalgar.

Bœlon, Balonia sur le détroit, lieu inhabité à cause des pirateries des Maures (2); c'étoit où l'on s'embarquoit ordinairement pour passer à *Tingis*, Tanger en Afrique.

Calpe, appelé par les Maures Gebel-Tarik, aujourd'hui Gibraltar, montagne fameuse dans tous les siècles, à l'issue du détroit pour entrer dans la Méditerranée; elle s'élève et semble se mettre en opposition avec *Abyla* en Afrique. Nous savons que la fable attribue à Hercule la communication entre l'Océan et la Méditerranée, en coupant ces deux montagnes; il y érigea deux colonnes avec cette inscription : *Nec plus ultra*, pour marquer

---

(1) Liv. lib. xxviii, 37. — (2) Strab. lib. iii, 140.

qu'au-delà de ce terme il n'y avoit plus aucune terre (1); *termini ultimi terrarum.*

Abyla, sur la côte africaine, répond à une pointe en saillie dans la mer, qui s'élève en hauteur et forme une péninsule, dont une place, qui est Ceuta, forme l'entrée.

Carteia existoit au fond d'un golfe, que la montagne couvre vers le levant. Tite Live semble indiquer la position de cette ville avec un port: *urbs ed in orâ Oceani sita est, ubi primùm e faucibus angustis panditur mare* (2). Elle fut assiégée, prise et détruite par les Arabes, au commencement du VIII°. siècle, et depuis cette époque, il n'en est plus mention. On croit cependant en retrouver l'emplacement dans celui d'une tour appelée la tour de Carthagène, selon le père Hardouin. Son port subsiste et peut contenir un grand nombre de vaisseaux; il est défendu par la tour.

Munda, Munda, dans le royaume de Grenade. Près de cette ville fut livré, l'an 538, un combat opiniâtre entre les Carthaginois et les Romains; ce combat dura près de quatre heures, et déjà ceux-ci avoient tout l'avantage, lorsqu'on sonna la retraite (3); Cn. Scipion ayant eu la cuisse percée d'un coup de dard, et la valeur du soldat étant ralentie par la crainte que la blessure ne fut mortelle. Mais un pareil événement ne fit que suspendre la victoire. Cette même ville est illustrée par la victoire que Jules César remporta sur le fils du grand Pompée, qui, trouvé lui-même caché dans une caverne, fut tué, et sa tête portée à César. La victoire mit fin à la guerre civile.

Malaca (4), Malaga, *cum fluvio, fœderatorum oppidum*, ville des alliés, avec un fleuve du même nom; elle paroît à Strabon fondée par les Carthaginois (5), avec un port et un marché où se faisoit un grand commerce de salaisons. Malaca est aujourd'hui renommée pour la qualité de ses vins (6). Pline dit que Marcus Agrippa pense que toute cette côte est d'origine punique.

Menoba, *cum fluvio*, avec son fleuve, Almunecar, *Salambina*, Salobrena; *Abdera*, Adra; *Murgis*, Almeria, que Pline donne pour le terme de la Bétique, *Bœticœ finis.*

---

(1) Liv. lib. xxi, 43. — (2) *Idem.* lib. xxviii, 29. — (3) *Idem.* lib. xxiv, 42. — (4) *Idem.* lib. iii, 1.

(5) Quoique cette ville paroisse à Strabon de fondation carthaginoise (Strab. lib. iii, pag. 156), cependant il semble qu'elle doive plutôt être rangée, comme Calpe, Abdera, et plusieurs autres, au nombre des colonies établies par les Phéniciens à l'embouchure des rivières, et dans une position favorable au commerce.

(6) Plin. lib. iii, 1.

Urci, dont on reconnoît les vestiges peu loin de Vera près de la mer : selon le P. Hardouin, Almacaren en tient la place.

Baria, Vera, que Pline attribue à la Bétique : *Adscriptum Bœticœ Baria oppidum*.

Turduli, du temps de Strabon, étoient les mêmes que les *Turdetani*, mais Polémée les distingue; les Turdules tenoient la partie supérieure.

Astigis, Ecija, sur le *Singilis*, le Xenil, qui se rend dans le *Bœtis*; cette ville devint colonie surnommée *Augusta Firma*, et chef-lieu d'un *conventus*.

Singilis, sur le fleuve de même nom, semble avoir existé dans le lieu occupé actuellement par Puente de don Gonzalo, bourg de l'Andalousie.

Astapa, Estepa la Vieja; cette ville étoit toujours attachée au parti des Carthaginois; *Astapa urbs erat Carthaginiensium semper partis*. Elle fut une des trois villes qui aimèrent mieux périr que de se rendre; Numance pour la liberté, Sagonte par attachement pour les Romains, *Astapa* pour les Carthaginois (1). Le tableau que Tite Live nous fait de son désastre prouve jusqu'à quels excès peuvent se porter le désespoir et la haine.

Eliberis étoit la ville principale dans l'intérieur de ce canton, qui répond au royaume de Grenade. Le nom de cette ancienne ville s'est conservé dans celui d'une montagne voisine appelée Sierra Elbira. Ses ruines ont été découvertes en 1755, dans un champ près de Grenade, qui doit sa fondation aux Maures.

Corduba, Cordoue, sur la rive droite du fleuve. Strabon attribue sa fondation à Marcellus, *Marcelli opus*, sans autre désignation (2). Il ajoute qu'elle fut habitée par des familles choisies entre les Romains. C'est, sans doute, par cette raison, que Pline la qualifie colonie avec le surnom de Pa-

---

(1) Les habitans encoururent d'autant plus la vengeance des Romains que, sans autre motif que la haine, joint au plaisir de piller, ils faisoient des incursions sur le territoire des alliés qui étoient dans le voisinage, commettant les hostilités les plus cruelles. (Liv. lib. xxvIII, 22, 23.) A la vue de L. Marcius, lieutenant de Scipion, qui s'approchoit pour assiéger leur ville, aimant mieux se faire justice à eux-mêmes que de se soumettre à un ennemi outragé, ils entassent dans la place publique tout ce qu'ils ont de plus précieux, font asseoir sur cette espèce de bûcher leurs femmes, leurs enfans, et l'entourent de bois secs et combustibles. Il seroit trop long de donner les détails d'une résolution aussi étrange que barbare. Dans la ville, des concitoyens égorgeoient les femmes, les enfans; enfin Astapa fut détruite par le fer et par le feu, ne laissant au soldat aucun butin à faire; *ità Astapa, sine prœdâ militum, ferro igneque absumpta est*.

(2) Strab. lib. III, pag. 141.

tricienne, *Patriciæ cognomine*, ce qui est conforme aux inscriptions de Gruter. Elle a toujours été une des plus considérables de l'Espagne, le quatrième chef-lieu d'un *conventus*, et est devenue depuis la résidence des grands émirs des Maures, qui avoient conquis l'Espagne sur les Goths. Elle est la patrie des deux Sénèques et de Lucain.

Illiturgi, ruines sur le fleuve, près d'Andujar. Tite Live nomme ses habitans *Illiturgitani* (1). Après la défaite des armées romaines, et la perte funeste des deux Scipions, ils avoient ajouté le crime à la trahison, en faisant périr les soldats qui, échappés au désastre, s'étoient retirés chez eux. Scipion, de retour d'Afrique, se charge en personne de mettre le siége devant la ville, où tout étoit préparé pour une vigoureuse défense. Non seulement les hommes en état de porter les armes, mais même les femmes et les enfans se montrent avec une fermeté de courage et une force de corps extraordinaires, fournissant des traits aux soldats, et des pierres aux travailleurs (2). Il ne s'agissoit pas seulement de la liberté, qui anime les hommes courageux, mais encore se présentoit à leurs yeux le tableau du dernier des supplices et d'une mort honteuse (3). Après une longue et vigoureuse résistance, la ville étant prise d'assaut, le soldat romain tue, accable tout ce qu'il rencontre, hommes et femmes; sa rage n'épargne pas même les enfans au berceau. Il met le feu aux maisons, et détruit ce qui ne peut être la proie des flammes, tant il a à cœur de faire disparoître jusqu'aux vestiges de la ville (4), et de détruire le souvenir d'un lieu habité par de tels ennemis!

Mellaria, Fuente Ovejuna, aujourd'hui village de l'Andalousie. Pline en parle comme d'une ville de marque, qu'il ne faut pas confondre avec une autre du même nom citée par Strabon, et située sur le détroit; on y faisoit un commerce de salaisons.

Marianus Mons, Sierra Morena, est, comme il a été dit, la montagne qui sépare la Castille Nouvelle de l'Andalousie.

Bæturia est le nom d'un canton éloigné de la mer, lequel bordant la

---

(1) Liv. lib. xxviii, 19.
(2) Liv. lib. xxvii, 20.
(3) *Non libertas solum agebatur, quæ virorum fortium pectora acuit; sed ultima omnium supplicia, et fœda mors ob oculos erat.*
(4) *Trucidant inermes juxtà atque armatos, fœminas pariter ac viros: usque ad infantium cædem ira crudelis pervenit, ignem deinde tectis injiciunt, ac diruunt quæ incendio absumi nequeunt: adeo vestigia quoque urbis exstinguere, ac delere memoriam hostium cædis cordi est.*

rive gauche du fleuve Anas, s'étendoit sur-tout vers l'orient et les Orétains, sans être propre à une nation particulière. Tite Live rapporte que les préteurs C. Calpurnius et L. Quintius ayant au commencement du printemps de l'an 567 tiré leurs troupes des quartiers d'hiver, se réunirent dans la Béturie, et de là s'avancèrent dans la Carpétanie, où les Espagnols étoient campés. Le combat s'engagea d'abord près d'Hippone et de Tolède entre les fourrageurs; enfin l'action devint générale, et les deux armées romaines, mises en déroute, furent poussées jusque dans leur camp (1). Les ennemis s'arrêtèrent au milieu d'un tel désordre : *non institére perculsis hostes.*

§. V. LUSITANIA. (2)

Dans la division générale faite par Auguste, cet empereur donna pour limites à la Lusitanie, au sud, le fleuve Anas, qui coule entre elle et la Bétique; au nord, le Durius; l'Océan l'environne à l'ouest, bornée à l'est par la Tarraconoise. Le Tage coupe cette étendue par le milieu. Les trois fleuves prennent leurs sources dans la Tarraconoise. Cette province répond à la partie du Portugal renfermée entre la Guadiana et le Douro, avec une partie du royaume de Léon et une portion de l'Estremadure. Elle étoit divisée en trois districts ou *conventus*, contenant quarante-cinq peuples, dont les plus connus sont *Lusitani*, *Vettones* et *Celtici*.

Lusitani, dont le nom devint celui de la province entière, occupoient ce qui est au nord du Tage. Avant la division, n'étant point bornés par le Douro, ils empiétoient sur le territoire qui, par l'extension donnée à la Tarraconoise, fut celui des *Callaici*. Possédant un pays riche et fertile, capable de les nourrir eux et leurs troupeaux, de leur fournir même l'or et l'argent, ils aimèrent mieux ne rien demander à la terre, et devoir tout à la guerre

---

(1) Liv. lib. xxxix, cap. 5o.

(2) L'usage emploie le terme *Lusitanie* pour désigner le Portugal. En effet, la plus grande partie de ce royaume s'y rapporte; mais il faut observer que le Portugal, excédant d'un côté les limites de la Lusitanie par deux de ses provinces situées au nord du Douro, il ne comprend point d'un autre côté l'extension de la Lusitanie chez les *Vettones*.

Pline rapporte que Marius Varron a écrit que les Ibères, les Perses, les Phéniciens, les Celtes et les Carthaginois ont pénétré dans toute l'étendue de l'Espagne (Plin. lib. iii, cap. 1); que même Lusus ou Lyssa, fils de Bacchus, et qui l'accompagna dans ses expéditions bachiques, donna son nom à la Lusitanie, et que ce fut Pan, lieutenant de ce dieu, qui donna le sien à toute la contrée dite *Hispania*. D'autres prétendent que la Lusitanie, dont le Portugal fait partie, fut ainsi nommée par les Phéniciens, à cause de sa grande fertilité en amandes.

et au brigandage (1). Brutus, surnommé le *Callaïque*, qui en fit la conquête, leur procura un grand avantage, en les forçant de s'adonner à l'agriculture.

Olisipo, Lisbonne, située sur la rive septentrionale du Tage, vers l'embouchure. Après la conquête de l'Espagne par Auguste, cette ville fut, selon Pline, décorée du titre de ville municipale des citoyens romains, surnommée la Félicité Julienne, *municipium civium romanorum Olisipo, Felicitas Julia cognominatum* (2). Cette ville, aujourd'hui la capitale du Portugal, malgré les différens tremblemens de terre qu'elle a éprouvés, est une des plus célèbres villes de l'Europe.

Magnum promontorium, cap de la Roque, est le point de terre le plus occidental.

Barbarium promontorium, cap d'Espichel. Ces deux promontoires embrassent le golfe dans lequel le Tage vient se rendre.

Scalabis, Sainte-Irène, vulgairement nommée Santaren, sur la même rive du Tage. Une colonie, qui y fut envoyée, prit le nom de *Præsidium Julium*, le fort Julien. La ville étoit distinguée en qualité de chef-lieu d'un *conventus*.

Moron, sur la rive opposée, étoit la place d'armes de Brutus le Callaïque, qui soumit les Lusitains. On croit reconnoître son emplacement dans Almerim.

Conimbriga, Coimbre, sur le fleuve *Munda*, Mondego. Cette ville ne s'est pas précisément relevée sur ses ruines ; mais ces mêmes ruines ont servi à sa reconstruction à peu de distance de l'ancienne. Elle est aujourd'hui grande et belle. Dans les premiers temps, elle étoit la capitale du royaume. On admire encore le pont, qui est composé de deux rangs d'arcades l'un sur l'autre.

Lancia. On rencontre deux villes de ce nom dans cette contrée, l'une surnommée *Oppidana*, que l'on croit convenir à la Guarda, place forte, près de la source de la rivière Mondego, et dans la province du Beira ; l'autre semble avoir appartenu aux Vettons.

Norba Cæsarea, suivant Ptolémée, et selon Pline *Norbensis, Cæsariana cognomine*, Norba, surnommée Césarienne, que l'historien place au rang des colonies. Cette ville bâtie sur la rive gauche du Tage par les

---

(1) Strab. lib. III, pag. 154. — (2) Plin. lib. IV, cap. 22.

Maures et sur les ruines de l'ancienne *Norba*, reçut le nom d'Alcantara, dans l'Estremadure Espagnole, aujourd'hui unie à la Castille Nouvelle.

Pons Trajani, (1) le pont de Trajan, sur le même fleuve. Sous le règne de cet Empereur, plusieurs cités firent construire, à frais communs, un pont de pierre, et le lui dédièrent. Les Maures le nommèrent Cantar, dénomination qui désigne un pont dans la langue Arabe.

Meidobriga, dont les habitans sont appelés par Pline *Medubricenses,* étoit une ville considérable et puissante, voisine du mont *Herminius,* mais aujourdhui ruinée. Ses ruines se reconnoissent sous le nom d'Armenha près de Marvaon, à peu de distance de Portalegre dans l'Alcatéjo. Pline surnomme ces mêmes habitans *Plumbarii,* à cause des mines de plomb qui étoient dans le mont Arminno.

Vettones, (2) grande nation qui s'étendoit depuis le Douro jusqu'au-delà du Tage, et même, suivant Strabon, au-delà du fleuve Anas. D'où il paroît qu'elle occupoit la partie méridionale du royaume de Léon, jointe à une grande partie de la Castille Nouvelle.

Emerita Augusta, Anœ fluvio apposita, Mérida sur la rive droite de l'Anas, fut fondée par Auguste, après la défaite des Cantabres, des Astures et des Lusitains; surnommée *Emerita,* parce qu'il la donna en récompense à une colonie de soldats vétérans, qui l'avoient bien servi dans son expédition. Elle devint chef-lieu d'un *conventus* et la résidence d'un proprétcur. Suivant Strabon, cette ville appartenoit d'abord aux Turdules, mais il paroît que depuis les Vettons s'en emparèrent (3). Le poète Prudence l'appelle la belle colonie de la Vettonie (4).

Strabon cite un trait qui caractérise la simplicité des Vettons (5). Ils

---

(1) On voyoit dans quatre cadres de marbre, qui étoient sur le pont, le nom des cités qui avoient contribué; il n'en subsiste plus qu'un : on y lit une inscription qui atteste le fait. Ce pont a deux cents pieds de hauteur, six cent soixante-dix de longueur, sur vingt-huit de largeur, quoiqu'il n'ait que six arches.

(2) Strab. lib. iii, pag. 139. — *Idem.* pag. 151.

(3) Les divisions de cette province ont tellement varié, et les anciens sont si peu d'accord sur ce point, qu'il est comme impossible de les déterminer avec précision.

(4) . . . . *Nunc locus Emerita est tumulo*
Clara colonia Vettoniæ,
Quam memorabilis amnis Ana
Prœterit. (Prudent. *hymno* 9. *In Eulaliam,* vers. 186.)

(5) Strab. lib. iii, pag. 164.

venoient de passer sous la domination d'Auguste, lorsque, apercevant des centurions aller çà et là, et revenir comme des personnes qui se promènent, ils crurent que ces officiers avoient perdu le sens, et se présentèrent à eux pour les conduire à leurs tentes, dans l'idée qu'il n'y avoit point de milieu entre rester à la tente, ou combattre.

Metallinum, Médelin (1), sur le même fleuve, doit son nom, suivant l'opinion commune, à Q. Cœcilius Metellus, consul romain, qui en est regardé comme le fondateur. C'étoit une colonie.

Salmantica, Salamanque, sur la rivière aujourd'hui nommée Tormes, grande et belle ville du royaume de Léon.

Lancia Transcudana, au sud et dans le même royaume, semble remplacer Ciudad-Rodrigo, ville forte, où se fait un grand commerce de cuivre.

CELTICI, les Celtiques, habitoient la partie méridionale, bordant le rivage de l'Océan entre le Tage et l'Anas. Un détachement de cette nation s'étoit cantonné fort au loin dans le voisinage du Finistère, qui, outre le nom d'*Artabrum*, étoit aussi appelé *Celticum*. Leur territoire se reconnoît dans une partie de l'Alcatéjo, province ainsi nommée de sa situation au-delà du Tage, par rapport à Lisbonne; et dans l'Argarve, dont il sera parlé.

Pax Julia, aujourd'hui Béja, nommée par les Maures Bakilia, étoit une ville des plus grandes et des plus puisssantes de la province, elle devint chef-lieu d'un *conventus*. On y voit encore trois portes qui sont d'architecture romaine, et un grand nombre de monumens antiques.

Myrtilis, Mertola, sur la rive de l'Anas, étoit une ville très-riche et très-considérable du temps des Romains, à en juger par le grand nombre de monumens, comme colonnes, statues et autres antiquités que la fouille a découvertes.

Salacia, vers la côte, Alcacer-do-Sal, c'est-à-dire, le château de la Saline, sur le *Calipos*, aujourd'hui Zadan. Cette ville étoit surnommée l'Impériale, *cognominata urbs Imperatoria*; une inscription de Gruter prouve qu'elle étoit municipe. On y fait encore du sel fort blanc.

Cetobriga, sur le bord de la mer, près de Setuval, semble avoir tiré son nom des pêcheries qui sont aux environs.

Ebora, Evora, nommée par César la Libéralité Julienne, *Liberalitas Julia*; on attribue aux Phéniciens la fondation de cette ville. Sertorius l'entoura de fortes murailles, et y fit construire un magnifique acqueduc, qui fut réparé,

---

(1) Cette ville a vu naître Fernand Cortez, qui conquit le Mexique en 1521.

au XVI.ᵉ siècle, par Jean III, roi de Portugal. Elle est aujourd'hui la capitale de l'Alentéjo.

Cuneus, Coin, nom, suivant Strabon, que les Latins ont donné à la contrée voisine du promontoire Sacré, laquelle forme un triangle assez aigu. Les Maures ont appelé cette extrémité du continent l'Algarve, du mot *garb*, qui, en langue arabe, désigne le couchant. Le nom de *Garbino*, employé sur la Méditerranée pour un vent latéral du ponent vers le sud, en est dérivé.

Lacobriga: on voit encore les ruines de cette ville et des vestiges d'anciens édifices auprès de Lagos, dans un village nommé par les Portugais Lagoa.

Portus Annibalis, dont parle Pomponius Mela, et que plusieurs géographes placent à Villa Nova.

Sacrum promontorium, cap de Saint-Vincent, est la pointe de l'Algarve: le soleil, à la fin de sa course, se plongeant dans la mer, faisoit distinguer particulièrement cette pointe de terre entre les plus avancées vers le couchant.

L'Espagne resta sous la puissance des Romains jusque vers la fin du IV ᵉ. siècle. Les nations barbares, sorties du nord, envahirent les différentes provinces, et toute entière enfin elle reçut la loi des Goths, pour passer successivement sous différentes dominations.

§. VI. INSULÆ BALEARES (1) vel GYMNESIÆ.

Nous avons dit que, dans l'augmentation des provinces, les îles Baléares tinrent lieu d'une province particulière, en y joignant les *Pityusœ* et autres petites peu éloignées. Cette province fut gouvernée d'abord par un préfet, et ensuite par un président. Les habitans étoient du ressort de Carthagène. Avant l'invasion des Romains, on croit qu'elles étoient habitées par des Rhodiens et des Béotiens; les premiers y abordèrent après la guerre de Troie, les autres y furent jetés par la tempête. Ensuite vinrent les Phéniciens qui, suivant Strabon (2) fondé sur l'opinion générale, enseignèrent si bien aux anciens

---

(1) *Baleares*, du mot grec Βαλλω qui signifie lancer, jeter; *gymnesiœ*, de Γυμνὸς nud, soit parce que les peuples ne portoient point de vêtemens en été, soit à cause du naufrage des Béotiens, qui y abordèrent entièrement nuds. *Baleares fundâ bellicosas Grœci gymnesias dixere*. (Plin. lib. iii, 5.)

(2) Strab. lib. iii, pag. 167, et seq.

habitans l'art de manier la fronde, qu'ils ont passé depuis pour les plus habiles frondeurs. Ils combattoient avec trois sortes de frondes (1). « Il n'est point
» étonnant, dit Florus, qu'ils eussent une telle justesse dans la main ; la
» fronde étoit leur seule arme, et leur seul exercice dès l'enfance. L'enfant
» ne reçoit de sa mère que la nourriture qu'il a fait tomber d'un but qu'elle
» indique elle-même ». Dans la suite ces îles passèrent sous la domination des Carthaginois qui en tirèrent de grands secours pendant leurs guerres en Espagne.

Quelques-uns de ces insulaires s'étant associés avec des pirates qui infestoient les mers, les Romains, comme si le crime eût été commun à tous, envoyèrent Metellus pour les combattre. Ce consul, s'étant rendu maître des îles, extermina les habitans. De trente mille hommes auquel leur nombre pouvoit monter à son arrivée, il en resta à peine dix mille qui reçurent une colonie de trois mille Espagnols. De retour à Rome, il obtint, avec l'honneur du triomphe, le surnom de *Baléarique*, comme son père avoit reçu celui de *Macédonique*.

Le nom de Baléares ou *Gymnesiæ* ne s'appliquoit qu'aux îles appelées *Major* et *Minor*, Majorque et Minorque, la grande et la petite Baléares, dans la Méditerranée.

Palma, qui, en conservant son nom, prend aussi celui de l'île, étoit la ville principale de la grande, dont aujourd'hui elle est la capitale belle et riche.

Pollentia, Polença, sur la côte orientale, au nord d'une ville construite par les Maures sous le nom d'Alcudia. Ces deux villes jouissoient du droit des citoyens romains (2), et Pomponius Mela leur donne le titre de colonies. Elles furent bâties par Metellus après sa sanglante expédition.

Pline cite deux autres villes qui jouissoient des mêmes droits que ceux du Latium ; (3) *oppida latina Cinium et Cunici*.

Mænaria, Dragonera : Pline fait mention de plusieurs autres qui, sans doute, ont disparu.

Capraria, Cabrera, petite île au sud de Majorque, dangereuse pour la navigation ; *insidiosa naufragiis*.

---

(1) *Tribus quisque fundis prœliatur : certos esse quis miretur ictus, cùm hæc sola genti arma sint, id unum ab infantiâ studium. Cibum puer a matre non accipit, nisi quem, ipsâ monstrante, percussit.* (Flor. lib. III, cap. 8)

(2) *Major oppida habet civium Romanorum Palmam et Pollentiam.* (Plin. lib. III, 5)

(3) Plin. *ibid.*

Portus Magonis, ville maritime de la petite Baléare, aujourd'hui port Mahon, du nom de Magon, frère d'Annibal, et général carthaginois, qui la fit construire plus de deux cents ans avant J. C. C'est aujourd'hui un des meilleurs ports de la Méditerranée.

Iamna, Citadella, capitale à l'ouest, petite ville dont les fortifications sont médiocres. Selon Pomponius Mela, ces deux villes étoient deux places fortes. *Castella sunt in Minore Iamna* et *Mago*. (Lib. II, 7)

Pityusœ (1) ainsi nommées par les Grecs à cause de la quantité de pins qui y croissoient. Elles sont au nombre de deux (2).

Ebusus, Iviça : ce fut dans cette île la plus proche du continent que les Carthaginois s'arrêtèrent avant de s'établir en Espagne ; elle n'appartenoit pas aux Rhodiens, maîtres des autres. Sa fertilité est si grande en blé, en vin, en fruits et en sel, qu'on en transportoit pour l'Espagne et pour l'Italie. Elle a cet avantage, (3) qu'on n'y voit ni serpens, ni aucune autre bête venimeuse. Tite Live la nomme *Pityusa* ; Elle étoit occupée par des Carthaginois, lorsque Magon voulut y aborder. *Pœni tunc eam incolebant*.

Ebusus (4), ville de même nom que l'île, bâtie par les Phéniciens. Diodore de Sicile la nomme *Eresus*, et la donne pour une colonie de Carthaginois ; il ajoute que, de son temps, elle étoit habitée par un ramas de Barbares, la plupart Phéniciens, dont la colonie y fut conduite cent quatre-vingts ans après la fondation de Carthage.

Ophiusa ou *Colubraria*, Formentera, presque adhérente à Iviça. Elle est habitée par des serpens dont, suivant une ancienne tradition, on ne peut se garantir que par une enceinte faite avec de la terre d'*Ebusus* que ces animaux fuient comme un poison.

---

(1) Plin. lib. II, cap. 7.

(2) Tite Live nous donne une juste idée des îles Baléares : *Duœ sunt Baleares, Major alterâ atque opulentior armis virisque ; et portum habet (commodum). Minor Balearium insula fertilis agro ; viris, armis haud œque valida.* (lib. XXVIII, 37.) Cet historien parle de l'adresse des habitans à manier la fronde.

(3) La terre d'Ebuse a la propriété de faire fuir les serpens ; celle de Colubraria au contraire les produit. *Ebusi terra serpentes fugat, Colubrariœ parit* (Plin. lib. III, 5); de sorte que, dans cette dernière, on ne peut s'en garantir qu'en portant de la terre d'Ebuse ; aussi les Grecs lui ont-ils donné le nom d'*Ophiusa*, Serpentaire.

(4) Liv. lib. XXVIII, cap. 37.

GALLIA.

La Gaule, environnée par l'Océan Britannique au nord, et par l'Océan Atlantique à l'ouest, avoit pour limite à l'est le Rhin dans toute l'étendue de son cours, en remontant jusque vers la source de ce fleuve; la chaîne des Alpes succède jusqu'à la Méditerranée; le rivage de cette mer et ensuite les Pyrénées terminent la partie du sud (1).

En partant du Rhin, qui sépare la Gaule de la Germanie, les rivières les plus considérables sont *Mosella*, la Moselle, qui se rend dans ce fleuve : *Mosa*, la Meuse, coulant vers le nord comme le Rhin, et qui reçoit, avant d'arriver à la mer, un bras émané du fleuve, sous le nom de *Vahalis*, le Vahal; *Scaldis*, l'Escaut, lié vers son embouchure à celle de la Meuse; *Sequana*, la Seine, à laquelle se joignent, entre autres rivières, *Matrona*, la Marne, *Icauna*, l'Yonne, *Isara*, l'Oise. *Liger*, la Loire, courant au nord pour se replier vers l'ouest, reçoit *Elaver*, l'Allier, *Caris*, le Cher, *Anger*, l'Indre; *Garumna*, la Garonne, qui, près de former une grande embouchure, est grossie par *Duranius*, la Dordogne; enfin *Asturus*, l'Adour, près des Pyrénées.

Du côté de la Méditerranée, *Rhodanus* (2), le Rhône, entraîne avec lui *Arar* ou *Sauconna*, la Saône, *Isara*, l'Isère, *Druentia* (3), la Durance. Les montagnes à remarquer sont *Cebenna* (4), les Cévennes; *Jura*, mon-

---

(1) Il faut observer que l'Empire Français remplit toute l'étendue de l'ancienne Gaule du côté du Rhin et des Alpes.

(2) Selon Pline, le Rhône a pris son nom de *Rhoda*, ancienne ville et colonie des Rhodiens qui, dans le cours de leurs navigations, arrivés à l'embouchure d'un grand fleuve qu'ils ne connoissoient pas, y fondèrent une ville de leur nom, et donnèrent la même dénomination au fleuve; *unde dictus, multo Galliarum fertilissimus, Rhodanus amnis*. Descendant des Alpes, il passe à travers le lac Léman, reçoit la Saône, connue par la lenteur de ses eaux; l'Isère et la Durance, dont le cours n'est pas moins rapide que le sien; *ex Alpibus se rapiens, per Lemanum lacum, segnemque deferens Ararim, nec minus se ipso torrentes, Isaram et Druentiam* (Plin. hist. nat. lib. III, cap. 4.) Les Alpes, dont Pline parle ici, sont le mont *Adula*, aujourd'hui le mont St.-Gothard, situé à la jonction des Alpes Rhétiennes et Pennines.

(3) *Druentia, is et ipse Alpinus amnis, longe omnium Galliæ fluminum difficillimus transitu est.* (Liv. lib. XXI, cap. 31.)

(4) *Cebenna* dans César, *Gebenna* dans Pline, ont beaucoup d'analogie avec le mot

tagne de la Gaule Celtique ; cette chaîne prend différens noms dans les différens pays qu'elle borne ou qu'elle traverse ; *Vogesus*, la Vosge. Des rameaux détachés de la cime principale des Alpes, et qui se prolongent au loin, ont communiqué le nom d'Alpes à des provinces particulières de la Gaule.

Pour avoir une connoissance exacte de l'état politique de cette grande région, avant que les Romains s'en fussent rendus les maîtres, César est le seul historien chez lequel on puisse trouver tous les renseignemens nécessaires. Dans ses Commentaires de la guerre des Gaulois, il peint le caractère de la nation Gauloise, il dévoile les intrigues qui contribuèrent à troubler l'ordre de la société parmi eux. Il parle des peuples de manière à ne laisser aucun doute sur le pays qu'ils habitoient. Il donne à entendre quelles étoient les républiques les plus puissantes, l'étendue de leur département, le nombre de leurs alliés et celui de leurs tributaires. Il désigne ceux des peuples Germains qui avoient pénétré dans la Belgique, et en même temps tous ceux des peuples Celtiques qui, à l'époque de l'an de Rome 690, formoient la province Romaine. Enfin on s'aperçoit que l'état de la Gaule, du temps de César, n'étoit déjà plus le même que lorsqu'il en sortoit des colonies qui peuplèrent l'Ibérie, l'Italie et une partie de la Germanie.

A l'arrivée de César, trois grandes nations, *Celtæ, Belgæ, Aquitani*, distinguées par le langage comme par les coutumes, partageoient entre elles la Gaule toute entière. Le nom de *Celtæ* ou de *Celtica* s'étendoit à la région en général ; c'est des Romains qu'est venue la dénomination de *Galli* et de *Gallia* (1). Il est vrai que le partage étoit fort inégal ; car les Celtes (2) occupoient plus de la moitié, depuis la Saône et la Marne, jusqu'à la Garonne, s'étendant au levant jusqu'au Rhin, vers la partie supérieure de son

---

Kaven, ou *Keben* qui, en langue celtique, signifie une haute montagne, ou le sommet d'une montagne. Les Cévennes formoient, au temps de Pline, une chaîne bien plus longue que ce que nous entendons aujourd'hui par cette dénomination ; elles commençoient aux montagnes des Albigeois, et comprenoient celles du Bas Rouergue, du Bas Gévaudan et du Bas Vivarais.

(1) *Gallia est omnis divisa in partes tres, quarum unam incolunt Belgæ, aliam Aquitani, tertiam qui, ipsorum linguâ, Celtæ, nostrâ Galli appellantur.* (de Bell. Gall. lib. 1, cap.)

(2) Les Celtes furent les seuls des Gaulois qui, en différens temps, passèrent les Alpes, et formèrent des établissemens en Italie. Leur première invasion dans cette contrée date de l'an de Rome 160 (Liv. lib. v, 34), sous le règne de Tarquin l'Ancien, quand Ambigat, leur roi, trouvant son royaume trop peuplé, envoya un très-grand nombre de ses sujets chercher à fonder des colonies, ayant à leur tête Ségovèse et Bellovèse, ses neveux.

cours,

cours, et au midi jusqu'à la Méditerranée. Aussi étoient-ils plus Gaulois que les autres. Les Belges, reculés vers le nord, bordoient le cours inférieur du Rhin ; *Belgæ ab extremis Galliæ finibus oriuntur, pertinent ad inferiorem partem fluminis Rheni* (1). Ils étoient mêlés de peuples Germaniques. Les Aquitains, resserrés entre la Garonne et les Pyrénées, avoient quelque affinité avec les nations Ibériennes ou Espagnoles, voisines de ces montagnes ; *a Pyrenæo ad Garumnam Aquitani*.

La Gaule, dans les premiers temps, étoit libre et gouvernée par un conseil commun ; quelques cités cependant étoient sous la domination des rois. La guerre, que les Salyes, peuples Liguriens, firent aux Phocéens établis à Marseille, fut le prétexte dont se servirent les Romains pour y porter leurs armes. En allant au secours de cette ville, ils passèrent leurs limites, l'an de Rome 629, et s'emparèrent d'une grande partie désignée d'abord par le terme générique de *Provincia ; quasi armis victa regio*. Non seulement les Salyes, mais encore les Vaucontiens, les Allobroges et les peuples d'Auvergne qui s'étoient ligués, furent vaincus. Les villes perdirent leurs lois, leur liberté, une grande partie de leurs terres, et furent assujetties aux lois que les vainqueurs voulurent leur imposer : ils y établirent un grand nombre de colonies. Cette province, longeant la rive gauche du Rhône jusqu'à la mer, se continuoit sur la rive opposée jusqu'aux Cévennes, et, en suivant la côte maritime, jusqu'aux Pyrénées. La différence du costume des habitans fit nommer une partie *Braccata*, à cause du large vêtement qui couvroit les cuisses, et l'autre *Comata*, parce que les Celtes portoient la chevelure dans toute sa longueur. Telle étoit la Gaule lorsque, soixante ans environ après, César, en neuf campagnes, soumettant les Celtes, les Belges et les Aquitains, fit passer la domination romaine jusqu'au Rhin et à l'Océan.

La première division est celle qu'Auguste fit en quatre provinces, qui furent appelées *Belgique, Lyonnoise* ou *Gaule Propre, Aquitaine* et *Narbonoise*; division indiquée par Strabon, Mela, Pline et Ptolémée. Ce prince, pendant son séjour à Narbonne, où il étoit allé régler l'administration de la Gaule, l'an de Rome 727, vingt-cinq ans avant J. C., fit un nouveau partage en provinces avec plus d'égalité entr'elles qu'il n'y en avoit entre les nations. En prenant sur la Celtique, une province sous le nom d'*Aquitania*, n'étant point bornée par la Garonne, s'étendit jusqu'à l'embouchure de la Loire. Ce que la Celtique avoit de contigu au Rhin fut attribué à la province appelée *Belgica. Lugdunum*, colonie fondée après la mort de

---

(1) Cæsar de Bell. Gall. lib. 1, cap. 1.

César, et avant le triumvirat, fit donner à la Celtique le nom de *Lugdunensis*; la province romaine prit de même le nom de *Narbonensis*. Avant, *Narbonenses* ne signifioit que les habitans de la ville de Narbonne. Chacune de ces provinces primitives en ayant formé plusieurs, leur nombre, après environ quatre cents ans, se trouva monter jusqu'à dix-sept sous le règne d'Honorius, Ainsi étoit partagée la Gaule avant que les Goths, les Francs et les Bourguignons y fissent des établissemens, et c'est à cause de cette division que les Gaules ont été quelquefois appelées *decem et septem Provinciæ*.

NARBONENSIS.

Tout le pays, conquis par les généraux romains dans l'espace de cinq ans, composa la province Narbonoise; c'est le nom, selon Pline, que l'on donne à la partie des Gaules qui est arrosée par la Méditerranée, et auparavant nommée *Braccata* (1). Elle est séparée de l'Italie par la rivière du Var, *Varus* (2), et par les Alpes, ces montagnes dont on peut regarder les hautes cimes comme la sauve-garde de l'empire Romain. Du côté du septentrion, les monts *Cebenna* et *Jura* la séparent du reste de la Gaule. Suivant le même historien, on ne sauroit lui préférer aucune province pour la culture et la fertilité des terres, pour ses richesses, pour la douceur et la politesse de ses habitans; car, à tous égards, c'est moins une province qu'une véritable Italie. Les Gaulois qui l'occupoient, déjà civilisés avant l'arrivée des Phocéens, devenus plus polis par le commerce de ces Grecs, prirent facilement les usages des Romains leurs nouveaux maîtres. Cette province comprenoit la Savoie, le Dauphiné, la Provence, le Languedoc, le Roussillon et le Comté de Foix.

La notice des provinces de l'Empire divise l'ancienne Narbonoise en cinq parties; la première Narbonoise, la Viennoise, la seconde Narbonoise, les Alpes Maritimes, les Alpes Grecques et Pennines.

---

(1) Plin. hist. nat. lib. III, cap. 4.

(2) La rivière du Var est marquée par tous les anciens géographes pour une des limites qui séparent la Gaule Narbonoise de l'Italie. Cette rivière prend sa source dans le mont *Acema*, qui fait partie des Alpes Maritimes. De ce mont, le Var vient arroser le territoire de Glandève et celui de Nice, où il se décharge dans la mer. Ce n'est point la rivière toute entière qui séparoit la Gaule d'avec l'Italie, mais seulement la source placée dans les Alpes maritimes. Le comté de Nice, qu'elle traverse, faisoit partie de la Gaule Narbonoise, comme il le fit ensuite de la Provence.

§. I. NARBONENSIS PRIMA.

L'empereur Valentinien, ou Gratien son fils, avant l'an 381 de J. C., forma deux Narbonoises et quatre Lyonnoises. La Narbonoise première, dont l'étendue se rapporte assez généralement à ce qu'on nomme aujourd'hui le Languedoc, étoit, dans sa plus grande partie, occupée par deux peuples considérables.

VOLCÆ (1) ARECOMICI, vers le Rhône, et VOLCÆ TECTOSAGES, vers la Garonne : *Nemausus*, Nîmes, dépendoit des premiers ; *Tolosa*, Toulouse, des seconds. Le pays de Narbonne étoit sous la domination des Tectosages, avant que les Romains eussent placé une colonie à *Narbo* (2), avec le surnom de *Marcius*. Cette ville très-puissante, outre le rang qu'elle avoit dans cette province, tenoit à la mer par un canal de l'*Atax*, qui est la rivière d'Aude. Cette colonie, toute composée de citoyens romains, fut la première dans la Gaule et la deuxième hors de l'Italie, celle de Carthage étant antérieure de trois ans. Elle étoit comme la sentinelle, et servoit de boulevard contre les nations Gauloises (3). *Carcaso*, Carcassonne, sur l'*Atax ; Beterræ*, Béziers, étoit une des villes principales des Tectosages par l'avantage et l'agrément de sa situation. *Agatha*, Agde ; *Agatha quondam Massiliensium* (4). Les Phocéens, fondateurs de Marseille, la nommèrent Agathé Tuché, c'est-à-dire bonne fortune ; *Luteva*, Lodève.

SARDONES, au pied des Pyrénées, occupoient la partie maritime, qui de *Ruscino*, une de leurs villes, a pris le nom de Roussillon. Elle subsistoit

---

(1) Les noms de ces peuples, ainsi que les surnoms, sont celtiques et très-anciennement connus. César parle des Tectosages qui avoient passé dans la Germanie. Ceux-ci occupoient un terrain beaucoup plus étendu que les Arécomiques, et ce ne fut qu'à l'époque où les Romains établirent une colonie à Narbonne, que le territoire des Tectosages se trouva resserré. En admettant que la portion de la Gaule, la plus voisine de la Méditerranée, ait été peuplée la première, les Volces sont, sans contredit, les plus anciens habitans de cette partie de l'Europe.

(2) *Narbo*, déjà célèbre au temps de Pytheas de Marseille, c'est-à-dire près de trois siècles avant J. C. Ce géographe, au rapport de Polybe, cité par Strabon, dit qu'elle étoit une des principales villes de la Gaule. Le surnom de *Marcius* tire son origine du nom de Q. Marcius Rex, sous le consulat duquel, l'an 636 de Rome, L. Crassus, le fameux orateur, y conduisit une colonie.

(3) *Est Narbo Marcius colonia nostrorum civium, specula populi Romani ac propugnaculum istis ipsis nationibus oppositum.* (Cicer. orat. pro Fonteio.)

(4) Plin. lib. III, cap. 4.

encore du temps de Louis le Débonnaire, l'an 816 ; mais, vers l'an 828, elle fut ruinée dans la guerre des Sarrasins ; il ne reste plus, sur le terrain qu'elle occupoit, qu'une vieille tour, appelée la Tour de Roussillon, peu éloignée de Perpignan. Ce fut à *Ruscino* que les peuples s'assemblèrent pour délibérer sur le passage que leur demandoit Annibal.

Illiberis étoit une ville fameuse du temps d'Annibal, qui y rassembla ses troupes, lorsqu'il eut passé les Pyrénées, 218 ans avant J. C. Dès le temps de Pline, elle étoit tellement déchue, qu'il n'en restoit que de foibles vestiges ; *vicus Illiberis magnæ quondam urbis et magnarum opum tenue vestigium.* On croit que Constantin la fit rebâtir sous le nom d'*Helena*, aujourd'hui Elne, en mémoire de sainte Hélène, sa mère.

Consoranni pouvoient avoir été compris dans cette Narbonoise, avant de faire partie de la *Novempopulane*.

§. II. VIENNENSIS.

Au commencement du IV.ᵉ siècle, parut une province sous le nom de Viennoise, séparée de la Narbonoise. Elle occupoit la rive gauche du Rhône, depuis sa sortie du lac *Lemanus*, ou de Genève, jusqu'à ses embouchures dans la mer.

ALLOBROGES, peuples que Ptolémée appelle *Allobriges*, et Tite Live *Allobroges*, placés entre l'Isère et le Rhône, formoient anciennement dans la province romaine une république qui ne cédoit à aucune autre des Gaules en richesse et en réputation ; *Allobroges, gens jam inde nullâ Gallicâ gente opibus aut famâ inferior* (1). Leur territoire s'étendoit dans la partie principale du Dauphiné, remontoit dans la Savoie jusqu'à la position de *Geneva*, qui étoit une de leurs villes. *Geneva*, dit César, *extremum oppidum Allobrogum est.*

Vienna, Vienne, dont la province prenoit le nom, étoit leur capitale ; ils l'avoient fondée eux-mêmes après avoir quitté leur bourgade.

Cularo, nommée ensuite *Gratianopolis*, du nom de l'empereur Gratien, d'où est venu celui de Grenoble, capitale du Dauphiné.

SEGALAUNI, séparés des Allobroges par l'Isère, habitoient le long de la rive gauche du Rhône, qui couloit entr'eux et les Helviens ; c'est aujourd'hui le Valentinois.

Valentia, Valence sur le Rhône, colonie romaine dès le temps de Pline. Ce fut au dessus de cette ville, suivant Strabon, à l'endroit où l'Isère

---

(1) Liv. lib. xxi, 31.

se rend dans le Rhône, que Fabius Maximus subjugua entièrement les Allobroges, l'an de Rome 632, et prit le surnom *Allobrogicus* (1). Le même géographe ajoute qu'un peu plus bas à l'embouchure de la Sorgue, qu'il appelle *Sulgas*, Domitius Ænobarbus défit dans une grande bataille des milliers de Barbares, près d'une ville qu'il nomme *Ouindalon* (2).

Tricastini ont donné le nom au Tricastin, pays du Dauphiné. *Augusta*, St.-Paul-Trois-Châteaux, du nom de son premier évêque., capitale des Tricastins, est la seule qui ait pris le nom de son peuple.

Vocontii, nation puissante, connue par le passage d'Annibal dans leur territoire (3). Ils avoient deux villes principales, *Dea*, Die, sur *Druna*, la Drôme, dans le Diois, canton du Dauphiné ; et *Vasio*, Vaison, dans le comtat Venaissin.

Cavares, autre nation, dont le territoire se trouve situé entre la Provence et le Dauphiné, sur la rive gauche du Rhône, depuis la Durance jusqu'à la Drôme, dans cette partie de la Provence que l'usage fait appeler le Comtat.

Arausio, Orange leur capitale, en passant sous la domination des Romains, devint bientôt une des principales colonies militaires, composée de vétérans de la seconde légion, ce qui l'a fait appeler par les anciens *Arausio Secundanorum* (4). Etablie par Jules César, elle a pris de son fondateur le titre de *Colonia Julia* (5). Ce fut l'an de Rome 708, que Claude Tibère Néron, le père de l'empereur Tibère, gouverneur de la province romaine, assigna des terres aux vétérans de cette seconde légion.

Avenio, Avignon, sur le Rhône, doit son origine aux Marseillais, suivant Etienne de Byzance. Mela la range au nombre des villes de la Narbo-

---

(1) Strab. geog. lib. iv.

(2) Quelques écrivains modernes placent à Carpentras et même ailleurs le combat et le trophée de Domitius, contre les autorités de Strabon, de Florus et de Tite Live. La rivière, que Strabon appelle *Sulgas*, porte le nom de *Vindalicus fluvius* dans Florus (lib. iii, cap. 2), qui fixe sur ses bords le lieu de la victoire ; opinion conforme à celle de Tite Live ; *Cn. Domitius proconsul contra Allobroges ad oppidum Vindalium feliciter pugnavit*. (Epitom. lib. lxi.) *Vindalium* existoit anciennement près du pont de Sorgue, bourg du diocèse d'Avignon ; c'est donc véritablement en cet endroit où la Sorgue, après avoir pris sa source à la fontaine de Vaucluse, et reçu dans son cours plusieurs autres petites rivières, se jette dans le Rhône.

(3) Liv. lib. xxi, cap. 31. — (4) Suet. in Tiber. cap. 4.

(5) Les lettres initiales C. J. S. qui se lisent encore dans les restes d'une ancienne inscription gravée au dessus de la corniche de la grande porte de cette ville, en sont la preuve.

noise distinguées par leurs richesses. Elle devint colonie romaine, aujourd'hui capitale du comté de son nom.

Cabellio, Cavaillon. Cette ville avoit été, dans les premiers temps, soumise aux Marseillais; elle devint ensuite colonie romaine, et fut aussi du nombre des villes Latines; c'est le titre que Pline lui donne.

Arelate, Arles, étoit la ville dominante. La même année que Tibère Néron assigna des terres à la colonie d'Orange, il établit dans le voisinage celle d'Arles, formée aussi de vétérans de la sixième légion, qui lui donnèrent le nom de *Colonia Sextanorum*. Elle prit de même le titre de *Julia*.

Maritima, Martigues, à l'entrée d'un grand lac communiquant avec la mer.

Massilia, Marseille, fondée par des Grecs sortis de Phocée, ville maritime de l'Ionie, environ 600 ans avant J. C.; *in ord Massilia Græcorum Phocœensium fœderata*. Cette fondation doit être placée au temps où Bellovèse se préparoit à passer les Alpes avec sa colonie gauloise, c'est-à-dire vers l'an de Rome 160.

Gradus (1), les Graus du Rhône, sont les deux bras dans lesquels le fleuve se divise peu au dessus d'Arles, pour former deux principales embouchures.

Fossa Mariana (2) étoit un large et profond fossé, que Marius, étant gouverneur de la province Romaine, fit creuser, l'an de Rome 652, et dans lequel il détourna une partie du Rhône, dont l'entrée étoit, en cet endroit, dangereuse pour les vaisseaux, parce que la mer le remplissoit de vase et de gravier. Selon Pline, il y avoit plusieurs fossés; *fossæ in Rhodano, C. Marii opere et nomine insignes* (3). Ce général étoit venu disputer le passage du fleuve aux Cimbres qui, n'ayant pu s'établir en Espagne, se disposoient à passer les Pyrénées, pour pénétrer en Italie par les Alpes.

Helvii, situés à la rive droite du Rhône, dans le territoire qui forme aujourd'hui le Vivarais.

---

(1) Le terme grau est dérivé de *gradus*, entrée. Les anciens ne sont pas d'accord sur le nombre des embouchures. Polybe, Strabon et Ptolémée n'en comptent que deux; Pline en fixe le nombre à trois.

(2) Pomponius Mela dit (lib. II, cap. 5) qu'entre Marseille et le Rhône se trouve la ville appelée *Maritima*, bâtie sur l'étang des Avatiques, et le fossé de Marius qui, par un canal navigable, porte dans la mer une partie des eaux de ce fleuve. Ce fossé est comblé depuis long-temps; il en reste seulement quelques vestiges près d'un village de Provence appelé *Fos*; il est évident que ce nom dérive de celui de *Fossa*.

(3) Plin. lib. III, cap. 5.

Alba Augusta, ou *Alba Helviorum*, vis-à-vis la jonction de l'Isère et du Rhône, conserve quelques vestiges dans un petit lieu nommé Alps, à quelque distance au nord-ouest de Viviers. Lorsque cette dernière ville est devenue la capitale, le pays a pris le nom de Vivarais dans le Languedoc. Pline nous apprend qu'auprès de l'ancienne ville (1), on avoit trouvé, de son temps, une sorte de vigne dont la fleur ne duroit qu'un jour, et qui, par là, étoit presque exempte de tout danger; on l'appeloit *Narbonica*, parce que toute la province en avoit fait des plants.

§. III. NARBONENSIS SECUNDA.

La seconde Narbonoise, dont il n'est fait mention que vers la fin du IVe siècle, fut formée tant de la Viennoise que de la Narbonoise, qui changèrent presque entièrement de face. Aix, qui devint la métropole de cette nouvelle province, étoit auparavant une cité de la Narbonoise, ainsi que la cité du Vivarais en deçà du Rhône, et au delà de ce fleuve les cités d'Avignon, d'Orange, de Cavaillon, et peut-être quelques autres encore. On donna celles-ci à la Viennoise, qui se trouva dédommagée des cités d'Apt, de Riez, de Fréjus, de Gap, de Sisteron et d'Antibes qu'on unit à Aix. Le nouveau gouvernement formé de ces cités (2) prit le nom de seconde Narbonoise, parce que c'étoit de la Narbonoise que l'on avoit détaché Aix, qui en devint la capitale (3).

Salyes, ou *Salluvii*, nation puissante, occupoient le pays renfermé entre la Méditerranée, le Rhône, la Durance et les Alpes. Ce fut dans leur territoire que les Phocéens bâtirent la ville de Marseille, malgré l'opposition constante des Salyes. Les Romains ayant pris le parti des Phocéens, comme il a déjà été dit, les Salyes vaincus furent les premiers subjugués (4).

Aquæ Sextiæ, Aix, où l'on envoya une colonie, n'étoit d'abord qu'un camp, que C. Sextius Calvinus, proconsul, avoit fait fortifier et entourer de

---

(1) Plin. lib. xiv, cap. 3.

(2) Le terme de *cité* ne s'entend point ici d'une ville en particulier, selon l'usage que l'on en fait improprement; mais il désigne le territoire d'un peuple séparé et indépendant d'autres peuples limitrophes ou contigus. Chaque cité étoit gouvernée par un conseil que César nomme sénat; c'est le nom qu'il donne quand il parle des Rémois, des Nerviens, des Vénètes, des Aulerces, des Eburons et des *Lexovii*. (lib. ii, 5, 28; iii, 16, 17.)

(3) Dans la description abrégée de l'Empire, présentée par Sextus Rufus à l'empereur Valens, dès l'an 369, on compte quatorze provinces.

(4) Flor. lib. iii, 2.

murailles, 123 ans avant J. C., afin de s'assurer de la fidélité des Salyes. Il nomma ainsi ce lieu, autant pour immortaliser son nom, que pour marquer l'abondance des eaux chaudes ou thermales qui s'y trouvoient (1). Ses colonies se multiplièrent jusqu'au nombre de dix-neuf (2).

Telo Martius, Toulon, avec un port qui, d'après la conjecture du P. Hardouin, commentateur de Pline, pourroit être le *Portus Citharista*. On croit que cette ville doit son surnom à un tribun romain qui y établit une colonie.

Forum Julii, Fréjus, près de l'embouchure de la petite rivière d'Argentz, *Argenteus*. Cette ville, colonie romaine, reçut son nom de Jules César; avant on la nommoit *Colonia Pacensis*.

Antipolis, Antibes; le nom grec indique une ville située à l'opposite d'une autre qui est *Nicœa*, sur la même côte. Antibes, Marseille et Agde étoient des colonies grecques.

Reii, nommés aussi Albiæci, bordoient la rive gauche de la Durance; la ville de Riez en conserve le nom.

Apta Julia, Apt, semble devoir son surnom à Jules César, qui a fondé et embelli un grand nombre de villes dans cette Gaule.

Vapincum, Gap. Cette ville, quoique dans le district des Caturiges, peuple de la province des Alpes Maritimes, fut cependant attribuée à cette Narbonoise.

Stœchades insulœ, îles d'Hières, au nombre de trois, appartenoient aux Marseillais, qui leur donnèrent des dénominations correspondantes à l'ordre dans lequel elles se trouvent rangées par rapport à leur ville.

Les peuples cantonnés dans les Alpes, et dont la plupart n'avoient subi le joug que postérieurement au premier établissement de la domination romaine dans la Gaule, composèrent deux provinces, l'une sous le nom d'*Alpes Maritimœ*, parce qu'elle touchoit à la mer; l'autre, plus reculée dans les

---

(1) *C. Sextius proconsul, victâ Salviorum gente, coloniam Aquas Sextias condidit, ab aquarum copiâ et calidis et frigidis fontibus, atque a nomine suo ita appellatas.* (Epitom. Livii, 61.) Ce fut par deux victoires mémorables, l'une remportée aux environs de Verceil, en un lieu appelé *Raudio, in Rodiis campis*; l'autre près d'Aix, que la province Romaine se vit délivrée des Teutons et des Cimbres; victoires qui firent décerner à Marius les honneurs d'un double triomphe qu'il reçut à Rome le même jour. (Flor. lib. III, cap. 3)

(2) Narbonne, la plus ancienne; Toulouse, *Ruscino* (Torre di Rossilion), Beziers, Nîmes, une des plus célèbres et des plus puissantes; Arles, Aix, Martigues, Fréjus, Riez, Cavaillon, Apt, Avignon, Orange, Die, dont parle Ptolémée; Ancone, bourg dans le Dauphiné sur le Rhône, entre Orange et Valence; Valence, Vienne, Genève.

terres, et sur le penchant de l'Alpe Grecque et Pennine, prit le nom d'*Alpes Graiæ et Penninæ*.

§. IV. ALPES MARITIMÆ. (1)

La situation même de cette province prouve qu'elle a été formée aux dépens de la Viennoise. Resserrée entre la Narbonoise seconde et la chaîne des Alpes, elle atteignoit la mer à l'entrée du Var, et au pied de l'*Alpis Maritima* qui, au-delà de ce fleuve, portoit un trophée élevé en l'honneur d'Auguste, pour avoir soumis les peuples des Alpes entre les deux mers qui embrassent l'Italie. Ce lieu, connu sous le nom de Turbia, dérivé de *Tropæa*, domine sur Monaco.

CATURIGES occupoient la partie septentrionale, et par altération de nom, un petit lieu situé entre Embrun et Gap, s'appelle aujourd'hui Chorges.

Ebrodunum, Embrun, sur la Durance, étoit la métropole. Tout le pays, voisin de la mer, étoit occupé par différens peuples de la nation des Ligures, qui se rendit puissante dans l'étendue de l'Italie. Les Salyes en tiroient leur origine.

Dinia, Digne, dans les terres, avant le règne de Galba, n'étoit pas comprise dans cette province.

§. V. ALPES GRAIÆ ET PENNINÆ.

Cette province, détachée de la Narbonoise, étoit renfermée entre le territoire des Allobroges et l'Italie. *Alpis Graïa* (2), est le Petit St.-Bernard, et

---

(1) Les Alpes, que Pline donne pour bornes du côté de l'Italie, sont les Maritimes, Cottiennes et Pennines; les Maritimes, appelées aujourd'hui le Col de l'Argentière, le Col delle Fenestre, le Col de Tende.

(2) Les Alpes Graïennes ou Grecques sont le mont Joux et le Petit Saint-Bernard; elles confinoient au pays des *Salassi*, aujourd'hui le Val d'Aoste. Les Alpes Pennines, dont le mont Pennin, ou le Grand Saint-Bernard, faisoit partie, avoyent au nord les *Seduni*, le Haut Valais, dont *Sedunum*, Sion, étoit la capitale, et, au sud, les *Salassi*, dont la principale ville étoit *Augusta Prætoria*, colonie romaine, aujourd'hui Aoste. Telles étoient les limites de la Narbonoise du côté de l'Italie.

Selon Tite Live, les Gaulois n'ont jamais traversé ces Alpes qui étoient insurmontables, à moins que l'on n'ajoute foi aux fables débitées sur Hercule; *nisi de Hercule fabulis credere libet*. (Liv. lib. v, cap. 34) Le même historien affirme que les Alpes Pennines doivent leur nom à une divinité qui étoit adorée sur leur sommet, et que les Veragres, qui habitoient le mont Pennin, n'ont jamais entendu dire qu'Annibal eût passé chez eux; *neque Hercule montibus his, (si quem forte id movit,) ab transitu Pœnorum ullo Veragri, incolæ*

le Grand St.-Bernard, *Alpis Pennina*, nom générique, qui désigne le sommet d'une montagne, comme il s'applique à l'Apennin, qui se détache des Alpes pour traverser l'Italie. Il en est une autre nommée *Alpis Cottia*, aujourd'hui le mont Genèvre, où la Durance prend sa source, peu au dessus de *Brigantio*, Briançon. Un prince, nommé Cottius, qui résidoit à *Segusio*, Suze, et maintenu par Auguste dans la possession d'un petit état retiré dans les Alpes, lui avoit communiqué son nom. Ces Alpes, qui sont les plus élevées, faisoient la séparation particulière des peuples appelés *Taurini* et des Allobroges; elles composent le mont Genèvre, le mont Cénis et le mont Viso, où le Pô a sa source.

Alpis Pennina est ce que nous nommons aujourd'hui le Vallais, au pied de cette montagne et le long du Rhône, depuis sa source jusqu'au lac qui le reçoit.

Nantuates habitoient le Chablais et le bas de la vallée.

Seduni, Sitten selon les Allemands, autrement Sion, sur la rive droite du Rhône, ville principale dans cette vallée, conserve le nom du peuple.

Veragri, que César place entre les deux premiers, avoient pour capitale *Octodurus*, d'où Pline les appelle *Octodurenses*. Les guerres ayant ruiné cette ville, elle a été réduite à la condition d'un bourg connu sous le nom de Martigny sur la Durance qui, près de là, se jette dans le Rhône. Il ne reste plus aucun vestige qui puisse attester l'ancienneté de la ville, sinon les ruines d'une ancienne forteresse bâtie sur le penchant d'un rocher.

Centrones, peuple puissant, vers les limites des Allobroges, occupoient la Tarentaise qui a tiré ce nom de *Darantasia*, Monstiers sur l'Isère, ville jouissant de la prérogative de métropole dans cette province; elle étoit d'abord nommée *Forum Claudii*.

LUGDUNENSIS.

Cette dénomination comprend une longue étendue de pays au centre de la Gaule, depuis le Rhône près de *Lugdunum* jusqu'à l'Océan, bornée au nord par les deux Belgiques et au sud par les deux Aquitaines. Auguste donna à cette partie de la Celtique le nom de Lyonnoise à cause de *Lugdunum*, Lyon, qui en devint la métropole. Elle fut d'abord divisée en deux provinces,

---

jugi ejus, norunt nomen inditum; sed ab eo, quem in summo sacratum vertice Penninum montani appellant. Saint Bernard, prêtre de l'église d'Aoste, ayant renversé le dieu Pennin, la montagne a pris le nom de cet apôtre, qui y prêcha l'évangile.

division qui eut lieu jusque vers la fin du iv.ᵉ siècle; alors elle fut partagée en quatre, sous les noms de i.ʳᵉ, ii.ᵉ, iii.ᵉ et iv.ᵉ Lyonnoises.

§. VI. LUGDUNENSIS PRIMA.

Cette province s'étendoit entre l'Aquitaine première et la Grande Sequanoise; bornée au nord par la Belgique, et au sud par la Viennoise.

SEGUSIANI, peuple Gaulois, occupant la partie la plus méridionale de la république des Eduens, avoient pour chef-lieu *Forum*, qui devint colonie romaine, aujourd'hui Feurs, près de la rive droite de la Loire, lequel a donné son nom au Forez, appelé dans le moyen âge *Pagus Forensis*. Ce peuple étant tributaire des Eduens, son canton est le *Pagus Æduorum*, dont parle Tite Live.

Lugdunum (1), Lyon, occupoit la colline exposée au levant qui domine sur la rive droite de la Saône et sur la jonction de cette rivière avec le Rhône. Elle fut fondée l'an de Rome 709, 45 ans avant J. C., par L. Minutius Plancus proconsul qui, par ordre du sénat, l'an 712, y conduisit une colonie formée de citoyens romains que les Allobroges avoient chassés de Vienne. Cette colonie devint en peu de temps fort célèbre. La ville, sous Tibère, étoit une des plus grandes de la Gaule, après Narbonne, et du temps de Claude, plusieurs de ses citoyens avoient été admis dans le sénat de Rome. La plupart des monumens romains se trouvent sur la colline où il y a un endroit qui en a reçu le nom d'Antiquaille.

Rodumna, Rouane, sur la Loire.

ÆDUI formoient une des plus puissantes nations qui fût dans la Gaule par le nombre de leurs tributaires et de leurs alliés. Du temps de César, les Eduens avoient les Allobroges dans leur dépendance.

Bibracte, qui tenoit le rang de capitale, prit, sous Auguste, le nom d'*Augustodunum*, duquel s'est formé celui d'Autun. *Arar*, la Saône, pos-

---

(1) *Lug* dans la langue celtique signifie un corbeau, et *dunum* un lieu élevé. Une médaille d'Albinus qui disputa l'empire à Septime Sévère, médaille frappée à Lyon qui s'étoit déclarée en sa faveur, parce qu'il avoit été gouverneur de cette province, présente dans son revers, au pied du génie de la ville, un oiseau parfaitement ressemblant à un corbeau. La signification de *dunum*, terme gaulois, étant prise incontestablement pour éminence, il résulte que tous les lieux qui ont cette terminaison en France, en Allemagne et en Angleterre, sont sur des hauteurs, que c'est même de tous les mots gaulois celui qui s'est conservé jusqu'à nous sans altération, puisque les éminences qui bordent la mer en Picardie et dans les Pays-Bas s'appellent encore *dunes*.

térieurement nommée *Sauconna*, les séparoit des Séquanois, de manière que *Cabillonum* et *Matisco*, Châlons et Mâcon, sur la rive droite, étoient de leur territoire; de l'autre côté, s'étendant jusqu'à la Loire, ils possédoient sur cette même rivière *Nevirnum*, Nevers, qui en a été détachée.

Mandubii avoient pour capitale *Alesia*, à laquelle il ne reste que le nom d'Alise, mais qui rappelle un des plus grands exploits de César, et peut être regardée comme l'époque de l'accroissement de la Gaule.

Lingones, les Lingons, envoyèrent des colonies au-delà des Alpes; Tite Live désigne les pays où ils s'établirent (1). Ceux qui restèrent dans la Gaule furent constamment unis au Romains; aussi ne les voit-on compris dans aucun des détails que donne César sur les révoltes des Gaulois. Auguste, en les unissant à la Belgique, avoit augmenté leur territoire aux dépens des Eduens et des Séquanois; mais cet avantage ne dura pas long-temps, puisqu'on les voit peu après faire partie de la première Lyonnoise.

Andematunum (2), Langres, étoit la capitale qui, avant la chute de l'empire romain, quitta le nom primitif pour s'approprier celui du peuple.

Divio (3), Dijon, qui n'étoit autrefois qu'un château fort, est devenue la capitale d'une grande province, et son nom a fait celui de Dijon.

Boii formoient un très-petit peuple; *civitas Boïorum erat exigua et infirma* (4). Ils habitoient d'abord au-delà du Rhin, se joignirent aux Helvétiens, et furent battus avec eux par César, que cette victoire rendit maître de leur sort. Les Eduens, qui connoissoient leur valeur, demandèrent à César la permission de leur donner retraite, en leur cédant quelques terres sur leurs frontières (5). Si l'on en croit Julius Celsus, qui a fait l'histoire de ce général, non seulement César accorda la grace demandée, mais il fut assez généreux pour leur bâtir une ville appelée *Gergovia*. Le pays qui leur fut cédé porte le nom de Bourbonnois, situé entre la Loire et l'Allier; *Gergo-*

---

(1) Liv. lib. v, cap. 35.

(2) La ville de Langres, qui étoit de la Celtique, du temps de César, devint une cité de la Belgique sous Auguste, et y demeura unie, jusqu'à ce que Dioclétien la rendit à la Lyonnoise.

(3) A *Divio*, l'empereur Aurélien fit construire une forteresse, et, du temps de Grégoire de Tours, cette ville portoit encore le nom de *Castrum Divionense*. Les mots celtiques *di*, qui signifie deux, et *bio*, qui veut dire eau, pluie, annoncent qu'elle est fort ancienne et placée entre une rivière et un torrent. En effet, Dijon est situé sur la rivière d'Ouche, *Oscara*, et sur le torrent de Suzon qui, une partie de l'année, reste à sec et s'enfle considérablement par les pluies qui tombent dans les montagnes voisines.

(4) Cæs. lib. 1, cap. 18. — (5) *Ibid.*

via en fut la capitale. Vercingentorix, général gaulois, y vint mettre le siége, lorsqu'il eut appris que César étoit allé à Vienne et de là chez les Lingons pour y faire des recrues. L'opinion la plus commune la place vers Moulins.

§. VII. LUGDUNENSIS SECUNDA.

Cette province, qui fut formée de la seconde, et séparée de la première par la quatrième, est bornée à l'ouest et au nord par l'Océan et la seconde Belgique; au sud par la troisième Lyonnoise. Elle est à peu près comprise dans les anciennes limites de la Normandie.

ABRINCATUI occupoient ce qui composoit le diocèse d'Avranches. *Ingena*, leur capitale, a pris le nom du peuple (1).

UNELLI, reculés jusqu'à la côte occidentale, s'étendoient dans ce que l'on nomme aujourd'hui le Cotentin, *Crociatonum;* Valogne en étoit la capitale.

Constantia, Coutances, dont on attribue la fondation à Constance Chlore, père du grand Constantin, a prévalu en donnant le nom de Cotentin à ce canton, borné au midi par le territoire des Abrincates.

BAJOCASSES, sur la côte. Le nom de la ville *Arægenus*, propre à la petite rivière d'Aure, comme à cette ville, a été remplacé par celui du peuple, duquel est dérivé le nom de Bayeux.

VIDUCASSES faisoient partie des *Bajocasses*, et avoient ensemble pour contigus à l'orient *Lexovii*, le pays de Lisieux. Le nom primitif de leur capitale étoit *Vetera*, Vieux, sur la rive gauche de la rivière *Olina*, l'Orne, passant à Caen. Cette ville a pris le nom du peuple, mais ayant été ruinée, ce n'est plus qu'un village près de Caen, où l'on a trouvé tant de vestiges d'antiquité, que M. Huet, ancien évêque d'Avranches, et auteur des Origines de Caen, n'a point douté que les Romains n'eussent eu en ce lieu un camp fortifié; il a même cru que le nom *Vieux* pouvoit venir de *Vetera Castra*, comme celui de Coutances vient de *Constantia Castra*.

---

(1) Cette ville étoit celtique et une place importante à cause de son voisinage de la mer. Les empereurs y entretenoient, comme à Coutances, une garnison sédentaire de Bataves et de Suèves enrôlés au service de l'Empire, sous le commandement d'un général romain; *magister militum præsentalium*, comme il est exprimé dans la notice des dignités de l'Empire, dressée après le règne d'Arcadius et d'Honorius. La côte maritime étant exposée, depuis plus d'un siècle, aux incursions et aux pirateries des Saxons, elle fut nommée, dans la même notice, *littus Saxonicum*. Les Romains y entretenoient un autre corps de troupes dans un lieu appelé *Grannona*, sous le commandement du duc du département de l'Armorique et du pays des Nerviens.

Lexovii. *Noviomagus,* leur capitale, ayant pris le nom du peuple, est Lisieux.

Caleti, bornés par la mer, s'étendoient, suivant Strabon, jusqu'à l'embouchure de la Seine ; ils ont donné le nom au *Pagus Caleticus,* qui est le pays de Caux. Leur territoire étant situé sur la rive droite de la Seine, faisoit partie de la Belgique, suivant la division de la Gaule décrite dans les Commentaires de César (1); aussi entrèrent-ils dans la confédération des Belges contre les Romains ; mais il est certain, par les témoignages de Pline et de Ptolémée, qu'ils furent compris dans la 1yonnoise, puisqu'ils étoient sous la juridiction de l'archevêque de Rouen, métropole de la seconde Lyonnoise.

Juliobona, capitale, se conserve dans celui de Lillebonne. Ptolémée est le plus ancien auteur qui ait nommé cette ville.

Veliocasses. Leur nom est devenu par altération celui du Vexin, qui s'étend jusqu'à la rivière d'Oise, sur laquelle le nom celtique *Briva Isaræ* se trouve dans celui de Pont-Oise.

Rotomagus (2), Rouen, métropole, étoit de leur dépendance. Occupant la rive droite de la Seine, ils étoient aussi réputés de la nation Belge dans l'état primitif de la Gaule, avant leur incorporation à la Lyonnoise.

Eburovices avoient pour capitale *Mediolanum,* nom primitif qui a été remplacé par celui du peuple, d'où est venu le nom d'Evreux.

Saii, Séez, vers la source de la rivière *Olina.*

§. VIII. LUGDUNENSIS TERTIA.

La troisième Lyonnoise occupoit l'extrémité occidentale ; environnée en grande partie par l'Océan, elle avoit la Loire pour limite au sud.

Namnetes, les Nantois, dont *Condivinum,* l'ancienne ville, a pris celui du peuple, aujourd'hui Nantes sur la Loire.

Veneti, séparés du territoire des Nantois par une rivière connue dans l'antiquité sous le nom de *Herius Fluvius,* la Vilaine. César dit que les Vénètes se distinguoient par leur puissance et leur habileté dans la marine.

Dariorigum, nom de leur capitale, a été remplacé par celui du peuple, qui se conserve dans celui de Vannes.

---

(1) Lib. ii, 4.

(2) La cité de Rouen, au bas empire, étoit composée du territoire des *Veliocasses* et des *Caleti,* peuples du Vexin et du pays de Caux ; mais comme ils étoient d'une dignité et d'une puissance à peu près égales, la ville de *Rotomagus,* capitale commune, n'ayant pu prendre le nom de l'un ou de l'autre de ces peuples, elle a conservé son ancien nom.

Corisopiti, ayant pour ville *Corisopitum*, habitoient le pays dont Quimper est la capitale. César n'en parle point, parce qu'ils faisoient partie du territoire des Osismii. Ceux-ci occupoient le fond de la province à laquelle les Bretons insulaires ont communiqué le nom de Bretagne. *Vorganium*, leur capitale, prend sa position à Karhez.

Curiosolitæ, dont César parle en plusieurs endroits de ses Commentaires, étoient limitrophes de la cité de Rennes. Le nom de leur capitale est ignoré; mais des ruines, trouvées au village de Corseult, à deux lieues de Dinan, vers l'ouest, indiquent l'existence d'une grande ville qui, à l'exemple des grandes villes gauloises, a pris le nom du peuple.

Redones, les Rédonois: *Condate* (1), placée à l'endroit où la Vilaine reçoit la petite rivière d'*Isola*, étoit leur capitale, qui, dans la suite, a pris le nom du peuple; elle se reconnoît dans Rennes, aujourd'hui capitale de la ci-devant Bretagne.

Diablintes étoient voisins des Cénomans; *Nœodunum*, leur ville, ayant pris le nom du peuple, a laissé celui de Jublins à un lieu qui en tient la place.

Cenomani (2), peuples du Mans, ont donné le nom à la ville, qui avant se nommoit *Suindunum*.

Arvii, situés à l'extrémité du Maine, et vers les limites de l'Anjou, semblent devoir leur nom à la petite rivière d'Erve qui tombe dans la Sarte, et dont le nom, dans les anciens titres, est *Arva* (3). *Vagoritum*, leur ville, se fait connoître par les vestiges qui subsistent dans un lieu appelé la *Cité*, près de la rivière.

Andes, ou Andecavi sur *Meduana*, la Maïenne; *Juliomagus*, capitale, a cédé le nom au peuple, d'où est venu celui d'Angers.

Turones, Tours; *Cæsarodunum*, capitale, a pris le nom du peuple.

Il faut observer que les peuples, voisins de la mer, étoient désignés par le nom d'*Armoricæ Civitates*, et la côte s'appeloit *Armoricanus Tractus*, se-

---

(1) Ce mot désigne, en langue celtique, un emplacement au confluent de deux rivières. Selon Danville, chez les Latins la figure triangulaire que forme ordinairement la jonction de deux rivières, portoit le nom de *cuneus*, d'où sont venus les noms *Acunum*, *Ancona*.

(2) César ne fait mention des Cénomans qu'avec le surnom d'*Aulerci*, que Tite Live ne leur donne pas. (*Cenomanorum*) *ea sola in fide manserat Gallica gens*. (Liv. lib. xxi, cap. 55.) *Suindunum* étoit le chef-lieu du district qui renfermoit les Aulerces Cénomans, les Diablintes et les Arviens.

(3) Cette rivière prend sa source à environ trois lieues au dessus de Sainte-Susanne, à six lieues de la cité; et coulant du nord au sud, elle se rend quatre lieues plus bas dans la Sarte, près de Sablé. L'emplacement de la cité est dans un coude, sur la rive gauche de la rivière.

lon la signification propre du terme *armor* dans la langue celtique. Cette désignation générale, mais appliquée particulièrement à la côte, qui se trouve entre les embouchures de la Seine et de la Loire, s'est renfermée postérieurement dans la Bretagne, quand il en est mention sous le nom d'*Armorique*. *Brivates Portus* est le port de Brest.

Sur cette côte gissent deux îles, *Uxantis* et *Sena*, nommées îles d'Ouessant et de Sain; celle-ci, quoique très-petite, est remarquable pour avoir servi de demeure à des prêtresses révérées dans l'antiquité Gauloise.

§. IX. LUGDUNENSIS QUARTA.

La quatrième Lyonnoise, qui a été formée la dernière, et que les Senones ont fait distinguer par le nom de *Senonia*, étoit au centre. Les Sénonois sont connus par les colonies qu'ils envoyèrent au-delà des Alpes sous la conduite de Brennus, par le siége et la prise de Rome (1). Cette expédition, que l'on place communément à l'an 365, annonce assez que leur république étoit alors parvenue à un haut degré de puissance. Il est à croire que les Parisiens et leur territoire faisoient partie des Sénonois, puisque César dit qu'ils touchoient au pays des Belges; *Senones finitimi Belgis*. *Agedincum*, leur capitale, prit ensuite le nom de Sens, avec le rang de métropole, *metropolis civitas Senonum*.

Autissiodorum, Auxerre. Les peuples du département de cette ville occupoient la partie orientale du Sénonois, duquel ils relevoient.

Nevirnum, Nevers, dont le territoire fut enlevé aux Eduens.

Aureliani dépendoient, du temps de César, de la cité des Carnutes; *Genabum*, Orléans, leur appartenoit; *Genabum Carnutum oppidum* (2). Cette ville a gardé son nom primitif jusqu'à ce que l'empereur Aurélien lui eût donné le sien. Sa position avantageuse au sommet du coude que décrit le cours de la Loire, engagea César à y faire des magasins de grains nécessaires pour la provision des troupes.

Carnutes, connus par les incursions qu'ils firent en Italie, sous le règne de Tarquin l'Ancien, avoient pour capitale *Autricum*; mais du nom du peuple s'est formé celui de Chartres.

Parisii. Les Parisiens, anciennement unis aux Sénonois, en étoient séparés lorsque César entra dans les Gaules (3). Leur département s'étendoit alors

---

(1) Liv. lib. v, cap. 41. — (2) Cæs. lib. vii, cap. 11. — (3) *Idem*. lib. vi, cap. 3.

depuis Melun, *Melodunum* qui appartenoit aux Sénonois jusqu'à la Marne, *Matrona* qui séparoit les Belges des Celtes.

Lutetia, Lutèce, renfermée dans une île formée par la Seine, conserve purement le nom du peuple.

Meldi, voisins des Parisiens. Cette cité est très-ancienne. Strabon en fait mention dans son iv.e livre. Pline donne aux Meldois le titre de *liberi*, parce qu'ils étoient du nombre des peuples qui, ayant opposé moins de résistance aux Romains, lors de la conquête des Gaules, avoient en récompense conservé leur liberté, étant gouvernés suivant leurs lois et par leurs propres magistrats. *Iatinum*, sur la Marne, conserve leur nom, quoiqu'altéré, dans celui de Meaux (1).

Tricasses. César n'en parle point. Leur capitale *Augustobona*, Troyes, sur la Seine, semble avoir pris son nom de l'Empereur Auguste qui, selon les apparences, l'aura protégée, mais dans la suite elle a pris le nom du peuple.

AQUITANIA. (2)

Auguste, ayant divisé toutes les Gaules en quatre provinces, donna à celle qui eut le nom d'*Aquitania* quatorze cités, qui avoient fait partie de la Celtique. Cette division subsista jusqu'au règne de Dioclétien, qui détacha de l'Aquitaine la cité de Bourges, pour devenir cité de la première Lyonnoise; mais quand on voulut former les deux Aquitaines, la première Lyonnoise rendit la ville de Bourges, et cette cité, qui avoit toujours été très-considérable, devint la métropole de la première des deux provinces qui eurent le nom commun d'Aquitaine.

Selon la division faite par Auguste, cette province s'étendoit, vers la côte, depuis la Loire jusqu'aux Pyrénées; bornée à l'est et au nord par la première

---

(1) Le pays de Brie, dont Meaux est aussi la capitale, étoit autrefois une vaste forêt nommée *Briegius Saltus*, qui pouvoit fournir des bois propres à la construction des navires (Cæsar, lib. v, cap. v); mais ces forêts ont disparu, ainsi qu'une grande étendue de bois plantés le long de la Marne en remontant son cours.

(2) On pourroit croire que ce nom vient d'*Aqua*, et qu'il signifie *pays entouré d'eau*, *bordé d'eau*, d'où sont venus les noms de Bordeaux et de Bordelois.

L'Aquitaine, avant le règne d'Auguste, étoit la plus petite des trois parties des Gaules, renfermée entre la Garonne, les Pyrénées et l'Océan. Ses peuples, dans l'origine, portoient le nom de Celtes, ainsi que les autres habitans des Gaules, puisque de leur mélange avec les Ibériens résulta une nation appelée Celtibérienne. Cette province fut soumise par Crassus; César donne le détail de cette expédition (lib. iii.)

et la quatrième Lyonnoises, elle avoit pour limite au sud la Narbonoise première, dont elle étoit séparée par les Cévennes. Dans la suite, elle fut partagée en trois, *Aquitania prima*, *Aquitania secunda*, et la troisième nommée *Novempopulana*.

§. X. AQUITANIA PRIMA.

L'Aquitaine première renfermoit un certain nombre de peuples dont les plus remarquables sont :

BITURIGES CUBI, ainsi surnommés pour les distinguer des *Bituriges Vibisci* de l'Aquitaine seconde. Les Bituriges, en général, formoient, au rapport de Tite Live, la nation la plus puissante entre les Celtes ; *Celtarum, quæ pars Galliæ tertia est, penes Bituriges summa imperii fuit* (1). Ils dominoient dans la Celtique, lorsque Ambigat, qui en étoit le chef, fit partir ses deux neveux à la tête de deux armées levées dans cette Gaule ; l'un prit la route qui conduit en Italie en traversant les Alpes ; l'autre celle de la forêt Hercinie au-delà du Rhin, environ 600 ans avant J. C. La capitale des Bituriges se nommoit *Avaricum*; mais ce nom, selon l'usage, fut remplacé par celui du peuple, d'où est venu le nom de Bourges. L'ancien nom dérivoit de la rivière appelée en langue celtique *Avara*, l'Evre.

LEMOVICES, les Limosins, ont donné le nom au pays, comme à la ville de Limoges, dont le nom primitif *Augustoritum* indique, par sa terminaison celtique, sa position sur une rivière, *ritum* signifiant le cours d'une rivière. Ce peuple étoit renommé entre les Celtes. Il entra dans la grande confédération que Vercingentorix forma contre César, pour lui faire lever le siége d'*Alesia* (2).

CADURCI, dans le Querci; *Divona* (3) sur *Oltis*, l'Olt, nom primitif de la capitale, a été remplacé par celui du peuple, qui a formé Cahors.

Uxellodunum, le Puech d'Issolu, peu loin de la Dordogne, sur la frontière du Limosin; elle fut la dernière place qui résista à César, et célèbre par le siége qu'en fit ce général romain. César désigne une partie de ce peuple par le nom d'ELEUTERI (4), c'est-à-dire libres, qui, selon Sanson, habitoient l'Albigeois. *Albiga*, Albi, étoit la capitale.

---

(1) Liv. lib. v, 34.—(2) Cæs. lib. vii.

(3) *Divona*, nom celtique formé de *di*, qui veut dire deux, et de *von*, qui signifie fontaine.

(4) Eleuthérie, terme grec qui signifie la liberté par opposition à la servitude. L'autonomie, suivant la signification du nom, emporte l'usage de ses propres lois et le privilége d'être gouverné par ses magistrats. Les Romains n'avoient que le mot *liber* pour exprimer l'un et l'autre de ces deux titres. Les Grecs appeloient autonomes les villes qui se gouvernoient

Ruteni occupoient le Rouergue. *Segodunum*, leur chef-lieu, a quitté son nom pour prendre celui du peuple, d'où est venu celui de Rhodez.

Gabali ont donné le nom au Gévaudan. *Anderitum*, la capitale, ayant pris le nom du peuple, ce nom est resté dans celui de Javols, lieu de peu de considération ; Mende n'a prévalu que dans un temps postérieur.

Vellavi, le Velai ; *Revessio*, capitale, a pris le nom de *Vellava urbs* et ensuite celui de St.-Paulien ; le Puy ne s'est montré qu'après.

Arverni, les Auvergnats (1), depuis long-temps rivalisoient en puissance avec les Eduens. L'an de Rome 701, ils avoient encore un nombre de tributaires qui devoient leur donner une grande prépondérance. Leur territoire alors n'étoit point renfermé dans le ressort de Clermont et de Saint-Flour.

Augustonemetum (2), capitale, doit son origine à Auguste. Dans le viii.e siècle, elle prit le nom d'*Urbs Arverna*. *Clarus Mons* étoit le nom d'un château qui la défendoit, nom qu'elle conserve dans celui de Clermont, tenant le même rang dans la ci-devant Auvergne.

Gergovia, située sur une haute montagne, et dont César parle comme de la principale place des Auvergnats ; *posita in altissimo monte omnes aditus*

---

par leurs propres lois, et éleuthères, *liberæ*, celles qui étoient déclarées non soumises à la juridiction du magistrat envoyé de Rome. La liberté avec l'exemption d'impôts constituoit l'éleuthérie, privilége qui caractérise la différence entre les villes simplement autonomes et les villes éleuthères. Toutes les villes éleuthères étoient autonomes, mais toutes les villes autonomes n'étoient point éleuthères. Outre tous les droits de l'autonomie, l'éleuthérie avoit l'exemption des tributs et des impôts, *immunitatem*. L'immunité seule ne constituoit pas l'éleuthérie. Le titre d'*immunis* étoit accordé à plusieurs colonies et autres villes des provinces. En un mot, l'éleuthérie comprenoit la liberté et tous les droits qui en dépendent avec l'immunité, comme l'exprime Sénèque : *jus integrum, libertatemque cum immunitate.* (Senec. de Benef. lib. v, cap. 16.)

Cette note trouve place ici à cause de son importance.

(1) Les Auvergnats osoient s'appeler les frères et les émules des Romains.

Arvernique ausi Latio se fingere fratres
Sanguine ab Iliaco. (Lucan. Phars. lib. 1.)

Ce fut après la victoire remportée sur eux par Q. Fabius Maximus, que les Romains eurent des prétentions sur toutes les Gaules.

(2) *Nemetocenna*, *Nemetes* avoient une signification particulière expliquée clairement, suivant M. Lancelot, académicien, par un passage de Fortunat (liv. 1, chap. 9), d'où ce savant infère que dans *Vernemetum*, *ver* signifie *ingens*, grand, et *nemetes templum*, temple ; ainsi *Augusto-Nemetum* est le temple d'Auguste ; *nemetodurum*, la porte du temple, *nemetacum*, *locus templi*, le lieu où il y a un temple. (Acad. des inscript. tom. vi, mém. pag. 666).

difficiles habebat. Les vestiges de cette ville se reconnoissent sur la montagne qui porte aujourd'hui le nom de Gergoie, à une lieue environ de Clermont.

Pendant que César s'embarquoit au port Morin, pour descendre dans l'île nommée *Britannia,* et dont il n'eut point de peine à faire la conquête, Vercingentorix, dont il a déjà été parlé, avoit soulevé les Arvernes, les Bituriges, les Carnutes et les Séquanois. C'étoit un prince aussi redoutable par sa taille, ses armes, que par son courage ; *ille corpore, armis, spirituque terribilis, nomine etiam quasi ad terrorem composito* (1). A cette nouvelle, César franchit les montagnes quoique surchargées de neige ; il fraye une route jusqu'alors inconnue, et se montre tout à coup au centre de la Gaule ; prend d'assaut la capitale des Bituriges, réduit en cendres Alesia, tourne toutes ses forces contre Gergovia, défendue par sa situation et par la bravoure de ses habitans. Il les dompte d'abord par la famine, et enfin il les fait rentrer dans le devoir par la supériorité de ses armes. Vercingentorix en personne, *ipse ille rex*, le plus bel ornement de la victoire, *maximum victoriæ decus,* se transporte en suppliant au camp du vainqueur, et jetant ses armes à ses pieds : « C'en est fait, lui dit-il, homme très-brave, tu as vaincu un brave. » *Habes, inquit; fortem virum, vir fortissime, vicisti.*

§. XI. AQUITANIA SECUNDA.

La seconde Aquitaine, bornée à l'est par la première, au nord par la troisième Lyonnoises, au sud par la Novempopulane, s'étend le long de la côte occidentale. Elle avoit aussi un certain nombre de peuples dont les noms se retrouvent dans ceux des anciennes provinces.

Bituriges Vibisci, Celtes d'origine, occupoient les rives de la Garonne, vers l'embouchure de la Dordogne dans ce fleuve.

Burdigala, Bordeaux (2), grande ville bâtie sur la rive gauche de la Garonne. Elle n'a pu prendre le nom du peuple, dont elle étoit la capitale, sans être confondue avec *Avaricum,* Bourges qui prit le nom des *Bituriges Cubi.*

Meduli, peuples du Médoc, habitoient près de l'embouchure de la Garonne dans l'Océan.

Santones, que Pline surnomme *Liberi,* étoient séparés des Bituriges par

---

(1) Flor. lib. III, 10.

(2) L'origine du nom moderne vient de ce que cette ville est située dans un pays entouré d'eau ; la campagne devoit être fréquemment inondée, et produire par ce moyen beaucoup de joncs. Or, en langue punique, le mot *burg* signifioit du jonc, et l'on sait que plusieurs termes puniques ont été reçus dans les Gaules, sur-tout dans les contrées voisines de l'Espagne. *Gala* n'est qu'une terminaison de la langue gauloise.

la Garonne. Ils ont donné le nóm à la Saintonge et à la ville de Saintes, qui primitivement se nommoit *Mediolanum*. Plusieurs villes célèbres, Evreux, Saintes et autres ont porté le même nom.

Iculisna, Angoulême. Le poète Ausone, qui étoit de la province, est le premier qui fasse mention de cette ville ; il en parle comme d'un lieu écarté des grands passages et peu fréquenté, n'ayant point de peuple particulier qui soit connu ; il convient mieux, suivant d'Anville, à celui qui occupoit la Saintonge qu'à tout autre. *Carantonus* est la Charente qui traverse ce pays.

Uliarus, vis-à-vis l'embouchure de ce fleuve, est l'île d'Oléron, qui nourrissoit beaucoup de lièvres.

Pictones ou Pictavi, placés sur le bord méridional de la Loire, avoient un territoire qui, suivant Strabon, s'étendoit anciennement jusqu'à ce fleuve, dont l'embouchure étoit entre eux et les *Namnetes ;* leur nom a fait celui du Poitou. *Limonum*, nom celtique de la capitale, ville célèbre dès le temps de César, est aujourd'hui Poitiers.

Ratiatum a laissé son nom au pays de Retz. Ptolémée est le seul des anciens qui fasse mention de cette ville; elle est aussi appelée *Ratiate*. Quoique dans la notice de l'Empire elle ne se trouve point au nombre des cités de la Gaule, la dénomination de *civitas*, qu'on lui donnoit au commencement du vi.ᵉ siècle, prouve qu'elle étoit alors d'un rang distingué ; on voit même que, sous nos rois de la première race, on y frappoit des monnoies à leur coin.

Agesinates, peuple particulier compris dans le même territoire, qui se reconnoît sous le nom d'Aisenai dans l'évêché de Luçon.

Petrocorii occupoient le Périgord ; *Vesunna*, Perigueux, étoit la capitale. Une inscription trouvée en 1754, en creusant les fondations d'un nouveau bâtiment, prouve que cette ville étoit municipe au second siècle de l'ère chrétienne, qu'un de ses magistrats municipaux, citoyen romain, fit une dépense considérable pour fournir aux habitans une grande quantité d'eau.

Nitiobriges, l'Agénois, entre le Périgord et le Querci. *Aginnum*, la capitale, Agen sur la Garonne ; ce nom a prévalu sur celui du peuple.

Antros, à l'embouchure de la Garonne, est une ville ainsi nommée par Mela, laquelle paroît être celle que nous appelons la Tour de Cordouan. D'Anville pense que c'est la grande saillie qui resserre beaucoup l'entrée du fleuve, vis-à-vis de Royan.

§. XII. NOVEMPOPULANA.

Ce nom semble indiquer que cette partie de la province d'Aquitaine étoit composée de neuf peuples, quoique César lui en donne douze. L'espace, compris entre la Garonne et les Pyrénées, répond, généralement parlant, à ce qui étoit occupé par les Aquitains dans le partage national de la Gaule. Postérieurement les Vascons, nation ultramontaine, s'étant emparés de cette partie, lui ont fait donner le nom de Gascogne, et le nom d'Aquitaine s'est altéré dans celui de Guïenne.

TARBELLI, un des peuples les plus connus dans l'histoire, et que César cite les premiers d'entre ceux qui se rendirent à Crassus (1). Leur territoire s'étendoit jusqu'aux Pyrénées. *Aquæ Augustæ*, Dax, ou plutôt Ags sur l'Adour, étoit leur capitale.

Lapurdum, en prenant le nom de Bayonne, a donné le sien au Labour.

COCOSATES occupoient les Landes.

Boï, dans le pays de Buch, près de la mer, surnommés PICÆI, à cause de la résine que fournissent les landes de ce canton.

VASATES ont donné le nom à Bazas, capitale du Bazadois, nommée auparavant *Cossio*.

SOTIATES, dont parle César, et dont le nom de la capitale *Sociatum* se trouve dans un lieu appelé Soz, avoient pour voisins à l'orient *Vasates*.

ELUSATES avoient pour capitale *Elusa*, Eus, qui tenoit le rang de métropole avant que cette dignité eût été transférée chez les *Ausci*.

AUSCI, suivant Pomponius Mela (2), étoient les plus distingués entre les Aquitains. Leur ville fut d'abord appelée *Augusta*, et dans l'idiome du pays *Climberris*; elle jouissoit d'une grande considération, aujourd'hui Auch, capitale du pays. *Lectora*, Leitoure.

ATURES, dont le chef-lieu étoit *Vicus Julii*, sur l'Adour. *Aturus*, ayant pris le nom du peuple, est aujourd'hui Aire.

Beneharnum subsiste dans le nom de Béarn; il n'en est fait mention que dans l'Itinéraire d'Antonin. *Iluro*, Oléron, sur le gave d'Oléron.

BIGERRONES, au pied des Pyrénées, ont donné le nom au Bigorre; *Turba*, Tarbes, en étoit la capitale.

CONVENÆ (3), le pays de Cominges; *Lugdunum* (4), sa capitale, est Saint-

---

(1) Cæs. lib. III, cap. 27. — (2) Mela. lib. III, cap. 11.

(3) Ce nom dérive de *convenire*, parce que Sertorius, après son expédition d'Espagne, y avoit assemblé une troupe de gens ramassés dans les Pyrénées.

(4) *Lugdunum* étoit une grande ville située au pied d'une colline; elle fut brûlée et ruinée en 585, par Gontrand, roi de Bourgogne. Elle fut rebâtie en 1100, par St. Bertrand, évêque de Cominges, sur la colline au pied de laquelle étoit l'ancienne.

Bertrand, près de la Garonne. C'est la seule colonie établie dans toute l'Aquitaine, et nous ne la connoissons que par Ptolémée (1).

Consorani, le Couserans, *Consoranum*, est Saint-Lisier.

BELGICA.

En se portant vers le nord, on reconnoît la quatrième province établie par Auguste. Cette province, connue sous le nom de Belgique, étant la plus exposée aux incursions des Barbares, il étoit nécessaire d'y entretenir de grandes armées. Il y avoit un gouverneur appelé *legatus*, lieutenant, parce qu'elle étoit du nombre de celles dont Auguste s'étoit réservé la disposition. On attribue à Tibère la division en deux Belgiques, première et seconde.

§. XIII. BELGICA PRIMA.

Cette Belgique étoit occupée par plusieurs peuples, entre lesquels on distingue:

Leuci, qui avoient pour capitale *Tullum*, conservant son ancien nom dans celui de Toul, sur la Moselle.

Verodunenses. *Verodunum*, leur capitale, est Verdun.

Mediomatrici, peuple du Messin. *Divodurum*, qui a pris le nom de *Metis*, Metz, étoit leur capitale.

Treveri tiroient vanité d'être Germains d'origine. La capitale, après avoir porté le nom d'*Augusta*, prit celui du peuple. Elle fut la métropole de cette Belgique, et la résidence du préfet du prétoire dans le diocèse des Gaules. Trèves, devenue colonie romaine sous Auguste, ou au plus tard sous Tibère, devint aussi la demeure de plusieurs empereurs, que le soin de veiller à la défense de cette frontière retint dans la Gaule. *Saravus*, la Sarre, qui se jette dans la Moselle, arrose cette province.

Pons Saravi est Sarbourg. On peut voir par ce détail que les Romains n'envoyèrent dans la Gaule conquise par César, qu'un petit nombre de colonies presque toutes placées sur le Rhin, pour assurer cette frontière contre les courses des nations Germaniques. Ces établissemens n'étoient pas nécessaires dans l'intérieur de la contrée, l'Océan la défendoit du côté du nord et du couchant.

---

(1) Ptolem. lib. II, cap. 7.

§. XIV. BELGICA SECUNDA.

La Belgique seconde renfermoit un plus grand nombre de peuples.

CATALAUNI, sur l'une et l'autre rives de la Marne, n'étoient point connus du temps de César.

Duro-Catalaunum, nom celtique de la ville, *Duro* désignant le passage de cette rivière, a été remplacé par celui du peuple, que conserve Châlons sur Marne.

SILVANECTES, dont il n'est parlé que depuis César. Voisins des Bellovaques, ils avoient été leurs tributaires avant de former une cité particulière. *Augustomagus* (1) étoit le nom du chef-lieu, lequel a été remplacé par celui du peuple, quoiqu'il paroisse méconnoissable dans le nom de Senlis.

BELLOVACI se signaloient entre les peuples Belges par leur puissance et leur bravoure. César observe qu'ils avoient douze villes dans leur dépendance, lorsqu'ils se liguèrent avec les républiques Belgiques, l'an de Rome 698. *Cæsaromagus*, leur capitale, a pris le nom du peuple, aujourd'hui Beauvais.

SUESSIONES, auxquels Pline donne le titre de *liberi*, parce qu'ils cessèrent de dépendre de la cité des *Remi*, avec lesquels ils avoient eu une liaison très-étroite. *Augusta*, capitale, a pris le nom du peuple, aujourd'hui Soissons.

REMI, les Rémois, étoient alliés des Eduens, et tenoient dans la Belgique un rang aussi distingué que les Eduens dans la Celtique. La constance avec laquelle ils demeurèrent attachés à César, pendant les guerres des Belges, en 698, et des Celtes en 701 de Rome, leur mérita le titre de *fœderati*. *Durocortorum*, leur capitale, qui fut élevée au rang de métropole, prenant le nom du peuple, se retrouve dans celui de Reims.

VEROMANDUI (2) étoient renommés entre les Belges à l'époque de la con-

---

(1) *Magus* ou *mag*, dans la langue celtique, détermine la signification de ville d'Auguste. Le nom des habitans est gaulois. Ils n'ont point été appelés *Sylvanectes* dans les premiers siècles; Pline, de même que Ptolémée, les nomme *Ulbanectes*. Ce n'est que dans la notice de l'Empire que l'on trouve pour la première fois *Civitas Sylvanectum*. Le pays de Senlis étant couvert de bois, on a cru dans les siècles suivans que *Sylvanectum* ne pouvoit venir que du latin *Sylva*.

(2) Quelques savans ont pensé que Vermand, à l'ouest de St.-Quentin, étoit la capitale, et qu'il a donné son nom au Vermandois. Il faut observer que la ville *Augusta* a été nommée, pendant plusieurs siècles, *civitas*, cité, et que Vermand est dénommé *castrum*, qui, chez les auteurs du Bas Empire et du moyen âge, étoit d'un ordre inférieur, souvent une bourgade

quête

quête des Gaules par César. Soutenus par les Nerviens et les Atrebates, ils attaquèrent l'armée romaine avec tant de courage et d'acharnement, qu'elle fut sur le point de périr. Ces trois peuples étoient voisins. On trouve sur la frontière du Cambrésis et du Vermandois un lieu nommé Feins, *Fines*, qui désigne encore leurs anciennes limites. Ils occupoient le pays qui conserve leur nom. La capitale reçut, sous l'empire d'Auguste, le nom d'*Augusta*, à l'exemple de plusieurs autres villes, comme une preuve de respect et d'attachement envers ce prince. Saint Quentin, né à Rome d'une famille de sénateurs, accusé d'avoir profané la religion et violé la majesté des empereurs, ayant souffert le martyre durant la persécution de Dioclétien, *apud Augustam Veromanduorum*, où il avoit été condamné, la ville en a pris le nom de Saint-Quentin.

Ambiani, les Amiénois, avoient donné à leur ville le nom de *Samarobriva* (1), parce qu'on y traversoit la Somme sur un pont; le nom du peuple en ayant pris la place, il subsiste dans celui d'Amiens.

Belgium est employé par César (2) pour désigner un canton de cette Belgique, et spécialement la cité des Bellovaques.

Atrebates, l'Artois, confinoient à la cité d'Amiens; leur territoire avoit peu d'étendue, parce que les Nerviens s'étoient emparés d'une partie. *Nemetacum* ou *Nemetocenna*, la capitale, ayant adopté le nom du peuple, se retrouve dans Arras.

Nervii (3), un des peuples les plus puissans d'entre les Belges, étoient un assemblage de plusieurs peuples germains, au nombre de cinq, désignés par César. Au second siècle, ils avoient pour capitale, dans le centre du Hainaut, *Bajacum*, Bavai. Leur territoire s'étendoit dans la Flandre jusqu'à la mer, dont le rivage a été appelé *Tractus Nervicanus*. Mais la ville ayant été détruite, ce territoire fut divisé, et forma les cités de *Turnacum*, Tournai, et de *Camaracum*, Cambrai, dont aucune ne prit le nom des Nerviens.

Morini, reculés jusqu'au bord de la mer, tirent leur nom de cette position maritime. Virgile les place au bout du monde (4). Ils occupoient une partie

---

fortifiée, ou même un ancien camp. Dans la partie la plus élevée de ce village, on voit un reste de boulevard que l'on croit avoir été construit par une légion romaine.

(1) La langue celtique se manifeste dans ce mot, qui signifie pont sur la Somme.

(2) Cæs. lib. v, cap. 45.

(3) Tacite dit que ces peuples se prétendoient Germains d'origine; *circà adfectationem Germanicæ originis ultro ambitiosi sunt, tanquam per hanc gloriam sanguinis à similitudine et inertiâ Gallorum separentur.* (Tacit. de mor. German. cap. 28.)

(4) *Extremique hominum Morini.* (Æneid. lib. VIII, vers. 727.)

de l'Artois. *Taruenna*, Terouenne, étoit leur capitale, qui devint colonie romaine. En s'étendant dans la Flandre, ils avoient une place nommée *Castellum*, aujourd'hui Cassel.

Gesoriacum (1) et postérieurement *Bononia*, Boulogne, étoit un territoire particulier annexé à celui des Morins.

Itius portus, Wit-Sand, sur le même rivage, célèbre par l'embarquement de César pour passer dans l'île Britannique.

Plusieurs peuples de la Germanie, ayant passé le Rhin, s'étoient établis en deçà du fleuve. Tibère, pour s'opposer aux incursions auxquelles la frontière riveraine étoit exposée, divisa toute cette partie Belgique de la Gaule en deux Germanies distinguées en inférieure et en supérieure. Cette division dura autant que le pouvoir des empereurs dans les Gaules entières. Elles avoient chacune un gouverneur. Sous le commandement de Drusus, lieutenant d'Auguste, on vit s'élever plus de cinquante places fortes le long du fleuve.

§. XV. GERMANIA INFERIOR.

Cette Germanie est ainsi surnommée à cause de sa position vers l'embouchure des fleuves dans la mer. Elle comprenoit plusieurs peuples Germains d'origine.

Condrusi, dépendans des *Treveri*, selon César, habitoient un canton où règne la forêt appelée *Arduenna*, lequel conserve le nom du peuple dans celui de Condros.

Eburones anéantis par César pour avoir, sous la conduite d'Ambiorix, leur roi, détruit une légion romaine. Le pays fut, après eux, tenu par les Tungri (2). *Atuatuca*, leur poste principal, ayant pris le nom du peuple, ce nom subsiste dans celui de Tongres. Sur les confins de ce peuple et des *Treveri*, se prolonge cette vaste forêt (3), que César dit être continue depuis les limites des Nerviens jusqu'au Rhin.

---

(1) L'ancienne carte de Peutinger dit *Gessariacum, quod nunc Bononia*, port où l'on s'embarquoit pour passer des Gaules dans la Grande Bretagne; peut-être même étoit-ce le *portus Itius* dont parle César. Il y avoit un phare magnifique, ouvrage des Romains, et depuis Jules César jusqu'au temps des derniers empereurs, ce passage, selon l'histoire, est le seul qui ait été pratiqué. Le phare, miné par l'injure du temps et des vagues, s'écroula en plein midi le 29 juillet de l'an 1644.

(2) Tacite les désigne ainsi: *qui primi Rhenum transgressi, Gallos expulerint, ac nunc Tungri, nunc Germani vocati sint* (Descript. Germ. cap. 2.)

(3) Cæs. lib. vi, cap. 29.

Toxandri, établis dans ce que l'on appèle la Campine : (1) Pline est le premier auteur qui en fasse mention dans la description de la Belgique. Ils paroissent, en s'agrandissant, avoir pris la place qui, du temps de César, étoit occupée par les Ménapiens.

Menapii, peuple gaulois, habitoient la partie septentrionale de ce que nous nommons le Brabant ; ils avoient même, selon César, des possessions au-delà du fleuve. Mais les Suèves, peuples dominans dans la Germanie, enlevèrent aux Tenctères, aux Usipetes et aux Ubiens une partie de leur territoire, les forcèrent de passer sur la rive gauche du Rhin et de s'établir dans les terres des Ménapiens (2). Dans la suite, les Sicambres, les Bataves, les Gugernes, les Toxandres se rendirent successivement maîtres du pays des Ménapiens ; et il ne resta d'autres vestiges de cette nation gauloise que *Castellum Menapiorum*, Cassel sur la Meuse.

Batavi, les Bataves (3), étoient, suivant Tacite, une colonie des Cattes qui vint s'établir dans un canton des Gaules renfermé par l'Océan et les bras du Rhin. Leur alliance avec les Romains favorisa leur agrandissement, et dans la suite ils formèrent une nation distinguée par ses exploits militaires.

Insula Batavorum, dont une partie conserve le nom de Betaw, (4) est le terrain contenu entre le bras détaché du Rhin sur la gauche, appelé *Vahalis*, le Wahal, et le bras qui coule sur la droite en conservant le nom de *Rhenus*.

Fossa Drusi, est le canal que Drusus tira du Rhin, au dessous de la séparation du Wahal, dans lequel les eaux du fleuve se portèrent en assez grande abondance, pour former par le cours de l'Issel, auquel il étoit joint, un grand lac appelé *Flevo*. Ce canal fut une des premières causes de l'affoiblissement qu'éprouva ce bras du Rhin, que l'on voit actuellement ne pouvoir arriver jusqu'à la mer.

---

(1) Plin. lib. iv, cap. 17.

(2) Plin. lib. iv, cap. 4.

(3) C'est-à-dire habitans d'un mauvais pays. Il y a encore entre le Rhin et le Leck une contrée basse et marécageuse qui porte le nom de *Betaw*, et dans le voisinage, un autre canton moins humide, et plus élevé, que l'on nomme *Welaw*, c'est-à-dire bon pays. Ils étoient les plus vaillans de tous les peuples qui passèrent le Rhin. Obligés par des troubles domestiques de s'en séparer, ils se retirèrent dans ce canton de la Gaule pour se donner aux Romains. Aussi furent-ils traités avec une grande distinction et avec beaucoup d'égards. Exempts d'impôts et de contributions, ils étoient destinés uniquement au service : *Tantùm in usum præliorum sepositi velut tela atque arma, bellis reservantur* (Descrip. Germ. 29.)

(4) Cæs. lib. iv, cap. 10.

Lugdunum, (1) Leyde, tenoit le premier rang chez les Bataves.

Fossa Corbulonis. Tacite rapporte que Corbulon, qui commandoit dans la Basse Germanie, ayant reçu l'ordre de l'empereur Claude de suspendre toute hostilité, pour tirer les soldats de leur oisiveté, fit creuser entre la Meuse et le Rhin un canal de vingt-trois mille, afin de garantir les bâtimens de transport des caprices de l'Océan ; *Fossam perduxit, quâ incerta Oceani vitarentur.* (Annal. lib. xi, cap. 20).

Batavodurum, Durstede ; *Trajectum*, (2) Utrecht, sur un bras du Rhin ; *Noviomagus*, Nimegue, ancienne ville sur le Wahal.

GUGERNI, peuple germain considéré comme une portion des Sicambres, placés dans le voisinage des Bataves et sur les terres des Ménapiens. Sous le règne d'Auguste, ils furent transportés, comme les Ubiens, sur la rive gauche du Rhin.

Colonia Trajana étoit une colonie établie par l'empereur Trajan, peu au dessus de l'endroit où le fleuve se partage en deux branches. La ville est réduite à un petit lieu nommé Koln, c'est-à-dire la colonie près de Clèves.

Vetera, Santen, étoit un poste près duquel Claudius Civilis, chef des Bataves, fut vaincu par Petilius Cerealis, général romain.

UBII, les Ubiens, étoient plus humains que les autres peuples de la Germanie ; (3) en commerçant avec les Gaulois, ils en avoient pris les mœurs. Malgré la longue résistance qu'ils opposèrent aux Suèves, ils devinrent leurs tributaires ; mais leur alliance avec César leur procura assez de force pour les repousser ainsi que les Sicambres.

Colonia Agrippina, Cologne, bâtie sous le règne d'Auguste, leur doit son origine ; ils en firent leur capitale. Dans la suite, Agrippine, femme de l'empereur Claude, et mère de Néron, voulant favoriser cette ville qui l'avoit vu naître, la fit agrandir et engagea l'empereur à y envoyer une colonie de vétérans ; (4) c'est de là qu'elle fut appelée la colonie d'Agrippine, auparavant on la nommoit *oppidum Ubiorum*. *Novesium*, Neuss ; *Bonna*, Bonne.

---

(1) Au centre de l'emplacement qu'occupe cette ville, on voit une éminence qui semble avoir donné lieu à la terminaison celtique *dunum*.

(2) Ce nom latin annonce le règne des Romains. Ce fut d'abord un fort bâti pour leur faciliter le passage du fleuve, ou pour le défendre contre l'ennemi. L'étymologie de ce mot est *trajicere*, qui signifie passer.

(3) Cæs. lib. iv. cap. 3. — (4) Tacit. Annal. lib. xii, cap. 27.

§. XVI. GERMANIA SUPERIOR.

La Germanie supérieure s'étendoit à la gauche du Rhin jusqu'à la petite rivière *Obringa*, l'Ahr, qui se perd dans le fleuve entre Cologne et Coblentz. Trois peuples de Germanie, *Triboci*, *Nemetes et Vangiones*, ayant passé le Rhin, s'étoient établis entre le fleuve et la Vosge, dans des terres que l'on croit avoir fait partie de ce qui appartenoit aux *Leuci* et aux *Mediomatrici*.

Triboci, les Tribocs, étoient placés entre les Némètes et les Rauraques de la Séquanoise.

Argentoratum (1), Strasbourg. Ptolémée, qui vivoit sous Marc-Aurèle, en parle comme d'une ville principale, et dit que, de son temps, la huitième légion y étoit en garnison, *legio* VIII *Augusta* (2). Cette ville étoit la résidence d'un commandant particulier sur la frontière.

Brocomagus (3), Brumt, bourg situé à trois lieues de Straboursg, sur les ruines de l'ancienne ville, que Ptolémée regarde comme le chef-lieu de la nation.

Nemetes, voisins septentrionaux des Tribocs, avoient pour capitale *Noviomagus*; une petite rivière, qui de là se rend dans le Rhin, lui a fait donner, dès le troisième siècle, le nom de Spire.

Vangiones occupoient, comme les deux autres, la rive du Rhin ; *Rheni*

---

(1) Les avis sont partagés sur l'origine de ce nom. Selon les uns, il paroît romain, et l'origine semble ne devoir pas remonter au-delà de la conquête des Gaules par César. D'autres prétendent qu'il est celtique, et enfin d'autres qu'il est gaulois, sans rien prononcer sur sa vraie signification. Quant au nom moderne, il ne se trouve point avant le sixième siècle; Grégoire de Tours est le premier qui en parle, l'appelant *Strataburgum*, composé de *Strata* et de *Burgus*, ville des grands chemins, parce que plusieurs voies romaines y passoient. Les grands chemins, construits par les Romains, dans les pays où ils séjournoient, ou dont ils avoient fait la conquête, furent désignés par les mot *strata*, *via strata*.

(2) Auguste établit plusieurs légions, auxquelles on donna les noms suivant l'ordre de leur établissement; *sexta*, *octava*, *decima*, etc., de même qu'elles prenoient aussi les noms des empereurs auteurs de leur établissement; *Legio Claudia*, *Flavia*, *Trajana*, *Ulpia*, *Gordiana*.

(3) Nous avons déjà remarqué que le mot celtique *mag* dénotoit une habitation ; il se trouve à la fin du nom de beaucoup de villes de l'ancienne Gaule. Telles sont *Cæsaromagus*, *Rotomagus*, *Borbetomagus* et beaucoup d'autres, parce que les Romains y ont toujours ajouté leur terminaison. Par exemple *bruoch*, mot celtique, signifie un endroit marécageux, dont les Romains ont composé leur *Brocomagus*, c'est-à-dire une habitation près des marais. Une partie de la contrée de ce bourg est encore aujourd'hui marécageuse, et un des quartiers de la ville de Strasbourg, qui est marécageux, porte le nom de *Bruoch*.

ripam haud dubiè Germanorum populi colunt Vangiones, Triboci, Nemetes. (1) Ils étoient, suivant César, réunis dans l'armée d'Arioviste.

Borbetomagus, nom primitif de leur capitale est remplacé par celui de Worms. *Mogontiacum*, Mayence, avoit le titre de métropole de la province, où résidoit un géneral, dont le département s'étendoit le long du Rhin, depuis *Saletio*, Seltz, jusqu'à *Antunnacum*, Andernach. *Bingium*, Bingen, à la jonction d'une petite rivière nommée *Nava*, la Nahe; *Confluentes*, Coblentz, où le Rhin reçoit la Moselle.

§. XVII. MAXIMA SEQUANORUM. (2)

La province Séquanoise fut formée d'une partie de la Belgique propre, sous Dioclétien qui fit un changement général dans l'Empire. Constantin laissa les provinces dans l'état où il les avoit trouvées et formant un nouveau plan de gouvernement sur celui de Dioclétien, il se réserva à lui seul l'autorité souveraine. Cette province étoit composée du territoire de trois peuples celtiques, les Séquanois, les Rauraques et les Helvétiens.

SEQUANI, aujourd'hui les habitans de la Franche-Comté, formoient une cité considérable entre *Arar*, la Saône et le mont Jura, qui en faisoit la séparation d'avec la cité helvétique; ils occupoient encore un plus grand espace en remontant du bord du Rhône, peu au dessous de Genève jusqu'à la Vosge; du temps de César, leurs dépendances atteignoient même le bord du Rhône. *Vesuntio*, Besançon leur capitale conserva son nom, parce que plusieurs autres cités, au-delà du mont Jura, étoient comprises sous la dénomination générale de *Sequani*. Quoiqu'on ignore l'époque de sa fondation, elle doit être regardée comme une des plus anciennes des Gaules. César, dans le premier livre de ses Commentaires, en décrit la position presque enveloppée par le fleuve *Dubis*, le Doux.

RAURACI bordoient la rive du Rhin aux environs du coude que forme

---

(1) Tacit. German. cap. 28.

(2) Les deux Germanies, les deux Belgiques, la Séquanoise et enfin la Novempopulane n'éprouvèrent aucun changement, et se maintinrent dans l'étendue qu'elles avoient lorsque Ammien Marcellin écrivoit son histoire, qu'il commence à la fin du règne de Dioclétien. Il paroît seulement que la Séquanoise fut considérablement endommagée par les peuples de la Germanie, qui envahirent le pays des *Helvetii*, connu depuis sous le nom de Suisse. L'empereur Maxime ayant donné son nom à la capitale des Séquanois, en l'appelant *Maxima Sequanorum*, cette province eut une étendue plus considérable, par l'union qu'il en fit avec l'Helvétie.

le cours de ce fleuve près de *Basilia*, Basle, et au dessous de cette ville comme au dessus, depuis que cette partie, qui donnoit aux Séquanois une issue pour arriver jusqu'au Rhin, avoit cessé de leur appartenir.

Augusta Rauracorum, qui conserve son nom dans celui d'Augst, colonie établie par Plancus la même année que celle de Lyon, étoit placée un peu plus haut que Basle, qui a profité de sa décadence pour devenir plus florissante.

HELVETII s'étendoient en ligne oblique depuis le Rhône près de Genève, jusque vers le lac *Brigantinus* qui prend le nom de la ville de Constance. César les représente comme les plus belliqueux de tous les Gaulois ; mais ils dégénérèrent beaucoup sous les empereurs. C'étoit autrefois, selon Tacite, une nation nombreuse et guerrière, à laquelle il ne restoit plus que le souvenir de son ancienne gloire (1) ; *Gallica gens olim armis virisque, mox memoriâ nominis clara*. Les quatre cantons, *Pagi*, entre lesquels cette nation étoit partagée, se distinguent difficilement sur le local actuel. Les habitans du canton appelé *Tigurinus Pagus*, sont connus par les guerres qu'ils firent aux Romains, d'abord avec les Cimbres et les Teutons, ensuite par les avantages qu'ils remportèrent sur L. Pison, beau-père de César et sur les troupes romaines dont ils firent passer une partie sous le joug, et enfin, du temps de César, par leur défaite, l'an de Rome 696, sur les rives de la Saône.

Turicum, Zurich, sur le bord d'un lac auquel cette ville donne son nom. Le plus grand nombre des géographes l'appeloit *Turigum*, mais l'erreur a été reconnue par une inscription qu'on y a trouvée en 1747, et où il est fait mention de la ville sous le nom de *Statio Turicensis*.

Vindonissa, Windisch, étoit, selon Tacite, une place d'armes où les Romains avoient établi le quartier de la XXIe légion, pour arrêter l'irruption des Germains. Cette ville ayant été ruinée par les Barbares, dans le temps de la décadence de l'Empire, la dignité épiscopale fut transférée à Constance.

Salodurum, Soleure, aujourd'hui capitale d'un canton suisse de même nom.

Aventicum, Avenche, étoit la ville principale dans le pays Helvétique.

Noiodunum, Nion, sur le lac *Lemanus* (2) ; elle devint colonie romaine sous le nom de *Colonia Equestris*.

---

(1) Tacit. Hist. lib. 1, cap. 67.

(2) César dit que ce lac, qui est celui de Genève, et le Rhône faisoient la séparation de la province Romaine d'avec le pays des Helvétiens (lib. 1, cap. 2.) Ainsi le Rhône formoit dans cette étendue de pays qui remonte jusqu'à Genève, le reste des limites de la Narbonoise.

AVANT de sortir de la Gaule, il est bon de savoir : 1.° pourquoi la capitale d'un peuple a perdu son nom primitif pour prendre celui du peuple même; 2.° en quel temps chaque capitale a pris le nom de son peuple.

1.° Chaque cité de la Gaule (par ce terme il faut entendre le corps du peuple, une communauté) étoit gouvernée par un sénat. La ville capitale, centre de communication entre les différens cantons qui composoient le territoire de la cité, présentoit plus d'avantage pour l'assemblée des sénateurs qui pour l'ordinaire s'y réunissoient. Le sénat, le premier ordre du peuple, l'assemblée représentative du peuple, agissant au nom et de l'autorité du peuple, étant considéré comme la cité même qu'il représentoit, la ville, dans laquelle il s'assembloit, prit le nom de la cité et du peuple. Par cette raison, les actes publics portoient tantôt le nom du sénat, tantôt celui du peuple. Ainsi les capitales des peuples *Parisii, Bellovaci, Atrebates, Lemovices, Petrocorii*, etc., furent nommés *civitas Parisiorum, Bellovacorum, Atrebatum, Lemovicum, Petrocoriorum;* la cité de Paris, de Beauvais, d'Arras, de Limoges, de Périgueux. L'ancien quartier de ces villes porte même encore le nom de cité. On leur donna aussi le nom du peuple, *Parisii, Bellovaci, Atrebates*, etc.

2.° Il n'est pas certain que les villes aient pris le nom de leur peuple sous les premiers empereurs; cet usage est plus évidemment établi par quelques inscriptions du III.ᵉ siècle, dans lesquelles les noms de *civitas* et de peuple sont attribués à la capitale. Dans le siècle suivant, la mutation de nom devint plus commune. Ammien Marcellin, qui servit plusieurs années dans les Gaules, sous les fils de Constantin, donne le nom du peuple aux villes de Saintes, de Poitiers, de Bazas, d'Ausch, de Clermont en Auvergne, de Sens, de Paris et de Bourges. Les villes de Trèves, de Soissons, d'Amiens et de Troyes sont nommées de même dans l'Itinéraire d'Antonin. Cet usage fut consacré dans les actes émanés de l'autorité souveraine. (1) On lit dans quelques rescrits de l'empereur Valentinien I.ᵉʳ. *datum Treveris, datum Parisiis, datum Remis.*

---

(1) Cod. Theodos. lib. IV, 12.

GERMANIA.

GERMANIA.

La Germanie (1), séparée de la Gaule par le Rhin, s'étend vers l'orient jusqu'à la Vistule, qui peut lui servir de limite du côté de la Sarmatie; vers le nord, elle est bornée par la mer, et au sud, par le cours du Danube (2); c'est aujourd'hui la partie de l'Allemagne située entre le Rhin (3) et la Vistule.

Dans l'intervalle de ces deux fleuves, on en distingue trois principaux, qui prennent également leur cours vers la mer : *Visurgis*, le Weser, célèbre par la défaite de l'armée Romaine sur ses bords; *Albis*, l'Elbe; *Viadrus*, l'Oder; *Amisia* ou *Amisus*, l'Ems, moins considérable. Trois rivières que reçoit le Rhin; *Nicer*, le Neckre; *Mœnus*, le Mein; *Lupia*, la Lippe. *Adrana*, qui se rend dans le Weser, est l'Eder; *Sala*, sans changer de nom, traverse la Thuringe et va se perdre dans l'Elbe.

Les montagnes les plus remarquables sont *Hercynia Sylva*, la forêt Hercynie. César observe qu'elle a neuf journées de chemin en largeur; car on ne peut pas la distinguer autrement, les Germains n'ayant pas de mesures cer-

---

(1) « Toute la Germanie, dit Tacite, est séparée de la Gaule, de la Rhétie et de la Pannonie par le Rhin et par le Danube. Du côté des Sarmates et des Daces, elle a pour barrières la crainte réciproque de ses habitans, ou les montagnes; le reste est environné de l'Océan, qui baigne de vastes côtes, et forme des îles d'une étendue immense ». *Germania omnis à Galliis, Rhætiisque et Pannoniis* (German. 1.), *Rheno et Danubio fluminibus, à Sarmatis Dacisque mutuo metu aut montibus separatur. Cetera Oceanus ambit, latos sinus et insularum immensa spatia complectens.* Ici l'historien décrit seulement la Germanie d'au-delà du Rhin, appelée *Germania Magna, Transrhenana Barbara*, sans y comprendre un démembrement de la Belgique, auquel Auguste donna le nom de Germanie et dont il fit deux provinces.

(2) Le Danube, qui s'épanche du mont Abnoba, dont la pente est douce et facile, semble, dans son cours, rendre visite à plusieurs peuples (*Ibid.*), jusqu'au moment où, par six embouchures, il se jette dans le Pont-Euxin. *Danubius molli et clementer edito montis Abnobæ jugo effusus, plures populos adit, donec in Ponticum mare sex meatibus erumpit*; le septième se perd dans des marais : *Septimum os paludibus hauritur*.

(3) Le Rhin, se précipitant du sommet inaccessible et escarpé des Alpes Rhétiennes, après un léger détour vers l'occident, va mêler ses eaux avec celles de l'Océan Septentrional. *Rhenus Rhæticarum Alpium inaccesso ac præcipiti vertice ortus, modico flexu in occidentem versus Septentrionali Oceano miscetur.*

taines pour compter les lieues (1). Ces neuf journées de chemin en largeur donnent exactement l'étendue de la Bohême du nord au sud, à raison de dix lieues par journées, comme on compte ordinairement. Pour la longueur, César rapporte qu'après soixante jours de marche, on n'en avoit pas trouvé le bout, et qu'elle s'étend le long du Danube, vers l'est, jusqu'aux frontières des Daces et des Anartiens, c'est-à-dire jusqu'à la Teisse et à la Transylvanie, qui est l'ancien pays des Daces, et dont le nom caractérise assez sa situation au-delà des forêts. Enfin il ajoute que cette même forêt tourne à gauche vers le nord, et que s'écartant du Danube, elle confine successivement à beaucoup de nations. Les soixante journées mènent jusqu'aux montagnes qui séparent la Russie de la Sibérie. Dans la suite elle a été défrichée en plusieurs endroits, et habitée par différens peuples.

Abnoba; la forêt Noire en faisoit autrefois partie. Cependant un académicien prétend que c'est une erreur grossière que de la confondre avec la forêt Hercynie (2), puisqu'elle est à plus de soixante lieues de la Bohême et des anciens états de Maroboduus. Il s'appuie sur ce que César dit qu'elle commence directement en face du Danube, ce qui ne peut convenir à la forêt Noire, et ne peut s'entendre que des montagnes de Bohême. La forêt Noire s'élève aux confins de la Suisse et de l'Alsace; elle est la plus considérable de l'Allemagne, et on lui donne vingt-quatre lieues de long sur huit de large.

Il faut observer que le nom de *Hercynie* est un terme générique qui subsiste en quelques endroits de l'Allemagne, appelés *der Hartz*.

Gabreta Sylva, sur les limites de la Bavière et de la Bohême; *Luna Sylva,* que Cellarius juge avoir été dans la Moravie, à la source de la rivière Morave, sont des noms qui paroissent propres à des parties de cette immense continuité de bois qui, depuis le voisinage du Rhin, s'étendoit jusqu'aux limites de la Sarmatie et de la Dace.

Hercynii (3) *montes*, sont les montagnes couvertes de ces forêts, et que l'on remarque principalement dans cette chaîne qui enveloppe le *Boiohemum*, ou la Bohême.

La Germanie a éprouvé tant de révolutions, sa surface politique a tel-

---

(1) De Bell. Gall. lib. vi, cap. 24.
(2) Acad. des Inscript. tom. xxx, Mém. pag. 581.
(3) Pline, en parlant de la grandeur de la forêt Hercynie, dit que c'est un amas de grands chênes qui n'ont jamais été coupés. Aussi anciens que le monde, ils jouissent encore, par une merveille ineffable, d'une sorte d'immortalité. *Hercyniæ sylvæ roborum vastitas intacta ævis, et congenita mundo, prope immortali sorte miracula excedit* (lib. xvi, cap. 2).

lement varié pendant plus de quatre cents ans, que les différentes époques exigeroient une carte particulière. Guerres sanglantes avec les Romains; ligues entre les peuples Germains pour la défense de leur liberté; peuples vaincus, transportés dans des provinces étrangères, d'autres cherchant un asile dans des climats plus éloignés; divisions suscitées par la perfide politique de Tibère, enfin ces peuples cherchant leur perte dans des guerres civiles; voilà le spectacle que présente la contrée qui s'étend entre l'Elbe et le Rhin. Cette contrée, dévastée par les fléaux de la guerre, dénuée d'habitans, tombe sous la domination des Romains. Ceux-ci, trop affoiblis eux-mêmes, ne peuvent défendre leurs possessions contre les attaques des peuples voisins, et leur foiblesse prépare la révolution qui ébranle l'Empire Romain tout entier. Depuis l'an 250 jusqu'à l'an 400 (1), ce ne sont plus les Sicambres, les Suèves, les Marcomans, les Chérusques et autres peuples, que les Romains ont à combattre; les Francs et les Saxons, les Bourguignons et les Allemands, presque entièrement les maîtres des provinces situées entre le Danube et l'Océan, se montrent les ennemis les plus redoutables, et affrontent les Romains par terre et par mer. L'an 269, profitant de la captivité de l'empereur Valérien, prisonnier de Sapor, roi de Perse, ils passent le Rhin, se jettent dans les Gaules, s'emparent de plus de soixante villes, et s'y maintinrent jusqu'à ce que l'empereur Probus, après les avoir défaits dans plusieurs batailles, et leur avoir tué plus de quatre cent mille hommes, les eut forcés à demander la paix et à payer un tribut.

Les géographes les plus anciens et les plus connus, qui nous ont donné des descriptions de la Germanie, sont Strabon, Pline, Tacite et Ptolémée. Il est vrai qu'ils diffèrent sur le nombre des pays, des peuples qui les habitoient et sur les limites; mais pour les concilier, il faut avoir égard aux temps où ces géographes ont vécu, et aux écrits des historiens sur les changemens occasionnés par les guerres que les peuples Germains eurent à soutenir.

Strabon, qui vivoit sous Auguste et sous Tibère, vers l'an 14 de J. C., parle de ces peuples, dont il n'en cite que trente environ, plutôt en historien qu'en géographe. Il y en a plusieurs, entre autres ceux qui furent conduits à Rome en triomphe, dont il ne fait qu'indiquer les noms, sans faire aucune mention des pays qu'ils occupoient. A l'égard des limites, il les étend jusqu'aux Alpes, et y comprend l'Helvétie, quoiqu'elle fît partie des Gaules.

Pline, qui a écrit vers l'an 70 de J. C., a mieux connu la partie orientale

---

(1) On peut consulter utilement l'Introduction à l'Histoire de France, par Dom Merle, bénédictin, 2 vol. *in*-8.°

que Strabon, parce que les conquêtes des Romains jusqu'au-delà de l'Elbe lui avoient fourni de nouvelles connoissances; mais il ne compte que quatorze peuples, en y comprenant les Peucins ou les Bastarnes.

Tacite, qui est venu peu de temps après Pline, décrit les limites de la Germanie; dans son Traité des Mœurs des Germains, depuis le 28.e chapitre jusqu'au 46.e, il désigne le pays occupé par chacun de ces peuples, dont le nombre est d'environ cinquante-deux, et il fait connoître les mœurs particulières à chacun.

Ptolémée, qui florissoit sous Adrien, vers l'an 138 de J. C., en suivant à peu près les mêmes erremens que Strabon, entre dans un plus grand détail non seulement sur les peuples, mais même sur les différens climats renfermés dans la Germanie. Ce géographe décrit le cours des fleuves, indique la situation des montagnes, l'étendue des forêts, et ces points bien déterminés lui servent à fixer, en quelque sorte, le domicile des divers peuples dont il fait monter le nombre à soixante-dix. Il compte plus de quatre-vingt-dix villes; mais ces villes, semblables à celles des sauvages Américains, n'étoient que des hameaux entourés de palissades et de haies; car la Germanie n'a été civilisée que par le christianisme, et c'est seulement depuis Charlemagne que l'on a commencé à bâtir des villes.

Afin de faciliter la connoissance de l'état ancien de cette contrée avant l'an 400, il est bon de consulter les cartes de Ptolémée, qui ont pour titre *Tabula quarta* et *Tabula octava Europæ,* de recourir ensuite à celle de d'Anville, intitulée *Orbis Romani pars occidentalis;* mais la contrée n'étant plus la même à l'époque de l'an 400, pour avoir une idée de ce nouvel état, on peut jeter les yeux sur la carte de Delille, ayant pour titre *Theatrum historicum ad annum Christi 400,* où les pays habités par les Francs, les Bourguignons, les Allemands, les Saxons, à l'époque des IIIe et IVe siècles, paroissent bien désignés.

Néanmoins, pour plus grand avantage, on a cru devoir joindre à la Description une carte dressée d'après les anciens géographes et les récits des historiens; on pourra la comparer avec celles de Ptolémée et de d'Anville; on verra passer en revue tous les peuples principaux qu'elle contient, et qui sont signalés dans la Description.

Quoique Tacite donne comme un fait assez connu, que les Germains n'avoient point de villes (1), aimant à demeurer éloignés les uns des autres,

---

(1) German. 16.

selon qu'ils se trouvoient fixés par une fontaine, un champ, un bois, cependant il n'est pas douteux qu'ils avoient des habitations, et que, quand il s'agissoit de délibérer sur leurs intérêts communs, ils se réunissoient dans un canton principal. Ce motif a déterminé à placer les lieux indiqués par Ptolémée..

Tacite, notre historien, imbu des préjugés des Grecs et des Romains, qui font sortir du sein de la terre tous les peuples dont ils ignoroient l'origine, admet que les Germains tirent la leur du pays même, les transmigrations ne se faisant autrefois que par mer. En effet, selon lui, outre les dangers d'une mer affreuse et inconnue, qui abandonneroit l'Asie, ou l'Afrique, ou l'Italie, pour se retirer dans la Germanie, pays triste et sauvage, sous un climat rigoureux, d'un aspect repoussant, et vers lequel on ne peut être attiré que par l'amour de la patrie (1)? Tous les monumens historiques des Germains se réduisent à d'anciens cantiques, qui forment leurs annales ; ils chantent en l'honneur de leur dieu Tuiston, enfant de la Terre, et de son fils Mannus (2), qu'ils regardent comme leurs auteurs.

Quoi qu'il en soit, il est certain que le nom de *Germain* n'est pas l'ancien nom propre à la nation. Il y eut un temps où les Celtes, supérieurs en force aux peuples d'au-delà du Rhin, formèrent des établissemens dans la Germanie ; mais des détachemens de peuples Germaniques ayant envahi, les armes à la main, une partie de la Belgique, ces étrangers furent appelés *Germani* de *German* qui, dans la langue Tudesque ou Germanique, signifie un homme de guerre (3).

Tacite se déclare pour le sentiment de ceux qui pensent que les peuples de la Germanie n'ont jamais altéré leur origine par des alliances avec aucune nation étrangère ; que leur nation s'est perpétuée sans mélange (4), uniquement semblable à elle-même ; de là cet air de famille dans un nombre d'hom-

---

(1) *Quis porrò, præter periculum horridi et ignoti maris* (German. 2), *Asiâ, aut Africâ, aut Italiâ relictâ, Germaniam peteret, informem terris, asperam cœlo, tristem cultu aspectuque, nisi si patria sit?*

(2) Selon Cluvier, *Mannus* est Adam, *Theut* ou *Tuit* est Dieu lui-même, qui a tiré l'homme de la terre ; il s'en suivroit que les Germains auroient conservé plus fidèlement que beaucoup d'autres peuples la tradition primitive.

(3) Le mot actuel est Teutonique ; *Teutsch-Land* rappelle celui des *Teutones*, quoiqu'il n'en soit fait mention dans l'antiquité que comme associés au nom des Cimbres, dont l'irruption, environ un siècle avant notre ère, porta la terreur jusqu'en Italie.

(4) *Ipsos Germanos indigenas crediderim, minimèque aliarum gentium adventibus et hospitiis mixtos.*

mes aussi considérable (1) : à tous des yeux bleus, un regard fier, des cheveux d'un blond ardent; ils sont d'une taille avantageuse, mais incapables de soutenir long-temps une attaque, ni le travail, ni la fatigue. Par le climat et la nature de leur pays, accoutumés à supporter le froid et la faim, ils ne peuvent endurer la soif et la chaleur.

Suivant le même historien, *Man*, fils de Tuiston, avoit trois fils, d'où descendent les trois principales nations de la Germanie; les *Ingævones*, qui habitoient les pays voisins des bords de l'Océan vers le nord; les *Hermiones* occupoient le milieu des terres; *Istævones* formoient le reste de la nation; ils habitoient sur les bords du Rhin. *Manno tres filios assignant, è quorum nominibus proximi Oceano Ingævones* (2), *medii Hermiones, ceteri Istævones vocentur* (3). Cette distinction des peuples Germains, adoptée par Tacite, est celle de Pline, qui en distingue deux autres, les Vandiles, appelés par Tacite *Vandalii*, et les Peucins ou Bastarnes. Les premiers étoient les peuples qui habitoient au nord, depuis la Chersonèse Cimbique vers l'est, jusqu'à la Sarmatie ou la Pologne; les autres étoient au midi, depuis la Morave jusqu'aux embouchures du Danube et au Pont-Euxin. Tacite avoue qu'il ne sait s'il doit compter les Peucins au nombre des Germains (4) ou des Sarmates; mais, puisqu'il convient que leurs coutumes, leurs mœurs et leurs langues sont Germaniques, on peut conclure qu'ils étoient Germains.

Chaque espèce de Germain renfermoit donc plusieurs peuples sous une même dénomination; mais ces peuples, indépendans les uns des autres, s'allioient ensemble ou se combattoient suivant leurs affections particulières, ou suivant les circonstances et l'intérêt du moment, sans tenir compte de la dénomination commune qui leur étoit donnée. Vers l'occident et le nord, les plus distingués sont:

FRISII, les Frisons, séparés de la Gaule et du territoire des Bataves par le

---

(1) *Truces et cœrulei oculi, rutilæ comæ, magna corpora et tantùm ad impetum valida.*

(2) German. 2.

(3) M. Gibert, académicien, pense que de ces noms, deux sont composés de la finale *vones*, dérivée de l'ancien mot tudesque *wonen*, *manere*, et d'un mot relatif à la position de leurs demeures; savoir : *Istævones* de *stude*, signifiant *ripa*, *littus*, parce qu'ils habitoient les bords du Rhin, *proximi Rheno*; *Ingævones* de *ein*, et dans la composition *einge*, *intus*, parce qu'ils demeuroient dans le fond de la Germanie, jusqu'à l'Océan. *Hermiones*, ou plutôt *Hermidjones*, signifie ceux qui s'étoient retirés dans le milieu des terres, de *her*, préposition de mouvement, et de *mid*, ou *midium*, le milieu, *versus Mediterranea profecti* (Acad. des Inscrip. tom. xxx, pag. 572).

(4) German. 46.

bras du Rhin, qui conserve son nom, occupoient, du temps d'Auguste, la partie septentrionale de ce que nous nommons aujourd'hui la Hollande, entre les embouchures du Rhin et de l'Ems, *Amisia*. Ils étoient divisés en grands et petits, relativement à l'inégalité de leurs forces ; *majoribus minoribusque Frisiis vocabulum est* (1), *ex modo virium*. Le pays étoit coupé par un canal nommé *Flevo*, qu'une dérivation, faite par Drusus, des eaux du Rhin dans l'Issel, avoit grossi au point de former un lac, dont l'issue dans la mer étoit fortifiée d'un château portant le nom de *Flevo Castellum* (2). Dans la suite, ce lac, ayant été fort agrandi par la mer, est ce qu'on nomme aujourd'hui Zuyder-Zée, ou mer méridionale. Une flotte commandée par Drusus, étant entrée dans l'Océan par l'embouchure du *Flevo*, nommée Ulie, s'empara de l'isle *Byrchanis* qui, malgré les usurpations de la mer sur ce rivage, se reconnoît dans le nom de Borkum, à l'entrée de l'Ems.

Drusus, après avoir soumis les Frisons (3), ayant égard à leur pauvreté, ne leur avoit imposé d'autres tributs que des cuirs de bœufs à l'usage des troupes, lorsque, moins par un esprit d'indépendance qu'à cause de la dureté et de l'injustice avec lesquelles ces mêmes tributs étoient exigés, ils se révoltèrent sous le règne de Tibère. L. Apronius, propréteur de la Basse Germanie, fut battu, et cet exploit rendit le nom des Frisons recommandable chez les Germains. Tibère dissimula cette perte, afin de ne confier à personne le soin de recommencer cette guerre (4). Les Frisons, toujours ennemis déclarés ou secrets depuis leur révolte et leurs succès contre Apronius, subirent enfin le joug sous l'empire de Claude ; ils donnèrent des otages et se fixèrent dans le terrain que leur assigna Corbulon (5), qui construisit au milieu d'eux une place forte pour les contenir dans l'obéissance.

Cruptoricis Villa. Ce fut dans la maison de campagne de Cruptorix, qui avoit autrefois servi dans les légions Romaines, que quatre cents Romains, après l'échec d'Apronius, se poignardèrent mutuellement dans la crainte d'être livrés à l'ennemi (6).

Cauci (7), les Cauques, habitoient au-delà, depuis l'Ems jusqu'à l'Elbe,

---

(1) German. 34.

(2) Tacite parle de ce château, *cui nomem Flevum*, où résidoit, pour la sûreté des côtes, une forte garnison composée de citoyens et d'alliés.

(3) Annal. lib. IV, cap. 72.

(4) *Clarum inde inter Germanos Frisium nomen : dissimulante Tiberio damna, ne cui bellum permitteret* (Annal. lib. IV, cap. 74).

(5) Annal. lib. XI, 19. — (6) *Ibid.* lib. IV, 73.

(7) Pline représente les peuples appelés grands et petits Cauques, qu'il a vus dans le nord,

divisés aussi en Grands et en Petits ; ceux-ci en deçà du Weser, les autres entre le Weser et l'Elbe, les premiers occupant le duché de Brême, les seconds l'Oost-Frise et le comté d'Oldembourg. Ils étoient les plus nobles des Germains ; *populus inter Germanos nobilissimus* (1) ; les seuls qui eussent pour principe d'appuyer leur grandeur sur la justice et non sur la force. Sans ambition, toujours dans les bornes du devoir, tranquilles et seuls, pour ainsi dire, au milieu des autres peuples, ils ignoroient l'art perfide de susciter des guerres, et le témoignage le plus certain de leurs qualités civiles et militaires, c'est qu'en respectant les lois, ils conservoient leur supériorité. Cependant, toujours en état de se défendre et de lever une armée au besoin, l'infanterie et la cavalerie étoient plus que suffisantes, de manière qu'au sein même de la paix, ils jouissoient de la réputation de guerriers ; *et quiescentibus eadem fama.* Si l'on en croit Velléius Paterculus (2), ils furent subjugués par Tibère, sous le règne d'Auguste, qui l'avoit adopté ; mais il est plus vrai de dire que, s'étant soulevés sous l'empire de Claude, ils furent défaits par P. Gabinius, qui en acquit le surnom de *Caucius*.

Fosi. Tacite est le seul qui fasse mention de ce peuple, qu'il dit être limitrophe des Chérusques et leur allié avec une certaine dépendance lorsqu'ils étoient dans la prospérité ; mais ayant éprouvé une perte commune, les uns et les autres étoient, pour ainsi dire, de niveau du temps de notre historien (3).

Saxones, les Saxons, que Ptolémée place dans le voisinage de la Chersonèse Cimbrique ; *Saxones supra dorsum Cimbricæ Chersonesi.* Ils habitoient le duché de Holstein à l'entrée de cette Chersonèse. Ce géographe est le seul des anciens qui en ait parlé. Ils ne paroissent dans l'histoire que l'an 286, où ils se font connoître par leurs courses maritimes avec les Francs pour piller les côtes de la Grande Bretagne, des Gaules et de l'Espagne. Ensuite ils se

---

(Plin. Hist. nat. lib. xvi, cap. 1), comme très-malheureux, réduits à demeurer sur des collines au milieu d'une plage inondée par l'Océan. On prendroit leurs chétives habitations pour des vaisseaux qui voguent en pleine mer, et, quand le flot est retiré, pour des navires échoués sur quelque écueil. Ils s'appliquent à pêcher à l'entour de leurs cabanes avec des filets de jonc, lorsque la mer se retire. Ils cuisent le poisson à un feu de terre qu'ils font sécher au vent plutôt qu'au soleil ; n'ayant ni bestiaux, ni laitage, pas même un arbrisseau.

Mais cette description ne convenoit qu'aux habitans des îles et de la côte, dont le terrain extrêmement bas seroit encore exposé aux mêmes inondations, si, dans les temps postérieurs, on n'avoit pris soin de le garantir par des digues et de pratiquer des canaux.

(1) German. 35. — (2) Vell. Paterc. lib. ii, cap. 104.

(3) *Tacti ruinâ Cheruscorum et Fosi, contermina gens, adversarum rerum ex æquo socii, cum in secundis minores fuissent* (German. 36).

répandirent

répandirent dans la Germanie, dont ils occupèrent presque toute la partie septentrionale, à laquelle ils donnèrent le nom de Saxe (1), nom que porte aujourd'hui une grande partie de l'Allemagne.

CIMBRICA CHEROSNESUS, presqu'île des Cimbres, aujourd'hui Danemarck, dont la partie septentrionale demeurée aux Cimbres, a pris le nom de Jut-Land de celui d'un peuple appelé *Jutæ*, l'un des trois qui s'établirent dans l'île de Bretagne au v.ᵉ siècle. Une flotte, sous le commandement de Drusus, avoit poussé la découverte jusqu'à reconnoître la pointe qui termine cette terre, nommée actuellement Skagen. Dans cette navigation, qui, au rapport de Pline, donna aux Romains la connoissance de vingt-trois îles, celles qui bordent la côte occidentale du Danemarck, et dont la mer a couvert une partie, devoient être de ce nombre. On voit dans Ptolémée trois îles des Saxons, un peu plus au nord que l'embouchure de l'Elbe. L'entrée de cette Chersonèse répond à ce que nous nommons le Holstein et au duché de Slewigh.

CIMBRI, les Cimbres, occupoient spécialement la presqu'île de Jut-Land. C'étoit du temps de Tacite une cité peu considérable, qui avoit perdu beaucoup par les fréquentes émigrations, mais toujours grande par le souvenir de sa gloire. *Germaniæ sinum proximi Oceano Cimbri tenent, parva nunc civitas, sed gloria ingens* (2). On découvroit çà et là des traces de leur antique renommée. Sur l'un et l'autre rivage de leur péninsule, on voyoit encore des restes de fortifications et de retranchemens dont l'enceinte faisoit connoître leur puissance, et rendoit croyable le nombre de leurs soldats. Forcés d'abandonner leur pays inondé par l'Océan, repoussés des Gaules et de l'Espagne, ils envoyèrent des députés dans le camp de Silanus et ensuite au sénat, demander des terres pour s'y établir, avec promesse de servir la république de leurs bras et de leurs armes. Sur le refus, ils prirent la résolution de se procurer à force ouverte, ce qu'on n'avoit pas voulu leur accorder de bonne grace. D'après les avantages réitérés qu'ils obtinrent (3), ils se préparoient à

---

(1) Jean Pontanus, qui a écrit sur la Germanie, dit que le nom de Saxons pouvoit bien leur venir de l'espèce d'arme dont ils se servoient, à laquelle on donnoit le nom de *sague*, qui étoit un petit glaive.

(2) German. 37.

(3) « Rome, dit Tacite, comptoit depuis sa fondation 640 ans, lorsque le bruit de l'armement des Cimbres se fit entendre pour la première fois sous le consulat de Cecilius Metellus et de Papirius Carbo. Depuis cette époque, jusqu'au deuxième consulat de l'empereur Trajan, il s'est écoulé 210 années. Que de temps employé déjà pour vaincre la Germanie? Aucune nation ne nous a donné de plus fréquentes alarmes; ni les Samnites, ni

entrer en Italie, et Rome auroit couru de grands dangers si, à cette époque, Marius ne s'étoit pas rencontré : *actum erat, nisi Marius illi sœculo contigisset* (1). Poursuivis et vaincus par ce général, ils demandèrent la paix et la liberté. Marius leur refusa l'une et l'autre. Aussitôt ils se déterminèrent à se soustraire à l'esclavage en se donnant la mort. Les femmes, après avoir égorgé leurs enfans, employèrent la tresse de leurs cheveux pour se suspendre à des arbres ou à leurs charriots. Bojorix, leur roi, tué dans l'action, ne mourut pas sans vengeance : *Bojorix rex in acie dimicans impigrè nec inultus occubuit*.

CANINEFATES, les Caninefates, étoient, selon Tacite, une nation établie dans une partie de l'île des Bataves, et semblable à eux quant au langage, à l'origine et à la valeur (2), ne leur cédant que par le nombre. Civilis, Batave aussi distingué par sa naissance que par son courage, les avoit entraînés dans sa révolte; mais, après une guerre de deux ans, ils furent vaincus par Tibère. Civilis, repoussé dans la Batavie, sut donner à sa révolte des couleurs si favorables, qu'on la lui pardonna. Les Caninefates et autres peuples fournissoient aux Romains des colonies pour les provinces Gauloises qui manquoient de cultivateurs (3).

TUBANTES, les Tubantes, après avoir pris la place des Chamaves sur les rives du Rhin, y furent eux-mêmes remplacés par les Usipiens: *Chamavorum quondam ea arva, mox Tubantum et post Usipiorum* (4).

SALII, les Saliens, suivant Ammien Marcellin, avoient eu la hardiesse

---

» Carthage, ni les Espagnols, ni les Gaulois, ni les Parthes mêmes. Les Germains ont pris
» ou défait cinq généraux, Carbo, Cassius, Aurélius Scaurus, Servilius Cepio, Caius Man-
» lius, qui commandoient autant d'armées consulaires. Les Germains ont enlevé Varus et
» trois légions au divin Auguste. Il en a coûté beaucoup de sang à Marius pour les vaincre en
» Italie, au divin Jule pour les chasser de la Gaule, enfin pour les battre dans leur propre
» pays, à Drusus, à Tibère, à Germanicus. Les terribles préparatifs de Caligula ont été
» pour eux un sujet de risée. Après quelque repos, ils ont profité de nos troubles pour enle-
» ver à nos légions leurs quartiers d'hiver, et pour entreprendre la conquête des Gaules.
» Nous les avons repoussés au-delà du Rhin ; mais nos victoires dans ces derniers temps ont
» été moins réelles que la pompe de nos triomphes ; *triumphati magis quàm victi sunt* »
(Germ. 37).

(1) Flor. lib. III, cap. 3. — (2) Hist. lib. IV, 15.

(3) A ces colonies, on donna le nom de Letes, *Lœti*. L'an de J. C. 296, l'empereur Maximien Hercule, après sa victoire sur les Francs, loin de vendre les prisonniers, suivant l'usage des Romains, les plaça avec leurs femmes et leurs enfans dans les provinces désertes, et leur abandonna les terres incultes, où ils furent regardés comme sujets de l'Empire.

(4) Annal. lib. XIII, 55.

de s'emparer de la Toxandrie, qui faisoit partie des terres de l'Empire, et que l'on croit être le Brabant. Ils envoyèrent une ambassade à l'empereur Julien, pour le prier de les laisser dans le pays; mais Julien fit marcher ses troupes contre eux, et ayant été vaincus, ils se soumirent eux et leurs enfans. Zozime et Ammien s'accordent à dire que les Saliens étoient un peuple Franc. C'est la première fois qu'il est fait mention des Francs Saliens.

BRUCTERI, les Bructères, entre le Rhin et l'Ems. Tacite dit qu'on les trouvoit autrefois dans le voisinage des Tenctères; mais, que de son temps, leur pays fut envahi par les Chamaves et les Angrivariens. S'étant attirés la haine et l'envie de leurs voisins, ils furent chassés et détruits (1). Cependant, malgré la perte qu'ils avoient faite de plus de soixante mille hommes, ils subsistèrent encore assez long-temps, puisqu'on en voyoit sur les bords du Rhin au iv.e siècle sous le règne de Constantin, qui entra dans leur pays, et y mit tout à feu et à sang. Ce ne fut qu'au viii.e siècle que cette nation fut entièrement anéantie dans la guerre qu'elle eut avec les Saxons, qui ravagèrent tout le pays le long du Rhin.

CHAMAVI, les Chamaves, habitoient anciennement, suivant Tacite déjà cité, le pays que possédèrent après eux les Tubantes et ensuite les Usipiens. On ne sait ni pourquoi ils quittèrent ce pays, ni où ils allèrent d'abord, mais on les trouve unis et contigus aux Angrivariens écartés du Rhin. Ils furent vaincus, l'an 358, par Julien, qui leur accorda la paix.

ANGRIVARII, les Angrivariens sur le Weser, firent sous l'empire d'Avitus une incursion dans la Belgique. Leur chef fit aux Romains des propositions qui ne furent point acceptées. Il appela à son secours les Tenctères et les Bructères; mais forcés de repasser le Rhin, ils allèrent chercher un asile chez les Tubantes et les Usipiens, d'où étant repoussés, ils se retirèrent dans le voisinage des Chérusques. Suivant l'opinion commune, ils ont donné le nom à l'Angarie, qui fut le domaine du célèbre Witikind (2).

---

(1) La manière dont l'historien raconte le malheur des Bructères, ne fait point honneur à ses sentimens, et dévoile l'orgueil et la cruelle ambition des Romains. « Plus de soixante » mille hommes, dit-il, ont péri, non par les traits et les armes des Romains; mais (ce qui » est plus magnifique) pour nous servir de spectacle et d'amusement. *Super LX millia non* » *armis telisque Romanis, sed, quod magnificentius est, oblectationi oculisque cecide-* » *runt* » (German. 33). Falloit-il donc que tous les peuples de la terre s'entregorgeassent, afin de leur procurer le domaine de l'univers?

(2) Ce prince, sans être roi des Saxons, mais seulement un des chefs de la nation, excita ses compatriotes à soutenir leur liberté contre Charlemagne. Le monarque, ne pouvant les réduire, et las de répandre du sang, envoya à Witikind un de ses seigneurs, pour l'engager

Dulgibini et Chassuarii, et autres peuples moins connus, étoient derrière les Chamaves et les Angrivariens. *Angrivarios et Chamavos à tergo Dulgibini et Chassuarii claudunt, aliæque gentes haud perindè memoratæ* (1). Strabon appelle les derniers *Chattuarii* et Patercule *Attuarii*. Constance Chlore, successeur de Maximien, imitant son exemple, plaça entre autres, dans le département de la république des Lingons, une colonie de Francs qui portoit le nom des Attuariens (2). Selon Ammien Marcellin, les deux peuples ci-dessus désignés, ainsi que les Chamaves, étoient, vers l'an 350, mêlés avec les Francs.

Usipii, les Usipiens, chassés de leur ancienne demeure par les Cattes, errèrent pendant plusieurs années en différens endroits de la Germanie, et vinrent enfin s'établir sur la rive droite du Rhin, dans le pays des Ménapiens.

Cæsia Sylva, forêt dont Cluvier place une partie dans le duché de Clèves et une partie dans le pays de Munster, entre Wesel et Cœsfeld. Quelques modernes pensent que les anciens Germains n'appeloient pas cette forêt *Cæsia*, mais *Hesia*, d'après Hésus, le dieu de la guerre parmi eux et parmi les Gaulois.

Marsi, les Marses, du temps de Drusus, occupoient les bords du Rhin. Intimidés par ses hostilités, ils se mirent sous la protection des Bructères, qui leur permirent de se retirer dans l'intérieur des terres et vers les sources de la Lippe. Germanicus, pour venger la défaite entière de trois légions romaines que commandoit Varus, défaite occasionnée par la perfidie d'Arminius, chef des Chérusques, marche vers le Rhin. Les Marses, ayant osé en venir aux mains avec Celina, lieutenant de Germanicus (3), furent battus et mis en déroute.

Tanfanæ templum (4), le temple de Tanfana, dans le pays des Marses,

---

à rentrer dans le devoir à des conditions très-avantageuses. Le prince Saxon s'y soumit; il alla trouver l'empereur à Attigny en Champagne. Le conquérant le reçut avec affabilité, lui donna le titre de duc de Saxe avec le duché d'Engern, et l'exhorta à se faire instruire dans la religion chrétienne.

(1) German. 34.

(2) Cette colonie conserva son ancien nom, le donna au pays, en sorte que, sous le règne des rois Carlovingiens, la partie du Langrois donnée à cette colonie portoit encore le nom de *Comté des Attuariens*. Dans les capitulaires de Charles le Chauve, au nombre des départemens de la France, on trouve encore dans le Langrois *Comitatus Attuariorum*.

(3) Annal. lib. 1, 56.

(4) Gronovius, sur Tacite, dérive le nom de cette divinité germaine des mots *tan*, qui dans la langue du pays signifie un sapin, et *fan*, qui dans l'ancien langage Gotho-Teuton veut dire seigneur, ou le dieu des sapins. Ce célèbre éditeur en conclut que le Tanfana des

et le plus révéré, fut détruit par Germanicus. *Profana simul et sacra, et celeberrimum illis gentibus templum, quod Tanfana vocabant* (1), *solo œquantur.*

SICAMBRI, les Sicambres, que Tacite appelle *Sugambri*, étoient voisins du Rhin, lors de l'expédition de César au-delà de ce fleuve ; *Sicambri qui sunt proximi Rheno*, vraisemblablement le haut du Rhin, puisque les Sicambres, qui s'étoient soumis à Auguste l'an 745 de Rome, furent transférés dans les Gaules sur les bords du Bas Rhin (2). Dans la suite ils se portèrent sur le côté méridional du cours de la Lippe. On s'accorde à dire que leur nom vient de la rivière *Segus*, Siége. Ils formoient une cité puissante et nombreuse. César leur ayant fait demander qu'ils lui livrassent la cavalerie des Usipiens et des Tenctères qui s'étoient retirés sur leurs terres, ils répondirent que l'Empire Romain finissoit au Rhin, et qu'il n'avoit rien à voir dans la Germanie. Le général Romain, piqué de cette réponse, fait jeter sur le fleuve un pont qui fut construit en dix jours. L'armée Romaine s'avance contre eux. Déjà ils avoient gagné les bois avec la ferme résolution de se défendre ; mais César se contente de ravager leurs terres et repasse le fleuve, après avoir fait rompre le pont. Leur cité paroît avoir été composée de trois peuples, les Usipiens, les Bructères et les Tenctères. Les armes Romaines les ayant forcés de renoncer à la ligue qui les unissoit, chacun d'eux resta dans le pays qu'il avoit habité, et quitta le nom de Sicambre pour reprendre son nom particulier. Telle fut leur position politique jusque vers l'an 240 de J. C., que ces mêmes peuples s'unirent par une nouvelle association qui prit le nom de Francs, et qui, par sa bravoure et son attention à profiter des circonstances, se rendit

---

Germains étoit le *Sylvanus* des Romains, et que le nom de Tanfana lui fut donné, parce que son temple étoit dans une forêt de sapins.

Suivant d'autres, le nom de *Tanfana* signifie à la lettre *Sortium Domina*, la déesse des sorts, ou de la divination par les baguettes, commune à tous les Germains et décrite par Tacite.

(1) Annal. lib. 1, 51.

(2) *Sicambros dedentes se traduxit in Galliam, atque in proximis Rheno agris collocavit* (Suet. Aug. cap. 21). Tacite s'exprime comme si le corps entier avoit été détruit et transporté dans les Gaules ; *Sugambri excisi et in Gallias trajecti* (Annal. XII, 39); mais cela ne doit s'entendre que d'une partie. Les Sicambres, les Chérusques et les Suèves s'étoient ligués contre les Romains, et l'une des conditions de cette ligue contre les Romains étoit que, dans le partage du butin, les Sicambres auroient les prisonniers, les Chérusques les chevaux, et les Suèves l'or et l'argent (Flor. lib IV, cap. 12). Les Sicambres furent vaincus par Drusus et obligés de se rendre à discrétion ; quarante mille furent transportés dans les Gaules.

capable de former une monarchie puissante. Il faut observer que le nom de Francs étoit une épithète, et qu'il n'appartenoit à aucune nation en particulier.

Catti, les Cattes, que César surnomme *Suevi*, occupoient la Hesse jusqu'à la Sala dans la Thuringe, et la Wétéravie jusqu'au Mein. Tacite les représente comme ayant une constitution plus forte, plus nerveuse; l'air plus fier, l'esprit plus vif que les autres peuples de la nation, beaucoup de sens et d'habileté pour des Germains. Toutes leurs forces consistoient dans leur infanterie, qui portoit avec ses armes des outils et des provisions: les autres savent se battre, les Cattes faire la guerre : *alios ad prœlium ire videas, Cattos ad bellum* (1). Drusus, qui les avoit défaits en différens combats, avouoit qu'il n'avoit jamais eu en tête des hommes aussi braves. Tacite dit ailleurs qu'ils firent trembler la Germanie Supérieure (2). Vers l'an de Rome 716, Germanicus, fils de Drusus, et son successeur dans le commandement, s'avance contre les Cattes avec tant de promptitude, que les vieillards, les femmes et les enfans, auxquels les forces ne permettoient pas de fuir avec assez de vîtesse, furent pris ou massacrés sur-le-champ. La jeunesse avoit traversé l'Eder, *Adrana*, à la nage, et tâchoit d'empêcher les Romains d'y jeter un pont; mais se voyant repoussés par les flèches et les machines, ils firent inutilement des propositions de paix (3). Quelques-uns se rendirent; tous les autres abandonnèrent les villages et les bourgs pour se réfugier dans les forêts. Enfin, sous Marc-Aurèle, Didius Julianus qui, dans la suite, obtint l'Empire à prix d'argent, les défit entièrement. Depuis, l'histoire ne fait plus mention des Cattes, et leur nom se confondit avec celui des Francs, dans la ligue desquels ils entrèrent.

Castellum, étoit une place forte sur la Fulde, qui reçoit l'Eder; elle conserve son nom dans celui de Cassel, capitale du landgraviat de ce nom.

Mattium (4), que Tacite dit être la capitale des Cattes, *id genti caput* (5), et que l'on croit retrouver dans Marpurg, aujourd'hui capitale de la Basse Hesse, dans le Haut Rhin, fut brûlée par Germanicus.

---

(1) German. 30. — (2) Annal. xii, 27. — (3) Ibid. 1, 56.

(4) Le rapport de ce nom avec celui des *Mattiaci* donne à croire que ce lieu leur conviendroit. Quoique Tacite le désigne comme le chef-lieu des Cattes, cependant, dans un autre endroit, il distingue les Mattiaques des Cattes, en disant que l'armée qui assiégeoit Mayence étoit composée de Cattes (Hist. lib. iv, 37), d'Usipiens et de Mattiaques. *Mixtus ex Cattis, Usipiis, Mattiacis, exercitus.*

(5) Annal. 1, 56.

CHERUSCI, les Cherusques, voisins des Cauques et des Cattes, du temps de Tacite, et dont parlent les anciens géographes, qui s'accordent à les placer entre les Cattes et les Lombards, s'étendoient depuis le Weser jusqu'à l'Elbe ; mais, depuis l'établissement des Francs, leurs limites furent resserrées entre l'Elbe et l'Oder.

Il semble que les conquêtes des Romains dans la Germanie devoient être arrêtées par deux princes Germains, élevés à Rome et comblés des faveurs d'Auguste ; l'un et l'autre parvenus à la royauté par le crédit des Romains ; Maroboduus chez les Marcomans, et Arminius chez les Chérusques. Celui-ci, brave et fécond en ressources, s'étoit adroitement insinué dans la confiance de Varus, général romain, tandis que, sous l'ombre du mystère, il portoit à la révolte un grand nombre de peuples : *Arminius turbator Germaniæ*. Le crédule Varus, s'étant imprudemment engagé avec trois légions dans le défilé Teutberg, *in Teutoburgiensi saltu*, défilé qui fait partie de l'évêché de Paderborn, s'aperçut trop tard qu'il étoit trahi, et sa destinée le fit succomber sous les coups d'Arminius. *Varus fato et vi Arminii cecidit* (1).

Idistavisus Campus est une plaine où Arminius fut vaincu par Germanicus. Cette plaine a beaucoup de rapport par les circonstances à celle de Hastenbeck, village d'Allemagne dans l'électorat d'Hanovre, célèbre même par la victoire que remporta, le 26 juillet 1757, l'armée Française commandée par le général d'Estrée sur les Anglais, qui avoient à leur tête le duc de Cumberland. Les Chérusques continuèrent à se défendre contre Germanicus et les autres généraux que l'empereur Tibère envoya contre eux, jusqu'à ce que la jalousie d'Arminius et de Maroboduus eût suscité des divisions, qui causèrent la perte de leur liberté. Enfin subjugués, vers l'an 50 de J. C., ils prièrent l'empereur Claude de leur donner pour roi Italus, fils de Flavius, neveu d'Arminius. Ce fut sans doute à cette époque que la ligue des Chérusques fut dissipée, et qu'ils tombèrent dans l'inertie dont parle Tacite (2).

« Moins bons politiques que les Cauques et les Cattes leurs voisins, n'ayant
» point à se défendre, ils s'endormirent dans le sein d'une trop longue paix,
» dont ils ont chèrement payé les douceurs, parce que, entre des peuples

---

(1) Annal. 1, 55.

(2) *In latere Chaucorum, Cattorumque, Cherusci nimiam ac marcentem diu pacem inlacessiti nutrierunt; idque jucundius quàm tutius fuit : quia inter impotentes et validos falsò quiescas* (German. 56); *ubi manu agitur, modestia ac probitas nomina superioris sunt. Ita qui olim boni œquique Cherusci, nunc inertes ac stulti vocantur; Cattis victoribus fortuna in sapientiam cessit.*

» ambitieux et puissans, le repos est toujours trompeur; et qu'en cas de
» guerre, la modération et la probité sont des vertus qu'on n'attribue qu'au
» vainqueur. Aussi les Chérusques, dont on vantoit autrefois la droiture et
» l'équité, sont traités aujourd'hui de lâches et d'imbécilles; les Cattes au
» contraire passent pour sages, à cause de leurs victoires et du bonheur qu'ils
» ont eu de vaincre ».

Tropæa Drusi, trophées élevés par Drusus sur les bords de l'Elbe en Thuringe. Ce prince porta ses armes jusqu'à ce fleuve; mais ayant fait de vains efforts pour le traverser, il se contenta d'élever des trophées, pour faire connoître qu'il avoit pénétré jusque-là.

LANGOBARDI, les Lombards, que Paul Diacre appelle *Longobardi* (1), peuvent être placés, selon d'Anville, sur la Sprée, qui communique avec l'Elbe. Ils tiroient leur gloire de leur foiblesse apparente. Quoiqu'en petit nombre et environnés de redoutables voisins, ils se mettoient en sûreté non par une basse soumission, mais en combattant et en risquant tout pour leur liberté: *non per obsequium, sed prœliis et periclitando tuti sunt* (2). Ils avoient aidé les Chérusques, leurs voisins, dans les guerres contre les Romains. Tacite les range au nombre des peuples Suèves, opinion qui contrarie le système de Paul Diacre, qui les fait originaires de la Scandinavie, séparée de la Germanie par la mer Baltique. Ils furent subjugués par Tibère. Suivant Paterculte, ils passoient pour les plus féroces des Germains; *Longobardi, gens Germana, ferocitate ferocior*. Toute leur histoire prouve que cette réputation étoit fondée.

Après les Lombards, le même historien cite, comme faisant partie des Suèves, les *Reudigni*, les *Caviones*, les *Angli*, les *Varini*, les *Eudoses*, les *Suardones*, les *Nuithones*. De tous ces peuples, défendus par des rivières ou cantonnés dans des bois (3), deux seuls sont connus; les Varins et les Angles. Tacite dit qu'il n'a rien à remarquer sur chacun d'eux, si ce n'est qu'ils se réunissent pour honorer la déesse Herth, c'est-à-dire la Terre, mère commune. *Hertam* (4), *id est, Terram matrem colunt*. Ces peuples s'imaginoient

---

(1) Si l'on en croit Paul Diacre, secrétaire de Didier, dernier roi des Lombards, et qui vivoit dans le IX.ᵉ siècle, ils furent ainsi nommés à cause de la longueur de leur barbe, parce que dans leur langue *lang* veut dire long, et *baert* barbe (*de Gest. Longobard. lib.* 1, *cap.* 2). *Certum est Longobardos ab intactâ ferro barbâ appellatos, nam juxtà illorum linguam,* lang *longam,* baert *barbam significat.*

(2) German 40. — (3) *Ibid.* 40.

(4) *Hertam* est à peu près le même mot que *erde*, le seul que les Allemands aient pour désigner la terre.

que cette déesse venoit de temps en temps prendre part aux affaires des mortels. Dans le bois, qui lui servoit de temple, on gardoit son char revêtu d'une couverture : le prêtre seul avoit le droit d'y porter la main. Dès qu'il reconnoissoit que la déesse étoit entrée dans le sanctuaire mobile, il y atteloit des genisses et le suivoit en grande cérémonie. L'allégresse publique éclatoit de toutes parts ; ce n'étoient que fêtes et réjouissances dans les lieux où la déesse daignoit passer ou séjourner : *Lœti tunc dies ; festa loca, quœcumque adventu hospitioque dignatur* (1).

Hertœ Sacra Ins. Isle consacrée à la déesse. Cluvier juge que c'est celle de Rugen. Il nous apprend qu'on y voit une forêt dans laquelle est un lac très-profond, qui fut toujours l'objet de la superstition des peuples. Suivant Tacite même, dans cette île de l'Océan est un bois sacré : *est in insulâ Oceani castum nemus* (2).

VARINI, les Varins, occupoient la plus grande partie du duché de Mecklenbourg dans la Basse Saxe, et leur nom est demeuré à la rivière de Varna, qui tombe dans la mer Baltique, ainsi qu'au bourg de Waren, qui est sur un lac dans le même duché. Tout ce qui approche de ce rivage paroît avoir été compris sous le nom de *Vindili*, le même que les Vandales ont rendu célèbre.

ANGLI, les Angles, habitoient une partie du duché de Holstein, à l'entrée de la Chersonèse Cimbrique. Unis aux Saxons et aux Jutes, ils passèrent dans l'île de Bretagne en 449, et y fondèrent quelque temps après sept royaumes qui, en 827, furent réunis en un seul, lequel prit le nom de royaume d'Angleterre, à cause des Angles.

SEMNONES, les Semnones, s'étendoient d'abord depuis l'Elbe jusqu'au-delà de l'Oder ; mais ces deux fleuves ne leur servirent pas toujours de limites. Ils prétendoient être les plus anciens et les plus nobles des Suèves, fondant cette ancienneté sur leur religion même : *vetustissimos se nobilissimosque Suevorum memorant. Fides antiquitatis religione firmatur* (3). Ils avoient une forêt consacrée par leurs aïeux et par une antique superstition, où, à certains jours, s'assembloient par députés tous les peuples de la même tribu, pour y

---

(1) German. 40.

(2) *Ibid.* Contre le sentiment de Cluvier et de plusieurs autres géographes, d'Anville dit qu'il y a plus de vraisemblance à reconnoître cette île dans celle que Pline appelle *Actania*, c'est-à-dire Isle aux Rivages, aujourd'hui Helg-Land ou Isle Sainte, située au large de l'embouchure de l'Elbe et dont il ne reste qu'une éminence, la mer ayant couvert un terrain beaucoup plus spacieux dans les années 800 et 1300 environ.

(3) German. 39.

célébrer les affreuses cérémonies de leur culte barbare. La première étoit d'immoler un homme en public. « On y respecte sur-tout, dit Tacite, un
» bocage qui semble en être le sanctuaire, où personne n'entre qu'il ne soit
» lié, afin de rendre hommage par cette attitude humiliante à la majesté du
» dieu qui l'habite : si l'on vient à tomber, il n'est pas permis de se relever,
» même sur les genoux ; il faut se retirer en se roulant. Ces rits superstitieux
» ont pour objet de persuader que c'est là le berceau des Suèves, le séjour
» de la divinité qui règne sur eux, le chef-lieu d'où relèvent et dépendent
» toutes les autres cités. La fortune des Semnones vient à l'appui de leurs
» prétentions ; ils possèdent cent cantons. Par l'étendue et la force de leur
» état, ils se regardent comme les chefs de la nation : *magno corpore effici-*
» *tur, ut se Suevorum caput credant* (1) ».

BURGUNDIONES (2), les Bourguignons, dont Ptolémée fixe la demeure primitive sur les rives de la Vistule, faisoient partie, suivant Pline, (3) des Vandiles ou Vandales, ainsi que les Varins, les Carins et les Gutones. Des rives de la Vistule, l'an 245, ils passèrent sur les bords de l'Oder et vinrent ensuite s'établir en-deçà de l'Elbe. Jusqu'à l'an 370, ils demeurèrent dans le voisinage des Allemands, dont ils étoient séparés par la rivière Sala. Dès-lors ils pouvoient mettre sur pied quatre-vingt mille hommes. On les vit paroître sur le Rhin, à la sollicitation de Valentinien I.ᵉʳ, qui les appela à son secours contre les Allemands avec lesquels ils avoient des différens sur la propriété de quelques salines. S'étant aperçus que Valentinien n'avoit cherché que leur perte dans une fausse alliance, ils se déclarèrent les ennemis implacables des Romains ; ils passèrent le fleuve, entrèrent dans la Gaule, se rendirent maîtres de plusieurs provinces. C'est ici que l'on place le commencement de la décadence de l'Empire Romain dans l'Occident. En 413, ils fondèrent un grand royaume, qui a subsisté pendant plus d'un siècle, sous le nom de royaume de Bourgogne (4).

CARINI, les Carins, dont parle Pline, ne sont pas ceux de Ptolémée, qui

---

(1) German. 39.

(2) Les Bourguignons, selon le rapport d'Ammien Marcellin (lib. xxviii), quoique mêlés parmi les Germains, conservoient encore, l'an 370, la religion et le langage des colonies Gauloises, ce qui prouve qu'ils étoient d'origine Gauloise.

(3) Plin. lib. iv, 14.

(4) Outre le duché de Bourgogne, il comprenoit la Franche-Comté, partie de la Provence, le Dauphiné, le Lyonnois, la Savoie et la Suisse. Ce royaume eut cinq rois ; Gondemar, le dernier, fut dépouillé de ses états en 534 par les rois Childebert et Clotaire, fils de Clovis, qui unirent ces provinces à la monarchie Française et les partagèrent entre eux.

les place sur les limites des Helvétiens. Si ce n'est point une répétition vicieuse du mot *Varini*, comme le pense le P. Hardouin, commentateur de Pline, les Carins devoient être vers la Vistule, non éloignés des Varins.

Gutones, les Gutons, habitoient vers les embouchures de la Vistule, dans le pays nommé aujourd'hui la Poméranie; chez eux l'autorité royale, sans être encore absolue, commençoit, du temps de Tacite, (1) à se faire plus sentir que dans le reste de la Germanie. Plusieurs modernes, d'après Jornandès, ont avancé qu'ils étoient une peuplade de cette nation célèbre originaire de la Scandinavie; d'autres ont conclu que, si *Gothones* est le nom synonyme de *Gothi*, ceux-ci avoient la même origine (2).

Lemovii, que Tacite associe avec les *Rugii*, (3) étoient placés sur les bords de l'Océan; ces peuples se distinguoient par la rondeur de leurs boucliers, leurs courtes épées et leur soumission envers les rois: *omnium harum gentium insigne, rotunda scuta, breves gladii et erga reges obsequium*.

Rugii ont d'abord occupé la Poméranie Ultérieure, dont une ville maritime est encore appelée Rugen-Wald; ils ont aussi donné le nom de Rugen à l'île adjacente à la partie citérieure du même pays.

Lugii, aussi nommés *Lygii*, étoient fort étendus et se divisoient en plusieurs cités; (4) *Lygiorum nomen in plures civitates diffusum*; Tacite se contente de nommer les plus considérables et ne donne quelques détails, que sur deux qu'il distingue.

Arii, les Aries, supérieurs en force aux autres, prenoient plaisir à ajouter à leur férocité naturelle par le secours de l'art et du stratagême. Avec de noirs boucliers, ayant le corps enduit de couleurs, ils choisissoient pour combattre l'obscurité de la nuit; par cette espèce d'épouvantail, et par la tenue d'une armée qui marche à des funérailles, ils répandoient la terreur; il n'étoit point d'ennemi capable de tenir contre cet appareil extraordinaire, et sem-

---

(1) German. 43.

(2). Dès le commencement de l'ère chrétienne, les Goths ou Gotons habitoient l'orient de la Germanie. Pline les compte au nombre des peuples Vindiles; Ptolémée les place vers les embouchures de la Vistule. Jornandès dit qu'ils sont sortis de la Scandinavie; mais Jornandès, qui vivoit 500 ans après que les Goths ont été connus comme habitans de la Germanie, ne peut rien dire de l'origine Scandinavienne de cette nation, à moins qu'il ne cite le témoignage de quelque écrivain contemporain. Les géographes, qui l'ont précédé de 500 ou 450 ans, avoient des connoissances plus certaines, et méritent conséquemment plus de croyance. Plusieurs modernes sont tombés dans l'erreur à cet égard pour avoir adopté l'assertion de l'historien des Goths.

(3) German. 44. — (4) *Ibid.* 43.

blable à celui des enfers ; car dans tous les combats, les yeux sont les premiers vaincus : *nam primi in omnibus prœliis oculi vincuntur* (1).

Naharvali, les Naharvales, montroient un bois sacré, révéré de temps immémorial. Le prêtre (2), qui y présidoit portoit un habillement de femme. (3) On y adoroit ensemble, sous le nom d'*Alcis*, deux divinités regardées comme deux frères, toujours jeunes, que les Romains, par conjecture, prenoient pour Castor et Pollux, quoique chez eux on ne voie aucune statue, aucune trace d'une superstition étrangère : *nulla simulacra, nullum peregrinæ superstitionis vestigium*.

Gothini, Osi, les Gothins et les Oses, habitoient le haut de la Vistule ; les premiers parloient la langue gauloise, les seconds celle de la Pannonie, ce qui prouve qu'ils n'étoient pas Germains ; *Gothinos gallica, Osos pannonica lingua coarguit non esse Germanos* (4) ; mais qu'ils devoient faire partie des Gaulois Boïens et Helvétiens, qui avoient été forcés par les Marcomans, d'abandonner leur pays. D'ailleurs les Gothins payoient lâchement le tribut aux Sarmates, et les Oses aux Quades, qui les traitoient en étrangers. Pour comble d'opprobre, les Gothins étoient employés aux mines de fer. Tous ces peuples possédoient peu de terrain dans la plaine; leur séjour étoit dans les forêts, sur le sommet ou sur le penchant des montagnes, dont la chaîne coupe et borne la Suévie. Cluvier prouve que cette chaîne ne peut être que l'*Asciburgius mons* de Ptolémée. (5). Il la fait commencer aux confins de la Hongrie, de la Pologne et de la Silésie, auprès des montagnes que les Polonois appellent Tatari. Le nom de cette montagne rappelle *Asciburgium*, dont parle Tacite qui dit, sans appuyer ni combattre le fait, que des gens prétendent qu'Ulysse, dans le cours de ses longs voyages (6), sur lesquels les poètes ont débité tant de merveilles, fut poussé sur les côtes de la Germanie, qu'il entra dans les terres et bâtit aux bords du Rhin la ville qui portoit encore de son temps le nom que ce prince lui donna. Dans cet emplacement, les géographes modernes trouvent Asburg, village sur la rive gauche du Rhin, près de Meurs dans le duché de Clèves.

Marsigni et Burii, les Marsignes et les Bures, établis au-de là des Marco-

---

(1) German. 43.

(2) L'usage établi chez les Druides Gaulois dans les cérémonies, sur-tout lorsqu'il falloit cueillir le gui de chêne, de porter la longue tunique de lin, et le respect que les Gaulois avoient pour les forêts, sont des traits de conformité qui, conservés par quelques-uns des peuples de la Germanie, méritent bien d'être remarqués.

(3) German. 43. — (4) *Ibid.*

(5) German. Antiq. lib. III, cap. 32. — (6) German. 3.

mans et des Quades, ont le langage et la chevelure des Suèves; *sermone cultuque Suevos referunt.*

Pour nous rapprocher du Rhin, Tencteri, les Tenctères, passèrent ce fleuve, du temps de César, et furent repoussés. Dans les guerres que les Sicambres et les Suèves eurent à soutenir contre les Romains, ils parurent avec les Usipiens, et sous la conduite de Mélon, ils battirent l'armée du proconsul M. Lullius, et enlevèrent une aigle romaine avec tout le bagage. Tacite dit qu'ils joignoient à leur bravoure ordinaire dans les combats, l'avantage d'être excellens hommes de cheval; aussi l'infanterie des Cattes (1) n'étoit-elle pas plus renommée que la cavalerie des Tenctères.

Mattiaci, les Mattiaques, Germains d'origine, et Romains d'inclination, faisoient partie de la nation des Cattes, dont étoient sortis les Bataves établis à l'extrémité de la Gaule (2). Il est même à remarquer qu'une partie de leur territoire contigue au Rhin et au Mein étoit séparée du pays ultérieur par un ouvrage de Drusus, dont il subsiste des vestiges. Comme les Bataves, ils avoient été placés sur les bords du fleuve, pour en défendre le passage contre les ennemis. Les Bataves avoient été transférés de la Germanie dans l'île formée par les bras du Rhin, mais les Mattiaques habitèrent toujours le pays voisin de Mayence et du Mein. En tout ils ressembloient aux Bataves, si ce n'est que l'air et le sol de la patrie leur donnoient plus de force et de vigueur (3).

Juhones (4), nom d'un peuple, dont Tacite seul fait mention comme d'un allié des Romains : *civitas Juhonum socia nobis* (5).

Rhetico, Taunus, deux montagnes les plus hautes; selon Pomponius Méla. Tacite rapporte que Germanicus, avant d'aller combattre les Cattes, releva sur le mont Taunus (6) le fort autrefois construit par Drusus son père. Il en reste encore des vestiges. La crête de ce mont règne depuis le bord du Rhin jusqu'au dessus de Francfort.

Marcomanni, les Marcomans, dont parlent Strabon, Tacite et Ptolé-

---

(1) German. 32. — (2) *Ibid.* 29.
(3) *Sede finibusque in suâ ripâ, mente animoque nobiscum agunt* (German. 29), *cetera similes Batavis, nisi quòd ipso adhuc terræ suæ solo et cœlo acriùs animantur.*
(4) Annal. lib. xiii, 57.
(5) Ce texte a donné lieu à beaucoup de dissertations. S'il faut suivre celle qui a prévalu, on doit lire *Ubiorum Civitas*, la Cité des Ubiens, qui fut attaquée d'un fléau qu'on n'avoit pu prévoir. Des feux sortis de terre menaçoient même les murs de la nouvelle colonie. Selon plusieurs interprètes, cette colonie est Cologne. Si cette interprétation étoit vraie, les *Juhones* devroient disparoître; mais c'est ce qu'il s'agiroit encore d'examiner.
(6) Annal. lib. 1, 56.

mée, formoient une nation puissante et très-renommée. Du temps de César, ils habitoient dans le voisinage du Haut Rhin. L'an de Rome 695, avec les Harudes, les Suèves et d'autres peuples de la Germanie, ils faisoient partie de l'armée d'Arioviste, roi des Suèves, lorsqu'il fut vaincu par César dans le pays des Séquanois. Arioviste, après sa défaite, regagna son ancienne demeure, ayant à sa suite le reste de son armée. Les Marcomans ligués avec les Chérusques, et subjugués comme eux par les généraux d'Auguste, furent obligés de recevoir des rois des mains de leurs vainqueurs. C'est ainsi que Maroboduus devint roi des Marcomans. Ce jeune prince, guerrier, ambitieux et politique, sentant bien qu'il ne pourroit commander en maître à ses sujets, tant qu'il ne seroit séparé que par le Rhin de la puissance romaine, engagea les Marcomans, les Sédusiens et les Harudes à quitter leur pays pour aller s'établir dans le *Boiohemum*, d'où ils chassèrent les Boïens (1). On croit que cette émigration eut lieu vers le temps que les Sicambres furent transférés dans les Gaules.

Valentiniani Munimentum, Manheim, dans le Palatinat du Rhin, à la jonction du Neker et du fleuve (2).

HARUDES, les Harudes, qui ne se trouvent nommés que par César, avoient sans doute abandonné leur pays pour s'établir dans celui des Séquanois, avant la victoire du général romain, remportée sur Arioviste, puisque les Eduens se plaignoient de ce que ces nouveaux venus ravageoient leurs frontières.

SEDUSII, les Sédusiens, étoient dans l'armée d'Arioviste. Lorsque Maroboduus (3) se fut emparé du pays des Boïens, le nom des Harudes et des Sédusiens se confondit avec celui des Marcomans, qui se conserva.

---

(1) *Præcipua Marcomanorum gloria viresque; atque ipsa etiam sedes, pulsis olim Boiis virtute parta* (German. 42).

(2) Il y a apparence que cette ville doit son origine à une forteresse que l'empereur Valentinien fit élever en cet endroit (German. lib. XXVIII, cap. 2). Ammien Marcellin dit que ce prince fortifia la frontière le long du Rhin, et qu'il fit réparer les fortifications que Probus avoit fait construire. Les Marcomans ayant pris les armes pour s'y opposer, Valentinien se préparoit à porter la guerre dans leur pays, lorsqu'ils lui envoyèrent des députés pour implorer sa clémence. Ces députés étoient des hommes grossiers, pauvres et mal vêtus. Ce prince, croyant qu'on les lui envoyoit pour l'insulter, entra dans une si grande fureur, qu'il se cassa une veine et expira peu de temps après, le 17 novembre, 375 de J. C.

(3) Vers l'an 20 de J. C., une conjuration formée contre ce prince par un jeune seigneur nommé Catualda, qu'il avoit exilé, le força d'abandonner ses états, et de se réfugier avec ceux qui lui étoient restés attachés sur les terres de l'Empire. Au bout d'un an, Catualda fut

DECUMATES AGRI, les Terres Decumates au pied du mont *Abnoba* et près des sources du Danube. Elles furent ainsi nommées, parce qu'elles supportoient une imposition du dixième de leurs fruits. C'étoit le tribut que payoient d'ordinaire les provinces qui s'étoient données volontairement. Tacite ne regarde point comme un peuple de Germanie, quoiqu'il habite au-delà du Danube et du Rhin, celui qui cultive la contrée dont les terres paient le dixième. « Ce sont, dit-il, (1) les plus inconstans des Gaulois; des avantu-
» riers enhardis par la misère, qui voulurent courir les risques d'un établis-
» sement hasardeux. Bientôt la frontière ayant été reculée, et les garnisons
» placées plus avant, cette même contrée est aujourd'hui considérée comme
» une enclave de l'Empire et une partie de la province »: *mox limite aucto, promotisque præsidiis sinus Imperii et pars provinciæ* (Decumates Agri) *habentur*.

HERMUNDURI, les Hermundures, nation puissante dont le territoire n'étant borné au nord que par l'Elbe, s'étendoit depuis la rive gauche du Danube jusqu'à celui des Cattes, auxquels ils disputèrent la possession de la Sala et de la saline qu'entretiennent aujourd'hui les eaux de cette rivière dans la ville de Hall. Les Cattes succombèrent enfin. Cette guerre s'alluma sous le règne de Néron, et elle devint d'autant plus funeste aux Cattes, que le parti vaincu avoit été dévoué des deux côtés à Mars et à Mercure : par ce vœu, hommes, chevaux, et tout ce qui étoit sous la main du vainqueur devoit périr; ces menaces tomboient alors sur les Cattes (2). Tacite nous apprend que les Hermundures étoient les fidèles alliés des Romains : *Hermundurorum civitas fida Romanis*. Aussi, distingués du reste des Germains (3), qui ne pouvoient commercer que sur la frontière ils avoient le privilége exclusif d'entrer dans les terres de l'Empire et d'aller trafiquer dans la colonie florissante (4), que les Romains avoient dans la Rhétie. Ils alloient et venoient

---

lui-même détrôné par un parti que soutenoient les Hermundures. Comme Maroboduus, il se retira dans les provinces romaines. Tibère leur donna une retraite honorable, et assigna la Moravie aux troupes qui les avoient servis.

(1) German. 29.

(2) *Bellum Hermunduris prosperum, Cattis exitiosius fuit, quia victores diversam aciem Marti ac Mercurio sacravere, quo voto equi, viri, cuncta victa occidioni dantur* (Annal. lib XIII, 57). *Et minæ quidem hostiles in ipsos vertebant.*

(3) German. 41.

(4) La Rhétie proprement dite est le pays des Grisons; ainsi l'on pourroit penser que la ville de *Curia*, aujourd'hui Coire, est la colonie où les Hermundures alloient commercer. Mais la Vindélicie, c'est-à-dire à peu près la Haute Bavière avec une partie de la Souabe jus-

sans escorte: tandis qu'on ne montroit aux autres que les légions et les camps ; aux Hermundures on ouvroit les palais et les maisons de plaisance (1), dont ils n'étoient point jaloux : *his domos, villasque patefecimus non concupiscentibus* (2).

Narisci et Quadi, les Narisques et les Quades, que Tacite place au dessous des Hermundures, soutenoient dignement la gloire du nom suévique (3). Ces deux peuples avec les Marcomans formoient, du côté du Danube, comme le rempart de la Germanie. Les Marcomans et les Quades avoient encore, du temps de Tacite, des rois originaires du pays, issus des illustres maisons de Maroboduus et de Tuder ; ce dernier est inconnu. Ils souffroient sur le trône même des étrangers. Ces princes, à la vérité, n'avoient d'autorité ni de pouvoir, qu'autant qu'ils étoient protégés par les Romains, qui rarement les aidoient de leurs armes, et plus souvent de leur argent : *Raro armis nostris, sæpius pecuniâ juvantur*. Vannius, que l'on croit être de la même maison que Maroboduus, fut élu roi des Quades par Drusus, fils de Tibère. Les premières années de son règne furent brillantes ; il s'étoit fait aimer de ses sujets (4). Mais devenu arrogant par l'habitude de commander, après trente années de règne, détesté de ses voisins, en butte à des factions domestiques, il succomba, malgré son courage ; l'an 48 de J. C. il fut chassé du trône et obligé de se retirer vers le Danube où l'attendoit une flotte (5). Il emmena avec lui une partie de ses sujets, qui lui étoient demeurés fidèles ; l'empereur Claude leur donna des établissemens et des terres en Pannonie. Dans la guerre que Marc-Aurèle fit aux Quades et aux Marcomans, l'an de J.C. 174,

---

qu'aux environs du lac de Constance, étant souvent comprise sous le nom de Rhétie, parce que l'une et l'autre ne faisoient qu'un même gouvernement, il est plus naturel de croire que la colonie dont il s'agit étoit *Augusta Vindelicorum*, Augsbourg, comme plus à portée des Hermandures.

(1) German. 41.

(2) Notre historien dit que l'Elbe prend sa source dans le pays des Hermundures : « C'est un fleuve célèbre, ajoute-t-il, que les Romains connoissoient autrefois (German. 41), mais dont aujourd'hui on entend seulement parler ». L'erreur est d'autant plus excusable que, depuis Auguste, ce fleuve n'étoit connu que de nom, et que, même du temps d'Auguste, les Romains n'avoient point pénétré jusqu'à ses sources, que l'on trouve dans les montagnes qui séparent la Bohême et la Silésie.

(3) *Juxta Hermunduros Narisci, ac deindè Marcomanni et Quadi agunt* (German. 42). *Nec Narisci Quadive degenerant : eaque Germaniæ velut frons est, quatenus Danubio prætexitur.*

(4) Annal. lib. II, 63. — (5) *Ibid.* lib. XII, 29 et 30.

il

il dut son salut et celui de son armée aux prières d'une légion de soldats chrétiens, mais il n'en fut pas moins porté à persécuter cette religion.

Boihemum est le nom du pays dans lequel se retrouve celui du plus ancien peuple qu'on connoisse pour l'avoir habité. Ce nom subsistoit encore du temps de Tacite, quoique la contrée eût depuis changé d'habitans (1) : *manet adhuc Boiemi nomen, significatque loci veterem memoriam, quamvis mutatis cultoribus.* Les Boïens ayant fait place aux Marcomans, et ceux-ci à une nation Slavone ou Sarmate, qui l'habite actuellement et même depuis long-temps, le nom s'est conservé dans celui de Bohême, nom terminé par un mot de la langue Germanique, qui signifie habitation, demeure; ainsi *Boiohemum* étoit la demeure, le séjour des Boïens (2).

Suevi, les Suèves, au rapport de Tacite, occupoient une partie considérable de la Germanie; c'est par cette raison que l'intérieur de la Germanie est désigné sous le nom de *Suevia*, et que l'on voit plusieurs nations Germaniques emprunter le nom de *Suevi*. Les Suèves ne sont pas, comme les Cattes et les Tenctères, un seul peuple; mais une nation composée de plusieurs compris sous un nom commun, quoique chacun d'eux conserve le sien. Ils se distinguoient des autres Germains par la manière de tresser leurs cheveux et de les nouer : *insigne gentis obliquare crinem, nodoque substringere* (3), et cet usage servoit chez eux à établir la différence entre l'homme libre et l'esclave. Si quelqu'un affectoit cette manière, ce qui étoit assez fréquent, pour montrer qu'il tiroit son origine des Suèves, ou plutôt parce qu'il croyoit honorable de leur ressembler, c'étoit une singularité dont on ne trouvoit d'exemple que parmi les jeunes gens. Pour les Suèves, ils continuoient jusque dans la vieillesse de relever par derrière et souvent de nouer sur le haut de la tête leur chevelure blanche et hérissée. La parure des chefs étoit plus soignée; c'étoit la seule dont ils fussent curieux, parure innocente, car ils n'avoient ni l'intention de manifester leur amour, ni d'en inspirer; *ea cura formœ* (4), *sed innoxiœ; neque enim ut ament amenturve.* Cette parure, lorsqu'ils devoient combattre, offroit aux yeux des ennemis une certaine élévation de taille capable d'exciter la terreur : *in altitudinem quamdam et terrorem, adituri bella, compti, ut hostium oculis, ornantur.*

---

(1) German. 28.
(2) Du temps d'Auguste, chassés de ce séjour par les Marcomans, ils se retirèrent dans le Norique, où se trouve *Boiodurum*, dont la position se rapporte à celle d'Inn-Stat, vis-à-vis de Passau.
(3) German. 38. — (4) *Ibid.*

Depuis l'entrée de César dans les Gaules jusqu'au Ve. siècle, le séjour des Suèves étoit dans le voisinage du Danube, des Sicambres et des Marcomans, avec lesquels ils étoient ligués dès le temps de l'empereur Auguste. Ils furent battus, mais non dispersés comme les Sicambres; ils devinrent au contraire les chefs de la ligue (1). C'est à peu près des mêmes cantons que sortirent des colonies qui, en 406, pénétrèrent dans les Gaules et dans l'Espagne. Il est vraisemblable que Tacite n'a regardé les Lombards, les Frisons, les Semnones comme des colonies de Suèves, qu'à cause des ligues qu'ils avoient formées; aussi remarque-t-il que la religion des Semnones étoit différente de celle des Suèves.

Franci, les Francs, ont donné aux savans matière à longues discussions, pour savoir s'ils sont Gaulois ou Germains d'origine. César, conquérant des Gaules, César qui avoit franchi le Rhin, et qui conséquemment étoit à portée de connoître les mœurs et la religion des deux peuples, attribue aux Gaulois un culte semblable à celui que Tacite prête aux Germains. Après ses observations sur la religion des Gaulois, il ajoute qu'il n'en est pas ainsi des Germains: *Germani multùm ab hac consuetudine differunt;* car non seulement ils n'ont point de Druides qui président aux choses divines, mais même ils ne s'occupent point de sacrifices: *nam neque Druides habent, qui rebus divinis præsint, neque sacrificiis student* (2). Voilà Tacite en contradiction avec César, dont l'autorité, d'après Tacite lui-même, doit prévaloir: *summus autorum divus Julius.* Cette contradiction vient de ce que Tacite, qui voyoit parmi les peuples répandus dans la Germanie, d'un côté les colonies Gauloises soumises à l'autorité sacerdotale, et de l'autre les Germains d'origine obéir à des rois, a attribué aux Germains en général un genre de gouvernement mal assorti. En effet, le point essentiel, pour distinguer les Francs et les Germains naturels, est la différence de religion. Cependant un célèbre académicien (3), partisan de l'origine Germanique, tire ses preuves de la

---

(1) Cette ligue ancienne et puissante étoit composée d'un très-grand nombre de peuples Germains, qui croyoient avoir une origine commune. La Suévie comprenoit au moins la plupart des pays situés entre l'Elbe, la Sala, le Danube et l'Oder; ce qui doit paroître d'autant plus étonnant, que les Suèves, beaucoup plus inconstans que les autres Germains, changeoient volontiers de demeures; c'est ainsi que les Marcomans quittèrent la Souabe, pour s'établir dans la Bohème; par cette raison, les limites de l'ancienne Suévie durent varier plus d'une fois.

(2) De Bell. Gall. lib. vi, 20.

(3) M. l'abbé de Vertot. Acad. des inscript. tom. ii, pag. 567.

conformité des mœurs des Francs et des Germains; et c'est précisément de cette conformité apparente que sort un argument contraire, c'est-à-dire, que les Francs ne sont point Germains d'origine, parce que la religion et le gouvernement des Francs diffèrent en tout de ceux des Germains; leur langage, leurs mœurs les ont fait reconnoître par les anciens géographes et par les historiens Romains qui en ont saisi la différence.

Un autre académicien (1) cherche à concilier les deux historiens, en disant que dans le temps qui s'est écoulé depuis César jusqu'à Tacite, les Germains avoient admis chez eux les Druides Gaulois, et en avoient adopté le culte. M. Freret, autre académicien, soutient au contraire que le culte des Germains ne ressemble aucunement à celui des Gaulois (2), et que le passage des Druides est une supposition dénuée de vraisemblance. En supposant que les Germains aient admis les Druides, qu'il aient changé leur religion dans l'espace de temps écoulé depuis César jusqu'à Tacite, ce dernier n'auroit pu remarquer parmi les Germains d'autre religion que celle qu'ils auroient empruntée des Gaulois; au contraire, dans le Traité des Mœurs des Germains, on voit pratiqués des cultes différens les uns des autres; il s'en trouve quelques-uns conformes à la religion des Gaulois, d'autres qui n'ont aucune ressemblance, pour ne pas dire qu'ils sont opposés. La cause de cette différence vient sans doute du passage des colonies Gauloises dans la Germanie, lesquelles conservèrent leur religion et leur gouvernement au milieu des Germains naturels. Tacite lui-même avoue qu'il est croyable qu'il a passé des colonies de Gaulois dans la Germanie : *credibile est etiam Gallos in Germaniam transgressos*. Il avoue que l'on voit parmi les naturels de la Germanie, et jusque sur la rive orientale de la Vistule, des peuples qui ont le langage et les mœurs des Gaulois. Trois siècles après Tacite, Ammien Marcellin remarque la même différence; il faut nécessairement que ces colonies Gauloises les aient rapportés dans les Gaules.

Le témoignage de César, de Pline, de Tite-Live ; l'aveu de Tacite et la remarque d'Ammien Marcellin, ne permettent aucun doute à cet égard. Lorsque, plus de mille ans après ces excursions, il s'y rencontre des peuples qui conservoient encore des usages gaulois, on doit croire que ces peuples étoient les descendans des compagnons de Sigovèse, qui avoient soigneusement conservé leur ancien culte, sur-tout les autres peuples de la Germanie

---

(1) M. l'abbé Fenel. Acad. Mém. tom. XXIV, pag. 386.
(2) *Ibid.* pag. 389 et suiv.

ayant une religion différente. En un mot, puisque Tacite admet des Germains indigènes, puisqu'il admet aussi, d'après César, des émigrations de Gaulois dans la Germanie, et que l'on retrouve le culte et les usages des anciens Gaulois tels que César les dépeint, on peut conclure avec raison que les Francs ont une origine Gauloise et non Germanique.

Suivant un autre académicien (1), dans ses Observations sur l'origine des Francs, leurs mœurs, leur langage dénotoient incontestablement un peuple Germanique; ils étoient au moins mêlés de Sicambres et en affectoient le nom; enfin ils avoient, pour l'arrangement de leur chevelure, cette mode par laquelle les Suèves et ceux qui se faisoient gloire de leur appartenir se distinguoient de tous les autres Germains. Pour détruire ces assertions, il suffit de suivre avec soin la route des colonies Gauloises depuis le Rhin jusqu'à la rive orientale de la Vistule, et leur retour sur les bords de l'Oder, de l'Elbe et du Rhin; de comparer ce que dit Tacite de chacun de ces peuples en particulier avec ce que rapportent les trois anciens géographes, on ne se persuadera jamais que les Francs se soient formés de l'association de plusieurs peuples Germains; inutilement les chercheroit-on parmi les peuples dont ces géographes font mention. En effet, lorsque Tacite et Ptolémée parlent des peuples ligués avec les Suèves, ils rappellent l'ancien nom en y joignant le surnom; les Suèves Angiles, les Suèves Semnones et autres. Si donc les Francs avoient fait partie de cette ligue, ils auroient vraisemblablement été nommés ainsi que tous les autres membres de l'association Suévique.

Les Francs étoient restés au même point où César avoit trouvé les Gaulois environ 500 ans auparavant. Ils cherchoient les forêts les plus sombres pour offrir leurs sacrifices; ils avoient une vénération particulière pour les chênes et pour les forêts plantées de cette espèce d'arbres; c'est ce qui fait dire à Grégoire de Tours qu'ils avoient personnifié les arbres pour les adorer et leur offrir des sacrifices. L'usage de marquer la durée des temps par le nombre des nuits est encore une des pratiques de la religion des Gaulois, que les Francs et les Bourguignons avoient conservée dans la Germanie et qu'ils rapportèrent dans les Gaules. « Les Gaulois, dit César, se vantent d'avoir pour père » *Dis*, Pluton; instruction qu'il ont reçue des Druides; c'est par cette raison » qu'ils comptent non par les jours, mais par les nuits (2). Les solennités des

---

(1) M. Gibert, Acad. tom. xxx, Mém. pag. 582.

(2) *Galli se omnes ab Dite patre prognatos prædicant: idque ab Druidibus proditum dicunt* (de Bell. Gall. lib. vi, cap. 17). *Ob eam causam spatia omnis temporis, non numero dierum, sed noctium finiunt: et dies natales, et mensium et annorum initia sic observant, ut noctem dies subsequatur.*

» jours natals, les mois, les années commencent par la nuit qui est suivie du » jour ». Il n'est pas étonnant que la coutume de compter par nuits ait été connue dans la Germanie : Tacite en convient dans la description des mœurs de chaque peuple ; mais ce qui jette de la confusion, c'est que de l'ensemble de plusieurs usages disparates, il forme le tableau des mœurs des Germains, en sorte que l'on attribue aux Francs tantôt les mœurs Gauloises, tantôt celles des Germains (1).

Il y a différentes opinions sur l'étymologie du nom des Francs. Les mots *fracti*, *franci* étant latins ne peuvent avoir été pris par des peuples Gaulois ou Germains. Il est donc plus naturel de penser que les Romains nommèrent ainsi une des colonies Gauloises qui, des pays situés au-delà de la Vistule, avoient passé dans l'intérieur de la Germanie. Le sophiste Libanius, homme instruit, qui vivoit au IV.e siècle à la cour de Julien, et qui connoissoit bien la nation des Francs, auxquels le prince faisoit la guerre alors, donne les raisons qui déterminèrent les Romains à appeler *Fracti* (2), vulgairement *Franci*, un peuple qui se montra entre l'Elbe et le Rhin, l'an 250, et qui fut battu par le tribun Aurélien.

M. Gibert pense que, vers l'an 250, la Germanie prit une nouvelle face, qu'il se forma de nouvelles ligues, ou plutôt que les anciennes reprirent sous de nouveaux noms une face nouvelle et un nouvel éclat. Les peuples d'entre le Mein, le Rhin et le Danube formèrent la ligue des *Alemanni*; au nord du Mein, les peuples qui avoient composé la ligue des Sicambres prirent le nom de Francs. Mais, si l'on fait attention au canton où se trouvoit le peuple que les Romains appelèrent Franc, lorsqu'ils en défirent une partie, on reconnoîtra que les vainqueurs n'eurent en tête ni les Suèves, ni les Marcomans, ni les Sicambres, ni aucun de ceux qui avoient habité le même pays ; au contraire, ce peuple leur étoit tellement inconnu, qu'ils lui donnèrent un nom relatif à

---

(1) Abstraction faite des vingt-sept premiers chapitres du Traité de Tacite sur les mœurs des Germains, ce qu'il rapporte dans les dix-neuf suivans, sur-tout dans le quarante-troisième, intéresse d'autant plus, qu'on y remarque des peuples qui conservoient le langage et les mœurs des Gaulois ; ce qui confirme pleinement l'aveu qu'il fait, chap. 28, touchant le passage des colonies Gauloises dans la Germanie.

(2) « Il y a, dit-il, sur le Rhin, un peuple Celte; lorsqu'il combat, il ressemble aux flots » de la mer. Quand le premier flot est brisé contre un rocher, il en succède un second, puis » un troisième, jusqu'à ce que le vent soit appaisé. C'est ainsi que combattent ceux auxquels » nous donnons le nom de *Fracti*. Leur fureur dans l'action est portée à un tel excès, qu'à » peine un corps de troupes avancé est détruit, qu'il en paroît un autre sous la conduite d'un » nouveau chef ».

sa manière de combattre. On ne les voit paroître que vers l'an 250 de J. C. Les courses des colonies Gauloises du Rhin au bord de la Vistule, et leur retour dans les provinces situées entre l'Elbe et le Rhin, aboutirent enfin à l'érection d'un royaume qui, dès l'an 350, avoit pris le nom des Francs. Ammien Marcellin donne le nom de *Francia* aux provinces anciennement occupées par les Bructères, les Tenctères, les Saliens, les Chamaves et autres peuples ; c'est cette portion de la Germanie que l'on a continué de nommer *France Orientale* ou *Germanique*.

ALEMANNI, les Allemands, semblent n'avoir pas été connus des Romains avant le règne de Caracalla. Ce prince, en marchant contre les Parthes, passa, l'an 211, par la Rhétie, où il combattit quelques peuples du nombre desquels étoient les Allemands ; en conséquence cet empereur prit le surnom d'*Alemannicus* et de *Germanicus*.

Spartien, qui vivoit sous Dioclétien, est le premier qui ait parlé d'un peuple portant le nom d'Allemand. Suivant l'opinion de plusieurs historiens modernes, fondée sur l'étymologie du nom *allen*, qui signifie tout et *man* homme, les Allemands furent dans l'origine une confédération de plusieurs peuples sous le nom d'Allemands. Cluvier dit que c'étoit un ramas de Gaulois: *Alemanni Gallorum fuere colluvies*; ils prirent ce nom, soit pour indiquer que leur ligue étoit composée de toutes espèces de peuples, soit pour déclarer que tous les membres de cette confédération étoient des gens de cœur : *omnes viri*. Des géographes prétendent qu'étant venus des pays situés au-delà de l'Elbe, ils s'appelèrent ainsi du nom d'une rivière nommée *Alamon*, sur laquelle ils s'étoient établis.

Quoi qu'il en soit de toutes ces étymologies, le nom d'Allemagne donné à la Germanie vient, selon d'Anville, de ce peuple particulier qui parut sous le règne de Caracalla (1). Depuis cette époque, les Romains eurent de fréquentes guerres à soutenir pour empêcher ces différens peuples de pénétrer dans les Gaules, ou pour les forcer de rentrer dans la Rhétie lorsqu'ils avoient passé le Rhin. Du temps de Dioclétien et de Maximien Hercule, ils s'emparèrent du pays Décumate auquel ils donnèrent le nom d'*Alemannia*.

---

(1) Selon le même géographe, *Ale-man* signifie proprement une multitude d'hommes, et les *Alemanni* paroissent établis dans ce qu'on appelle aujourd'hui la Souabe, en descendant jusqu'au Mein. Mais la nation qui sortit de la ligue des Francs, formée dans le même siècle vers la partie inférieure du Rhin, étant parvenue à un plus haut degré de puissance, le nom d'*Alemannia*, borné dans le moyen âge aux rives du Rhin, en Alsace comme en Souabe, et à une partie de la Suisse, n'est point celui que l'Allemagne elle-même ait adopté.

Les Francs, les Bourguignons et les Allemands coalisés enlevèrent aux Romains toutes les provinces qu'ils avoient au-delà du Rhin. Nouvellement établis dans le voisinage de ce fleuve, ils ne se bornoient point aux provinces conquises par leurs armes. Ils s'étoient emparés de plus de soixante villes, qu'ils conservèrent jusqu'à ce que l'empereur Probus, à la tête de toutes les forces de l'Empire, vint à bout, l'an de J. C. 277, de les repousser au-delà du Rhin, et de les contraindre à se renfermer dans leurs limites. Les Francs continuèrent leurs entreprises, soit en traversant le Rhin, soit en s'associant avec les Saxons pour courir les mers et piller les côtes des Gaules et de la Grande Bretagne. L'an 306, Constantin le Grand passa dans leur pays pour les punir de leurs ravages; mais trente années de guerre ne furent point capables d'abattre leur courage, et les successeurs de ce prince furent obligés de faire alliance avec eux. Tels sont les Francs dont les descendans jouèrent un si grand rôle en Europe. Ici se termineroit la description de la Germanie, si chez les anciens la Scandinavie n'y paroissoit annexée, et ne demandoit pas un supplément sur ce qui la concerne.

SCANDINAVIA.

Cette longue péninsule, nommée aussi *Scandia* et dans un temps postérieur *Scanzia*, étoit très-imparfaitement connue des anciens, qui la croyoient toute enveloppée de la mer, ou même un assemblage de plusieurs îles. Le nom de *Baltia*, qu'elle avoit encore, est à remarquer, à cause de sa ressemblance avec celui de la mer Baltique. Tacite, sans la nommer, en parle comme d'une contrée environnée de l'Océan: *ipso in Oceano* (1). Il l'adjuge à la Suévie, pays de la Germanie habité par des peuples Suèves, et il nomme *mare Suevicum* la mer qui baigne la côte Germanique. Pline appelle cette mer *Codanus Sinus*; on peut remarquer que ce nom a beaucoup de rapport avec celui de *Guedanum*, qui est propre à la ville de Dantzick dans un enfoncement. Ptolémée nomme *Venedicus Sinus* la partie qui s'étend jusqu'à l'embouchure de la Vistule. Tacite place deux nations dans cette contrée.

Suiones, les Suéones, renommés autant par leur courage et par la force de leurs armes, que par leurs flottes: *Suionum hinc civitas ipso in Oceano, præter viros armaque classibus valet* (2). Cette contrée, dans la géographie du moyen âge, conserve le nom de *Sueonia*, en parlant précisément de

---

(1) German. 44. — (2) Ibid.

la Suède. Au-delà des Suéones est une mer dormante et presque immobile, que l'on croit environner et terminer notre globe (1). Les Cimbres la nommoient *Mori-Marusa*, c'est-à-dire mer Morte (2), jusqu'au promontoire *Rubeas* qui, par son prolongement, paroît être le Nord-Cap.

Sitones, les Sitones, avoisinent les Suéones (3), ne différant que par leur gouvernement, qui est entre les mains d'une femme, tant ils ont dégénéré des peuples libres et même de ceux qui sont asservis (4). Ici, selon Tacite, finit la portion de la Germanie comprise sous le nom de Suévie: *hic Sueviæ finis*. Les Sitones paroissent avoir habité la Norwége; Pline qui, comme tous les anciens, renferme dans la Germanie ce qui est au-delà de la mer, dit qu'une montagne immense (5), nommée *Sevo*, laquelle ne le cède guère aux monts Riphées, forme du côté de la mer une vaste sinuosité qui prend le nom de *Codanus Sinus*. On y trouve un grand nombre d'îles. La plus célèbre est la Scandinávie, dont on n'avoit pu connoître encore la véritable grandeur. La seule partie connue étoit occupée par les *Hilleviones*, nation nombreuse, qui l'appeloit un second monde.

L'angle que forment les golfes de Botnie et de Finlande, en se séparant de la mer Baltique, figuroit une grande île particulièrement appelée *Finningia* (6); Pline lui donne même une grande étendue, en supposant vraie l'idée que l'on en avoit de son temps. Tacite décrit la condition de ses habitans, nommés *Fenni*, les Fennes, comme très-misérable. Rien de plus sauvage, ni de plus dégoûtant que leur pauvreté: point d'armes, point de chevaux, point de maisons; l'herbe pour nourriture, des peaux de bêtes pour vêtement, la terre pour lit (7).

Un peuple, que Ptolémée nomme *Gutæ*, semble avoir donné le nom à une contrée principale de la Scandinavie, connue sous celui de Gothie. Jornandès parle d'une nation distinguée entre plusieurs autres comme très-guer-

---

(1) *Trans Suionas aliud mare pigrum, ac propè immotum, quo cingi cludique terrarum orbem fides* (German. 45).

(2) Plin. lib. IV, 13. — (3) German. 45.

(4) *Cetera similes uno differunt, quòd femina dominatur: in tantum non modo à libertate, sed etiam à servitute degenerant.*

(5) Plin. lib. IV, 15.

(6) On doit croire que l'historien veut parler de la Finlande, mais en y comprenant l'Ingrie, la Livonie et la Curlande, les seules parties dont les Romains aient eu connoissance; car la Finlande propre leur étoit inconnue.

(7) *Fennis mira feritas, fœda paupertas; non arma, non equi, non penates; victui herba, vestitui pelles, cubile humus* (German. 46).

rière, et qui étoit nommée *Gauti-Goth*. Dans le nombre des îles que les anciens croyoient partager le continent de la Scandinavie (1), Pline cite les noms de *Bergos* et de *Nerigos* (2), la plus grande de toutes, et de laquelle on va droit à Thulé, qui n'est distante que d'un jour de navigation de la mer Glaciale : *maxima omnium Nerigos, ex quâ in Thulen* (3) *navigetur. A Thule unius diei navigatione mare concretum. Bergos* se reconnoît dans Berghen, ville la plus grande et la plus marchande de la Norwége ; le nom de *Nerigos* s'applique au pays même, dont la dénomination locale est Norge.

GERMANO-SARMATIA.

Cette vaste contrée, contiguë à la partie orientale de la Germanie, dont elle est séparée par la Vistule, se nomme Sarmatie, du nom des Sarmates qui s'étendoient au-delà même du Tanaïs. En général, elle est un pays de plaine, et la Pologne, qui y donne entrée, tire son nom du terme *pole*, qui signifie plaine. A la suite de la Vistule, Ptolémée conduit plusieurs rivières dans le *Sinus Venedicus*, partie de la mer Baltique ; *Chronus*, le Pregel, remarquable par son embouchure au dessous de Kœnisberg ; *Rubo*, le Russ qui, vers le haut de son cours, se nomme Niémen ; *Turuntus*, Duna ; *Chessinus*, Perna, qui tombent dans le golfe de Livonie, qu'on pourroit reconnoître sous le nom de Cylipenus, ayant, au rapport de Pline, à son embouchure, une île nommée *Latris*, de même que ce golfe a celle d'Osel qui en couvre l'entrée.

Ptolémée compose le Borysthène de deux rivières dont les sources sont appelées l'une Septentrionale, l'autre Méridionale ; celle-ci ne pouvant se rapporter qu'au Pripec, qui tombe dans le Dniéper au dessus de Kiovie. Le Borysthène ayant changé de nom pour prendre celui de *Danapris*, sa dénomination actuelle est celle de Dniéper. *Hypanis*, qui s'y rend peu au dessus de la mer, ayant été aussi appelé *Bogus*, le nom de Bog lui est resté.

---

(1) Sous le nom de Scandinavie, on comprend les couronnes du nord, qui sont le Danemarck, la Norwége et la Suède, d'où dépendent la Laponie et la Finlande (*Voir* la carte *Europa*.

(2) Plin. lib. IV, 16.

(3) Il ne faut pas confondre cette *Thule*, dont le nom originaire se conserve dans un canton nommé Tele-Marck, avec l'autre *Thule* que beaucoup d'interprètes ont prise faussement pour l'Islande. Tacite rapporte que ce fut par les ordres d'Agricola, que la flotte romaine, après avoir côtoyé pour la première fois le rivage de cette mer toute nouvelle, donna la preuve que la Bretagne étoit une île, et qu'en même temps elle découvrit et soumit les Orcades, ayant en vue *Thyle* (Tacit. vit. Agric. 10), que la rigueur du climat et la neige avoient tenu cachée jusqu'alors.

Tanaïs, aujourd'hui le Don, prenant sa source en pleine Sarmatie, sépare dans la partie inférieure de son cours l'Europe d'avec l'Asie, et se rend dans le Palus Méotide, ou mer d'Azof. Le Rhin, vers l'occident, ne fut pas une barrière capable de résister à l'éruption des Germains dans la Gaule; la Vistule, vers l'orient, ne put empêcher d'autres Germains ayant la même origine, les mêmes mœurs et le même langage de se répandre fort au loin parmi les Sarmates, et de s'établir jusqu'aux bouches de l'Ister et au Pont-Euxin. Entre eux, les Sarmates et les Daces, il n'y avoit de limites que les montagnes et la crainte qu'ils s'inspiroient réciproquement. Tacite avoue lui-même qu'il ne sait s'il doit ranger au nombre des Germains ou des Sarmates les *Venedi* et les *Peucini* (1). L'incertitude de Tacite a donné l'idée à Sanson, père de la géographie en France, de dresser une carte intitulée *Germano-Sarmatia*, dans laquelle il montre les grandes nations Germaniques qui se sont mélangées avec les Sarmates et les peuples subalternes dont Ptolémée donne un très-long dénombrement.

La carte, réduite d'après celle de ce géographe, semble ne présenter que peu d'intérêt; cependant elle fait connoître les différens peuples qui anciennement ont occupé la contrée, et dont les géographes et les auteurs anciens font mention. D'ailleurs elle indique les sources et le cours des grands fleuves qui l'arrosent. Enfin, quoique muette, pour ainsi dire, elle peut fixer l'attention, laissant le soin de distinguer les régions, les peuples, et d'appliquer tous les erremens que fournit la géographie moderne.

Il est aisé de concevoir que cette Sarmatie fait partie de l'Européenne qui, vers le nord, termine le continent de l'Europe. Le grand fleuve, que Ptolémée nomme *Rha*, est le Volga, qui a ses sources dans le voisinage de celles du Borysthène. Ce géographe le forme de deux rivières, l'une qu'il appelle Orientale, connue aujourd'hui sous le nom de la Kama qui tombe dans le Volga; l'autre Occidentale appartient à la Sarmatie d'Europe. Cette contrée n'offre point de montagnes jusqu'à celles nommées *Riphæi montes*.

Les grandes nations, que Ptolémée place dans la Sarmatie, sont Venedi, les Vénèdes, qui s'étendoient au loin depuis le rivage de la mer Baltique. Ils étoient regardés plutôt comme Germains (2) que comme Sarmates, parce qu'ils portoient des boucliers, qu'ils avoient des demeures fixes, et se piquoient même d'être légers à la course, en tout cela différens des Sarmates, qui passoient leur vie à cheval ou dans leurs chariots.

---

(1) German. 46. — (2) *Ibid.* 46.

Æstiæi, les Estyens, dont le nom se conserve dans l'Estonie, partie de la Livonie, sont ainsi nommés à cause de leur position orientale à l'égard de la mer Baltique, et le nom d'Est-Land, dans les écrivains du moyen âge, vient de cette même position. Les Estyens avoient le même régime et le même costume que les Suèves; mais leur langage ressembloit plutôt à celui des Bretons. Ils s'appliquoient à l'agriculture avec plus de patience que ne le comportoit la paresse ordinaire des Germains. Ils fouilloient même au sein de la mer pour y chercher l'ambre qu'on ne ramasse que dans leur pays. C'est sur ce rivage que la mer jette encore l'ambre appelé par les naturels du pays *glesum*, glés (1), par les Romains *succinum*, et par les Grecs *electrum*. Les îles nommées *Electrides* sont les plages longues et étroites qui séparent de la mer les golfes Frisch-Haf et Curisch-Haf.

Peucini, les Peucins, que quelques-uns nomment aussi Bastarnes, *quos quidam Bastarnas vocant*, occupant le dessus de la Dace, avoient la langue et l'habit des Germains, bâtissoient comme eux, et ne menoient pas non plus une vie errante. Chez eux nonchalance et malpropreté : leurs chefs, en s'alliant par des mariages avec la nation des Sarmates, avoient introduit quelque chose de son habillement. Les Peucins et les Bastarnes étant considérés comme d'une même nation, le nom de *Peucini* ne feroit que distinguer la partie qui auroit été voisine de l'île *Peuce* entre les bras qui forment les embouchures du Danube, et dont le nom de Piczina conserve un rapport évident avec les Peucins.

Iazyges, établis sur le Palus Méotide, paroissent être une nation fort étendue, dont une partie est nommée avec les *Tyri-Getæ*, placés sur le Tyras ou Dniester. Hérodote appelle Vieille Scythie, *Vetus Scythia*, la région qui s'étend le long des bords du Pont-Euxin ou mer Noire, depuis les bouches de l'Ister, les environs du Borysthène, jusqu'à la ville *Carcine*, sur le rivage du *Palus Mæotis*. Selon Strabon, tout ce qui est au-delà de l'isthme, jusqu'au Borysthène, étoit nommé *Parva Scythia*, Petite Scythie. Pline semble donner plus d'extension, en disant qu'au dessus des bouches de l'Ister, le plein pays est habité par des Scythes; mais que la côte maritime a été occupée tantôt par les Gètes, que les Romains nomment Daces; tantôt par les Sarmates, que les Grecs appellent *Sauromatæ*.

---

(1) En allemand *glesse* et *glass* en anglais signifie le verre. La transparence commune au verre et à l'ambre peut bien avoir déterminé les Germains à désigner l'ouvrage de l'art par le même nom qu'ils donnoient à l'ouvrage de la nature. Notre mot français *glace*, qu'on feroit mieux d'écrire *glasse*, semble venir du mot *glas*. Le succin ou l'ambre jaune ne se trouve nulle part en aussi grande quantité que vers les embouchures de la Vistule.

Roxolani, étoient peu reculés vers le nord, puisque, dans Spartien, leur nom se trouve associé aux Bastarnes et aux Daces, et que l'on voit l'empereur Adrien faire un traité avec le roi de la nation. D'Anville dit qu'on est fort tenté de croire que le nom de Roxolans est celui des Russes qui, ayant occupé dans le midi de la Pologne ce qui paroît avoir été la demeure des Bastarnes, ont laissé leur nom à une des principales provinces de cette contrée.

Geloni et Budini, dont parle Hérodote, paroissent avoir été en grande liaison, quoique bien différens entre eux, les Gélons étant Sarmates et adonnés à la vie pastorale; les Budins, d'origine grecque, sans demeure fixe. Une ville toute construite de bois chez les Budins, nommée *Gelonus* et que Darius détruisit par le feu, pouvoit être un ouvrage des Gélons.

Agathyrsi, voisins des Budins, faisoient leur demeure dans des huttes portées sur des roues. Comme les Gélons, ils se peignoient le corps en bleu, et les teintes plus ou moins fortes distinguoient les familles plus ou moins nobles.

Taurica Chersonesus, la Chersonèse, ou péninsule Taurique, enveloppée du Pont-Euxin et du Palus (1), fut enlevée aux Cimmériens par des Scythes appelés *Tauro-Scythæ*, qui paroissent établis dans les dehors comme dans l'intérieur de la péninsule, à laquelle le nom de *Taurica Chersonesus* est devenu propre. On croit que le nom actuel Crimée pourroit être derivé de celui des *Cimmerii*. Dans cette terre, une grande élévation vers le sud conservoit le nom de *Mons Cimmerius*, et on y retrouve une ancienne place appelée Eski-Krim, qui signifie le Vieux Krim.

L'entrée de cette Chersonèse est resserrée d'un côté par la profondeur d'un golfe nommé *Carcinites*, du nom d'une ville adjacente, aujourd'hui golfe de Négropoli. De l'autre côté est un marécage émané du Palus Méotide, et nommé *Putris*, c'est-à-dire un marais bourbeux.

Taphræ, sur l'isthme, nommé en grec *Taphros*, qui signifie fossé creusé pour fermer cette entrée: c'est aujourd'hui la forteresse Perekop, autrement appelé Or, et Or-Capi en y ajoutant le terme turc qui signifie porte.

Chersonesus, ville fondée par des Grecs sortis d'Héraclée, ville maritime de la Bithynie. Les empereurs Grecs conservèrent cette place, qui gardoit le nom de *Cherson*.

Criu-Metopon, le Front de Bélier, est le promontoire fort avancé dans le Pont-Euxin, et qui, vers le sud, termine ce continent. Son nom chez les Turcs

---

(1) *Voir* les cartes *Europa* et *Dacia*.

est Karadjé-Bourun, ou Nez Noir. Les anciens ont remarqué qu'il fait face à un promontoire non moins élevé dans le continent de l'Asie, appelé *Carambis*, dont le nom se perpétue dans celui de Kerempi.

Theodosia, ville bâtie par les Grecs sur la côte, qui s'étend du Front de Bélier au Bosphore. On croit la retrouver dans la position actuelle de Caffa.

Panticapæum, autre ville bâtie par les Grecs sur le Bosphore Cimmérien, après qu'ils eurent chassé les Scythes qui occupoient les environs. Elle devint la capitale de cette contrée et le séjour ordinaire des rois du Bosphore. Le lieu qui en tient la place se nomme Kerché, au-delà duquel est une autre place appelée par les Turcs Iéné-Calé, ou Nouveau Château.

Bosphorus Cimmerius, qui fait la communication du *Palus Mœotis* avec le Pont-Euxin, est communément appelé détroit de Caffa, ou de Zabache.

La rive droite du Danube sépare la Germanie de quatre contrées connues sous les noms de *Vindelicia*, *Rhœtia*, *Noricum*, *Pannonia*.

§. I. VINDELICIA.

La Vindélicie : son nom semble formé de deux rivières, *Vindo*, Wertach, et *Lycus*, Leck, qui s'étant réunies vont ensemble se perdre dans le Danube. Elle s'étend, du sud au nord, depuis la Rhétie jusqu'au Danube ; de l'ouest à l'est ; depuis *Brigantinus lacus*, le lac de Constance, jusqu'à la rivière *Œnus*, l'Inn, qui la sépare du Norique. Cet espace comprend une partie des cercles de Souabe et de Bavière.

Brigantium, Brégentz, sur le lac, capitale du comté de son nom dans la Souabe Autrichienne.

Augusta Vindelicorum, puissante colonie établie dans l'angle formé par les deux rivières *Vindo* et *Lycus* ; elle prit le nom d'Auguste, qu'elle conserve encore dans celui d'Ausbourg, aujourd'hui une des principales villes impériales d'Allemagne, dans le cercle de Souabe. Les *Vindelici* ayant armé en faveur des *Rhœti*, Drusus fut envoyé contre eux, et les réduisit également à l'obéissance. Horace fait allusion à cette double conquête (1).

Regina, Ratisbonne, sur la rive méridionale du Danube, seule ville impériale du cercle de Bavière. On l'appelle en allemand Regens-Burg, à cause de sa situation vis-à-vis l'embouchure du Regen dans le Danube.

Batava Castra, Passau, dans la Basse Bavière, sur une pointe de terre à

---

(1) . . . . . . *Videre Rhœti bella sub Alpibus*
　　　　　Drusum gerentem et Vindelici. Horat. lib. IV, od. 4.

l'endroit où l'Inn se perd dans le Danube. Son nom lui vient d'une cohorte de Bataves qui y eut ses quartiers d'hiver assignés sous l'empire d'Antonin.

Pons OEni, pont sur l'Inn. Il en est fait mention dans l'Ititnéraire d'Antonin ; c'étoit un passage gardé par une garnison Romaine, aujourd'hui Muldorf, petite ville du cercle de Bavière.

§. II. RHÆTIA.

La Rhétie proprement dite occupe les Alpes depuis la frontière du pays Helvétique de la Gaule, jusqu'à la Vénétie et aux limites du *Noricum*, dont elle est séparée par le cours inférieur de l'*OEnus*. C'est dans cette contrée que plusieurs fleuves prennent leurs sources : *Ticinus*, le Tésin; *Addua*, l'Adda; *Athesis*, l'Adige; *Verbanus Lacus*, le Lac Majeur, et *Larius Lacus*, le Lac de Côme, y étoient compris en partie.

Au rapport de Pline et de Justin (1), les Rhétiens passoient pour être originaires des Toscans (2) chassés de la Toscane sous leur roi Rhætus, par les armes Gauloises : *Rhetos Tuscorum prolem arbitrantur, à Gallis pulsos duce Rheto*. Retirés dans les montagnes, qu'ils regardoient comme l'asile de la liberté, ils devinrent sauvages, infestant les pays voisins et particulièrement la Gaule Cisalpine. Comme les Vindéliciens, ils furent subjugués par Drusus, sous le règne d'Auguste : dès-lors la Rhétie, comprenant la Vindélicie, forma une province, sans faire disparoître entièrement la distinction. Dans la suite Dioclétien, et quelques-uns de ses successeurs, ayant multiplié le nombre des provinces, la Rhétie fut partagée en deux, première et seconde ; partage qui faisoit reprendre à la Rhétie proprement dite et à la Vindélicie leur état primitif de contrées distinctes. Les peuples principaux cantonnés dans les montagnes sont les SARUNETES, que l'on reconnoît dans la position de Sargans.

Curia, Coire, sur la rive droite du Rhin, tint sans doute le premier rang dans la province, comme son nom, qui signifie une cour, un tribunal de justice, semble le faire entendre. Elle est aujourd'hui la principale ville des Grisons.

LEPONTII, occupoient les Hautes Alpes, d'où coulent le Rhin, le Rhône, le Tésin. Leventina, vallée que parcourt ce dernier fleuve, et qui dépend du

---

(1) *Tusci quoque, duce Rheto, avitis sedibus amissis, Alpes occupavere ; et ex ducis nomine gentes Rhetorum condiderunt* (Justin. lib. xx, cap. 5).

(2) Plin. lib. 3, cap. 20.

canton d'Uri, paroît avoir emprunté son nom des Lépontiens qui, d'un autre côté, s'étendoient dans la vallée Pennine.

Oscela, Domo d'Osula, au pied des Alpes, et à l'ouest du lac Verban.

FOCUNATES se retrouvent dans le nom de Vogogna.

VENNONES, placés au dessus du lac de Come, semblent avoir occupé la Valteline, traversée par l'Adda dans toute sa longueur.

CAMUNI, dont le nom se conserve dans le Val Camonica, près des sources du fleuve *Ollius*, Oglio.

Tridentum, Trente, sur l'Adige. Cette ville, située dans le Tirol, est devenue célèbre per le concile général qui s'y tint au XVI.ᵉ siècle.

GENAUNI, habitoient vers les sources du *Mincius*, Mincio, et de l'Adige.

Teřioli : dans ce canton étoit un poste militaire. Ce château, dans la vallée où l'Adige prend sa source, a donné le nom au Tirol.

BREUNI, occupoient ce qu'on nomme aujourd'hui Val Breuna, du nom de la rivière qui arrose cette vallée, laquelle forme un des baillages d'Italie dépendans de la Suisse. Horace, dans une ode où il flatte beaucoup Auguste, parle de ces deux peuples (1).

§. III. NORICUM.

Le Norique sétend le long de la rive droite du Danube, depuis l'embouchure de l'Inn jusqu'au mont *Cetius*, qui s'enfonce dans un coude formé par le Danube peu au dessus de la position de Vienne, *Vindobona*. Arrosé par la partie supérieure de la Drave, *Dravus*, et comprenant ce qui compose aujourd'hui la Carinthie et la Stirie, il est bordé, vers le sud, par le sommet des Alpes. Cette contrée qui, suivant les historiens, eut des rois, fut soumise par Tibère sous le règne d'Auguste, et réduite en province romaine, distinguée dans la suite en *Noricum Ripense*, adjacent au Danube, et en *Noricum Mediterraneum*, écarté du fleuve et reculé vers les Alpes. Tacite place la Norique et la Rhétie (2) au nombre des provinces régies par des intendans.

Cetius mons, aujourd'hui nommé mont Kalenberg, se divise en plusieurs parties dont chacune a son nom particulier.

---

(1) ...... *Drusus Genaunos, implacidum genus,*
   Breunosque veloces, et arces
   Alpibus impositas tremendis
   Dejecit acer plus vice simplici (lib. IV, od. 14).

(2) Tacit. hist. 1, 11.

Boiodurum, une des places considérables, dont la position se rapporte à celle d'Inn-Stat, vis-à-vis de Passau, comme il a déjà été observé en parlant des Boïens qui, chassés par les Marcomans sous le règne d'Auguste, vinrent se réfugier dans le pays qui prit le nom de Boïoarie. Ce pays, qui avoit plus d'étendue que ce qui conserve le nom de Bavière, descendoit le long du Danube, en comprenant la Haute Autriche jusqu'à la rivière d'Ems, dont le nom *Anisus* n'est point connu dans l'antiquité.

Lauriacum, aujourd'hui Lorch, très-petit lieu peu au dessus du confluent de l'Ems. Sous les empereurs Romains, c'étoit une ville importante; le quartier de la seconde légion, et une flotte romaine y étoient en station sur le Danube; mais elle fut ruinée par les Barbares.

Lentia, Lentz, ville actuellement principale sur la même rive.

Ovilabis, Wels, ville de la Haute Autriche, sur la rivière de Traun, que reçoit le Danube entre Lentz et Lorch.

Juvavum, Saltzbourg, ainsi nommée de la rivière Salza sur laquelle elle est située.

Solva, dont la position se fait connoître par le nom d'un champ appelé Zol-Feld, près de Clangenfurt aujourd'hui capitale de la Carinthie.

Virunum, près de la Drave et vers le lieu nommé Wolkmarkt, petite ville de la Carinthie. Une inscription, rapportée par Gruter, donne à croire que c'étoit une colonie Romaine.

Celeia, conserve son nom dans celui de Cilley, ville de la Stirie.

§. IV. PANNONIA.

La Pannonie est bornée au nord et à l'est par le Danube, depuis la limite du *Noricum* jusqu'à l'embouchure de la Save, et vers le sud, par la Dalmatie comprise dans l'*Illyricum*. Elle reçoit la Drave à la sortie du *Noricum*, et renferme la plus grande partie du cours de la Save. Soumise par Tibère, elle fut réduite en province. Dès le temps des Antonins, elle étoit divisée en supérieure et en inférieure, et, selon Ptolémée, l'embouchure du fleuve *Arrabo*, Raab, dans le Danube, en faisoit la séparation. Dans la suite, la division se fit en première et seconde comme dans les autres provinces. Postérieurement, la seconde, occupant les rives de la Drave et de la Save, fut appelée SAVIA, aujourd'hui canton connu sous le nom de Po-Savia, terme slavon qui exprime la situation adjacente au cours de la Save.

Entre plusieurs peuples, on distingue les *Scordisci* et les *Taurisci*, Gaulois d'origine, et éloignés de leur ancienne demeure; comme les *Boii*, ils étoient

séparés

séparés par le *Mons Claudius*, qui se prolonge entre la Drave et la Save.

Vindobona, Vienne, est la première des villes de la Pannonie en suivant le Danube. Ptolémée est le premier géographe qui en fasse mention, et il la nomme *Juliobona*; elle étoit une place d'importance, puisque, suivant l'Itinéraire d'Antonin, la dixième légion y passoit ses quartiers d'hiver.

Carnuntum, sur le bord du Danube, à peu de distance de l'embouchure de la Morava, *Marus*. Son emplacement est aujourd'hui occupé par un village nommé Altenburg ou Vieux Bourg, près de Haimbourg, petite ville d'Allemagne dans la Basse Autriche.

Arrabona, Raab, appelée par les Hongrois Javarin, où la rivière *Arrabo* se joint à un des canaux du Danube qui, partagé en plusieurs bras depuis l'embouchure de la Morava, les réunit un peu au dessous de celle du Raab.

Bregetio, où une légion Romaine étoit en quartier, paroît, selon d'Anville, conserver des vestiges d'antiquité sur la rive du Danube, dans un lieu remarquable d'ailleurs par le nom de Pannonie, qui lui est donné dans quelques cartes.

Sabaria, colonie Romaine sur le Raab, aujourd'hui Sarvar, capitale du comté de son nom, dans la Basse Hongrie.

Aquincum, Bude, capitale de la Hongrie. Il y a dans cette ville des sources d'eaux chaudes, d'où lui est venu l'ancien nom, et celui d'Ofen que lui donnent les Allemands.

Contra Aquincum, poste Romain situé vis-à-vis de Bude et de l'autre côté du Danube, connu aujourd'hui sous le nom de Pest, petite ville qui communique par un pont à celle de Bude.

Jovia, à la jonction de la rivière de Muer avec la Drave, a pris un nom Slavon, qui est Legrad, dans l'Esclavonie.

Pœtovio, s'est conservé dans le nom de Petau, sur la Drave, dans la Basse Stirie.

Siscia, Sisseg, autrefois colonie Romaine, au confluent du *Colapis*, le Kulp, avec la Save.

Mursa, Essek, dans l'Esclavonie, peu au dessus de la jonction de la Drave avec le Danube.

Cibalis, sur la Save, étoit une des principales villes de la Pannonie, célèbre par la victoire que Constantin remporta sur Licinius en 314. D'Anville trouve son emplacement en un endroit dont le nom, selon la forme qu'il a pris, est Swilei.

Sirmium tenoit un rang distingué sous des règnes postérieurs au siècle d'Auguste. Cette ville, ruinée par les Huns au v.e siècle, n'est plus aujourd'hui qu'un petit bourg, sous le nom de Sirmick, dans l'Esclavonie.

DACIA.

La Dace est bornée au nord par une longue chaîne de montagnes, dont le nom de *Carpates* subsiste dans celui de Krapack. On les appelle aussi *Alpes Bastarnicæ*, nom que leur a communiqué la grande nation des Bastarnes. Le cours du Danube lui sert de limite au sud, et le *Tyras*, le Dniester, qui se rend dans le Pont-Euxin, la sépare de la Sarmatie, au nord. *Daci et Getæ*, les Daces et les Gètes, occupoient le grand espace qui, de la rive du Danube, s'étendoit vers le nord jusqu'aux frontières de la Sarmatie d'Europe. Dans cet emplacement se trouvent compris les *Iazyges*, nation Sarmate; leur surnom *Metanastæ* les désigne comme transplantés hors de leur territoire. Il y en avoit d'autres établis sur le Palus Méotide. Ils furent soumis à l'Empire sous le règne de Marc-Aurèle. Leur pays répond à peu près à la partie de la Hongrie comprise entre le Danube et la Teisse. D'Anville observe que, malgré les révolutions que la Hongrie a éprouvées, les Iazyges sont encore connus dans les environs d'une ville à la hauteur de Bude, et dont le nom d'Iaz-Berin signifie fontaine des Iazyges. Suivant Pline, les Gètes étoient appelés Daces par les Romains : *Getæ, Daci Romanis dicti* (1). Ce dernier nom a fait celui de la contrée. Quoique les Gètes et les Daces, vraisemblablement originaires de la Scythie Asiatique (2), ayant le même langage et les mêmes intérêts, paroissent avoir formé un seul corps politique ; cependant Strabon est le seul des anciens (3) qui distingue le district assigné à chacun de ces deux peuples, en attribuant aux Daces la partie supérieure, et aux Gètes la partie inférieure voisine du Pont-Euxin. Cette contrée répond à la Valakie, la Moldavie, la Transilvanie, et à la partie de la Hongrie située à la gauche de la rivière de Teisse.

Les rivières les plus considérables qui vont se perdre dans le Danube, sont

---

(1) Plin. lib. IV, cap. II.

(2) La Scythie est le berceau de cette nation, lequel se fait connoître sous le nom de Gété qu'il conserve. Il y avoit des Gètes établis en Thrace, sur la route que fit vers l'Ister Darius, fils d'Hystaspe. Dans une expédition d'Alexandre contre les Triballes, et postérieure de près de deux siècles à celle de Darius, il n'est question des Gètes que dans leur position au-delà du fleuve; mais ne se contenant pas dans leurs limites, la Mésie et l'Illyricum souffrirent de leurs incursions, et les nations Celtiques, qui y avoient pris des établissemens, furent détruites.

(3) Strab. lib. VII, pag. 301 et suiv.

Tibiscus, la Teisse, qui sort des Alpes nommées *Bastarnicœ*, recevant *Crisias*, le Kerés, et *Marisus*, le Maros.

Aluta, Olt ou Alut, a sa source dans la Transilvanie, et perce la chaîne de montagnes qui la sépare de la Valakie.

Ardeiscus, Argis, nom commun à la rivière et à une ville; *Naparis*, Proava; *Ararus*, le Siret, dans l'étendue de la Moldavie qui paroît avoir appartenu aux Gètes en particulier; *Porata* ou *Pyretus*, le Prut; Ptolémée le nomme *Hierassus*.

Il paroît, selon Hérodote, que les Gètes avoient autrefois passé le Danube. Cet historien les caractérise les plus braves et les plus justes d'entre les Thraces. Ils étoient établis sur le fleuve, lorsque Auguste exila Ovide à *Tomi*. Ce poète (1), pour rendre le prince plus sensible à son malheur, les dépeint comme les plus féroces de tous les hommes; mais Horace (2) leur rend plus de justice; il fait des Scythes en général, et des Gètes nommément, un éloge qui leur fait beaucoup d'honneur. Les Daces étoient anciennement appelés, suivant Strabon, *Davi*, Daves (3); l'usage s'introduisit dans la Grèce de donner les noms de Gètes et de Daves aux esclaves tirés de la Dace.

Peu avant que les Romains entrassent dans cette contrée, elle avoit pour roi Bérébiste, redouté de ses voisins et même des Romains. Ce roi venoit d'être tué dans une sédition, lorsque Auguste se contenta de réprimer ces barbares, et de fortifier les rives du Danube, qu'il regardoit comme une limite placée par la nature. Domitien, qui aspiroit à la gloire de conquérir, porta la guerre au-delà du fleuve; mais battu plusieurs fois, il fut trop heureux d'acheter la paix par un tribut honteux. Alors régnoit Décébale, prince habile dans l'art de la guerre. Trajan, qui ne lui cédoit en rien, résolut d'effacer la honte de Domitien. A la tête d'une armée, il marche contre les Daces, il assure le passage du Danube par le fameux pont appelé le Pont de Trajan, *Pons Trajani*. Décébale, vaincu, se tua de désespoir, et la Dace fut réduite en province Romaine, l'an 105 de J. C.

Strabon fait mention d'une montagne nommée *Kogaionon* (4), que les Gètes regardoient comme sacrée, parce qu'elle étoit la résidence du pontife de la nation, successeur de Zamolxis (5), pontife d'autant plus révéré, qu'on

---

(1) Trist. lib. III, Eleg. 10, vers. 5.—(2) Horat. lib. III, od. 24.—(3) Strab. lib. VII. pag. 304.
(4) Strab. lib. VII, pag. 298.
(5) Zamolxis, Gète de nation, se mit au service de Pythagore qu'il suivit dans ses voyages, particulièrement en Egypte. De retour, il prédit quelques phénomènes célestes, prédictions qui le firent admirer et estimer de ses compatriotes et engagèrent même le roi à le

croyoit la divinité inhérente en sa personne. Une rivière du même nom que la montagne couloit au pied ; c'est ce qu'on retrouve, avec un nom fort semblable, qui est Kaszou, aux confins de la Moldavie et de la Transilvanie. D'Anville, qui nomme l'une et l'autre *Cokajon*, les place vers le milieu de la contrée.

Getarum Solitudo, la Solitude des Gètes, placée par Strabon vers le Pont-Euxin (1), entre l'Ister et le Tyras. C'étoit une région inculte et dépourvue d'eau. Darius Ier, lors de son expédition contre les Scythes, courut grand risque de périr avec toute son armée dans cet affreux désert. Il dut lui-même son salut à un chameau qui, chargé d'eau, le suivit avec beaucoup de peine.

Entre les villes les plus remarquables sont *Tibiscus*, Temesvar, place forte dans la Haute Hongrie.

Zarmizegethusa avoit servi de résidence à Décébale, lorsque ce prince étoit en guerre avec les Romains. Trajan fit de cette ville une colonie Romaine sous le nom *Ulpia Trajana*, sans cependant lui faire perdre le nom primitif qui est souvent uni au nouveau. Des ruines conservent un reste de magnificence en ce lieu, qui aujourd'hui n'est habité que par quelques pâtres, et est appelé *Var-Hel*, qui signifie siége ou emplacement de la ville.

Zernes, Czernès, près du Danube et du Pont de Trajan, étoit une colonie Romaine et une place de guerre.

Apulum, près de *Marisus*, Maros, Albe Julie, place forte dans la Transilvanie ; les Allemands la nomment Weissenbourg ; *Napoca*, Doboca.

Prætoria Augusta, Roman, au confluent de la Moldava avec le Siret.

Iassiorum municipium, Iassi.

MOESIA.

La Mésie s'étend depuis les limites de la Macédoine et de la Thrace jusqu'aux rives de l'Ister (2) ou du Danube, et d'occident en orient, depuis la

---

choisir pour son collègue. Il se servit de son autorité pour policer sa nation et lui donner des lois ; il devint le pontife de la divinité alors adorée, et après sa mort, les Gètes le révérèrent lui-même comme un dieu (Hérodote lib. IV).

(1) Strab. lib. VII, pag. 305.

(2) Strabon détermine la différence du nom d'*Ister* et de *Danubius* (lib. VII, pag. 304). Le Danube conserve son nom dans sa partie supérieure jusqu'à une barre de roche qui en traverse le lit dans l'endroit le plus resserré entre des montagnes, et que ce géographe appelle cataracte. Le nom de *Elisura*, donné à cet endroit, est affecté à une pareille circonstance locale et à des passages étroits dans les écrivains Byzantins. La partie inférieure jusqu'au Pont-Euxin se nomme *Ister*.

Pannonie et l'Illyricum jusqu'au Pont-Euxin, séparée de la Dace par le cours du fleuve. Elle répond en général à ce que nous appelons Servie et Bulgarie, deux provinces de la Turquie d'Europe. Le nom de la contrée est aussi écrit *Mysia* et *Mysi*, le même que celui d'une province de l'Asie, au midi de la Propontide, et de ses habitans, que l'on croyoit originaires de cette Mésie, que les Grecs désignoient par le surnom d'Européenne, *Europœa*. Une chaîne de montagnes, qui est une continuation des Alpes, la sépare, vers le sud, de la Macédoine et de la Thrace. Cette chaîne a différens noms : vers l'Illyrie, c'est le mont *Scardus*; vers la Macédoine, le mont *Orbelus*, et vers la Thrace jusqu'au Pont-Euxin, le mont *Hæmus*. De ces montagnes sortent plusieurs rivières qui se rendent dans le Danube, excepté *Drinus*, le Drin, qui sépare la Bosnie de la Servie et se rend dans la Save; *Margus*, Morava; *Timacus*, Timock; *Ciabrus*, Zibriz; *Œscus*, Escher; *Utus*, Vid; *Osmus*, Osmo; *Iatrus*, Iantra. Les Mysiens tiroient leur origine des Thraces, qu'ils égaloient et surpassoient même en férocité. Ils furent soumis et subjugués par M. Licinius Crassus, lieutenant d'Octavien, et fils du triumvir de ce même nom. On peut juger de la férocité et de l'arrogance des Mysiens par le trait que rapporte Florus (1)

Ptolémée place dans cette contrée plusieurs peuples dont les plus connus sont les *Scordisci* et les *Triballi*, Thraces d'origine. Elle est divisée dans sa longueur en supérieure et en inférieure. Au rapport du même géographe, la petite rivière *Ciabrus*, au-delà du *Timavus* et en-deçà de l'*Œscus*, en faisoit la séparation. L'empereur Aurélien désespérant, suivant Vopisque, de conserver la Dace de Trajan, dans des conjonctures où plusieurs provinces moins éloignées, l'Illyrie et la Mésie, étoient désolées, fit passer en-deçà du Danube les troupes et les habitans, *sublato exercitu et provincialibus*, et les établit dans la Mésie, formant une nouvelle province de Dace, qu'il distingua par son nom en l'appelant *Dacia Aureliani*. Ce que la Mésie conserva dans sa partie supérieure fut nommé Mésie Première, l'inférieure fut la Mésie Seconde. Dans la suite, la partie riveraine du fleuve prit le nom de *Ripensis*, celle qui s'enfonce dans les terres, celui de *Mediterranea*, occupant un canton limitrophe de la Macédoine et connu sous le nom de *Dardania*, habité par un peuple réputé sauvage dans les premiers temps.

---

(1) Les armées étoient en présence ; un des chefs des Barbares s'avance, et ayant demandé qu'on fît silence, il crie : « Qui êtes-vous ? » On lui répond : « Nous sommes Romains, maîtres de toutes les nations ». — « Cette qualité vous conviendra, réplique le Mysien, si vous pouvez nous vaincre » (Flor. lib. IV, cap. 12). *Qui vos, inquit, estis ? Romani, gentium domini : ita, si nos viceritis.*

Darius, fils d'Hystaspe, marchant contre les Scythes, trouva sur son passage, avant d'arriver à l'*Ister*, des Gètes originaires de Thrace. En effet, la partie adjacente au Pont-Euxin et voisine des bouches de l'Ister, forma, vers le temps de Constantin, une province particulière sous le nom de *Scythia*. Sans entrer dans le détail des positions particulières dont le nombre seroit trop grand en suivant les rives du Danube, il convient ici de se borner aux principales.

Singidunum, Belgrade, au confluent de la Save et du Danube, ville très-considérable de la Turquie Européenne, et capitale de la Servie.

Margus, près de l'embouchure de la rivière de même nom, conserve des vestiges d'antiquité sous le nom de Kastolaiz. Elle est connue par la victoire de Dioclétien sur Carin (1), fils et successeur de l'empereur Carus.

Viminacium, dans le fond d'un coude que décrit le fleuve, où l'on remarque quelques restes de fortification. C'étoit une place considérable ayant le rang de métropole de la Mésie Première. Des médailles de l'empereur Gordien et une ancienne inscription lui donnent le titre de colonie.

Taliatis, aujourd'hui Gradisca, étoit le dernier poste de cette Mésie, suivie de la Dace surnommée *Ripensis*. C'est dans les environs que se trouve la cascade où Strabon dit que le Danube commence à porter le nom d'*Ister*.

Pons Trajani (2), le Pont de Trajan, un peu au dessous de cette cascade, construit par ce prince pour passer dans la Dace. Dion en fait une très-belle description; il en admire la magnificence, tant pour la difficulté de l'entreprise que pour la grandeur de la dépense. Cet historien donne à croire qu'il fut bâti en une campagne, qui est celle de l'an 102 de J. C., et que, l'année suivante, Trajan le passa avec son armée.

Ratiaria, Artzar, avoit autrefois la prééminence en qualité de métropole de la Dace riveraine du fleuve.

Naissus, Nissa, dans les terres, patrie de Constantin, qui naquit l'an 274, et le premier des empereurs qui ait embrassé la religion chrétienne.

Horrea Margi, les Greniers de Margus, aujourd'hui Morava Hisar ou Château de Morava, selon les Turcs.

---

(1) Eutrop., lib. ix, cap. 13.

(2) Ce qui reste des vestiges de ce pont fait juger qu'il étoit de vingt arches; sa longueur, d'après des mesures exactement prises sur les lieux, se réduit à cinq cent vingt de nos toises, c'est-à-dire à environ deux cents toises de moins que ne porte la description de Dion; les cinq cent vingt toises font cinq fois la largeur que prend la Seine en arrivant à Paris, et sept fois la longueur du pont Royal, où la Seine est plus resserrée.

Ulpianum, Giustendil, étoit la patrie de Justin, oncle de Justinien.

Succorum Angustiæ, Zuccora, étoit un défilé dont il est fait mention sous le Bas Empire comme d'un passage important à garder dans les montagnes, sur la route qui conduit en Thrace.

Scupi, Uskup, vers les sources de l'*Axius*, et au pied du mont *Scardus*, aujourd'hui Monte Argentaro. Cette ville étoit la métropole d'une province particulière dans le temps du Bas Empire, et anciennement appelée *Dardania*, habitée, comme il a été dit, par un peuple sauvage.

Sardica, dans la Mésie inférieure, étoit la métropole de la Dace d'Aurélien. Il en reste des vestiges tout près de Sophia, qui tient aujourd'hui un rang très-distingué. Sardique est connue dans l'Histoire de l'Eglise par le concile qui s'y tint en 347, auquel assistèrent cent soixante-dix évêques. On y confirma la foi de Nicée, et saint Athanase y fut justifié de toutes les calomnies que les Ariens avoient avancées contre lui.

Tauresium, lieu remarquable pour avoir vu naître l'empereur Justinien; sous le règne de ce prince, il devint une ville dominante, appelée *Justiniana Prima*. Elle jouit encore d'une certaine considération sous le nom de Giustendil, qui lui est commun avec l'ancien *Ulpianum*, que le même Justinien fit appeler *Justiniana Secunda*.

Œscus, à l'embouchure de la rivière du même nom, a laissé quelques vestiges nommés Igigen. Ptolémée l'appelle *Œscus Triballorum*, ce qui donne lieu de croire qu'elle étoit la principale chez cette grande nation établie dans la Mésie.

Nicopolis ad Istrum, construite par Trajan, pour perpétuer la mémoire de ses victoires sur les Daces. Le nom subsiste sur le lieu (1). Il y a deux autres villes de ce nom, l'une distinguée par le surnom *ad Iatrum*, située sur l'Iantra à l'écart du Danube, et portant le nom de Nicop; l'autre au pied du mont *Hœmus*, *ad Hœmum*, aujourd'hui Ternobo, vers les sources de l'*Iatrus*.

Durostorus, Dristra, ville considérable sur le fleuve, et improprement nommée Silistrie.

Axiopolis, conserve le même nom, quoiqu'on lui donne aussi celui de Rassovat.

Carsum, Kerscua ou Kersova, remarquable par une émanation de l'Ister

---

(1) Cette ville est renommée par la victoire que Bajazet Ier, empereur des Turcs, fils et successeur d'Amurat Ier, remporta en 1393, sur l'armée chrétienne dans laquelle il y avoit beaucoup de noblesse française.

sur la droite, formant une lagune, dont le nom d'*Halmyris* semble désigner une saline.

Istropolis, à l'issue de la lagune dans la mer, paroît remplacée sous le nom actuel de Kara-Kerman, ou Forteresse Noire.

Ægissos, près de la division de l'Ister en plusieurs branches. Ovide en parle comme d'une ville fortifiée par la nature et par l'art.

Pons Darii Hystaspis, le pont que Darius, fils d'Hystaspe, roi de Perse, marchant contre les Scythes, fit construire pour y faire passer son armée.

Peuce, est le terrain isolé par la division du fleuve en plusieurs bras, dont le nom se conserve en celui de *Piczina*, et duquel dérive celui des *Peucini*, que l'on voit reparoître sous le Bas Empire, quand il est question des Picziniges..

SCYTHIA est une province particulière formée vers le temps de Constantin, dans la partie adjacente au Pont-Euxin, et la plus voisine des bouches de l'Ister.

Tomi, célèbre par l'exil d'Ovide, qui y mourut l'an 17 de J. C. Strabon, son contemporain, parle de cette Tomes comme d'une ville peu considérable; mais dès le commencement du III.ᵉ siècle, sous Caracalla, elle étoit la métropolitaine de la province. On la connoît sous le nom de Tomesvar, quoique autrement appelée Baba.

Calatis Portus, le port Maglia, colonie venue d'Héraclée du Pont en Bithynie.

Caria, contrée de la Scythie, selon Arrien. C'étoit un établissement des Cariens.

Odessus, avec un port. C'étoit, selon Strabon et Pline, une colonie de Milésiens, aujourd'hui Varna, distinguée dans l'histoire par une grande bataille que Murat II gagna sur les Hongrois en 1444.

Marcianopolis, Marcenopolis, tire son nom de Marciana, sœur de Trajan, appelée chez les Bulgares Proslaw ou Prébislaw.

THRACIA.

La Thrace, séparée de la Mésie, vers le nord, par le mont *Hæmus*, est bornée à l'ouest par la Macédoine; au sud par la Propontide et la mer Égée; à l'est par le Pont-Euxin : le mont *Rhodope* l'enveloppe vers le couchant, comme le mont *Hæmus* vers le nord : une branche de celui-ci s'avance vers le sud-est jusqu'au Bosphore de Thrace. Le Rhodope, presque parallèle à la branche qui se détache de l'*Hæmus*, commence vers les sources de l'Hèbre,

et

et va aboutir à la côte de la mer Égée, vers l'embouchure du même fleuve.

Hebrus, l'Hèbre, aujourdhui Mariza, après avoir reçu un grand nombre de rivières qui ont leur cours dans la même étendue, se rend dans la mer Égée. Les eaux de ce fleuve ont toujours eu la réputation d'être très-froides; c'est ainsi qu'en parlent les anciens et sur-tout les poètes (1).

Nestus ou *Mestus*, qui conserve le nom de Mesto, coule vers la Macédoine et se perd dans la mer Égée. Pomponius Méla représente cette contrée comme sauvage pour le sol et pour le climat : *regio nec cœlo læta nec solo*, excepté le canton qui avoisine le plus la mer. La Thrace fait aujourd'hui partie de la Turquie d'Europe, communément désignée dans les cartes sous le nom de Romanie. Avant la domination Romaine, elle étoit partagée entre plusieurs rois; mais elle devint province de l'Empire sous le règne de Claude. Cette province fut divisée en différens cantons, que Ptolémée appelle préfectures. Dioclétien et Constantin ayant augmenté le nombre des provinces, ce qui avoisine la Propontide fut appelé *Europa*, comme étant à l'entrée de l'Europe, vis-à-vis de la terre d'Asie, qui n'en est séparée que par le canal étroit du Bosphore. La province qui descendoit jusqu'à l'Hèbre, fut nommée *Hœmi-Montus*, le nom de *Thracia* réservé à une portion du pays vers les sources du fleuve.

Bessi, voisins de l'Hæmus, habitoient ce pays. Un poète a dit que leur férocité surpassoit la rigueur du climat : *et sud Bessi nive duriores* (2). Ce fut sur ce mont que, dans une bataille décisive, ils furent défaits par Lucullus, qui, le premier des Romains, porta la guerre dans ce canton (3), que Ptolémée appelle la préfecture Bessique, *Bessica*.

Philippopolis, Philippopoli, vers les sources de l'Hèbre, doit son nom à Philippe, père d'Alexandre, qu'elle reconnoissoit comme son fondateur ou plutôt comme son restaurateur. Sa situation entre des collines la faisoit nommer *Trimontium*, du temps de Pline (4), et plus anciennement *Poneropolis*, c'est-à-dire Ville de Malheur. Elle fut la métropole de la province distinguée par le nom de Thracia.

Berœa ou *Beroe*, qu'Ammien Marcellin met au nombre des grandes villes (5). On lit que, rebâtie par l'impératrice Irène, elle prit le nom d'*Irenopolis*.

Cabyla, que Strabon nomme *Cabyle* (6), ville dans laquelle Philippe, fils

---

(1) Virgil. Egl. 10, vers. 65. Horat. Epist. 3, lib. 1, vers. 3, od. 25, lib. 1.
(2) Paulin de Nole, carm. XVII, ad Nicet. vers. 206. — (3) Eutrop. lib. VI, cap. 8.
(4) Plin. Hist. Nat. lib. IV; cap. 11. — (5) Ortel. Thesaur. — (6) Strab. lib. VII, pag. 222.

d'Amyntas, relégua tous les scélérats qu'il put trouver, afin d'en nettoyer la Macédoine. Cet acte de souveraineté prouve que Philippe, père d'Alexandre, avoit étendu jusque-là sa domination.

Odrisæ, une des nations les plus considérables de la Thrace, occupoient les environs du fleuve.

Debeltus, près d'un lac à quelque distance de la mer, aujourd'hui Develto; les Bulgares la nomment Zagora.

Hadrianopolis, primitivement nommée *Orestias*, à l'endroit ou l'Hèbre reçoit deux rivières (1), *Ardiscus*, Arda, vers l'ouest; *Tonzus*, Touza, vers l'est. Cette ville, entièrement détruite par un tremblement de terre, fut rebâtie par l'empereur Hadrien, qui lui donna son nom : c'est aujourd'hui Andrinople, ville la plus considérable de la Turquie Européenne, après Constantinople. Elle a servi de résidence à des Ottomans avant la prise de cette dernière, et son nom chez les Turcs est Hedrine.

Hœmi extrema est le promontoire formé en grande saillie dans la mer par l'extrémité de la longue chaîne du mont *Hœmus*, et nommé aujourd'hui Eminech-Bourun. L'ancienne dénomination de l'*Hœmus mons* se retrouve dans celle d'Eminegdag, selon l'usage qu'on en fait dans un pays dominé par les Turcs.

Astica est une portion de la côte ainsi appelée par Ptolémée, parce qu'une nation nommée *Astæ* l'avoit habitée.

Apollonia, sur le golfe, colonie de Milésiens, bâtie en grande partie, suivant Strabon, dans une petite île où il y avoit un temple dédié à Apollon, avec un colosse du même dieu, que Lucullus enleva pour le placer dans le Capitole; dès-lors on l'appela Apollon Capitolin. Pline (2) donne à ce colosse trente coudées de haut. La ville paroît avoir changé son nom dans un temps postérieur pour celui de Sozopolis, actuellement Sizeboli.

Thynias, Thiniada, sur une pointe avancée en mer. Son nom dérive de celui des *Thyni* qui, sortis de la Thrace, allèrent s'établir dans la Bithynie, à laquelle il donnèrent leur nom.

Bizya, dans les terres, capitale de l'Astique, selon Etienne, le géographe. Pline dit que c'étoit la forteresse des rois de Thrace : *intùs Bizya, arx regum*

---

(1) Ces deux rivières, avec l'Hèbre, sont les trois par lesquelles on prétendoit qu'Oreste, souillé du meurtre de Clytemnestre, sa mère, s'étoit purifié. Orestiade fut la patrie de Thamyris, musicien célèbre dans la fable, qui le fait petit-fils d'Apollon et le rival des Muses mêmes; il perdit la vue, la voix, l'esprit, et même l'usage de sa lyre.

(2) Plin. lib. xxxiv, 7.

Thraciæ (1). C'étoit la résidence de Térée, régnant en Thrace dans les premiers temps. Bisye fut une des places qu'Alcibiade fit fortifier, lorsque, s'étant volontairement banni d'Athènes sa patrie, il se réfugia dans cette colonie. Cette ville existe encore avec quelque considération, sans avoir changé de nom. Pline ajoute que les hirondelles l'ont prise en horreur depuis l'odieux forfait de Térée (2).

Salmydessus, ville et rivage; elle conserve un reste de son nom dans Midjeh.

Dercon, Derkous, lieu près duquel finissoit sur le bord de l'Euxin un long mur, *Macron-Tichos*, commençant un peu au-delà d'Héraclée, par lequel étoit fermée cette extrémité de l'Europe dans l'étendue de la Thrace resserrée entre deux mers. Ce mur fut construit par l'empereur Anastase, au commencement du VI.ᵉ siècle, ce prince s'imaginant avoir pourvu par ce moyen à la sûreté de Constantinople et des environs; mais cette contrée ne fut pas toujours bien défendue contre les incursions assez fréquentes de plusieurs nations étrangères. Il ne reste de ce mur que des vestiges.

Heraclea, priùs Perinthus. Cette ville, nommée d'abord Perinthe, élevée en forme de théâtre dans une péninsule, étoit la plus considérable des villes maritimes, lorsque Philippe en forma le siége, que les Athéniens l'obligèrent d'abandonner. Il y avoit un amphithéâtre de marbre qui passoit pour une des merveilles du monde. Le nom postérieur subsiste en celui d'Erecli, qui n'est qu'un bourg, avec un archevêque du rit grec, qui se dit exarque de Thrace.

Byzantium, Byzance, étoit située sur une pointe de terre serrée entre la

---

(1) Plin. lib. IV, 11.
(2) On connoît la fable de Progné, qu'Ovide a tracée avec son agrément ordinaire dans ses Métamorphoses (Metamorph. lib. VI, vers. 647 et suiv.).
Pline rapporte ailleurs, en parlant des hirondelles, que l'on dit qu'elles ne font point leurs nids dans les maisons de Thèbes (lib. x, cap. 24), parce que cette ville a été souvent prise; non plus qu'à Bizya en Thrace, à cause des crimes de Térée. Le traducteur de Pline dit que cette aversion étoit occasionnée par le froid presque continuel qui règne aux environs. Mais un commentateur cherche à donner la solution de cette énigme mythologique. Selon lui, *Bizya* est le mot slavon *wieza*, qui signifie une tour, un château, une prison. Comme ce mot *Bizya*, que les Grecs écrivoient *biz'nia*, semble venir de Uios, fils de Biez, qui en ancien celto-scythe exprime l'action de manger, cette seconde interprétation aura donné lieu à la fable d'Ithys, fils de Térée, mangé dans un festin par son propre père. A l'égard de la répugnance des hirondelles pour le château de Térée, elle peut être très-réelle, puisque *Térée* est une sorte d'oiseau huppé qui fait son nid dans les tours, c'est-à-dire que Térée figure, en style poétique, le corbeau huppé, grand destructeur des autres oiseaux, et par conséquent redoutable aux hirondelles, sur-tout par la force de ses griffes.

Propontide et un petit golfe nommé *Chrysoceras*, ou Corne d'Or, lequel forme un des meilleurs ports que l'on connoisse. On attribue communément l'origine de cette ville à une colonie grecque conduite par Byzas, dix-sept ans après que les Mégariens eurent fondé *Chalcedon* en Asie. Byzance, après avoir passé sous différentes dominations, et résisté à Philippe de Macédoine, qui l'assiégea inutilement, céda avec le reste de la Grèce à la valeur des Romains, qui, pour récompenser les habitans des bons services qu'ils en avoient reçus dans la guerre contre Mithridate, leur accordèrent le privilége de se gouverner par leurs lois: *Byzantium liberæ conditionis* (1). Constantin, charmé de la situation avantageuse de cette ancienne ville, choisit cette même situation pour élever dans l'Empire une nouvelle Rome qui prit le nom de *Constantinopolis*, Constantinople. Elle fut commencée vers l'an 327, et la dédicaçe s'en fit solemnellement le 11 de mai de l'an 330.

Bosphorus signifie proprement passage de bœuf. Ce canal commence à la pointe qui regarde l'Asie, ouvrant une communication entre la Propontide et le Pont-Euxin; ce Bosphore étoit surnommé *Thracius*, pour le distinguer du Bosphore Cimmérien: c'est aujourd'hui le canal de Constantinople, qui se termine près de deux petites îles appelées *Cyaneæ* (2).

Propontis est cette mer qui s'élargit à la suite de l'Hellespont; elle est ainsi nommée parce qu'elle dévance une autre mer, le *Pontus-Euxinus*. Une île qu'elle renferme, mais plus voisine des terres de l'Asie que de celles de l'Europe, et dont le nom actuel est Marmara, communique aujourd'hui ce nom à la Propontide, aussi appelée la mer Blanche, par opposition au nom de mer Noire donné au Pont-Euxin.

Lysimachia, à l'entrée de la Chersonèse, doit son nom à Lysimaque, un des généraux d'Alexandre le Grand. L'évaluation de la largeur de cette entrée sur le pied de six milles lui a fait donner le nom de *Hexamilium*, et le même nom d'Hexamili subsiste encore sur le lieu. Pline dit que, de son temps, cette ville commençoit à se dépeupler.

Callipolis, Gallipoli, située sur le détroit auquel elle donne son nom, est aujourd'hui la résidence du pacha de la mer, ou amiral des Turcs, et d'un évêque, suffragant d'Héraclée, sous le patriarche de Constantinople.

Chersonesus est la presqu'île située entre la mer Egée, l'Hellespont et la Propontide, ayant d'un côté le golfe appelé *Melanes*, et de l'autre bornant l'Hellespont. Parmi quelques courans qui arrosent la Chersonèse, il faut re-

---

(1) Plin. lib. IV, 11. — (2) Pompon. Mela. lib. II, cap. 7.

marquer celui qui est appelé *Ægos Potamos* (1), c'est-à-dire la rivière de la Chèvre. Cette petite rivière est mémorable par la victoire (2) que remporta près de ses bords Lysandre, général Lacédémonien, sur la flotte Athénienne, et qui mit fin à la guerre du Péloponèse après plus de vingt ans qu'elle avoit duré.

Hellespontus, ou mer d'Hellé, est le canal qui, de la mer Egée, conduit dans la Propontide, et que l'on appelle actuellement détroit des Dardanelles (3) et aussi détroit de Gallipoli.

Sestus étoit au passage le plus fréquenté de l'Hellespont; Justinien y fit bâtir une citadelle, qui passoit pour imprenable. Seste n'existe plus que dans un lieu en ruine nommé Zemenic, qui fut le premier dont les Turcs s'emparèrent en passant d'Asie en Europe sous leur sultan Orkhan, vers l'an 1356. C'est aux environs de Seste, dans l'endroit le plus resserré de l'Hellespont, que Xerxès jeta deux ponts de bateaux, l'un destiné pour le passage de la plus prodigieuse armée dont il soit parlé dans l'histoire, l'autre pour les bagages et les bêtes de charge.

Abydus est une autre forteresse de l'autre côté du détroit; elle n'étoit pas précisément vis-à-vis de *Sestus*, et aujourd'hui elle ne montre que des ruines en Asie, sur une pointe nommée Nagara. Les nouveaux châteaux construits sous Mahomet IV, en 1659, près de l'entrée du détroit, sont appelés les Dardanelles; l'un, en Europe, se nomme *Château de Rumélie;* l'autre, en Asie, s'appelle *Château de Natolie*. Voltaire les a désignés par ce vers:

« Lieux où finit l'Europe et commence l'Asie ».

Ænos, Eno, sur un petit golfe, près de l'embouchure de l'Hèbre, se glorifioit, selon Pomponius Méla (4), d'avoir été fondée par Énée, après la défaite

---

(1) On ne doit plus être étonné d'avoir vu de notre temps des pierres tombées de la lune, puisque Pline rapporte que les Grecs vantent fort la prédiction que fit Anaxagore de Clazomène, la seconde année de la soixante-dix-huitième olympiade. Par les seules lumières de l'astronomie, il prédit qu'à tel temps marqué, une pierre tomberoit du soleil ; ce qui arriva en plein jour dans la Thrace, proche le fleuve *Ægos*. « Cette pierre se montre encore aujourd'hui, » ajoute le naturaliste, elle ressemble par la couleur à une pierre noircie du feu ; elle égale » en grandeur la plus grande pierre qu'une voiture ordinaire puisse transporter « (Hist. nat. lib. 11, 58). *Magnitudine vehis, colore adusto.*

(2) Mela, lib. 11, 1.

(3) Une ville de *Dardanus*, qui donnoit le nom de *Dardania* à une partie de la Troade, et qui devoit être voisine du détroit, n'existe plus, quoiqu'il soit évident que le nom des Dardanelles en dérive.

(4) Mela, lib. 11, cap. 11.

de ce prince Troyen. Du temps de Pline, c'étoit une ville libre, où l'on voyoit le tombeau de Polidore : *oppidum Ænos liberum cum Polydori tumulo* (1).

Maronea, Marogna, sur la côte, reconnoissoit Bacchus pour son protecteur, à cause de l'excellence du vin que produisoit son territoire et dont parle Pline (2) ; vin célèbre dans les anciens temps, comme le témoigne Homère (3), qui dit que ce vin supporte vingt fois autant d'eau. Tite Live rapporte que Philippe de Macédoine n'eut pas de peine à prendre Maronée ; mais que ce ne fut qu'après une longue résistance, et par la trahison de Ganymède, lieutenant de Ptolémée (4), qu'il se rendit maître d'*Ænos*.

Scapta-Hyla étoit un château où Thucydide possédoit des mines d'or du chef de sa femme. Ce fut là, selon Plutarque, qu'il écrivit son histoire du Péloponèse, dont il avoit été en grande partie témoin oculaire.

Trajanopolis doit évidemment son origine à Trajan. Elle a tenu le rang de métropole dans la province appelée Rhodope, quoiqu'on l'admette dans les cartes comme existante sous le même nom. Ayant été ruinée, le siége métropolitain a été transféré à Maronée.

Plotinopolis, ainsi nommée de Plotine, épouse de Trajan.

Didymo-Tichos, sur l'Hèbre, près de sa jonction avec le fleuve.

Agrianes, Ergène. Le nom de cette ville semble indiquer un double rempart, qui existe sous celui de Dimotuc.

Nicopolis, bâtie par Trajan, en remontant le Nestus, conserve le même nom.

Topiris, à l'issue d'un lac dans la mer, ayant le prénom d'*Ulpia*, qu'elle devoit au même empereur, prend la place d'un lieu nommé Bourun.

Abdera, Abdère, près de l'embouchure du fleuve *Nestus*, sur la frontière de Macédoine. On n'est point d'accord sur l'origine de cette ville. Méla et Solin disent qu'elle la doit à Abdera, sœur de Diomède, qui, selon la fable, nourrissoit ses chevaux de chair humaine, et qu'Hercule fit mourir. Il est certain que cette ville, une des plus célèbres de la Thrace, étoit très-ancienne. Quoique les anciens la représentent comme stérile en génie et les Abdéritains comme un peuple stupide et grossier, cependant ce qui lui a donné une grande considération, c'est d'avoir été la patrie des philosophes Démocrite, Protagore, Anaxarque, et autres hommes fameux de leur temps. Pline la nomme Cité libre, *Libera Civitas* (5), et Tite Live parle de cette liberté qui lui fut rendue (6).

---

(1) Plin. lib. iv, 11. — (2) *Ibid.* lib. xiv, 4. — (3) Odyss. lib. ix, vers. 208. (4) Odyss. lib. xxxi, 16. — (5) Plin. lib. iv, 11. — (6) Lib. xliii, 4.

A la hauteur qu'occupe la Chersonèse, gissent dans la mer Egée deux îles de peu d'étendue, *Samothrace* (1) et *Imbros*. La première est célèbre dans l'antiquité par un temple dont les mystères étoient autant respectés que ceux d'Eleusine. Ces mystères avoient été institués en l'honneur de Cérès et de Proserpine. Plutarque parle du temple et Strabon des mystères qu'on y célébroit. Il y avoit un asile si sacré, que tout homme qui s'y étoit réfugié devenoit inviolable, ainsi que tout dépôt (2).

Cette île, qui a conservé le nom de Samothraki, resta libre sous les Romains : *insula Samothrace, quæ libera antè Hebrum*. Elle vit naître Aristarque, fameux grammairien, qui fut précepteur du fils de Ptolémée Philométor, roi d'Egypte (3).

Imbros, Imbro, située au midi de la précédente, étoit aussi consacrée aux dieux Cabires, c'est-à-dire à Cérès, Proserpine et Pluton : ce sont ceux que les Romains appeloient dieux puissans.

MACEDONIA.

Selon Cellarius, cette contrée est un royaume entre la Grèce et la Thrace. Ses limites n'ont pas toujours été les mêmes ; assez resserrées sous les premiers rois, elles ne s'étendirent que sous Philippe, qui y joignit une partie de l'Epire et de la Thrace. Elien rapporte qu'elle doit son nom à Macedo, fils de Lycaon, roi d'Emathie.

Renfermée dans ses anciennes limites, et bornée au couchant par l'Illyrie, elle confinoit vers l'orient à la Thrace jusqu'au fleuve Strymon, avant que Philippe ne l'eût étendue par sa conquête jusqu'au fleuve *Nestus* ; elle avoit au nord la Dardanie ; au sud l'Epire et la Thessalie.

Axius, Vardari, le fleuve le plus considérable, sortant du mont *Scardus*, et recevant dans son cours le plus grand nombre des rivières de la contrée, tombe dans le fond du *Sinus Thermaicus*, ou golfe de Thessalonique, après avoir communiqué par un canal avec l'*Erigon*, grossi de l'*Astrœus*, le Vistriza.

---

(1) Quelques auteurs pensent que cette île fut anciennement nommée *Samos*, et que des colonies y étant venues de Samos et de la Thrace, elle prit le nom de Samothrace.

(2) Liv. lib. XLIV, 25.

(3) On croit que c'est lui qui divisa l'Iliade et l'Odyssée en autant de livres qu'il y a de lettres dans l'alphabet ; l'on prétend même qu'il retrancha plusieurs vers. Il suffisoit qu'un passage ne lui plût point, pour le taxer d'être supposé. Cependant il falloit que sa critique fût judicieuse, puisqu'on se sert de son nom pour désigner un censeur d'un jugement sain, d'un discernement exact, d'un goût épuré et délicat.

Haliacmon se rend dans le même golfe, près d'un lieu qui, portant le même nom que le fleuve, est connu sous celui de Platamona.

Strymon, prenant sa source dans le mont *Scomius*, aujourd'hui Despoto-Dag, ou la Montagne du Prince, est reçu dans un golfe qui en tiroit le nom de *Strymonicus Sinus*, le golfe de Contessa.

Entre autres rivières, on distingue *Drilo*, le Drin Noir; *Mathis*, Mattia; *Genusus*, Semno; *Apsus*, Crevasta; *Aous*, Lao; *Celydnus*, Salnich, ou Voiussa.

Les monts *Scardus* et *Orbelus* de la Dardanie, connus aujourd'hui sous le nom de Monte Argentaro.

Pangœus Mons. Le mont nommé Castagnats, est une branche détachée du Rhodope, qui serre le rivage d'assez près pour former des détroits dont les passages avoient été bouchés par des murs.

Candavii Montes, monts sur la voie qui conduisoit dans l'intérieur de la Macédoine, sont aujourd'hui appelés Crasta.

Aulon, Valona, sur un petit golfe avec un port, où l'on s'embarquoit pour passer de Grèce en Italie.

Apollonia, Polina, à quelque distance de la mer, près du fleuve *Aous*, ancienne colonie de Corinthiens. Cette ville se distinguoit par l'étude de la littérature grecque. Auguste, qui ne portoit encore que le nom d'Octavien, âgé de dix-huit ans environ, séjournoit dans cette ville pour achever ses études, lorsque, l'an 44 avant J. C., il s'empressa de retourner à Rome pour recueillir la succession de Jules César, son grand-oncle, qui l'avoit adopté pour son fils. Tite Live nous fait connoître la valeur de ses habitans (1).

Dyrrachium, Durazzo, fondée par une colonie venue de Corcyre. Son premier nom étoit *Epidamnus*, qui fut changé comme étant de mauvais augure par la signification qui lui est propre en langue grecque (2). Avec le temps elle devint très-florissante à cause de sa situation et de son port. Cicéron y passa huit mois en exil (3).

---

(1) Liv. lib. xxiv, 40.

(2) La colonie d'Epidamne, dont le nom sinistre a été changé par les Romains en celui de *Dyrrachium*. *Epidamnum colonia, propter inauspicatum nomen à Romanis Dyrrachium appellata* (Plin. lib. iii, cap. 23). Mais *Dyrrachium* signifiant *littus dirum*, c'est-à-dire rivage de mauvais augure, il y a lieu de croire que ces deux noms synonymes étoient employés indifféremment pour désigner la même ville.

(3) *Dyrrachium veni, quod et libera civitas est, et in me officiosa, et proxima Italiæ* (Cicer. lib. xiv, Epist. 1, *in fine*).

Lychridus,

Lychnidus, près d'un lac d'où sort le Drin. Les Bulgares, qui se firent un grand état dans le VIII.ᵉ siècle, prirent cette ville pour leur capitale, sous le nom d'Ochrida, qui subsiste.

La partie septentrionale portoit le nom de Pæonia, comprenant diverses nations qui, sous ce nom, s'étendoient jusqu'aux frontières de la Thrace. Le nom de Pelagonia en tient quelquefois la place, et pénètre dans l'intérieur de la Macédoine.

Stobi, conservant son ancien nom, devint cité Romaine, *oppidum civium Romanorum*, et métropole d'une province lorsque la Macédoine en forma deux, dont l'une fut appelée *Salutaris*.

Emathia étoit le canton le plus distingué, et celui où se trouvoient, sous le règne des rois Macédoniens, les villes les plus remarquables.

Edessa, autrement *Æge*, ou la ville des Chèvres, sur l'Erigon, aujourd'hui Edessa ou Moglena. Caranus, premier roi de la contrée, environ 794 ans avant J. C., y avoit fixé son séjour, et en avoit fait la capitale de son royaume jusqu'au règne de Philippe. Néanmoins Edesse fut toujours le lieu de la sépulture des rois : *Æge, in quo mos sepelire reges* (1).

Pella, avantageusement située dans un lac, lequel communiquoit à la mer par la rivière nommée *Ludias*. Philippe choisit cette ville pour sa résidence ; Alexandre et ses successeurs y tinrent aussi leur cour, de manière qu'elle fut la capitale de la monarchie Macédonienne jusqu'à Persée. On dit que ses vestiges sont appelés Palatisa ou les Petits Palais.

Berœa, Cara Veria, sur le fleuve *Astœrus*, étoit une ville considérable où saint Paul prêcha l'Evangile et convertit beaucoup de Juifs et de Gentils.

Picria s'étendoit sur le côté occidental du golfe Thermaïque. Ce canton est remarquable par la victoire que Paul Emile remporta sur Persée, laquelle mit fin au royaume de Macédoine.

Methone. Philippe assiégeoit cette ville, lorsqu'un nommé Aster lança une flèche sur laquelle étoit écrit : *Aster, à l'œil droit de Philippe*. L'œil droit de ce prince fut effectivement atteint ; mais il renvoya la flèche avec cette inscription : *Aster sera pendu, si Philippe s'empare de la ville*. Ce qui arriva.

---

(1) Plin. lib. IV, 10.

Citron ou *Pydna* (1), aujourd'hui Kitro. Cette ville fut témoin de la défaite de Persée (2).

Dium, la dernière ville sur ce rivage, est connue sous le nom de Stan-Dia. Alexandre le Grand y fit élever des statues de bronze en l'honneur des soldats qui avoient été tués à la bataille du Granique. Cette ville devint dans la suite colonie Romaine.

Mygdonia, au levant de l'*Axius*, étoit une des grandes contrées, prise en grande partie sur la Thrace par les rois prédécesseurs d'Alexandre.

Thessalonica, Saloniki ou Salonique, sur le golfe Thermaïque, étoit appelée *Therma*, avant que Cassandre, qui en fut le restaurateur, lui eût fait prendre le nom de son épouse, sœur d'Alexandre. Cette ville devint très-florissante sous les Romains, qui en firent la capitale de la Macédoine, le siége d'un préteur et d'un questeur. Pline lui donne le titre de ville libre. Saint Paul y convertit quelques Juifs et un grand nombre de Gentils. Nous avons deux Lettres de cet apôtre aux Chrétiens de Thessalonique.

Ænia, sur le golfe au dessous de Thessalonique, dont on attribuoit la fondation à Énée.

Olynthus, au fond du golfe Toronaïque. Ce fut le siége et la prise de cette ville par Philippe qui donna lieu aux Olynthiennes de Démosthène.

Potidæa, située dans le col d'un isthme, défendoit l'entrée de la presqu'île nommée *Pallene*. Cette ville, fondée par une colonie de Corinthiens, s'étant révoltée contre Athènes, dont elle étoit tributaire, supporta un siége de trois ans. Les habitans, forcés de se rendre, sortirent de la ville et se réfugièrent à *Chalcis*. Cette ville ayant été rétablie par Cassandre, elle prit le nom de *Cassandria* (3), et l'ouverture de l'isthme est encore appelée les Portes de Cassandre.

Stagyra, près de la mer, aujourd'hui Stauros, est recommandable pour avoir donné la naissance à Aristote. Ruinée par Philippe, Alexandre, son fils, la fit rebâtir à la prière de ce philosophe, qui étoit son précepteur.

Athos mons, le mont Athos, que ses monastères font appeler aujourd'hui

---

(1) Olympias, mère d'Alexandre, après avoir exercé des cruautés inouies contre les principaux Macédoniens, s'étoit retirée à Pydna. Cassandre, pour venger la mort de Nicanor son frère, vint l'y assiéger. Elle supporta avec un courage invincible toutes les rigueurs d'une famine cruelle ; mais enfin elle fut obligée de se rendre. Cassandre abandonna le soin de sa mort aux parens de ceux qu'elle avoit fait mourir. Ainsi périt, l'an 316 avant J. C., la fameuse Olympias, fille, sœur, femme et mère de rois.

(2) Patercul. lib. 1, cap. 9. — (3) Liv. lib. XLIV, 11.

Agios-Oros, ou Monte Santo, étant isolé de tout autre montagne, ne tient au continent que par une langue de terre étroite et basse, qu'il fut assez facile à Xerxès de creuser pour y faire passer sa flotte.

Amphipolis, Iamboli, située dans l'angle formé par les deux embouchures du Strymon, fut d'abord nommée *Novem Viæ*; mais les Athéniens lui donnèrent l'autre nom, pour exprimer sa position équivoque entre la Macédoine et la Thrace. On l'appela aussi *Chrysopolis*, à cause des mines d'or qui étoient dans le voisinage; dans la suite elle devint colonie Romaine.

Neapolis, sur la mer, et dans une position avantageuse pour le commerce, tenoit la place d'une échelle que l'on nomme la Cavalle. Saint Paul aborda à son port en venant de l'île de Samothrace pour aller à *Philippi*.

Philippi devoit son nom à Philippe, père d'Alexandre, qui, trouvant ce lieu avantageux pour faire la guerre aux peuples de la Thrace, le fortifia; il se nommoit avant *Crenides*. Ce fut près de là que Brutus et Cassius, les deux meurtriers de César et les derniers défenseurs de la République Romaine, furent vaincus par Antoine et Octavien, et se donnèrent la mort. Les Romains y établirent une colonie. Ce titre lui est donné dans les Actes des Apôtres (1) et dans Pline (2). Saint Paul y prêcha l'Evangile l'an 52 de l'ère chrétienne. Cette ville est actuellement ruinée.

Thasus, Thaso, vis-à-vis d'une pointe avancée en mer, n'est séparée du continent que par un canal de peu de largeur. Cette île, peuplée d'abord par les Phéniciens, fut augmentée par une colonie Grecque venue de Paros. Les Athéniens, qui en étoient les maîtres, en furent dépossédés par les Macédoniens. Elle avoit des mines d'or et d'argent; des carrières d'un marbre très-fin, d'un plus grand revenu que les mines. Ses vignobles produisoient des vins dont Virgile fait mention dans ses Géorgiques: *sunt Thæsiæ vites* (3).

---

(1) Cap. XVI, vers. 12. — (2) Plin. lib. IV, 11. — (3) Virg. lib. II, vers. 91.

GRÆCIA.

Les traditions des Grecs sur leur origine et sur leurs anciennes divisions nous montrent un peuple ignorant lui-même d'où il sortoit, prenant à la lettre les noms de fils de la terre et d'Autochtones, donnés par les poètes à leurs ancêtres. Les peuples de la Thrace, de la Macédoine et de l'Épire, auxquels dans la suite on refusoit le nom de Grecs, firent originairement partie de cette nation qui les traitoit de Barbares. Cette qualification ne signifia plus des hommes d'une nation différente, mais des peuples qui n'étoient point admis dans le corps Hellénique. Le nom d'*Hellènes* (1), devenu longtemps après celui de tous les Grecs, paroît restreint dans l'origine à un petit canton, et ne s'étendre postérieurement qu'à un certain nombre de cités, qui formoient une ligue particulière. Le nom de *Pélasges* (2), regardé par quelques anciens et par tous les modernes comme celui d'un peuple d'Arcadie, qu'ils font successivement errer dans toute la Grèce, dans les îles de la mer Égée, sur les côtes de l'Asie Mineure, sur celles de l'Italie, est au contraire le nom général sous lequel on désigna les premiers Grecs, avant la formation des cités, nom que les habitans de chaque contrée quittèrent à mesure qu'elle se policia, et qui disparut enfin quand il n'y eut plus de sauvages dans la Grèce.

La Grèce est une presqu'île bornée à l'occident par la mer Ionienne, à l'orient par la mer Egée, resserrée au nord par la Macédoine; mais sous les règnes de Philippe, et d'Alexandre le Grand son fils, elle s'étendit jusqu'à l'Illyrie, la Mésie et la Thrace. C'est cet espace que nous nommons aujourd'hui la Turquie méridionale d'Europe. Elle comprenoit huit différentes contrées, *Epirus*, *Thessalia*, *Acarnania*, *Ætolia*, *Phocis*, *Eubœa*, *Bœotia*, *Attica*.

---

(1) Les Romains et les anciens peuples d'Italie n'ont jamais connu ni le nom d'Hellènes, ni celui de Pelasges; ils se servoient de celui de *Græci* pour désigner les Grecs. Ce terme, dans leur langue, avoit une acception très-étendue, qui renfermoit non seulement l'Hellas, mais encore l'Epire, la Macédoine et une partie de la Thrace.

(2) L'erreur à cet égard vient de ce que Denys d'Halicarnasse suppose deux peuplades Grecques différentes, celle des Aborigènes et celle des Pélasges. Les Aborigènes étoient, selon lui, venus d'Arcadie par mer, sous la conduite d'OEnotrus. Il est certain que la navigation n'étoit point alors connue dans la Grèce.

§. I. EPIRUS.

L'Epire, en grec *Hepeïros*, signifie continent ou terre-ferme (1). Le mont *Pindus* la sépare de la Thessalie; son rivage commence à une pointe nommée *Acro-Ceraunia*, directement opposée au talon de l'Italie, et dont Horace fait mention :

> *Qui vidit mare turgidum et*
> *Infames scopulos Acro-Ceraunia* (lib. 1, od. 3).

Là se terminent des montagnes qui, exposées par leur élévation à être frappées de la foudre, sont nommées *Acro-Ceraunii montes*. La pointe est nommée *Linguetta* par les Italiens et *Glossa* par les Grecs. Cette contrée, qui répond à la Basse Albanie, étoit un ancien royaume, célèbre par son roi Pyrrhus, l'un des plus terribles adversaires des Romains. Les provinces les plus remarquables sont la Chaonie, la Thesprotie et le pays des Molosses.

CHAONIA, la Chaonie, située dans les monts Acro-Cérauniens et le long de la mer. Tite Live appelle ses habitans *Chaones*. Les Chaoniens furent conduits en Epire, non par l'ancien Pelasgus, que les poètes représentent comme fils de la Terre, mais, au rapport de Plutarque, par un petit-fils qu'il eut de même nom que lui. Cette colonie s'établit peu après le déluge de Deucalion, qui vivoit environ deux cents ans avant le siége de Troie (2); Si, comme l'énonce Virgile (3), c'étoit un Troyen nommé *Chaon*, qui, après la mort de Néoptolème, fils d'Achille, eût donné son nom aux Chaoniens, la Chaonie seroit postérieure à la guerre de Troie. Mais ce poète lui-même les suppose plus anciens,

---

(1) Le nom d'Epire a deux significations chez les Grecs. Ils s'en servent quelquefois pour exprimer en général ce que nous appelons *continent*, et quelquefois pour désigner plus particulièrement un pays d'Europe, qui étoit situé entre la Thessalie et la mer Adriatique, et qui fait partie de l'Albanie moderne. Son voisinage avec la Grèce a sur-tout contribué à le rendre fameux dans l'ancienne histoire, quoiqu'il fût d'une très-petite étendue. Cependant Théopompe, cité par Strabon (lib. VII), a compté jusqu'au nombre de quatorze nations Epirotes. Tels furent les Chaoniens, les Thesprotes, les Molosses et plusieurs autres.

(2) Deucalion régnoit dans la Phthiotide, partie méridionale de la Thessalie. Il étoit contemporain de Moïse. Ce fut de son temps que, l'an du monde 2454, 1529 ans avant l'ère chrétienne, trois ans après que les Israélites furent sortis d'Egypte, arriva ce déluge qui fit de la Grèce une solitude, et ensevelit sous les eaux tous les monumens qu'elle possédoit.

(3) Æneid. lib. III, vers. 335.

lorsqu'il fait dire à Énée fugitif qu'il est entré par le port des Chaoniens :

> .... *Portuque subimus*
> *Chaonio, et celsam Buthroti ascendimus urbem* (*Ibid.* lib. III, vers. 292).

Il dit ailleurs que Bacchus et Cérès (1) introduisirent l'usage du froment à la place du gland de Chaonie. Il paroît donc plus naturel de faire descendre ses premiers habitans des anciens Pélasges que des Troyens, la plupart des peuples de la Grèce et des environs ayant tiré leur origine des Pélasges, et la Chaonie en particulier, suivant Stephanus, ayant été nommée *Pelasgis*. Le nom de *Chimera*, qui étoit celui d'un lieu maritime, s'applique aujourd'hui à cette contrée.

THESPROTIA, la Thesprotie, vis-à-vis l'île de Corcyre, jusque vers l'entrée du golfe d'Ambracie, étoit une des parties principales gouvernées par Thesprotus (2), fils de Lycaon, un des enfans de Pélasgus, qui le premier conduisit les Pélasges en Épire ; ainsi l'établissement des Thesprotes suivit de près celui des Chaoniens, et les uns et les autres ne composèrent qu'un même peuple sous deux noms différens.

Buthrotum, Butrinto, ville qui, du temps de Strabon, étoit une colonie Romaine ; c'est aujourd'hui une ville maritime avec un port peu fréquenté.

MOLOSSIS, le pays des Molosses, nation dominante après les Chaoniens, suivant Strabon, s'étend le long de l'*Ambracius Sinus*, aujourd'hui golfe de l'Arta.

Ambracia, ancienne colonie de Corinthiens près du golfe, auquel, étant devenue la ville principale, elle a communiqué son nom. Peu au dessous du lieu qu'elle occupoit, un fleuve, nommé *Arethon*, a fait celui de la ville d'Arta, située plus haut que l'ancienne. Son emplacement se reconnoît dans un lieu nommé Prevesa-Vecchia. Tite Live décrit la position de l'ancienne ville (3). Les Molosses eux-mêmes étoient une des plus anciennes et des plus illustres colonies, fondée par Pyrrhus, fils d'Achille.

Nicopolis, ville bâtie par Auguste, comme un monument de la victoire remportée près d'Actium dans un lieu qui lui avoit servi de camp. Ce prince, voyant que les villes voisines étoient désertes, réunit dans celle-ci tous les habitans, et, selon Pline, elle fut une cité libre.

Passaro, Rogun, sur le *Charadrus*, étoit une ville qui tenoit le premier rang entre plusieurs autres désignées par Tite Live (4).

---

(1) Georg. lib. 1, vers. 7.

(2) L'Epire étant, à l'égard des Grecs, vers l'ouest et le nord, cette position leur donnoit l'idée d'une terre enveloppée de ténèbres. Homère appelle la terre des Thesprotes une *terre noire*, et après lui les autres poètes ont placé l'enfer dans cette même terre.

(3) Liv. lib. XXXVIII, cap. 4. — (4) *Ibid.* lib. XLV, cap. 26.

Le mont *Pindus*, au levant, et le golfe d'Ambracie, au midi, séparent en quelque façon l'Epire du reste de la Grèce. Parmi les fleuves qui l'arrosent, on distingue *Acheron*, Chrisaora, qui se jette dans un marais de même nom, pour se rendre dans le *Glykyslimen*, ou Port Doux, près duquel un lieu conserve le nom de Glykéon.

Cocytus, autre fleuve, dont les eaux sont d'un goût désagréable (1).

Au pied du mont *Tomarus*, duquel, selon Pline (2), sortent cent sources, étoit située la ville de Dodone où se trouvoit le temple de Jupiter et, suivant le témoignage d'Hérodote, l'oracle le plus ancien de la Grèce (3).

CORCYRA, appelée par Homère l'île des Phéaques, n'est séparée que par un canal assez étroit de ce continent (4). Les Corinthiens y conduisirent une colonie sous le règne de Numa. Pendant quelque temps, souveraine des mers, elle n'occupa point précisément l'emplacement donné à la ville moderne, mais elle étoit renfermée dans une péninsule nommée Chersopoli; le nom actuel de Corfou, dérivé d'un terme grec qui désigne une élévation, n'a rien de commun avec l'ancien. Suivant la fable, cette île fut d'abord appelée Drepane, à cause de sa figure qui représente une faulx. Cérès qui la favorisoit, craignant que les fleuves, qui vont tomber tout auprès dans la mer, ne fissent à la longue un continent de cette île, pria Neptune de détourner leur cours; ce qu'il fit, et de là l'île eut le nom de *Scheria*, jusqu'au temps de Phéax, qu'elle prit le nom de Phéacie. Ce Phéax, un de ses rois, étoit fils de Neptune et de Corcyra, fille du fleuve *Alopus*. Enfin une colonie de Corinthiens s'y étant établie, elle prit le nom de Corcyre.

§. II. THESSALIA.

La Thessalie, aujourd'hui Vlaquia, parce qu'elle est habitée par des

---

(1) Pausanias, expliquant la descente d'Orphée aux enfers (lib. IX, cap. 30), dit qu'Euridice sa femme étant morte, il alla à cause d'elle dans un lieu de la Thesprotie appelé *Aorne*, où l'on consultoit un ancien oracle pour l'évocation des morts. Pline met dans le même pays Aorne, d'où sortent, dit-il, des exhalaisons mortelles aux oiseaux: *locus Aornos et pestifera avibus exhalatio* (lib. IV, cap. 1). Le mot, qui est grec, signifie sans oiseaux. On peut présumer qu'il n'étoit pas éloigné de l'Achéron et du Cocyte; c'est l'Averne des poètes latins (Æneid. lib. VII, vers 242), fleuve d'enfer comme les deux autres. Il paroit certain que l'Epire a servi de fonds aux fables que les poètes ont imaginées sur l'enfer.

(2) Plin. lib. IV, cap. 1.

(3) Cet oracle, qui parut peu après le déluge de Deucalion, est nécessairement l'ouvrage des Chaoniens, puisqu'ils sont les premiers Pélasges qui commandèrent à toute l'Epire.

(4) Plin. lib. IV, cap. 12.

Vlaques que des empereurs Grecs y ont transportés, est bornée, à l'est, par le golfe Thermaïque; au nord, par le mont Olympe; à l'ouest par le mont *Pindus*; au sud, par le mont *OEta*. *Peneus*, le Pénée, qui reçoit un grand nombre de rivières, la traverse de l'ouest à l'est pour se rendre dans le golfe près duquel il est tellement resserré entre *Olympus* et *Ossa* (1), qu'il n'a entre ces deux montagnes qu'autant d'espace qu'il en faut à un cours rapide. Ce fleuve se rend dans la mer par une embouchure nommée Lycostomo, ou Bouche de Loup. La longueur de ce passage dans des lieux sauvages et escarpés, est la fameuse vallée de *Tempe*. C'est le seul grand chemin pour aller de Thessalie en Macédoine. Tite Live en fait une description capable d'inspirer de l'horreur (2).

Entre plusieurs petits cantons, qui ont des dénominations particulières, le plus remarquable est Pelasgiotis, en ce qu'il tire son nom de l'ancienne nation des Pélasges, qui autrefois occupoient la contrée toute entière (3). Dans le nombre des villes, on distingue *Gonnustris*, importante par sa situation, étant la clef de la Thessalie du côté de la Macédoine, comme les Thermopyles le sont du côté de la Phocide. Tite Live en détermine la position (4). C'est là que commence la vallée, et que le fleuve se trouve resserré entre les deux montagnes.

Larissa, ancien domaine d'Achille (5), étoit la première ville et la plus riche; le Pénée roule auprès de ses murs des eaux toujours claires. Elle conserve son nom sans altération.

---

(1) On prétend que c'est dans une des gorges de ce mont, que se donna le combat des Titans contre les Dieux.

(2) *Rupes utrinque ita abcisæ sunt* (Liv. lib. xliv, cap. 6), *ut despici vix sine vertigine quâdam simul oculorum animique possit. Terret et sonitus et altitudo per mediam vallem fluentis Penei amnis.*

(3) Les Pélasges étoient en possession de la Thessalie avant le déluge arrivé sous Deucalion. Si l'on en croit Estienne de Byzance, elle s'appela d'abord *Pelasgia* et ensuite *Æmonia*. Elle ne fut nommée Thessalie que quelque temps après du nom du roi Thessalus, fils d'Æmon et petit-fils de Pelasgus; mais, malgré ce changement de noms, une partie de la Thessalie a toujours retenu celui de *Pelasgiotis*. Les autres cantons sont *Estiæotis* dans le voisinage du Pénée, comme le précédent; celui-ci vers le haut, l'autre vers le bas; *Thessaliotis* au sud; *Pthhiotis* vers les golfes Pélasgique et Maliaque.

(4) *Oppidum Gonni viginti millia ab Larissâ abest* (Liv. lib. xxxvi, 10), *in ipsis faucibus saltûs, quæ Tempe appellantur, situm.*

(5) Pline met au nombre des villes célèbres *Phthia*, détruite, qui a donné le nom à un canton nommé *Phthiotis*; elle étoit la patrie d'Achille et sous sa domination; c'est pour cette raison qu'Horace (lib. iv, od. 6) lui donne l'épithète de *Phthius*.

Pharsalus,

Pharsalus, aujourd'hui Farsa, sur le fleuve *Enipeus*, reçu par l'*Apidamus*, est célèbre par la défaite de Pompée, et où l'Empire ne coûta, en quelque sorte, à César qu'une heure de temps.

Pherœ, Pherès, ville dont Lycophron avoit jeté les premiers fondemens, et que son successeur Jason éleva à un tel degré de puissance, qu'elle fut redoutable à la Grèce et aux nations éloignées; mais, sous la tyrannie d'Alexandre (1), elle perdit tout l'éclat dont elle brilloit du temps de Jason. Les habitans avoient un port nommé *Pagasœ*, au fond du golfe; suivant Strabon, *navale Pherarum sunt Pagasœ*.

Melitœa, Melitia; Strabon la place au nombre des villes de la Phthiotide dans le recensement qu'il fait des villes de ce canton.

Demetrias devoit son nom et sa fondation à Démétrius Poliorcète, au fond du golfe Pélasgique, aujourd'hui Volo; elle étoit une des places la plus propre à maîtriser la Grèce. Pendant long-temps elle servit de port aux rois de Macédoine, et, quoique bien déchue du temps de Strabon, elle dominoit encore sur toutes les autres villes de la Magnésie.

Magnesia, qui a donné son nom au canton, étoit située près du promontoire *Sepias*, cap de Saint-Georges, où la flotte de Xerxès fut battue par la tempête.

Pelion est cette chaîne de montagnes qui règne le long de la côte. Sur un des sommets s'élevoit un temple en l'honneur de Jupiter, et tout auprès étoit l'antre célèbre où l'on prétendoit que Chiron avoit anciennement établi sa demeure.

Ossa, à la droite du Pénée qu'il resserre. Ces deux montagnes, ainsi que l'Olympe, sont renommées chez les poètes (2).

Thebœ, surnommée *Phthioticœ*, pour la distinguer de la Béotienne, sur la côte du golfe: c'est par ce surnom que Tite Live la désigne. Les Thessaliens se plaignent au sénat de ce que Philippe, en leur ôtant Thèbes, le seul port avantageux, avoit transporté le commerce à Démétriade: *Thebas Phthias, unum maritimum emporium fuisse quondam Thessalis quœstuosum et frugiferum* (3).

Lamia a donné le nom à une guerre que les Grecs eurent à soutenir contre les Macédoniens après la mort d'Alexandre.

---

(1) Ce prince s'étoit rendu redoutable par ses cruautés. Vaincu par Pélopidas, général des Thébains, l'an 364 avant J. C., il fut enfin assassiné quelques années après par Thébé sa femme, aidée de ses trois frères, et son cadavre livré aux chiens et aux vautours.

(2) Virg. Georg. 1, vers. 281. — (3) Liv. lib. xxxix, cap. 25.

Anticyra, à l'embouchure du *Sperchius*, dans le golfe Maliaque. Strabon vante l'ellébore que produisoit son territoire.

Thaumaci, ainsi nommée par les Grecs à cause de sa situation avantageuse en un lieu élevé et dominant immédiatement sur les plaines de la Thessalie (1), de manière que l'on étoit comme surpris d'admiration en sortant d'un pays montueux et des gorges qu'il faut traverser pour entrer en Thessalie par le côté limitrophe de la Phocide.

Hypata, située sur le fleuve *Sperchius*, sortant de la partie la plus reculée du mont Œta. Cette ville étoit renommée pour ses magiciennes, femmes du peuple qui, suivant le préjugé vulgaire, pouvoient arrêter le soleil, attirer la lune sur la terre, exciter ou calmer les tempêtes, rappeler les morts à la vie, ou précipiter les vivans dans le tombeau. Virgile fait allusion à ces différentes sortes de magie (2).

Heraclea Trachynia, ville bâtie par les Lacédémoniens, au pied du mont Œta. Elle fut d'abord nommée *Trachis*, Aigre, à cause de l'inégalité de son terrain ; mais elle prit ensuite le nom d'Hercule, que l'on disoit s'être jeté dans le bûcher sur le mont qui en est peu éloigné. Tite Live indique sa position (3). En remontant vers le Pénée, dans l'emplacement, est une ville nommée Zeiton, dont le golfe Maliaque prend aujourd'hui le nom.

Tricca, Tricala, sur le fleuve Lethæus, sur le bord duquel on disoit qu'Esculape étoit né. Strabon et Ptolémée la placent dans l'Estiéotide, c'est-à-dire dans la partie occidentale de la contrée. Gomphi étoit la première place forte qui se présentoit en sortant de l'Epire (4).

Azorus, ville principale d'un canton vers le nord, nommé par Strabon *Pelagonia*, surnommé *Tripolitis* ou des Trois Villes, vers la frontière de la Macédoine, où eut lieu l'expédition du consul Licinius Crassus contre Persée (5).

Oloosson conserve son nom dans celui d'Alessone.

Vis-à-vis de *Magnesia*, au midi du golfe Thermaïque, sont rangées plusieurs îles, dont quelques-unes conservent leur nom : *Sciathus*, Sciathos ; *Scopelus*, Scopelos ; *Halonnesus*, *Peparethus*.

---

(1) Liv. lib. xxxii, cap. 4. — (2) Eclog. viii, vers. 69.

(3) *Sita est Heraclea in radicibus OEtæ montis : ipsa in campo, arcem imminentem loco alto et undique præcipiti habet....* (Liv. lib. xxxvi, cap. 22) *quatuor simul locis* (consul) *aggredi urbem constituit : à flumine Asopo... à sinu Maliaco, quæ aditum haud facilem pars habebat : ab altero amniculo, quem Melana vocant, adversùs Dianæ templum.*

(4) Cæsar. lib. iii, cap. 80. — (5) Liv. lib. xlii, cap. 53.

§. III. ACARNANIA.

Cette contrée, dont le nom se retrouve dans Carnia, est séparée de l'Epire par le *Sinus Ambracius*; elle borde ensuite le rivage de la mer Ionienne jusqu'à l'embouchure du fleuve *Acheloüs*, qui descend du mont Pindus, et se nomme aujourd'hui Aspropotamo, ou Fleuve Blanc; il se rend dans la mer vis-à-vis *Echinades*, petites îles plates et presque unies au continent par les alluvions du fleuve. *Oxiæ* sont d'autres îles pointues, plus au large, nommées aujourd'hui Curzolari.

Anactorium, colonie de Corinthiens, à laquelle Pline donne le titre de cité, étoit la première place en entrant dans le golfe d'Ambracie.

Actium, dont les ruines indiquent l'emplacement, se reconnoît dans Azio. C'est dans le bassin qui précède le plus grand enfoncement du golfe, resserré par deux pointes opposées au-delà d'Azio, que se livra, l'an 31 avant J. C., ce fameux combat naval qui décida de l'Empire du Monde entre deux rivaux qui se le disputoient. Antoine vaincu, poursuivi jusque dans l'Egypte, fut réduit à se tuer lui-même.

Argos, surnommé *Amphilochicum*, donne au canton, où cette ville existoit, le nom de Filoquia. Ce surnom lui vient d'Amphiloque, fils d'Amphiaraüs, et fondateur de cette nouvelle ville, voulant rappeler celui d'Argos, sa patrie, qui étoit dans l'Argolide. Suivant le calcul de Tite Live, elle étoit éloignée d'Ambracie de vingt-deux milles : (1) *Argos Amphilochicum viginti duo millia ab Ambraciâ abest.*

Stratus, ville forte située sur l'*Acheloüs*, et à laquelle on remontoit par ce fleuve. Tite Live la place dans l'Etolie. *Stratus validissima tunc urbs Etoliæ erat* (2).

Æniadæ, près de l'embouchure du fleuve *Acheloüs*. Le dernier article du traité de paix fait par les Romains, l'an de Rome 563, avec les Etoliens, porte que la ville (3) et son territoire appartiendront aux Acarnaniens (4).

Leucadia, nommée avant *Neritus*, est encore aujourd'hui appelée Leucada par les Grecs. Originairement elle étoit jointe à la terre-ferme, mais une

---

(1) Liv. xxxviii, cap. 10. — (2) *Ibid.* lib. xliii, 21.

(3) Il faut observer que les limites ne furent pas toujours les mêmes; elles changèrent sous Philippe et sous Persée.

(4) *Æniadæ cum urbe agrisque Acarnanum sunto. His legibus fœdus ictum cum Ætolis est* (Liv. lib. xxxviii, cap. 11).

colonie de Corinthiens, envoyée par les tyrans de Corinthe, vint s'y établir et coupa l'isthme qui unissoit le territoire de Leucade au continent. Ils transportèrent sur le bord du canal qu'ils creusèrent, la petite ville de *Neritos*, qui étoit à l'autre bout de l'île, et donnèrent à cette nouvelle ville le nom de *Leucas* (1), qui depuis long-temps étoit celui de la petite contrée, et qui lui fut conservé lorsqu'on en fit une île.

Leucate, promontoire à l'extrémité de l'île, vis-à-vis de Céphalonie, ainsi nommé du mot grec *Leucos*, qui signifie blanc, à cause de la blancheur de ses roches. Ce promontoire étoit terminé par une pointe qui s'avançoit au dessus de la mer et qui se perdoit dans les nues. Sur le haut étoit bâti un temple dédié à Apollon, comme au dieu de la médecine. Ce promontoire étoit aperçu de loin; ceux qui naviguoient dans la mer Ionienne ne manquoient jamais de le reconnoître pour s'assurer de leur route; les matelots le distinguoient et le saluoient de loin.

Mox et Leucatæ nimbosa cacumina montis,
Et formidatus nautis aperitur Apollo (Æneid. III, vers. 274).

On attribue la fondation de ce temple et le culte qu'on y avoit établi en l'honneur d'Apollon, à l'opinion où l'on étoit que ce dieu avoit découvert dans la roche Leucadienne une propriété particulière pour guérir de l'amour, et que lui-même avoit indiqué le saut qu'il falloit faire du haut de cette roche dans la mer, comme une recette infaillible contre cette espèce de maladie. Voilà le fameux saut que l'on appelle le saut de Leucade. Sapho, surnommée la dixième Muse, est, dit-on, la première victime de la confiance qu'elle eut en la vertu de ce saut; elle guérit de son amour pour Phaon, mais ce fut en perdant la vie. On voyoit à Leucade le tombeau d'Artémise, cette fameuse reine de Carie, qui donna tant de preuves de son courage à la bataille de Salamine. Pour éteindre une passion violente dont elle étoit éprise, elle vint à Leucade, où elle périt dans les flots, malgré les efforts que l'on fit pour la sauver.

Ithaca, Theaki, petite île, patrie d'Ulysse, dont le domaine s'étendoit sur la Céphallénie.

---

(1) Tite Live décrit en géographe la position de la Leucadie et de sa ville, et en historien la résistance opiniâtre que les Leucadiens opposèrent aux Romains qui les assiégeoient : *quàm urbs ipsa opportuna oppugnantibus erat, tam inexpugnabiles hostium animi* (lib. XXXIII, 17). Cette ville étoit la capitale de l'Acarnanie, et le lieu où s'assembloient tous les peuples pour délibérer.

CEPHALLENIA, aujourd'hui Céfalonia, au sud d'Ithaque. La ville de même nom dans l'intérieur est remplacée par un lieu nommé Borgo. Celui de *Same* (1), près du rivage oriental, a été appliqué à l'île même. Antoine, collègue de Cicéron dans le consulat, étant exilé dans cette île, y jeta les fondemens d'une ville qu'il n'acheva pas.

§. IV. ÆTOLIA.

L'Etolie succède à l'Acarnanie ; traversée dans toute sa longueur par le fleuve *Evenus*, Fidari, elle est bornée, à l'est par le *Corax*, montagne très-élevée derrière laquelle se trouvent les *Locri Ozolæ*; elle étoit, selon Tite Live (2), le centre de la Grèce, *umbilicus Græciæ*, habité par différentes peuplades, dont la plupart n'étoient point Grecques d'origine. Le même historien représente les Etoliens comme une nation turbulente, *inquieta*, aussi présomptueuse qu'ingrate, *vanissima et ingratissima ;* intrépides dans le danger, hardis et entreprenans, *ad asperrima quæque belli parati*, courant aux armes dès qu'ils avoient le moindre prétexte pour se plaindre, et ne cessant de commettre des brigandages sur les terres de leurs voisins. Ils se distinguèrent de tous les peuples de la Grèce par leur ardeur à s'opposer aux desseins ambitieux des princes Macédoniens.

Thermus étoit une ville opulente, connue par une expédition de Philippe, fils de Démétrius. Là, tous les ans, au rapport de Polybe, se tenoit une foire; on célébroit des jeux, et les Etoliens s'assembloient par députés pour élire les chefs qui devoient les gouverner.

Calydon, vers le bas du cours du fleuve *Evenus*, étoit la principale ville de toute la contrée. Le poète Virgile la qualifie ancienne et belle (3).

Avant d'entrer dans la Phocide, on rencontre les LOCRI, surnommés OZOLÆ (4), et aussi HESPERII, pour les distinguer des *Locri Opuntii*, dont ils étoient d'ailleurs séparés par la Phocide.

---

(1) Après une longue résistance, cette ville fut détruite par les Romains, et les habitans vendus à l'encan : *postero die dediti, direptá urbe, sub coroná omnes vænierunt* (Liv. lib. XXXVIII, 29).

(2) Liv. lib. XXXV, 18. — (3) Æneid. lib. VII, vers. 306. — XI, 270.

(4) *Male Olentes*, les Puants. La fable débitoit que les flèches d'Hercule, trempées dans le sang de l'hydre de Lerne, ayant été enterrées par Philoctète dans ce pays, y répandoient une mauvaise odeur. Strabon (lib. IX, pag. 426) attribue cette épithète à la sépulture de Nessus et des autres centaures, qui étoit dans la colline *Taphossus*, de laquelle s'épanchoit une eau fétide.

Naupactus, aujourd'hui Lépante, est la principale ville de cette Locride; elle fut ainsi nommée, parce que les Héraclides y bâtirent le premier vaisseau qui les transporta dans le Péloponèse. Le nom de Lépante s'est communiqué au *Sinus Corinthiacus*, qui, selon l'antiquité, commence sur la côte de l'Etolie, depuis l'entrée de l'*Acheloüs*, avant que d'être très-resserré par deux pointes opposées, *Rhium* et *Anti-Rhium* (1), la première dans l'Achaïe, et l'autre dans la Locride; sur les deux pointes ou promontoires, se sont élevés des châteaux que l'usage a fait nommer Dardanelles de Lépante.

Amphissa, Salona, étoit une ville distinguée; Eschine, dans sa harangue contre Ctésiphon, parle des Amphissiens comme de sacrilèges, qui avoient donné lieu à la guerre Sacrée. Cette ville fut assiégée par les Romains, l'an de Rome 562. Du temps de Pline (2), elle étoit exempte d'impôts; *Amphissa immunis*.

Doris, la Doride, petite contrée reculée vers les montagnes où le fleuve *Cephissus* prend sa source, traverse la Phocide, gagne la Béotie et se jette dans le lac *Copais*. Dorus, second fils d'Hellen et petit-fils de Deucalion, par ordre de son père se fit chef d'une colonie, et cherchant à s'établir, il alla bâtir au pied du mont Parnasse trois villes; c'est de lui que sont venus les Doriens, suivant Méla et Estienne de Byzance; la Doride fut appelée *Tripolis*, mais Strabon, bien antérieur à ces deux géographes, assure qu'elle avoit été nommée *Tetrapolis*, c'est-à-dire composée de quatre villes qu'il désigne. Les habitans n'avoient rien contracté de la rudesse ordinaire aux montagnards, leur langue étoit la seule qui convînt le mieux à la poésie lyrique; enfin de tous les Grecs, ils étoient ceux qui avoient le plus de passion pour la musique.

§. V. PHOCIS.

La Phocide est bornée au nord par le mont OEta; à l'est par les *Locri Opuntii*; la Béotie et le golfe Corinthiaque la terminent au sud.

Crissa, au sud-ouest de Delphes, éloignée d'environ trois lieues et demie

---

(1) Pline, qui établit l'entrée du golfe au promontoire *Anti-Rhium* (lib. iv, cap. 2), dit que ce golfe a un peu moins d'un mille de largeur, et sépare l'Etolie d'avec le Péloponèse, et que le promontoire opposé s'appelle Rhion. Selon Tite Live, le détroit qui sépare *Naupactus* de *Patræ*, est appelé par les habitans *Rhium : fretum, quod Naupactum et Patras interfluit, Rhium incolæ vocant* (lib. xxvii, 29), et ailleurs il appelle *Rhium* les gorges du golfe : *Rhium, fauces eæ sunt Corinthii Sinus* (lib. xxviii, 7).

(2) lib. xxxvii, 5.

de cette ville fameuse, étoit la capitale des Crisséens, qui faisoient partie des Phocéens et anciens habitans de ce canton de la Phocide le plus voisin du golfe. Elle a donné le nom de *Crissœus Sinus* à la partie du golfe Corinthiaque que l'on nomme aujourd'hui golfe de Salone.

Cyrrha au sud, au fond du même golfe, étoit leur seul port de mer; il faisoit toute la richesse du canton, par le prodigieux concours de marchands étrangers qui y abordoient. Les exactions des habitans, qui occupoient le seul port par lequel on pouvoit aborder à Delphes, donnèrent lieu à la première guerre Sacrée qui dura dix ans entiers, et ne finit que l'an 590 avant J. C. par la prise de la ville même, qui fut démantelée, réduite en village, et mise dans la dépendance du temple de Delphes. Le territoire des Crisséens fut aussi adjugé à Apollon, et consacré par une espèce d'anathême qui défendoit d'en labourer les terres. Elles furent destinées à la nourriture des troupeaux, d'où les pèlerins tiroient les victimes qu'ils offroient au Dieu (1). Cette ville ne subsistoit point du temps de Strabon; mais il paroît qu'elle avoit été reconstruite, puisque Pline en fait mention.

Anticyra, dans le col d'une péninsule. Strabon cite une autre ville de ce nom, vers le mont Œta, dans le golfe Maliaque, laquelle produisoit de très-bon ellébore, mais celui de la Phocide, étant mieux préparé, acquéroit la préférence (2).

Delphi, ville illustrée, nommée aussi *Pythia*, sous la protection d'Apollon, n'étoit point défendue par des murailles, mais par des précipices, s'éle-

---

(1) Ce fut en cette même année que les Amphictyons (*) établirent des jeux ou combats gymniques, qui se célébroient aux fêtes Pythiennes de quatre ans en quatre ans, à l'imitation de ceux d'Olympie, et en l'honneur d'Apollon, qui avoit tué le serpent Python.

(*) Dans l'origine, les Grecs désignoient par le nom d'Amphictyons, les administrateurs des revenus de certains temples, sur-tout de ceux d'Apollon et de Cérès Leur emploi devint plus important dans la suite. Etant chargés de veiller à la défense des droits et des immunités de ces deux temples, on leur donna le pouvoir de punir ceux qui les auroient violés, soit par des amendes, soit par l'anathême qui leur fermoit l'entrée de ces temples. Insensiblement leur juridiction s'étendit à tous les crimes de ce genre, et leur tribunal devint le tribunal commun de la Grèce, ou du moins de tout le corps Hellénique, composé de douze nations du nord de la Grèce, telles que les Doriens, les Ioniens, les Phocéens, les Béotiens, les Thessaliens, etc. On y déféroit non seulement ceux qui avoient violé le respect et la sainteté des temples, mais encore ceux qui avoient contrevenu aux lois communes des Hellènes, c'est-à-dire aux lois du droit des gens, dont l'infraction étoit regardée comme un attentat direct à la religion.

(2) Il y avoit trois Anticyres, deux villes et l'île dont parle Pline (lib. xxv, cap. 5); toutes les trois donnoient de l'ellébore, plante que les anciens considéroient comme un remède contre la folie. Horace y fait allusion en disant:

Si tribus Anticyris caput insanabile (Art. poet. vers. 300).

vant au dessous de deux pointes où se termine la partie méridionale du mont Parnasse, cette chaîne de montagnes qui se prolonge vers le nord. Delphes est aujourd'hui un petit lieu nommé Castri; la pointe du Parnasse la plus élevée se nomme Heliocoro. Du pied de ce mont, non loin de Delphes, jaillissoit la fontaine Castalie, consacrée aux Muses, et dont l'eau claire et limpide étoit aimée des poètes. Cette ville a joui long-temps d'une grande renommée à cause de son oracle, qui lui procuroit de grandes richesses. Les rois, les princes, les républiques, les particuliers n'entreprenoient rien qu'ils ne l'eussent consulté, et on ne le consultoit, pour ainsi dire, que l'argent à la main : c'étoit là que se tenoit au printemps l'assemblée des Amphictyons, et en automne, au petit bourg d'*Anthela*, peu éloigné des Thermopyles et célèbre par un temple de Cérès. Le temple, construit par Trophonius, ayant été consumé par les flammes, vers l'an 513 avant J. C., les Amphictyons ordonnèrent de le rebâtir; l'architecte Spintarus de Corinthe s'engagea de le terminer pour la somme de 300 talens (1). Les trois quarts de cette somme furent imposés sur les villes de la Grèce, et l'autre quart sur les habitans de Delphes, qui, pour fournir leur contingent, firent une quête jusque dans les pays les plus éloignés. Amasis, alors roi d'Egypte, donna mille talens d'alun, et les Grecs établis en Egypte en donnèrent vingt mines. Les Alcméonides (2), famille puissante d'Athènes, vinrent à Delphes en ce temps là, et offrirent de construire l'édifice. Entre les embellissemens qu'ils y ajoutèrent, ils firent faire un frontispice de marbre de Paros. Sur ce frontispice on lisoit plusieurs sentences, dont quelques-unes, à ce qu'on prétendoit, avoient été tracées par les sept sages de la Grèce : Connois-toi toi-même; rien de trop; l'infortune te suit de près : avis que les Dieux semblent donner à ceux qui viennent les adorer.

Elatia, près du *Cephissus*, étoit la plus grande des villes de la Phocide, elle n'existe plus que dans le lieu appelé Turcochorio. Tite Live en fait mention (3). Au grand étonnement de toute la Grèce, Philippe s'en empara, afin de s'ouvrir un passage dans l'Attique (4).

---

(1) Un peu plus d'un million six cent mille livres.

(2) Ainsi ce temple ne fut commencé qu'environ 613 ans avant J. C., 43 ou 44 ans après l'embrasement de celui de Trophonius; car ce fut sous le règne d'Hippias que cette famille vint à Delphes.

(3) Liv. lib. xxviii, 7. — xxxii, 18.

(4) Philippe, roi de Macédoine, élu général par tous les états de la Grèce, avoit obtenu un décret qui l'autorisoit à agir comme bon lui sembleroit contre ceux qui s'étoient

Locri Opuntii, ainsi surnommés d'*Opus* leur ville qui avoit vu naître Patrocle; et ceux qui, du mont *Cnemis*, étoient appelés *Epi-Cnemidii*, bordoient la mer qui sépare cette partie du continent d'avec l'Eubée. Près de ces derniers est le fameux passage nommé *Thermopylœ*, à cause de son courant d'eaux chaudes et de son issue resserrée entre les montagnes (1). Ce fut pour la défense de ce passage que, l'an 480 avant J. C., Léonidas, premier roi des Lacédémoniens, avec trois cents Spartiates, tint contre l'armée innombrable de Xerxès (2). Ils périrent tous accablés par le nombre, mais leur mémoire a subsisté plus long-temps que l'empire des Perses auxquels ils résistèrent.

§. VI. EUBOEA.

L'Eubée est une île qui se prolonge du sud au nord; elle s'étend le long de l'Attique, de la Béotie et du pays des Locriens, mais sa largeur n'est point en proportion, n'étant séparée du continent de la Béotie que par un bras de mer assez étroit pour supporter un pont. Une montagne nommée *Ocha*, qui s'élève dans la partie méridionale, domine sur toutes celles de la contrée; on y voyoit des carrières de marbre, très-propre à faire des colonnes.

Non loin du promontoire *Caphareum*, dangereux à cause des rochers qui l'environnent, se trouve *Carystus*, aujourd'hui Caristo, dont le marbre étoit estimé. Près de cette ville croissoit une espèce de pierre qui se plie, se file, et dont on fait une toile qui, loin d'être consumée par le feu, s'y blanchit comme dans une lessive. C'est ce que nous nommons *amiante*.

---

opposés à l'autorité des Amphictyons. Maître d'Elatie, il crut sa conquête assurée; mais les Thébains, oubliant les services qu'il leur avoit rendus, sur-tout dans la seconde guerre Sacrée, s'opposèrent à son passage. Les habitans du Péloponèse, encore plus ingrats, sifflèrent son chariot aux jeux Olympiques: c'étoit le plus grand affront qu'ils pussent lui faire aux yeux de toute la Grèce. Ce prince, grand politique, dissimula, et dit à quelques courtisans, qui l'engageoient à punir cette insolence: « S'ils nous sifflent quand nous leur rendons de bons offi-
» ces, que ne feroient-ils pas si nous leur en rendions de mauvais? ».

(1) *Hæc una militaris via est, quá traduci exercitus, si non prohibeantur, possint. Ideo Pylœ, et ab aliis, quia calidœ aquœ in ipsis faucibus sunt, Thermopylœ locus appellatur; nobilis Lacedemoniorum adversus Persas morte magis memorabili, quàm pugná.* (Liv. lib. xxxvi, 15).

(2) Xerxès écrivit à Léonidas: « Si tu veux te soumettre, je te donnerai l'empire de la
» Grèce ». Léonidas répondit: « J'aime mieux mourir pour ma patrie, que de l'asservir ». Une seconde lettre du roi ne contenoit que ces mots: *Rends-moi tes armes*. Léonidas écrivit au dessous: *Viens les prendre*.

Eretria, grande ville et très-ancienne, détruite par les Perses, fut rétablie dans un emplacement voisin, au rapport de Strabon, qui dit que les Erétriens y avoient établi une école de philosophie (1). Tous les ans on y célébroit une fête en l'honneur de Diane d'*Amarynthus*, bourg situé au sud et à peu de distance de la ville, ne le cédant qu'à *Chalcis*, qui en étoit proche sur le même rivage. Du temps de Strabon, on disoit qu'elles avoient été bâties par les Athéniens avant la guerre de Troie. Homère parle de l'une et de l'autre. Erétrie envoya des colonies en Macédoine vers *Pallene* et le mont *Athos*. Aristote détermine l'époque de ces migrations.

Chalcis, quoique de l'Eubée, étoit séparée de la Béotie par un si petit détroit, qu'un pont communiquoit de l'une à l'autre, et que le trajet étoit plus facile par terre que par mer (2). Elle avoit dans son voisinage des sources chaudes propres pour la guérison des maladies, et dont Cornélius Sylla fit usage. Elle possédoit des mines de cuivre et de fer; son nom même y a rapport, puisque *Chalcis* en grec signifie cuivre, airain. Toute la contrée étoit sujette aux tremblemens de terre, sur-tout vers le détroit. La Béotie et d'autres lieux n'en étoient point exempts.

Le détroit nommé *Euripus*, sur lequel se trouve la ville, est formé par la saillie de deux promontoires; cette ville elle-même, ainsi que l'île, en tire aujourd'hui le nom d'Egripa, auquel les gens de mer ont substitué celui de Nègrepont. Elle étoit la ville principale, et une des trois dont la possession selon qu'en jugeoit le roi Philippe, fils de Démétrius, pouvoit donner des chaînes à la Grèce; les deux autres étoient *Démétrias* et *Corinthe*. A Chalcis se convoquoient les assemblées générales, où se discutoient les intérêts et les prétentions de chaque ville. L'Euripe présente un phénomène dont on a pénétré la cause, mais dont Tite Live nous offre une image
» effrayante. C'est peut-être, dit-il, l'abri le plus dangereux; car non
» seulement des vents orageux fondent tout à coup du haut des montagnes
» qui dominent dans les deux continens, mais le détroit lui-même n'a
» point de flux et reflux marqués sept fois le jour, suivant l'opinion vul-
» gaire; la mer soulevée au gré du vent, qui n'a point de règle, donne
» l'aspect d'un torrent impétueux qui se précipite tantôt d'un côté, tantôt

---

(1) Strab. lib. x.

(2) *Chalcis, quanquam ejusdem insulæ (EubϾ) urbs est* (Liv. lib. xxviii, 7), *tamen adeo arcto interscinditur freto, ut ponte continenti jungatur, terráque aditum faciliorem quàm mari habeat.*

» de l'autre, de manière que le jour et la nuit, les vaisseaux sont en danger
» de périr (1) »..

Oreus, aujourd'hui Orio, nommée d'abord *Istiæa,* nom qu'elle conservoit encore du temps de Pausanias. Tite Live (2), qui indique sa position, en parle comme d'une ville fortifiée. Homère parle de son territoire dont les vignobles étoient déjà renommés. Pline, après l'avoir rangée au nombre des villes célèbres, ajoute que, comme beaucoup d'autres, elle n'existoit plus que sous la forme d'un bourg.

§. VII. BOEOTIA.

La Béotie, ayant la Phocide au nord, s'étend le long de la mer vis-à-vis de l'Eubée; elle est bornée au sud par l'Attique. Cette contrée est un grand bassin renfermé de tous les côtés par des montagnes, dont les différentes chaînes sont liées par un terrain assez élevé, d'où toutes les eaux se rassemblent dans l'endroit plus bas de la plaine et y forment un grand lac nommé *Copais*. Ce lac ne se décharge dans la mer que par des conduits souterrains qui traversent le mont *Ptous*, placé entre la mer et le lac. Ces conduits, formés d'abord par la nature, furent perfectionnés depuis par l'industrie des hommes. Mais dans leur premier état d'imperfection, s'étant engorgés, les eaux du lac durent inonder toute la plaine. Cette inondation fut appelée le déluge d'Ogygès, parce qu'il régnoit alors en Béotie, déluge plus ancien d'environ deux siècles que celui de Deucalion.

Lorsque Cadmus vint de Phénicie dans la Béotie, l'an 1594 avant J. C., il la trouva occupée par les sauvages Hyantes, Aones et Lélèges, dont une partie se joignit à la colonie que ce chef avoit amenée. Il est très-vraisemblable que le travail fait pour élargir et nettoyer les canaux souterrains du *Copais*, ne peut être qu'après l'établissement des Phéniciens, qui apportèrent en Grèce la connoissance de plusieurs arts, l'usage du fer, et qui même

---

(1) *Haud facilè alia infestior classi statio est. Nam et venti ab utriusque terræ præaltis montibus subiti ac procellosi se dejiciunt* (Liv. lib. XXVIII, cap. 6), *et fretum ipsum Euripi non septies die, sicut fama fert, temporibus statis reciprocat: sed temerè in modum venti, nunc huc nunc illuc verso mari, velut monte præcipiti devolutus torrens rapitur. Ita nec nocte nec die quies navibus datur.*

On a reconnu que l'irrégularité du flux et du reflux de ce détroit dépend de l'influence de la lune. Il se fait sentir depuis le 9 de chaque mois jusqu'au 13, et depuis le 21 jusqu'au 26. Il a lieu douze, treize et quatorze fois par jour, depuis le 9 jusqu'au 12 inclusivement.

(2) Liv. lib. XXVIII, 5. — XXXI, 46.

ouvrirent des mines de cuivre. Ce fut Cadmus qui y porta l'écriture alphabétique, et c'est de cette époque que commencent les antiquités historiques de la Grèce.

Deux montagnes renommées dominent dans cette contrée; *Cithæron*, dans la partie inférieure, entre *Platæa* et *Eleutheræ*, étoit consacré à Bacchus; *Helicon*, aujourd'hui Zagarro-Vouni, couvrant au nord la ville de *Thespiæ* et le golfe Corinthiaque (1). Les poètes y ont placé le temple des Muses; au bas couloit la fontaine d'Hyppocrène, que le cheval Pégase fit jaillir d'un coup de pied.

Eleutheræ. Cette ville, si l'on en croit Etienne le géographe, étoit ainsi nommée d'Eleuther, fils d'Apollon. Diodore de Sicile dit au contraire qu'elle fut construite par Bacchus. Pausanias rapporte que, de son temps, on en voyoit encore des vestiges vers le Cithœron.

Platæa, ville autrefois puissante, située au nord du Cithœron, dans une belle plaine arrosée par l'*Asopus* et dans laquelle Mardonius, gendre de Darius et beau-frère de Xerxès, roi de Perse, fut défait à la tête de trois cent mille hommes et perdit la vie, l'an 479 avant J. C. Les Platéens se distinguèrent tellement dans cette bataille, que les autres Grecs leur en déférèrent la principale gloire. On institua chez eux des fêtes pour en perpétuer le souvenir; et il fut décidé que, tous les ans, on y renouvelleroit les cérémonies funèbres en l'honneur des Grecs qui avoient péri. Pendant la guerre du Péloponèse, les Thébains s'étant unis aux Lacédémoniens, Platée fut détruite deux fois et ensevelie sous ses ruines.

Leuctra, bourg célèbre par la victoire qu'Epaminondas (2), élu général des Thébains, remporta l'an 371 avant J. C. Cette journée dévoila la foiblesse des Lacédémoniens, qui y perdirent leurs meilleures troupes et leur roi Cléombrote.

Thespiæ eut le même sort; les Thébains n'y respectèrent que les monumens sacrés.

Ascra, à une petite distance vers le nord, près de l'Hélicon, étoit un hameau presque inhabitable, où Hésiode avoit pris le jour.

Cheronœa. Près de cette ville, Philippe, père d'Alexandre, remporta une victoire qui lui procura la souveraineté de la Grèce. Jamais les Athéniens et les Thébains ne montrèrent plus de courage, mais leurs généraux ne surent pas vaincre. Ce fut à cette bataille qu'Alexandre, à l'âge de dix-huit ans,

---

(1) Æneid. lib. vii, vers. 641. — (2) Cornel. Nep. vit. Epamin. cap. 6 et 10.

enfonça et mit en fuite l'aile droite des ennemis. Démosthène se sauva un des premiers (1). En ce même lieu, Sylla défit les généraux de Mithridate. Mais ce qui rendoit cette ville plus recommandable, c'est d'avoir donné la naissance à Plutarque. L'objet principal du culte de ses habitans étoit le sceptre que Vulcain avoit fabriqué par ordre de Jupiter, et qui de Pélops passa successivement entre les mains d'Atrée, de Thyeste et d'Agamemnon.

Lebadea, située sur une petite rivière nommée *Hercyna*, étoit renommée par l'antre de Trophonius (2). Son temple s'élevoit au milieu d'un bois qui lui étoit également consacré, et la statue, qui le représentoit sous les traits d'Esculape, étoit l'ouvrage de Praxitèle. Pour consulter l'oracle, on ne devoit s'engager dans l'antre que pendant la nuit, qu'après de longues préparations, qu'à la suite d'un examen rigoureux.

Orchomenus avoit un temple si riche, que ses richesses mêmes passoient en proverbe. Ce temple avoit été consacré aux Graces par Etéocle, et les Thébains lui payoient un tribut. Servius, commentateur de Virgile, dit que ce poète donne à Vénus le surnom d'*Acidalia* (3) d'une fontaine ainsi nommée qui étoit dans la ville, et où les Graces, compagnes de la déesse, avoient coutume de se baigner.

Haliartus, près du bord méridional du lac, fut détruite par les Romains dans la guerre contre Persée, dernier roi de Macédoine, l'an de Rome 581 (4). Les habitans, après une résistance opiniâtre, obligés de se rendre, furent vendus comme esclaves.

---

(1) Dans cette guerre, entreprise à l'instigation de Démosthène, les Athéniens et les autres Grecs ligués éprouvèrent une entière défaite. Les ossemens de ceux qui étoient restés morts sur le champ de bataille furent apportés à Athènes pour y recevoir, suivant l'usage, les honneurs publics de la sépulture. Démosthène prononça leur oraison funèbre, afin de reconnoître les services qu'ils avoient rendus, d'adoucir la peine que causoit aux parens la perte de leurs enfans, et afin encore d'engager, par une institution aussi louable, les autres citoyens à se porter avec plus de courage à la défense de la patrie.

(2) Trophonius est l'architecte qui, conjointement avec son frère Agamède, construisit le temple de Delphes consumé par les flammes. Trophonius mérita les honneurs divins; on en ignore les raisons. L'antre étoit creusé un peu au dessus du bois sacré, on y descendoit avec une échelle; mais parvenu à une certaine profondeur, on ne trouvoit plus qu'une ouverture extrêmement étroite : il falloit y passer les pieds, et quand, avec bien de la peine, on avoit introduit le reste du corps, on se sentoit entraîné avec une très-grande rapidité jusqu'au fond du souterrain. Etoit-il question d'en sortir, on étoit relancé la tête en bas avec la même force et la même vitesse.

(3) Æneid. lib. 1, vers. 724.

(4) *In Bœotiâ summâ vi Haliartum Lucretius prætor oppugnarat; urbs diruta à fundamentis* (Liv. lib. XLII, 63).

Thebœ, qui conserve quelques restes sous le nom de Thiva, étoit non seulement le boulevard de la Béotie, mais on peut dire encore qu'elle en étoit la capitale. Quelques auteurs en attribuent la fondation à Ogygès, qui régnoit dans le pays lorsque Cadmus y arriva; mais l'opinion la plus accréditée est qu'elle fut fondée par Cadmus, et que la citadelle, nommée *Cadmea*, fut le premier établissement des habitans de Thèbes. Amphion, qui régna dans la suite, après l'avoir entourée de murs, engagea par son éloquence et son affabilité des hommes accoutumés à vivre dans la campagne et au milieu des rochers à venir habiter sa ville (1). Détruite par Alexandre, qui n'épargna que la maison de Pindare, elle fut rétablie par Cassandre vingt ans après.

Anthedon, petite ville avec un port sur la mer d'Eubée. Les habitans ne subsistoient que de leur pêche, de la pourpre et des éponges qu'ils ramassoient. Ils se disoient descendans de Glaucus, que l'on sait avoir été un pêcheur.

Aulis, petit bourg situé vis-à-vis de Chalcis, sur le bord opposé de l'Euripe, avoit un port où la flotte d'Agamemnon fut long-temps retenue par les vents contraires, et où les Grecs s'embarquèrent pour se rendre devant Troie (2), après avoir juré de ne point revoir leurs foyers qu'ils ne l'eussent prise. Aujourd'hui on connoît deux ports, Megalo et Micro-Vathi, grand et petit ports voisins de l'Euripe comme étoit le bourg.

Tanagra (3), à une petite distance de la mer, et dont le territoire étoit arrosé par une petite rivière nommée *Thermodon*. Ses habitans, quoique riches, ne connoissoient ni le luxe, ni les excès qui en sont la suite. Le secret de leurs vertus consistoit dans la préférence qu'ils donnoient à l'agriculture sur les autres arts. Ils avoient tant de respect pour les dieux, que leurs temples étoient toujours séparés de leurs habitations. Ils aimoient sur-tout les combats de coqs. Ces animaux, en chantant toute la nuit, annoncèrent aux Béotiens cette fameuse victoire remportée sur les Spartiates; les augures en jugèrent de la sorte, parce qu'il est constant que le coq ne chante point étant

---

(1) Ce qui a fait dire aux poètes qu'Amphion avoit bâti les murs de Thèbes au son de sa lyre, et que les pierres venoient se ranger d'elles-mêmes.

(2) Æneid. lib. IV, vers. 425.

(3) Corinne, surnommée la Muse Lyrique, étoit de cette ville, où l'on voyoit son tombeau dans le lieu le plus apparent, et son portrait dans le gymnase. Etant entrée en lice avec Pindare, elle eut cinq fois l'avantage, quoique bien inférieure; mais à la vue de son portrait, on auroit pu demander pourquoi, dans ces combats de poésie, ses succès n'ont pas toujours été les mêmes.

vaincu (1). A l'ouest, sur la côte, étoit un temple consacré à Apollon sous le nom de *Delium*, parce qu'il avoit été construit sur le modèle de celui de *Delos*. Tite Live en fait mention : *templum est Apollinis Delium, imminens mari; quinque millia passuum à Tanagrâ abest* (2).

Parasopias est le nom que donne Strabon à un canton arrosé par l'*Asopus*; il cite même un lieu, qu'il appelle *Scolus*, dont les habitations sont si désagréables, qu'il étoit passé en proverbe : « Vous n'irez pas à *Scolus*, et vous ne suivrez pas un autre qui y va ».

Nec Scolum ipse ibis, aliumve sequeris euntem (3).

§. VIII. ATTICA.

L'Attique, dont le nom dérive du terme grec *actè*, qui signifie rivage et désigne une terre bordée par la mer, est une espèce de presqu'île de forme triangulaire, entrecoupée de montagnes et de rochers. Elle est très-stérile par elle-même, et ne rend au laboureur que le fruit de ses peines; mais l'industrie, le service de ses ports et l'extrême pureté de l'air y avoient tellement favorisé la population, qu'elle étoit couverte de hameaux et de bourgs. Les montagnes les plus connues sont *Parnes*, renommé pour ses vins; *Hymettus* pour son miel, et *Pentelicus* pour son marbre, dont on formoit des statues; celui-ci est une branche du mont Hymette, qui se détache vers le nord.

Athenæ, qui conserve son nom sous la forme d'Atheni, et que très-improprement on appelle Sétines, étoit la capitale. Dans les premiers temps on la nommoit *Cecropia*, du nom de Cécrops (4) qui, l'an 1657 avant J. C. abandonna

---

(1) *Ita conjectâ interpretatione, quoniam victa ales nunquam caneret* (Plin. lib. x, cap. 21).

(2) Liv. lib. xxxv, cap. 51.

(3) Il faut remarquer que les habitans de la Béotie, qui n'étoit séparée de l'Attique que par le mont *Parnes*, passoient pour les plus grossiers de la Grèce. L'étymologie du nom semble même venir du mot *bos*, bœuf, à cause de la pesanteur de leur esprit : « L'air est pur à » Athènes, dit Cicéron; *Athenis tenue cœlum, ex quo acutiores etiam putantur Attici*; il » est épais à Thèbes; *crassum Thebis, itaque pingues Thebani et valentes* (Cicer. de fato. cap. 4). Ce philosophe néanmoins n'attribue pas à l'influence du climat cette différence dans les esprits; *tamen neque illud tenue cœlum... neque crassum efficiet*. Les Béotiens, plus occupés des exercices du corps que de ceux de l'esprit, paroissoient pesans et stupides, parce qu'ils étoient ignorans et grossiers. Horace, pour marquer le peu de discernement d'Alexandre le Grand dans les ouvrages d'esprit, dit :

Bæotum in crasso jurares aere natum (lib. II, epist. 1, vers. 243).

(4) Lorsque Cécrops arriva dans l'Attique, vers l'an 1657 avant J. C., les habitans se contentoient des fruits sauvages du chêne, et se reposoient sur la nature du soin de leur subsis-

la ville de Saïs et l'Egypte pour passer avec sa colonie dans l'Attique, dont il se rendit le maître, et renferma les habitans dans douze villes qu'il bâtit et dont Strabon a conservé les noms. Pline dit : *Oppidum Cecrops à se appellavit Cecropiam, quæ nunc est arx Athenis* (1). C'est dans la citadelle construite sur un rocher, que s'établirent les premiers habitans; c'est là que se trouvoit l'ancienne ville, spécialement consacrée à Minerve, située à quelque distance de la mer. Elle avoit néanmoins trois ports, dont le principal, quoique plus éloigné, nommé *Pyrœus*, aujourd'hui Porto-Leone, communiquoit avec la ville par le moyen de deux longs murs dans une espace de 40 stades (2). *Munychia*, plus près de la ville et plus petit que le Pyrée, étoit aussi bien fortifié. *Phalereus* étoit le plus fréquenté avant que Thémistocle eût construit le Pyrée (3).

Cicéron, dans plusieurs endroits de ses ouvrages, fait le plus bel éloge d'Athènes : « Chez elle, dit l'orateur, ont pris naissance l'atticisme, la science » et l'art de l'enseigner (4); la religion, l'agriculture, la justice, les lois qui » se sont répandues par toute la terre. La tradition nous apprend que les » dieux eux-mêmes se sont disputés sa possession à cause de sa beauté : *prop-* » *ter pulchritudinem etiam inter deos certamen fuisse proditum est* ».

Eleusis, aujourd'hui Lefsina, où Cérès avoit un temple dans lequel se célébroient les mystères de cette déesse (5), regardée comme législatrice d'Athènes et honorée sous ce nom. Pendant qu'elle parcouroit la terre sur les traces de Proserpine, enlevée par Pluton, elle arriva dans les plaines d'Eleusis, et flattée de l'accueil qu'elle reçut des habitans, elle leur accorda l'art de l'agriculture et la connoissance de la doctrine sacrée. « De tous les avan- » tages qu'Athènes a procurés aux hommes, dit Cicéron (6), il n'en est point » de plus grands que ces mystères augustes qui les ont civilisés. Ils nous ont » donné non seulement la manière de vivre avec satisfaction, mais encore » celle de mourir avec un espoir plus flatteur : *neque solùm cum lætitiâ vivendi rationem accepimus, sed etiam cum spe meliore moriendi.*

---

tance. Cécrops leur présenta une nourriture plus douce et leur apprit à la perpétuer. L'olivier fut transporté de l'Egypte dans l'Attique, et à l'exemple des Egyptiens, l'habitant s'adonna à l'agriculture. Le mariage fut soumis à des lois. Cécrops multiplia les objets de la vénération publique, et invoqua le souverain des dieux sous le titre de Très-Haut; il établit ce sénat si célèbre, connu sous le nom d'Aréopage.

(1) Plin. lib. vii, 56. — (2) Thucyd. lib. ii, pag. 111. — (3) Cornel. Nep. Themist. cap. 6. (4) Cicer. pro Flacco, xxvi. — (5) Idem, de Orator. lib. i, cap. 4. — (6) Idem, de Leg. lib. ii, cap. 14.

Salamis, île placée en face d'Eleusis, forme une assez grande baie où l'on pénètre par deux détroits; l'un à l'est, du côté de l'Attique, l'autre à l'ouest du côté de Mégare. Cette île prend le nom de Colouri, d'un lieu qu'elle renferme. Ce fut à la bataille de Salamine, où Xerxès, roi de Perse, vit échouer, l'an de Rome 480 avant J. C., tous ses projets contre la Grèce : Artémise, reine de Carie, qui étoit de l'expédition, se voyant entourée d'ennemis et sur le point de tomber au pouvoir d'un Athénien, n'hésita point à faire ôter le pavillon persan et à couler à fond un vaisseau de l'armée persane. L'Athénien, convaincu par cette manœuvre que la reine avoit quitté le parti des Perses, cessa de la poursuivre; mais Xerxès, persuadé que le vaisseau submergé étoit de la flotte grecque, ne put s'empêcher de dire que dans cette journée les hommes s'étoient conduits comme des femmes, et les femmes comme des hommes.

Marathon, bourg mémorable par la victoire signalée que les Athéniens, sous la conduite de Miltiade, remportèrent, l'an 490 avant J. C., sur les Perses, qui mis en fuite se précipitèrent dans un lac, en grande partie rempli de limon. On y voyoit gravés sur des petites colonnes les noms des Grecs qui avoient péri dans le combat; on remarquoit sur-tout celle que les Athéniens avoient consacrée à la mémoire de Miltiade, après l'avoir laissé mourir dans un cachot.

Rhamnus, autre bourg distingué par le temple de Némésis, déesse vengeresse des crimes. On y admiroit sa statue, ouvrage qui, suivant Strabon, pour sa grandeur et sa beauté ne le cédoit point à ceux de Phidias.

Sunium, bourg et promontoire, où se termine l'Attique resserrée entre deux mers. Des colonnes encore debout le font nommer Capo Colonni; il est séparé vers l'orient par le canal étroit d'une île longue, nommée par cette raison *Macris* ou *Helena*, aujourd'hui Macro-Nisi. Dans presque toute la Grèce, le nombre des esclaves surpassoit de beaucoup celui des citoyens. Dans l'Attique on en comptoit environ quatre cent mille. Ils cultivoient les terres, exploitoient les mines et travailloient aux carrières. La loi défendoit l'oisiveté. Vers la 160e. olympiade, s'étant révoltés, ils s'emparèrent de *Sunium*, et ravagèrent la contrée.

MÉGARIS, la Mégaride, étoit, selon Pline, une partie de l'Attique, mais Strabon, Pomponius Méla et même Ptolémée en font une contrée distincte, séparée de l'Attique par le mont *Cerata*, resserrée au nord par la Béotie, et au sud par le golfe Saronique. Elle se trouve entre les états d'Athènes et ceux de Corinthe.

Megara (1), la capitale, tenoit au port de Nisée par deux longues murailles, que les habitans se crurent obligés de détruire. On croit communémeque cette ville fut ainsi nommée à cause d'un temple bâti par Car, fils de Phoronée, en l'honneur de Cérès. Les temples de cette déesse étoient appelésimplement *megara*, terme grec qui signifie grands édifices. La mauvaifoi des Mégariens avoit prévenu contre eux le plus grand nombre de leuvoisins. Aristophane dit que les marchands de Mégare, qui avoient été àAthènes pour raison de commerce, y étoient si décriés par leur mauvaifoi, qu'à la sollicitation de Périclès, on publia à Athènes un décret par lequeil étoit défendu à tout Mégarien d'aborder à aucun des ports de la républiqueet à tout marchand mégarien de se présenter dans les marchés sous prétexd'aucun commerce. Erasme soupçonne que le proverbe: *Megariché méchané*, ruse mégarique, est fondé sur les subtilités de l'école Mégarique établpar Euclide.

PELOPONNESUS.

Le Péloponèse, dans les premiers temps, changeoit de nom en changeande roi; il étoit appelé *Apia* d'Apius, *Pelasgia* de Pelasgus, *Argos* d'Argusenfin Pélops, fils de Tantalus, roi de Phrygie, arriva dans la Grèce 1423 anavant J. C., 141 avant la prise de Troie. Cette région en prit le nom qu'ella conservé sous celui de *Pelopis-nesus*, ne signifiant autre chose que l'îlde Pélops, quoique, à proprement parler, elle ne soit qu'une péninsulsituée, selon Pline, entre les mers Egée et Ionienne, ne le cédant à aucunautre pour la beauté de son ciel et la valeur de ses habitans. Un espacrétréci, l'isthme de Corinthe, l'attache au continent de la Grèce, dont ellest la partie méridionale (2). Sa figure, échancrée par plusieurs golfes, ressemble à une feuille de mûrier, et c'est de là que lui est venu le nom dMorée. Six contrées différentes partagent entre elles cette grande péninsulces contrées sont: *Achaia*, *Elis*, *Messenia*, *Laconia*, *Argolis*, rangéesuccessivement dans la circonférence, et *Arcadia*, qui en occupe l'intérieur

---

(1) Il y avoit dans cette ville une célèbre école de philosophie. Euclide, son fondateur, fuun des plus zélés disciples de Socrate; malgré la distance des lieux, et la peine de mort décernée par les Athéniens contre tout Mégarien qui oseroit franchir les limites, on le vit plusd'une fois partir le soir déguisé en femme, passer plusieurs momens avec son maître, et s'enretourner à la pointe du jour.

(2) Tive Live décrit ainsi le Péloponèse: *Peninsula est Peloponnesus, angustis isthmifaucibus continenti adhærens, nulli apertior atque opportunior, quàm navali, bello* (Liv.lib. xxxii, cap. 21).

On remarque deux fleuves principaux ; *Alpheus* (1), prenant sa source en Arcadie, sur les confins de la Laconie, quitte l'Arcadie pour traverser l'Élide, il disparoît et reparoît par intervalles ; après avoir reçu les eaux de plusieurs rivières, il va se jeter dans la mer voisine. *Eurotas*, aujourd'hui Vasili-Potamo, ou Fleuve Royal, a son cours renfermé dans la Laconie et passe près des murs de Sparte (2). Les golfes sont : *Sinus Corinthiacus*, golfe de Lépante, dans la partie septentrionale ; *Saronicus*, golfe d'Engia, entre l'Argolide et l'Attique ; *Argolicus*, golfe de Napoli, sépare l'Argolide de la Laconie ; *Laconicus*, golfe de Colokitia, et *Messeniacus*, golfe de Coron, creusent le continent et forment entre eux un grand promontoire dans la partie méridionale.

§. I. ACHAIA.

L'Achaïe s'étend vers le nord jusqu'au promontoire *Araxum*, bornée par les eaux du golfe Corinthiaque ; vers l'est, le fleuve *Larissus* la sépare de l'Élide ; vers l'ouest, ayant pour limites au sud l'Arcadie et l'Argolide. Ses rivages sont presque par-tout hérissés de rochers qui les rendent inabordables. Elle fut d'abord occupée par les Ioniens qui se transportèrent sur la côte de l'Asie. Ils en furent chassés par les Achéens, lorsque ceux-ci se trouvèrent obligés de céder aux descendans d'Hercule les royaumes d'Argos et de Lacédémone. Achens, petit-fils d'Hellen, par Xuthus, forcé de quitter l'Attique, pour un meurtre qu'il avoit commis involontairement, passa dans le Péloponèse, où il fonda la Tetrapole d'Achaïe, et donna son nom aux habitans. Cette contrée renferme les districts distingués par les noms particuliers de *Corinthia* et de *Sicyonia*.

Dyme, ville ainsi nommée, suivant Strabon, du mot grec *dusmè*, qui signifie le coucher du soleil, parce qu'en effet elle étoit la plus occidentale ; il

---

(1) Alphée étoit un chasseur de l'Arcadie ; il soupiroit pour Aréthuse qui le fuyoit, et qui, pour se dérober à ses poursuites, se sauva en Sicile. Elle fut métamorphosée en fontaine, Alphée fut changé en fleuve ; mais, comme son amour n'étoit point éteint, les dieux voulant couronner sa constance, lui ménagèrent une route dans le sein des mers, et lui permirent enfin de se réunir à Aréthuse.

> .... *Alpheum fama est huc, Elidis amnem,*
> *Occultas egisse vias subter mare ; qui nunc*
> *Ore, Arethusa, tuo Siculis confunditur undis* (Æneid. lib. III, vers. 694).

(2) Liv. lib. XXXIV, 28.

ajoute qu'elle n'avoit point de ports, et que le fleuve *Larissus* séparoit son territoire de l'Elide. Tite Live est d'accord avec ce géographe (1).

Patræ, Patras, sur le golfe, reçut ce nom de Patrée, petit-fils d'Agenor. Elle étoit anciennement appelée *Aroe*, c'est-à-dire terre de labour. Tous les ans, le jour de la fête de Bacchus Esymnète, c'est-à-dire roi, la coutume étoit d'immoler sur l'autel de Diane un jeune garçon et une jeune fille de la plus grande beauté (2).

Tritæa, aujourd'hui Triti, ville très-ancienne, et sur la fondation de laquelle les auteurs ne s'accordent pas. Elle avoit un temple que les habitans nommoient le Temple des Grands Dieux. Leurs statues étoient faites de terre. On célébroit leur fête tous les ans avec les mêmes cérémonies que les Grecs avoient coutume de pratiquer à la fête de Bacchus. Minerve y avoit aussi son temple avec une statue de marbre, qui, du temps de Pausanias, étoit d'un goût moderne.

Ægium s'éleva, pour ainsi dire, sur les ruines d'*Helice*, qui n'étoit pas éloignée. Celle-ci fut détruite par un tremblement de terre, et ensevelie sous les flots de la mer; *Ægium* devint la principale cité de la contrée. Là étoient convoqués les états; ils s'assembloient au voisinage dans un bois consacré à Jupiter, auprès du temple de ce dieu et sur le rivage de la mer. Comme l'Achaïe, dès les plus anciens temps, étoit divisée en douze villes, renfermant chacune sept à huit bourgs dans leur district, toutes avoient le droit d'envoyer des députés à l'assemblée ordinaire, qui se tenoit au commencement de leur année, vers le milieu du printemps (3).

Ægira, une des principales villes, avoit un port sur le golfe Corinthiaque. Pausanias rapporte que les habitans, ne pouvant opposer des forces suffisantes à ceux de Sicyone qui étoient venus les attaquer (4), s'avisèrent de rassembler un grand nombre de chèvres, de lier des torches allumées à leurs cornes, et de les faire avancer pendant la nuit; l'ennemi crut que c'étoient des troupes alliées d'Egire, et prit le parti de se retirer.

Pellene, écartée de la mer. A peu de distance de cette ville, étoit un temple dédié à Bacchus, où l'on célébroit tous les ans pendant la nuit la fête des Lampes; on en allumoit une grande quantité, et l'on distribuoit en abondance du vin à la multitude. En face étoit le bois sacré de Diane Conservatrice,

---

(1) Liv. lib. xxvii, 31. — (2) Orig. de cette cout. (Voyag. du jeune Anachar., tom. iii, pag. 466).

(3) *Ægium, à principio Achaici concilii, semper conventus gentis indicti sunt; seu dignitati urbis id, seu loci opportunitati datum est* (Liv. lib. xxxviii, 30).

(4) Pausan. lib. vii, cap. 26.

où il n'étoit permis d'entrer qu'aux ministres sacrés. Minerve avoit aussi son temple; on y voyoit sa statue en or et en ivoire d'un si beau travail, qu'on la disoit être de Phidias.

SICYONIA est séparée de *Corinthia* par un fleuve que Strabon appelle *Nemea*. Les Sicyoniens réglant leur chronologie par le sacerdoce des prêtresses de Junon à Argos, la faisoient remonter aux temps les plus reculés. *Sicyon* eut une suite de souverains connus sous le nom de tyrans, parce qu'ils jouissoient d'une autorité absolue, qu'ils maintinrent dans de justes bornes en respectant les lois. Aratus, le plus distingué, rendit la liberté à ses concitoyens, et fut fait général de la ligue des Achéens.

Sicyon, aujourd'hui Basilico, est à une petite distance du fleuve *Asopus*. Tite Live indique sa position en disant que P. Sulpicius, pendant la guerre contre Philippe, étant parti de Naupacte, fit aborder sa flotte entre Sicyone et Corinthe, et ravagea le territoire le plus riche et le plus fertile de la Grèce (1). Ce fut à Sicyone que les Achéens donnèrent audience à des députés envoyés par les Romains: *Sicyone datum iis est concilium* (2). Cette ville figure dans l'histoire des nations par les soins qu'elle a pris de cultiver les arts, de contribuer à la naissance de la peinture et au développement de la sculpture. En effet la colonie de Sicyone, un rejeton de celle d'Argos, porta les arts sur les côtes du golfe de Corinthe, et les connoissances s'y communiquant par une propagation lente, mais continue, elles passèrent dans cette partie de la Grèce septentrionale nommée l'Epire, et sur-tout dans la contrée voisine où régna Deucalion.

CORINTHIA, la Corinthie, est resserrée entre des bornes fort étroites; quoiqu'elle s'étende davantage le long de la mer, un vaisseau pouvoit dans une journée en parcourir la côte.

Corinthus, Corinthe, nommée d'abord *Ephyra*, fut bâtie par Sisyphe, fils d'Æolus et arrière petit-fils de Deucalion, qui est si célèbre chez les poètes, et qu'Homère dit avoir été l'homme le plus sage et le plus équitable de son temps (3). Elle étoit située au pied d'une haute montagne au sud, et sur la

---

(1) *P. Sulpicius ab Naupacto profectus, classem appulit inter Sicyonem et Corinthum, agrumque nobilissimæ fertilitatis effusè vastavit* (Liv. lib. XXVII, 31).

(2) Liv. lib. XXXII, 19.

(3) Il est vrai que quelques anciens ont avancé qu'il souffroit dans les enfers le supplice de rouler sans cesse une roche; mais c'est, selon Apollodore, grammairien renommé d'Athènes, pour avoir appris à Asope, fils de l'Océan et de Thétis, changé en fleuve, le lieu où Jupiter avoit caché Egine, fille d'Asope lui-même. Cette action bien louable étoit un crime pour un dieu fort amoureux, et du nombre de ceux qu'il punissoit très-sévèrement.

cime on avoit construit une citadelle nommée par cette raison *Acro-Corinthus*. Elle avoit deux ports, *Lechœum* sur le Corinthiaque, *Cenchreœ* sur le Saronique. Par le premier, elle établissoit son commerce avec l'Italie, la Sicile et les peuples de l'ouest; par le second, avec les îles de la mer Egée, les côtes de l'Asie Mineure et des Phéniciens. Devenue l'entrepôt de l'Europe et de l'Asie, ses succès excitèrent son industrie; elle vit fleurir le commerce, la politique et les arts. C'est, dit-on, dans cette ville que furent inventées deux nouvelles espèces de bâtimens fort connus dans l'histoire ancienne, les vaisseaux longs et les galères à trois rangs de rames. Mais l'amour du gain et des plaisirs corrompit les hommes, et les femmes se firent distinguer par leur beauté. Vénus devint la principale divinité, et dans les grandes calamités, des courtisanes, consacrées au culte de la déesse, étoient chargées de lui adresser des vœux et de ménager sa protection. On montroit avec complaisance le tombeau de la belle Laïs, dont les charmes captivèrent les princes, les grands, les orateurs et les philosophes de son temps. Pour la voir, Démosthène fit le voyage de Corinthe; mais Laïs lui ayant demandé environ quatre mille livres de notre-monnoie, il s'en retourna en disant : « Je n'achète pas si cher un repentir ». Ces courtisanes attiroient les marchands étrangers, et en peu de jours elles ruinoient un équipage entier; de là le proverbe : *Non licet omnibus ire Corinthum.*

Corinthe, autrefois rivale d'Athènes et de Lacédémone; Corinthe, que Cicéron appelle le flambeau de toute la Grèce, *totius Græciæ lumen*, peu reconnoissante de la liberté que les Romains lui avoient rendue, en la délivrant du joug des Macédoniens, entra dans la ligue des Achéens contre Rome. L. Mummius, consul, remporta sur eux une grande victoire. L'an 608, Corinthe fut prise, brûlée, détruite de fond en comble, et ses habitans vendus et dispersés. Elle étoit abandonnée et presque oubliée depuis près d'un siècle, quand Jules César forma le dessein de la rétablir; il en fit une colonie nommée *Laus Julia Corinthus*, où saint Paul annonça aux sages du monde le Dieu inconnu (1). Elle étoit gouvernée, suivant les lois des Romains, par deux magistrats annuels nommés duumvirs, et sous l'autorité desquels les délibérations et tous les actes publics se faisoient au nom de Rome et en langue latine.

Isthmus, isthmos, signifie proprement la gorge d'un vase, et au figuré passage de terre resserré entre deux mers. Lorsque les Grecs disent simple-

---

(1) *Epist. ad Corinth.*

ment l'isthme, ils entendent l'isthme de Corinthe, du nom de la ville située dans le passage qui joint le Péloponèse au reste de la Grèce. Sa largeur est d'environ une lieue et demie. On tenta plusieurs fois, mais inutilement, de le percer, et de joindre les deux mers par un canal (1). C'est là que les peuples du Péloponèse se rassembloient (2) pour célébrer les jeux Isthmiques, auprès d'un temple de Neptune et d'un bois de pins consacré à ce dieu.

Ces jeux (3) furent d'abord institués en l'honneur de Mélicerte, fils d'Ino, femme d'Athamas, roi de Thèbes. Pour éviter les fureurs de son mari, elle se précipita dans la mer avec Mélicerte. Neptune, touché de leur sort, en fit deux divinités marines; il donna à la mère le nom de Leucothoé, et au fils celui de Palémon. Cependant Pausanias dit que Mélicerte fut sauvé par un dauphin, et son corps porté sur le rivage. Sisyphe, qui régnoit à Corinthe, l'ayant trouvé, lui fit rendre les honneurs de la sépulture. Quelque temps après, la contrée fut affligée d'une peste désastreuse; le roi consulta l'oracle, et il eut pour réponse que le remède à un tel mal étoit la célébration de jeux funèbres en l'honneur de Mélicerte. La négligence des Corinthiens à cet égard fit renaître le mal. L'oracle, consulté une seconde fois, ordonna d'établir à perpétuité des jeux solennels en l'honneur de Mélicerte. Dans les premiers temps, on les célébroit la nuit; c'étoient moins des spectacles, que des mystères nocturnes. Dans la suite, ils furent interrompus à cause des vols et des meurtres qui se commettoient sur le grand chemin de l'isthme.

Thésée, onzième roi d'Athènes, après avoir purgé de brigands toute la Grèce et spécialement l'isthme de Corinthe, rétablit les jeux, mais il voulut qu'ils fussent consacrés à Neptune et célébrés pendant le jour. Il leur donna même une nouvelle magnificence, de manière qu'il peut être regardé comme le premier instituteur. Aussi, disoit-il souvent, au rapport de Plutarque, que si Hercule avoit institué les Jeux Olympiques en l'honneur de Jupiter, il avoit institué les Jeux Isthmiques en l'honneur de Neptune (4).

---

(1) Quatre empereurs Romains avoient formé ce projet, et pour l'exécuter s'étoient engagés dans de grandes dépenses; ils ne purent y réussir, ce qui a donné lieu au proverbe grec, *entreprendre de percer l'isthme*, pour dire tenter l'impossible.

(2) Liv. lib. xxxiii, 32. — (3) Orig. des jeux Isthm.

(4) Chaque ville de la Grèce avoit des fêtes qui en réunissoient les habitans; mais les jeux Pythiques ou de Delphes, les Jeux Isthmiques ou de Corinthe, ceux de Némée et ceux d'Olympie étoient les quatre grandes solennités qui rassembloient tous les peuples de la Grèce. Je me suis un peu étendu sur ceux de Corinthe, parce qu'ils font dans l'histoire une époque remarquable; mais tous offroient à-peu-près les mêmes spectacles, dont Tite Live nous donne une idée : *certamina omnis generis artium, viriumque ac pernicitatis, visuntur*;

Selon Pline et Solin, ces jeux se célébroient tous les cinq ans, c'est-à-dire après quatre années révolues, et au commencement de la cinquième; mais Pindare, dont l'autorité est mieux fondée, marque expressément qu'ils avoient lieu tous les trois ans, et en automne, selon le témoignage d'Hesychius et de Suidas, dans la saison où les maladies sont plus fréquentes; par cette raison on disoit *istmiazein*, pour signifier l'état d'une mauvaise santé.

Ce fut au moment qui précédoit la célébration de ces jeux, que, l'an de Rome 556, le consul T. Quintius Flaminius, après avoir vaincu Philippe, roi de Macédoine, rendit authentiquement la liberté à toute la Grèce, par la voix d'un héraut: *Le Sénat et le peuple Romain et T. Quintius, général de l'armée, le roi Philippe et les Macédoniens étant vaincus, ordonnent être libres, exempts de toutes charges, vivre sous leurs lois, les Corinthiens, les Phocéens, et tous les Locriens, et l'île d'Eubée, et les Magnésiens, les Thessaliens, les Perrhébiens, les Achéens de la Phtiotide,* et généralement tous les peuples qui avoient été sous la domination du roi Philippe (1).

§. II. ELIS.

Aujourd'hui, dit Strabon, on appelle *Elea* ou *Elis* toute la partie maritime qui se prolonge depuis la Messénie jusqu'à l'Achaïe, et confine à l'Arcadie vers les terres. En effet l'Elide, couchée le long de la mer Ionienne jusqu'aux frontières de l'Achaïe, est limitrophe de l'Arcadie vers l'orient; la partie contiguë à la Messénie se distinguoit par le nom de *Triphylia*, parce que ce canton étoit divisé en trois vallées, où, suivant Homère, régna le sage Nestor.

Elis, qui donnoit le nom à cette petite contrée, s'étoit formée, à l'exemple de plusieurs villes de la Grèce et sur-tout du Péloponèse, par la réunion de plusieurs hameaux. Elle étoit située sur la rive droite du Pénée, dans l'endroit le plus spacieux. Le fleuve est du même nom que celui de la Thessalie,

---

tum quia propter opportunitatem loci, per duo diversa maria, omnium Graecorum undique conventus erat (lib. xxxIII, 32). Ils mettoient une grande importance à la célébration de ces jeux, et en retiroient une utilité réelle.

(1) SENATUS POPULUSQUE ROMANUS, ET T. QUINTIUS IMPERATOR, PHILIPPO REGE MACEDONIBUSQUE DEVICTIS, LIBEROS, *immunes*, SUIS LEGIBUS ESSE *jubet* CORINTHIOS, PHOCENSES, LOCRENSESQUE OMNES, ET INSULAM EUBAEAM, ET MAGNETAS, THESSALOS, PERRHAEBOS, ACHAEOS-PHTIOTAS. *Percensuerat omnes gentes, quae sub ditione Philippi regis fuerant.* (Liv. lib. xxxIII, 32).

mais

mais moins considérable. *Cyllene* étoit le port des Eléens, lieu aujourd'hui inhabité et nommé Chiarenza.

Ephyra, ville ancienne dont parle Homère (1), située sur le fleuve *Selleis*. Suivant le même poète, ce lieu étoit renommé pour les poisons mortels qu'il produisoit.

Pisa, sur la rive droite de l'Alphée, a aussi donné le nom de *Pisatis* à la vallée du milieu. Pausanias (2) dit qu'elle fut détruite par les Eléens durant la guerre, et que le sol qu'elle avoit occupé étoit planté de vignes.

Olympia, sur la rive opposée, au pied d'une colline, qu'on appeloit mont de *Saturne*, paroît s'être élevée sur les ruines de *Pisa*, dont il n'étoit plus question dans les temps historiques. Auprès du fleuve Alphée, Jupiter avoit un temple construit des dépouilles enlevées par les Eléens à quelques peuples qui s'étoient révoltés contre eux. Dans ce temple on voyoit la statue du dieu, faite en ivoire, ouvrage de Phidias. De quatre ans en quatre ans, vers le solstice d'été, on célébroit les jeux Olympiques en l'honneur de Jupiter. Ces jeux institués par Hercule avant la guerre de Troie furent, après une interruption de 442 ans, rétablis par les conseils de Licurgue, et par les soins d'Iphitus, souverain d'un canton de l'Elide, l'an 776 avant Jésus-Christ. Cent huit ans après, on inscrivit pour la première fois sur le registre public des Eléens, le nom de celui qui avoit remporté le prix à la course du stade (3); il s'appeloit Corœbus. Cet usage continua; de là cette suite de vainqueurs dont les noms indiquant les différentes olympiades, forment autant de points fixes pour la chronologie. Les Grecs ne trouvoient rien de comparable à la victoire qu'on y remportoit. Cicéron assure qu'elle étoit pour eux ce que l'ancien consulat, dans toute la splendeur de son origine, étoit pour les Romains. *Olympiorum victoria, Grœcis consulatus ille*

---

(1) Iliad. B. vers. 659.

(2) Pausan. lib. 1, Eliac. cap. 10, — 11, cap. 22.

(3) Le stade olympique tire son nom de la ville, où étoit la fameuse carrière dans laquelle se célébroient les jeux. Ce stade se mesuroit par six cents pieds qui lui étoient propres, avec une largeur proportionnée. Là se faisoient les courses à pied et se donnoient la plupart des combats. Comme l'endroit étoit trop resserré pour l'affluence prodigieuse des spectateurs, et dans la saison de l'année où la chaleur devoit être très-incommode, l'eau manquant, c'étoit moins un spectacle qu'un supplice. Elien rapporte qu'un maître, irrité contre son esclave, le menaça de le mener à Olympie, plutôt que de l'envoyer au moulin.

antiquus videbatur. Horace va jusqu'à dire qu'une pareille victoire élevoit les vainqueurs au dessus de la condition humaine (1).

Pylus, dans la Triphylie, étoit une place qui disputoit à celle de la Messénie l'honneur d'avoir appartenu au vieux Nestor.

Chelonitus sinus, aujourd'hui Cap Tornèse, est la pointe du Péloponèse la plus avancée vers le couchant. Un canal du même nom sépare du continent *Zacynthus*, l'île de Zante, dans la mer Ionienne. Strabon la met au nombre de celles qui étoient sous la domination d'Ulysse. Virgile, d'après Homère, la représente comme fertile et couverte de bois (2). Tite Live, qui en parle, dit que le consul Valerius Lævinus, pendant la guerre contre Philippe, s'empara de Zacynthe, petite île voisine de l'Etolie, et prit de force la ville de même nom. *Lævinus Zacynthum (parva insula est propinqua Ætoliæ : urbem unam eodem quo ipsa est nomine habet), vi cepit* (3). Pline (4) remarque qu'elle étoit libre, et que sa fertilité lui donnoit le premier rang parmi les îles de cette mer. Cornelius Nepos (5) appelle ses habitans *Zacynthii*.

Strophades (6), au midi de Zante. Calaïs et Zètès, fils de Borée, ayant poursuivi les Harpies jusqu'à ces deux îles, Jupiter leur défendit d'aller plus loin. Ils retournèrent sur leurs pas, et ce retour, *strophè*, a donné le nom à ces îles, que les poètes disent être habitées par les Harpies ; leur nom actuel est Strivali.

§. III. MESSENIA.

La Messénie est séparée de l'Elide par le fleuve *Neda*, qui prend sa source en Arcadie ; elle couvre le fond du golfe qui, de son nom, est appelé *Messeniacus*; au dehors du golfe, elle borde la mer Ionienne, ayant à l'est le mont *Taygetus*, qui se prolonge entre elle et la Laconie.

Les Messéniens furent long-temps heureux sur une terre fertile, sous

---

(1) *Sunt quos curriculo pulverem Olympicum*
Collegisse juvat ; metaque fervidis
Evitata rotis, palmaque nobilis
Terrarum Dominos evehit ad Deos.
Et ailleurs,
Sive quos Elea domum reducit
Palma cœlestes.

(2) *Jam medio apparet fluctu nemorosa Zacynthos* (Æneid. III, vers. 270).

(3) Liv. lib. XXVI, 24. —(4) Plin. lib. IV, 12.—(5) In Dion. 9.—(6) Æneid. III, vers. 210.

un ciel toujours serein ; ils avoient des lois sages, des mœurs simples, des rois justes; en un mot, ils étoient libres (1). Mais tout-à-coup la jalousie et des projets de conquête firent oublier aux Spartiates les égards qu'ils devoient à des voisins et à des alliés ; ils jurèrent de ne point retourner dans leurs foyers qu'ils n'eussent détruit la ville de Messène, et enseveli tous les habitans sous ses ruines (2).

Les Messéniens eurent trois guerres à soutenir; la première (3) fut plus longue que les Lacédémoniens ne l'avoient cru ; ils étoient sur le point de voir périr leurs familles et leur ville destituée de citoyens, quand ils renvoyèrent à Sparte, sur les représentations de leurs femmes, ceux qui, lors de l'expédition, étoient trop jeunes pour s'être liés par le serment. Ils leur abandonnèrent leurs filles, et les enfans, nés de ce commerce illégitime, furent appelés Parthéniens (4). Dans cette guerre, Euphaïs perdit la vie. Aristodème, qui avoit des droits au trône, le remplaça. Plusieurs peuples du Péloponèse s'étant joints aux Messéniens, les Spartiates furent battus, et trois cents d'entre eux, pris les armes à la main, mis à mort. Mais enfin Aristodème, désespérant du salut de sa patrie, se perce de son épée, et expire sur le tombeau de sa fille (5). Les Messéniens, sans généraux, sans provisions, sans ressources, se retirèrent, les uns chez les nations voisines, les autres dans leurs anciennes demeures, où les vainqueurs leur imposèrent les conditions les plus humiliantes.

---

(1) Voyage du jeune Anach. tom. IV, pag. 36 et suiv.
(2) Strab. lib. VIII, pag. 278, 279.
(3) Première guerre commencée l'an 743 avant J. C., et finie l'an 723 avant la même ère.
(4) Cette dénomination grecque signifie proprement des enfans nés de vierges et de pères inconnus. Les Lacédémoniens, de retour dans leur patrie, ne leur témoignèrent pas la même tendresse qu'à leurs enfans. Cette préférence outrageante fit qu'ils se liguèrent avec les Hilotes. La conspiration fut découverte; mais ne jugeant pas à propos d'user d'une trop grande rigueur contre des hommes qui se regardoient tous comme frères, on les exhorta à aller fonder une colonie. Les Parthéniens passèrent en Italie et y jetèrent les fondemens de la ville de Tarente.
(5) Une épidémie commençoit à ravager la Messénie : l'oracle de Delphes est consulté : les prêtres, et non les dieux, répondent que le salut de la Messénie dépend du sacrifice d'une jeune fille tirée au sort et choisie dans la maison régnante. Le sort désigne la fille de Lyciscus, qui se réfugie avec elle à Lacédémone. A l'instant Aristodème s'avance et présente la sienne aux autels. Elle étoit fiancée à un des favoris du roi, qui accourt à sa défense. L'amour paternel, le salut de la patrie, la sainteté de sa parole, une foule de mouvemens contraires agitent tellement l'ame d'Aristodème, qu'elle le livre à un coup de désespoir. Il saisit un poignard, et sa fille tombe morte à ses pieds.

Après trente-neuf ans de la plus dure servitude, les Messéniens levèrent leurs regards vers Aristomène, qui descendoit des anciens rois de Messénie (1). Ce prince, sur l'avis que ceux d'Argos et d'Arcadie étoient disposés à lui fournir des secours, soulève sa nation, et lui rend l'espoir de la liberté. Par un coup d'éclat il veut effrayer les Spartiates, et déposer dans le sein de leur capitale le gage de la haine qu'il leur a vouée dès son enfance. Il se rend à Lacédémone, il pénètre furtivement dans le temple de Minerve, et suspend au mur un bouclier sur lequel étoient écrits ces mots : « C'est des dépouilles des Lacédémoniens qu'Aristomène a consacré « ce monument à la Déesse ». Il fit supporter à Sparte la honte d'une défaite ; mais après quelques succès, abandonné par les alliés, et trahi par Aristocrate, roi d'Arcadie, obligé de céder, il se réfugia dans l'île de Rhodes, où il mourut. La destruction de Messène termina cette guerre, et tous les Messéniens furent réduits à l'état des Hilotes (2). Aristocrate, convaincu de perfidie devant l'assemblée de sa nation, périt accablé sous une grêle de traits ; son corps fut porté dans une terre étrangère, et l'on dressa une colonne qui attestoit son infamie et son supplice (3).

Epaminondans (4), à la tête des Thébains, après avoir battu les Lacédémoniens à Leuctres en Béotie, pour affoiblir à jamais leur puissance et les mettre hors d'état de tenter des conquêtes, conçut le projet de placer

---

(1) Seconde guerre commencée l'an 684 avant J. C., et finie l'an 668 avant la même ère.

(2) L'historien Hellanicus de Mitylène, cité par Harpocration, rhéteur d'Alexandrie, disoit que les Hilotes ne sont pas originairement esclaves des Lacédémoniens, mais que c'étoient des habitans d'*Hélos*, ville que nous trouverons dans la Laconie, et les premiers dont ils aient fait la conquête. Les Messéniens leur furent agrégés dans la suite, et l'usage prévalut de les appeler tous du nom commun d'*Hilotes*. Les Lacédémoniens mettoient une différence entre les Hilotes et leurs esclaves domestiques nommés οἰκέται : quoique les uns et les autres eussent une origine commune, cependant les derniers étoient tombés dans un tel avilissement, que les Hilotes tenoient le milieu entre les gens libres et les esclaves. Les Hilotes n'étoient point renfermés dans l'enceinte des villes, ils vivoient à la campagne : *est genus quoddam hominum quod Helotes vocatur, quorum magna multitudo agros Lacedemoniorum colit, servorumque munere fungitur* (Corn. Nep. Vita Pausan. cap. 3). Tite Live, en parlant des Hilotes, dit : *Hi sunt jam inde antiquitus castellani, agreste genus* (lib. XXXIV, 27).

(3) Si l'on en croit Pausanias, ceux des Messéniens qui avoient combattu avec Aristomène sous la conduite de Gorgus son fils, se refugièrent en Italie auprès d'Anaxilas, tyran de Rhegium, joignirent leurs armes aux siennes, chassèrent les habitans de la ville de Zancle en Sicile, et donnèrent à cette ville le nom de *Messène*, aujourd'hui Messine.

(4) Troisième guerre commencée l'an 464 avant J. C., et finie l'an 454 avant la même ère.

près d'eux un ennemi qui avoit de grandes injures à venger. Il envoya de tous côtés inviter les Messéniens à revoir la patrie de leurs pères. Ils vinrent tous en foule se ranger sous les ordres de leur nouveau général, dont l'entreprise puissamment secondée par les peuples voisins, de tous temps jaloux de Lacédémone, rendit la liberté à la Messénie, et releva les murs de Messène.

Messene, qui donnoit le nom à la contrée, reculée dans les terres vers la frontière de l'Arcadie, et située au pied du mont *Ithome*, étoit devenue, comme Corinthe, un des boulevards du Péloponèse. En effet, ces deux places étoient si importantes, que Démétrius de Phalère conseilloit à Philippe père de Persée, dernier roi de Macédoine, de s'en rendre le maître: « Vous tiendrez ainsi, lui disoit-il, le bœuf par les deux cornes ». *Bovem utroque sic cornu tenebis* (1). Par le bœuf, il entendoit le Péloponèse; par les deux cornes, il entendoit le mont *Ithome* (2), qui servoit de citadelle à Messène, et *Acro-Corinthus*, dont il a déjà été fait mention. Les vestiges de cette ville sont appelés Mavra-matia, ou les yeux noirs.

Ira, forteresse sur le mont de même nom, vers les bords du fleuve *Neda*. Là, comme dans un asile réservé à la liberté, se rendirent les soldats Messéniens échappés au carnage causé par la trahison d'Aristocrate. Ils y soutinrent un siége qui dura onze ans avec une fermeté inébranlable.

Cyparissa ou *Cyprissœ*, ville et port, donne son nom au golfe et à un fleuve près de l'embouchure duquel elle est située. Elle répond au lieu qui, aujourd'hui, est appelé l'Arcadia.

Pylus ou *Erana*, aujourd'hui Zonchio, ou Avarino Vecchio, nom qui paroît dérivé d'*Erana*. Thucydide dit que sa rade, presqu'entièrement fermée par la petite île *Sphacteria*, procuroit aux vaisseaux une retraite paisible.

Pylus Messeniacus (3), près du mont Egalée, prend la position de Nava-

---

(1) Strab. lib. viii, pag. 361.

(2) Ce fut sur ce mont, aujourd'hui nommé Vulcano, que les Messéniens se retranchèrent et soutinrent un siége pendant plusieurs mois.

(3) Il y avoit trois villes de ce nom ; dans l'Elide, dans la Triphylie et dans la Messénie. Les habitans de chacune de ces villes prétendoient qu'elle avoit vu naître Nestor ; mais, d'après le témoignage d'Homère et de Strabon, il est plus croyable que ce prince régna dans la Triphylie (Hom. Iliad. Δ).

rin. Cette ville ayant été détruite, une grande partie des habitans se retira à *Coryphasium*, lieu élevé suivant la signification du terme grec (1).

Methone, Modon ; on prétend que cette ville, appelée *Pedasus* par Homère, étoit une des sept qu'Agamemnon avoit promises à Achille. Agrippa qui commandoit la flotte à la bataille d'Actium, ayant débarqué le premier y tua de sa main Bocchus roi de Maurétanie (2), qui avoit embrassé le parti d'Antoine. Dans cette ville étoit un puits dont l'eau, naturellement imprégnée de particules de poix, avoit l'odeur et la couleur du baume de Cyzique.

Acritas, prom. aujourd'hui Capo Gallo, forme le golfe appelé *Asinœus* du nom d'une ancienne ville qui y étoit située.

Templum Apollinis, sur la côte orientale du golfe, étoit un temple consacré à Apollon, aussi célèbre qu'ancien, où les malades venoient chercher et croyoient trouver leur guérison.

Corone, Coron, construite par Epaminondas, conserve son nom qu'elle a communiqué au golfe.

Stenyclarus, que d'Anville applique à un lieu nommé Nisi.

Gerenia, dans les terres ; on y voyoit le tombeau de Machaon, fils d'Esculape ; telle étoit la crédulité que, malgré les sacrifices et les offrandes les malades ne laissoient pas que de mourir.

Abia, sur le golfe, possédoit le temple d'Esculape, dont la famille tenoit dans l'opinion publique un rang distingué.

Pamisus, est le plus grand fleuve du Péloponèse, quoique, depuis sa source jusqu'au milieu de l'enfoncement du golfe où il se rend, on ne compte que cent stades environ, c'est-à-dire environ trois lieues trois quarts. On prétendoit qu'à sa source les eaux pures et limpides étoient très-salutaires pour les maladies des enfans.

Sphacteria, petite île dans laquelle une troupe de Spartiates fut enveloppée par les Athéniens qui y laissèrent dans la citadelle une statue de la victoire comme un monument de cette défaite.

Œnussæ ins. Sapienza et Cabrera, à la vue de Methone.

§. IV. LACONIA.

La Laconie est bornée à l'ouest et au nord par la Messénie et l'Arcadie, l'est et au sud par la mer. Son nom, sous l'Empire Grec, a pris la forme de

---

(1) Strab. lib. vIII, pag. 339. — (2) Strab. 359.

Tzaconia. *Taygetus*, dont la base est appuyée sur le promontoire Tænarium, s'élève en serpentant vers le nord jusqu'au pied des monts de l'Arcadie.

Eurotas a sa source dans les montagnes de l'Arcadie, près celle de l'Alphée ; il parcourt la contrée dans toute son étendue et débouche dans le golfe Laconique. C'étoit dans ses eaux que les filles de Lacédémone alloient s'exercer à la nage comme à la chasse sur le mont Taygète.

Sparta, Sparte, diffère de *Lacédémone* en ce que le premier nom indique la capitale et le second la contrée ; de manière que les Spartiates habitoient la capitale, et les Lacédémoniens occupoient la contrée (1) ; mais l'usage a prévalu.

A la droite de l'Eurotas, à une petite distance du rivage, la ville de Sparte ou de Lacédémone occupoit le lieu nommé aujourd'hui Paleochori, ou le Vieux Bourg ; d'abord elle n'étoit point environnée de murs et n'avoit pour défense que la valeur de ses habitans. Mais elle le fut dans la suite, comme nous l'indique Tite Live lui-même (2), qui cite en même-temps la ville *Sellasia* située sur le fleuve OEnus.

Amyclæ, sur la rive droite du fleuve. Son territoire abondoit en fruits de toute espèce, séjour agréable, peuplé même d'étrangers que la beauté des fêtes et des motifs de religion y attiroient. Il y avoit un temple en l'honneur d'Apollon, le plus renommé sans contredit de la contrée. Il est à présumer que le nom de cette ville lui vient d'*Amiclus*, qui, selon Pausanias, avoit régné à Lacédémone.

Helos bâtie sur le bord de la mer par Helius, le plus jeune des fils de Persée. Les habitans jouirent de la paix jusqu'au temps où les Héraclides (3)

---

(1) Pour prendre le nom de Spartiate, il falloit être né d'un père et d'une mère Spartiates. Les Spartiates formoient un corps de guerriers d'où dépendoit la destinée de la Laconie. Le gouvernement veilloit avec un soin particulier aux jours des Spartiates ; on n'en exposoit même qu'un petit nombre aux coups de l'ennemi, et pour en retirer trois cents de l'île de Sphacterie, où la flotte d'Athènes les tenoit assiégés, on vit Sparte demander une paix humiliante.

(2) *Quintius lato satis et patenti limite ad Eurotam amnem, sub ipsis propè fluentem mœnibus, pervenit* (Liv. lib. xxxiv, 28).

(3) **Les descendans d'Hercule (*) ou les Héraclides**, bannis autrefois du Péloponèse, y

(*) Nom dérivé de la langue phénicienne, signifie *libérateur de tous les hommes*, ce qui convient à la profession de ce héros, dont le plus grand soin fut toujours de dompter les monstres et de bannir la race des tyrans, en quoi l'imitèrent depuis ceux qui ont été honorés de son nom chez les Grecs et les Egyptiens.

rentrèrent dans le Péloponèse. Isocrate dit qu'à leur arrivée (1) ils se saisirent de la plus grande, et de la meilleure partie des terres, ne laissant à l'ancien peuple que les mauvaises, dont ils retiroit à peine de quoi se nourrir. Strabon remarque que les peuples du Péloponèse (2), qui avoient joui d'une égalité commune avec les Lacédémoniens, en furent privés sous le règne d'Agis, fils d'Eurysthène. Ce roi de Sparte, jaloux d'accroître sa puissance, forma le dessein de subjuguer les peuples qui l'environnoient; la plupart se soumirent sans résistance; Agis leur ôta leur privilége qui consistoit dans l'association aux affaires, aux charges publiques, et leur imposa un tribut. Les habitans d'Helos se crurent en état de s'y opposer, mais bientôt ils furent réduits à l'esclavage; le vainqueur y mit la condition qu'il ne seroit permis à ceux à qui ils étoient échus, ni de leur rendre la liberté, ni de les vendre hors du pays, condition qui eut des exceptions dans la suite. Cette guerre fut nommée la guerre des Hilotes, et Agis doit être regardé comme l'auteur de cet esclavage.

Cythium, dans l'enfoncement du golfe Laconique, actuellement nommée Colo-Kytia, ville très-forte et entourée de murs; elle avoit un bon port où se tenoient les flottes de Lacédémone, et où se trouvoient réunis tous les agrès nécessaires.

Tænarium, située auprès d'un cap de même nom; son port étoit assez grand pour contenir un grand nombre de vaisseaux. Sur ce cap, comme sur les principaux promontoires de la Grèce, s'élevoit un temple. Celui de Ténare, dédié à Neptune, étoit entouré d'un bois sacré qui servoit d'asile aux coupables.

---

rentrèrent l'an 1202, c'est-à-dire quatre-vingts ans après la prise de Troie. Plus d'une fois ils avoient tenté de recouvrer les droits qui leur étoient transmis par leur père; mais toujours ils avoient été réprimés par la maison de Pélops qui s'étoit emparée de la couronne. Enfin elle cessa d'être redoutable, et l'on vit se réveiller en faveur des Héraclides l'attachement des peuples pour leurs anciens maîtres, et la jalousie des puissances voisines contre la maison de Pélops. Celle d'Hercule avoit alors à sa tête Témène, Cresphonte et Aristodème, tous trois fils d'Aristomaque. Ils amenèrent une armée de Doriens qui les rendit maîtres de cette partie de la Grèce, où la plupart des villes furent obligées de les reconnoître pour leurs souverains. La Messénie échut à Cresphonte, l'Argolide à Témène; Aristodème étant mort dans ces circonstances, Euristhène et Proclès, ses fils, possédèrent la Laconie. De ces deux princes vinrent les deux maisons qui, pendant neuf siècles environ, régnèrent conjointement à Lacédémone.

Les descendans d'Agamemnon forcés dans Argos, et ceux de Nestor dans la Messénie, se réfugièrent les premiers en Thrace, les seconds en Attique.

(1) In Panathen. — (2) Strab. lib. VIII, pag. 364, 365. — Liv. lib. xxxv, 27.

Tænarium promontorium, qui est la terre du Péloponèse la plus avancée vers le midi, se nomme aujourd'hui Matapan, du mot grec *métopon*, qui signifie front. Des places les plus maritimes ayant été distraites par Auguste du gouvernement de Lacédémone, cet affranchissement fit la distinction de ce qu'on appela *Eleuthero-Lacones*, ou Lacons-Libres.

Asopus, dans l'intérieur des terres, étoit une ville que Pausanias met au nombre des dix-huit que possédoient encore les Lacons-Libres, au lieu de vingt-quatre qu'ils avoient eues auparavant. On voyoit dans le gymnase des ossemens humains d'une grandeur prodigieuse.

Oni-gnatos, c'est-à-dire mâchoire d'âne, est un promontoire. *Bœœ*, près d'un golfe auquel elle a donné son nom, étoit une des villes des Lacons-Libres. Elle avoit une chapelle dédiée à Apollon, et une autre à Esculape.

Sur la côte du golfe Argolique, *Zarex*, ainsi nommée du musicien Zarex son fondateur, avoit un port très-commode, à l'extrémité duquel on voyoit un temple d'Apollon, qui étoit représenté tenant une lyre ; une montagne du même nom se prolonge à quelque distance de la côte.

Epidaurus, surnommée *Limera*, soit à cause de la commodité de son port, soit à cause de ses prairies; son emplacement est aujourd'ui appelé Malvasia-Vecchia, comme étant voisin de Napoli, de Malvasie, place forte sur un monticule isolé.

Epi-Delium village consacré à Apollon ; son nom venoit d'une petite statue qui avoit été, dit-on, la première dédiée à Délos. Menophanes ayant saccagé Délos, un incrédule jeta dans la mer cette statue que les flots portèrent sur le rivage en cet endroit. Pausanias marque la punition de l'impie.

Malea, promont. qui termine cette côte, conserve le nom de Malio, quoiqu'autrement appelé Sant-Angelo. Ce promontoire est dangereux, parce que les flots qui viennent s'y briser semblent poursuivre les vaisseaux qui en approchent (1).

Cythera, aujourd'hui Cerigo, île peu éloignée du promontoire, dans laquelle subsistoit de temps immémorial le plus ancien et le plus respecté des temples consacrés à Vénus. C'est là qu'elle se montra pour la première fois aux mortels. L'île avoit un port où abordoient fréquemment les vaisseaux marchands qui venoient d'Egypte et d'Afrique. Les Lacédémoniens entretenoient une garnison dans la ville, et envoyoient tous les ans dans l'île un magistrat pour la gouverner.

---

(1) Æneid. lib. v, vers. 193.

§. V. ARGOLIS.

L'Argolide, entrecoupée de collines et de montagnes, se prolonge entre le golfe Saronique et celui auquel elle donne son nom. Elle fut le berceau des Grecs, puisque la première elle reçut la colonie conduite par Inachus, sorti d'Egypte l'an avant J. C. 1970. Cette colonie, jetée sur des bords inconnus, n'avoit d'autre ressource que de chercher à s'unir avec les naturels qui étoient encore sauvages, et à les engager à quitter leur vie errante. Inachus choisit pour sa demeure le lieu dans lequel on bâtit dans la suite la ville d'Argos. Ses compagnons donnèrent aux Grecs les premières idées du labourage et de la culture des arbres; ils leur apprirent l'art de fondre et de forger les métaux. Les arts fleurissoient alors en Egypte; les écrits de Moïse en donnent la preuve; c'est donc de l'Egypte que fut transplanté dans un terroir sauvage le germe de ces productions sublimes, de ces chefs-d'œuvre qui, malgré les outrages du temps et des Barbares, sont encore aujourd'hui le modèle du goût et l'objet de l'imitation des modernes.

Inachus, petit fleuve qui doit son nom au chef de la colonie, et dont les eaux arrosent le territoire d'Argos, se perd dans un marécage près de la mer.

Argos, une des plus anciennes villes de la Grèce (1), se retrouve dans un lieu auquel le nom d'Argo est resté. Dès son origine elle étoit si renommée, qu'on donnoit quelquefois son nom à la contrée, au Péloponèse et à la Grèce entière. Elle eut pour rois Diomède et Sthénélus.

Mycenæ (2), éclipsa la gloire de sa rivale, lorsque la maison des Pélopides s'y fut établie; elle devint la résidence d'Agamemnon; mais la jalousie du

---

(1) Liv. lib. xxxi, 7.

(2) Pausanias rapporte que cette ville doit sa fondation à un coup de disque ou de palet. Acrisius, roi d'Argos, ayant appris de l'oracle qu'un de ses petits-fils lui donneroit la mort, fit enfermer Danaé sa fille unique dans un palais souterrain, dont les débris annonçoient l'emplacement. Cependant Danaé eut de Jupiter un fils nommé Persée. Persée, après ses expeditions militaires, vint à Larissa, où depuis quelque temps s'étoit retiré Acrisius, son aïeul. Pour faire preuve de son habileté à l'exercice du disque, dont il étoit l'inventeur, il lança le palet à la portée duquel se trouvoit malheureusement Acrisius, qui en reçut le coup fatal. Ainsi l'oracle fut accompli. L'historien grec ajoute que Persée, honteux de régner dans Argos, après ce parricide involontaire, fit un échange avec Mégapenthe, son cousin germain, fils de Prætus, et qu'il bâtit la ville de Mycènes, qui devint dans la suite une des villes les plus florissantes de la Grèce (Pausan. Corinthiac. cap. 6, edit. Kuhnius).

pouvoir causa sa ruine. Sans respect pour les tombeaux d'Atrée, d'Agamemnon, d'Oreste et d'Electre, elle fut détruite par les Argiens, pour n'avoir jamais plié sous le joug qu'ils avoient imposé à presque toute l'Argolide. Strabon dit que, de son temps, il n'en restoit aucun vestige : ces deux villes avoient chacune un temple dédié à Junon. Dans celui d'Argos étoit la plus ancienne des statues de la déesse ; mais éprouvant le sort de la vieillesse, on la reléguoit dans un coin du temple.

Nemea, ville fameuse par la solemnité des jeux qu'on y célébroit chaque troisième année en l'honneur de Jupiter, jeux que Tite Live appelle *nobile ludicrum Nemeorum* (1). Ils offroient à peu près les mêmes spectacles que ceux d'Olympie ; les Argiens y présidoient, et le vainqueur ne recevoit qu'une couronne d'ache. C'est dans ses montagnes que se retiroit le lion qui, selon la fable, fut tué par Hercule.

Nauplia, aujourd'hui Napoli, dans le fond du golfe Argolique, étoit un lieu de relâche pour les Argiens. Selon Strabon, il fut ainsi nommé, parce qu'il étoit toujours rempli de vaisseaux. Mais du temps de Pausanias, il y avoit à peine vestige de port et de ville.

Lerna, sur le rivage opposé, est un marais qui se trouve dans le nom de Molini, autrefois le séjour de cette hydre monstrueuse dont Hercule triompha (2).

Tyrins, forteresse bâtie par les Cyclopes suivant la fable ; ses murailles étoient construites d'énormes rochers entassés les uns sur les autres, genre de travail qui se faisoit remarquer dans les anciens monumens de l'Argolide. Elle fut détruite par les Argiens (3).

Epidaurus, dans l'enfoncement du golfe Saronique, a conservé son nom sous la forme de Pidavro, en face de l'île *Egina*, qui lui appartenoit anciennement. Les habitans de cette île étoient puissans par leur marine. L'altération du nom a fait celui d'Engina, par lequel le golfe Saronique est aussi désigné. Les fortes murailles d'Epidaure la protégèrent quelquefois contre les efforts des

---

(1) Liv. lib. XXXIV, 51. — (2) Æneid. VI, vers. 803.

(3) Les habitans avoient une espèce de folie très-singulière. Accoutumés à plaisanter sur tout, ils ne pouvoient traiter sérieusement les affaires les plus importantes. Pour se guérir de cette épidémie, ils eurent recours à l'oracle de Delphes. L'oracle répondit qu'ils guériroient si, après avoir sacrifié un taureau à Neptune, ils pouvoient, sans rire, le jeter à la mer. Ils s'assemblèrent sur le rivage après avoir éloigné les enfans ; mais comme on vouloit en chasser un qui s'étoit glissé dans la foule : « Est-ce que vous avez peur, s'écria-t-il, que je n'avale votre taureau ? » A ces mots, ils éclatèrent de rire, et persuadés que leur maladie étoit incurable, ils se soumirent à leur destinée.

puissances voisines. A une petite distance, étoient le temple et le bois sacré d'Esculape, où les malades venoient de toutes parts chercher leur guérison (1).

Trœzen, dont un lieu nommé Damala a pris la place, s'appeloit d'abord *Poseïdonia*, du nom de Neptune qui l'avoit sous sa protection. Cette ville se faisoit remarquer par le grand nombre de ses monumens (2) ; les Trézéniens en tiroient beaucoup de vanité : ils montroient le siége où Pitthée, fils de Pélops, rendoit la justice. Pitthée étoit frère et successeur de Trézène, qui donna le nom à la ville. On voyoit la maison où naquit Thésée, son petit-fils et son élève ; celle qu'habitoit Hippolyte, son temple, où les filles de Trézène déposoient leur chevelure avant de se marier (3).

Hermione, vers l'extrémité de l'Argolide, ville assez considérable, a laissé des ruines nommées aujourd'hui Castri. Elle avoit deux temples, l'un consacré à Vénus, où toutes les filles, avant de se marier, devoient offrir un sacrifice ; l'autre à Cérès, devant lequel étoient les statues de quelques-unes de ses prêtresses. Suivant l'opinion commune, il y avoit près de cette ville, de même qu'à Ténare en Laconie, une descente aux enfers, que Pluton, après l'enlèvement de Proserpine, avoit préférée, parce que le trajet étoit plus court, et qu'a cause du voisinage on ne mettoit point la pièce de monnoie dans la bouche des morts pour payer le tribut à Caron.

Scyllæum est l'extrémité du Péloponèse la plus avancée vers l'orient, faisant face au *Sunium* de l'Attique. Ce promontoire conserve le nom de Skilléo.

§. VI. ARCADIA.

L'Arcadie, renfermée au milieu des terres, tient par quelques points de ses limites à chacune des autres parties du Péloponèse ; environnée de montagnes, couverte d'épaisses forêts, arrosée par l'Alphée, en un mot, le site tout entier avoit engagé ses habitans à préférer la vie pastorale aux travaux de l'agriculture. Pan, le Dieu des bergers, étoit celui des Arcadiens ; *Pan Deus Arcadiæ*. Virgile et d'autres poètes ont chanté les bergers, les montagnes (4), spécialement le mont *Mœnalus* et les forêts de l'Arcadie. Les Arcadiens se

---

(1) *Sicyonem indè et Argos nobiles urbes adit (AEmilius Paulus) : indè haud parem opibus Epidaurum, sed inclytam AEsculapii nobili templo : quod quinque millibus passuum ab urbe distans, nunc vestigiis revulsorum donorum, tum donis dives erat quæ remediorum salutarium ægri mercedem sacraverant deo* (Liv. lib. xlv, cap. 28).

(2) Strab. lib. viii, pag. 373. — (3) Voyag. d'Anach., tom. iv, pag. 352.

(4) Eclog. iv, vers. 58 et *alibi*.

regardoient comme les enfans de la Terre, parce qu'ils avoient toujours habité la même contrée, sans jamais avoir subi un joug étranger ; ils n'avoient ni ports, ni vaisseaux au temps d'Homère qui naquit vers l'an 900 avant J. C., et ils n'en eurent jamais dans les temps postérieurs.

Psophis, une des plus anciennes villes du Péloponèse, située sur la rive droite du fleuve *Aroanius*, qui se joint à l'Erymanthe. Celui-ci sort d'une montagne de même nom, et se rend dans l'Alphée. Sur la montagne, on chassoit le sanglier et le cerf (1) : c'est là qu'Hercule tua le fameux sanglier.

Clitor étoit une ville sur la rivière du même nom, qui tombe dans le fleuve *Aroanius*. Les habitans prétendoient qu'une de ses sources inspiroit une si grande aversion pour le vin, qu'on ne pouvoit plus en supporter l'odeur (2).

Heræa, ville bâtie, selon Pausanias, sur la rive droite de l'Alphée, par Hérée, fils de Lycaon. Elien, dans ses histoires diverses, rapporte que le territoire de cette ville produisoit un vin qui rendoit les hommes fous et les femmes fécondes (3).

Gortys n'étoit plus qu'un village du temps de Pausanias ; ses campagnes étoient fertilisées par le Gortynius, dont les eaux ne pouvoient être altérées ni par les froids les plus rigoureux, ni par les chaleurs les plus ardentes. Leur température étant toujours la même, elles procuroient des sensations délicieuses, soit par le bain, soit par la boisson.

Megalopolis, ou la Grande Ville (4), la plus nouvelle, selon Pausanias, des villes de la Grèce, si on en excepte les colonies romaines. Elle fut construite par le conseil d'Epaminondas et peuplée des habitans de plusieurs petites villes qu'on rassembla en une seule après la bataille de Leuctres, afin d'être plus en état de résister aux Lacédémoniens. Elle étoit vers la frontière de la Laconie ; la petite rivière *Helisson* la séparoit en deux parties, et alloit s'unir à l'Alphée. Tite Live appelle les habitans *Megalopolitæ* (5). Suivant les conjectures, elle répond au lieu moderne de Léondari : cette ville est remar-

---

(1) Æneid. lib. vi, vers. 801. — (2) Ovid. Metam. lib. xv, vers. 322. — (3) Ælian. lib. xiii, cap. 6.

(4) Un comique, cité par Strabon, fait allusion à cette dénomination, en disant :
   Est solitudo magna nunc Megalopolis.
La Grand-Ville aujourd'hui n'est plus qu'un grand désert.

(5) Liv. lib. xxxv, 27.

quable pour avoir été la patrie du fameux Philopémen général des Achéens, et de Polybe célèbre historien (1).

Tegea, ville autrefois puissante (2), mais bien affoiblie par les guerres qu'elle eut à soutenir : elle fut prise d'emblée par Philopémen. Plus d'une fois les Achéens et leurs alliés s'y étoient assemblés pour délibérer sur le parti qu'ils avoient à prendre dans leurs différentes guerres. A la bataille de Platée, qui termina la grande querelle de la Grèce et de la Perse, les Tégéates se distinguèrent par les plus brillantes actions.

Comme chaque ville se mettoit sous la protection spéciale d'une divinité, Tégée avoit choisi Minerve, surnommée Alea. Aux murs du temple étoient suspendues les chaînes que, dans une de leurs anciennes expéditions, les Lacédémoniens avoient destinées aux Tégéates, et dont ils furent chargés eux-mêmes. On croit la reconnoître dans un lieu nommé Moklia.

Mantinea, fondée autrefois par les habitans de quatre ou cinq hameaux des environs, se distinguoit par sa population, ses richesses et ses monumens. De son enceinte partoient quantité de routes qui conduisoient aux principales villes de la contrée ; il y en avoit une appelée *le chemin de l'Echelle*, parce qu'on avoit taillé, sur une haute montagne (3), des marches pour la commodité des gens à pied. Peu de temps avant la bataille de Leuctres, cette ville fut asssiégée par les Lacédémoniens; comme le siège traînoit en longueur, ils dirigèrent vers les murs de brique dont elle étoit entourée, le fleuve *Ophis* qui couloit aux environs ; les murs s'écroulèrent ; la ville étant presque entièrement détruite, on dispersa les habitans dans les hameaux qu'ils avoient occupés. Bientôt après, Mantinée, rétablie par les soins d'Epaminondas général Thébain, l'abandonna pour se joindre aux Spartiates ses ennemis.

Ce fut dans la plaine renfermée entre le mont *Mœnalus* à droite, et à gauche une grande forêt, en allant de Mantinée à Tégée (4), que se livra cette bataille entre les Lacédémoniens et les Thébains, bataille connue sous le nom de Mantinée, où l'an 362 avant J. C. Epaminondas remporta la victoire et perdit

---

(1) Polybe avoit écrit en quarante livres ce qui s'étoit passé chez les Romains de plus considérable depuis la première guerre Punique, jusqu'à la fin de celle de Macédoine, pendant l'espace d'environ cinquante-trois ans ; il ne nous reste entiers que les cinq premiers, dont Tite Live a copié une grande partie.

(2) Liv. lib. xxxv, 27. — xxxviii, 34. — (3) Anachar. tom. iv, pag. 521.

(4) Ces deux villes doivent avoir été fort anciennes, puisque Homère en fait mention.

la vie. On lui éleva un trophée et un tombeau ; le tombeau consistoit en une simple colonne à laquelle étoit suspendu son bouclier.

Orchomenus, ville fort ancienne. (1) Homère, qui la place dans l'Arcadie, la nomme riche en troupeaux. Strabon range celle-ci dans le grand nombre de celles qui ont été détruites, ou dont il reste à peine quelques vestiges (2). Les habitans de *Caphia*, ville voisine et aussi détruite, avoient élevé une grande chaussée pour se garantir d'un torrent et d'un lac qui se trouvoient dans le territoire d'Orchomène.

Stymphalus, mont au dessous duquel étoit située une ville autrefois des plus florissantes de l'Arcadie sur une rivière et non loin d'un lac du même nom. Suivant une ancienne tradition, il y avoit sur ce lac des oiseaux voraces qui se nourrissoient de chair humaine ; Hercule les tua à coup de flèches ou les mit en fuite par le bruit des cymbales. Cet exploit honora le héros, et le lac en devint célèbre (3). *Cyllene*, la plus haute montagne de la contrée, vers la frontière de l'Achaïe, touche au mont Stymphale. Sur le sommet Mercure avoit un temple (4), parce que, suivant la fable, il y étoit né.

Pheneos se fait reconnoître par le nom de Phonia. Elle fut la demeure d'Evandre et de ses ancêtres (5). L'ancienne ville ayant été submergée par les torrens qui tombent des montagnes dont elle étoit entourée, les habitans de la nouvelle, pour prévenir un pareil désastre, formèrent un canal qui devoit recevoir les eaux du fleuve *Olbius* et celles des pluies extraordinaires. On le conduisit jusqu'à deux abîmes au pied de deux montagnes sous lesquelles la nature leur a ouvert des routes secrètes.

Styx. Non loin de *Pheneos*, vers le nord, étoit un rocher d'où découloit sans cesse une eau fatale qui formoit le ruisseau du *Styx*, si redoutable pour les Dieux et pour les hommes. Ce Styx, dont les poètes ont fait un fleuve de l'enfer, serpentoit dans un vallon où les Arcadiens venoient confirmer leur parole par le plus inviolable des sermens. Après un cours de peu d'étendue, il se perdoit dans le fleuve *Crathis*. Son eau, quoique limpide et sans odeur, étoit mortelle pour les animaux ainsi que pour les hommes. Cependant, si l'on en croit Ovide, on pouvoit en boire le jour.

Nocte nocent potæ, sine noxâ luce bibuntur (6).

---

(1) Iliad. B. vers. 606. — (2) Strab. lib. vIII, pag. 388.
(3) Ovid. Fast. lib. II, vers. 27. — (4) Æneid. lib. vIII, vers. 138. — (5) *Ibid*. vers. 165.
(6) Metamorph. lib. xv, vers. 332.

INSULÆ.

Les anciens géographes comptent cinquante-trois îles depuis Ténédos jusqu'à l'île de Crète, et ils les comprennent toutes sous deux dénominations générales; celles qui forment un cercle autour de Délos sont appelées *Cyclades* (1), et *Sporades* (2) celles qui se rencontrent plus éloignées de Délos, et comme semées çà et là dans la mer Egée.

CYCLADES.

Suivant Strabon, ces îles ont pour centre Délos; mais les anciens qui en ont parlé ne sont point d'accord. En effet, on ne peut considérer Délos comme le centre proprement dit, puisque le plus grand nombre de ces îles, formant le groupe dans une même partie de la mer Egée, se trouvent au midi de Délos, et que des douze que Strabon comprend sous ce nom général, et dont le nombre augmenta dans la suite, trois seules, Scyros, Andros et Tenos, sont au septentrion. Quoi qu'il en soit, l'usage a prévalu.

Melos, aujourd'hui Milo, à la hauteur du promontoire de Maléa. Festus croit qu'elle doit son nom à un certain Melus, chef de Phéniciens. Cette île, une des plus fertiles de la mer Egée, étoit habitée par un peuple qui, depuis plusieurs siècles, avoit joui de sa liberté, lorsque, dans la guerre du Péloponèse, les Athéniens voulurent l'asservir et le faire renoncer à la neutralité qu'il observoit avec les Lacédémoniens dont il tiroit son origine. Plus d'une fois ils l'attaquèrent inutilement; mais ces insulaires ne purent résister à toutes les forces de la république. L'île fut soumise, les vaincus furent transportés dans l'Attique. On fit mourir, de l'avis d'Alcibiade, tous ceux qui étoient en état de porter les armes (3); les autres gémirent dans les fers, jusqu'à ce que l'armée de Lacédémone eût forcé les Athéniens à les renvoyer à Melos. Cette île, très-fertile, possède des mines de fer et de soufre.

Cimolis adjacente, nommée autrefois *Echinusa*, ou *île des Vipères*, est connue sous le nom de Kimoli, quoique les Vénitiens lui aient donné celui de l'Argentière, à cause des mines d'argent qui s'y trouvent en

---

(1) Du mot grec *kuclos*, qui signifie un cercle.
(2) De *speiro*, semer, éparpiller.
(3) Strab. lib. x, pag. 484.

abondance.

abondance. Les habitans font voir ces mines aux étrangers, mais la crainte que les Turcs ne les chargent de nouveaux impôts leur défend d'y toucher.

Siphnos, Siphanto, étoit anciennement nommée *Merapia* et *Acis*. Le nom de Siphnos, si l'on en croit Stephanus, est plus récent, et vient de Siphnos, fils de Sunion, qui s'y établit avec une colonie. Cette île, sous un ciel toujours serein, produit des fruits délicieux, et assez de blé pour nourrir ses habitans. Les anciens Siphniens étoient les plus riches insulaires, mais de mœurs si corrompues, qu'ils donnèrent lieu au proverbe : *vivre comme des Siphniens*. La terre, dont ils avoient ouvert les entrailles, leur fournissoit tous les ans un immense tribut en or et en argent. Ils en consacroient la dixième partie à Apollon de Delphes, et leurs offrandes formoient un des plus riches trésors de ce temple. Théophante, Pline et Isidore parlent de certaines coupes de pierre faites dans cette île, et qui étoient fort estimées chez les Romains.

Seriphos, Serpho, est plutôt un rocher stérile qu'une île; Tacite (1) l'appelle *Saxum Seriphium*. C'étoit là que les Romains reléguoient leurs criminels. Cette île doit une espèce de célébrité à ses grenouilles, qui, selon Pline, étoient muettes, tant qu'on ne les transportoit pas ailleurs (2). Tzetzés attribue la cause de ce silence à la fraîcheur des eaux.

Cythnos, aujourd'hui Thermia, (3) renommée par ses pâturages. Ses fourages étoient fort estimés des anciens. C'est dans cette île que se montra le faux Néron, esclave habile dans le chant et à toucher la guitare; s'étant mis à la tête d'esclaves qui avoient abandonné leurs maîtres, il s'embarqua, et poussé dans l'île par la tempête, il arma tout ce qu'il y avoit de plus courageux parmi ses semblables (4).

Ceos, aujourd'hui Zia, voisine du promontoire *Sunium*. Elle fut d'abord peuplée par Aristée, fils d'Apollon et de Cyrène, qui, pénétré de douleur causée par la mort de son fils Actéon, quitta Thèbes par le conseil de sa mère, et passa avec quelques Thébains dans cette île, alors inhabitée. Les anciens ont beaucoup vanté la fertilité et la richesse de ses pâturages (5). Les premières étoffes de soie, s'il en faut croire Pline et Solin, y furent fabriquées. La population devint si nombreuse, que les habitans

---

(1) Annal. lib. IV, cap. 21. (2) Plin. lib. VIII, cap. 58.

(3) Du mot grec *thermos*, qui signifie chaud, parce qu'elle abonde en sources chaudes.

(4) Tacit. Hist. lib. II, cap. 8. — (5) Virg. Georg. lib. I, vers. 14.

furent obligés de se distribuer en quatre villes célèbres, *Iulis*, *Carthœa*, *Caressus* et *Præcessa*. Les deux dernières furent, suivant Pline, englouties par un tremblement de terre ; les deux autres étoient florissantes du temps de Strabon.

Carthœa étoit située sur une hauteur au bout d'une vallée, environ à trois milles de la mer. Sa situation, telle que Strabon la décrit, s'accorde avec celle de Zia, qui donne actuellement son nom à toute l'île.

Iulis (1), dont les ruines subsistent encore sur une montagne; les habitans la nomment *Polis*, c'est-à-dire la ville. Dans cette île, l'usage ou la loi ordonnoit le suicide à ceux qui, parvenus à l'âge de soixante ans, n'étoient plus en état de jouir de la vie, ou plutôt de servir la république. Ceux néanmoins qui ne vouloient pas se soumettre pouvoient abandonner l'île, mais sans emporter aucun de leurs effets (2).

Helena, Macronisi, autrefois *Macris* et *Cranae*. Suivant Strabon et Pausanias, celui d'*Helena* dérive de la belle Hélène que Pâris enleva, et avec laquelle il fit quelque séjour dans cette île. Sa longueur la fait appeler l'Isle Longue, comme le désigne le nom moderne. Pline dit qu'elle fut séparée de l'Eubée par un tremblement de terre. Elle est stérile, couverte d'un sable profond. On n'y trouve qu'une seule source, encore est-elle très-peu abondante, si l'on en croit les voyageurs modernes.

Andros (3), située entre Ténos et l'Eubée, s'étend jusqu'à la hauteur du

---

(1) *Iulis* étoit, suivant Strabon, la patrie du poète Simonide qui naquit l'an 558 avant J. C. Il paroît par les marbres d'Oxford (epoch. 55), que ce poète inventa une espèce de mémoire artificielle, dont il enseigna les principes à Athènes ; invention qui a paru vouloir se renouveler de nos jours, sous le nom de mnémonique, de manière que l'on peut dire qu'elle est renouvelée des Grecs. C'est lui, ou un autre poète de son nom, aussi distingué, qui, le premier, fit des vers que l'on chantoit aux funérailles, et que les Latins désignent par le mot *nœniæ*.

Sed ne relictis Musa procax jocis,
Cææ retractes munera næniæ (Horat. lib. II, od. 1).

(2) Strabon donne la preuve que les habitans étoient capables de tout oser pour conserver leur indépendance. Un jour, qu'assiégés par les Athéniens, ils étoient prêts de se rendre faute de vivres, ils les menacèrent, s'ils ne se retiroient, d'égorger les plus âgés des citoyens renfermés dans la place, en déterminant l'âge. Soit horreur, soit pitié, soit crainte uniquement, les Athéniens levèrent le siège. (lib. X, pag. 486.)

(3) Le nom d'Andros a été donné à cette île d'après un certain Andreus qui, suivant Diodore de Sicile, étoit du nombre des généraux que Rhadamante établit pour gouverner les

promontoire Capharée ; le grand nombre de ses sources abondantes la
firt nommer *Hydrusia* (1) par les Grecs. On y trouve des montagnes
couvertes de verdure, et son territoire est un des plus fertiles de toutes
les Cyclades. Sa ville est renommée par les difficultés qu'eurent les
Athéniens à la soumettre, et par le fameux temple consacré à Bacchus.
Lucinius Mutianus, cité par Pline, dit que dans ce temple étoit une fontaine
dont les eaux, au commencement de janvier (2), pendant la fête qui duroit
sept jours, avoient le goût du vin. Pour cette raison on la nommoit *Dio-
Teonosia*, c'est-à-dire consacrée au fils de Jupiter. Bacchus passoit pour
l'auteur de ce prodige. Les ministres du temple, maîtres des souterrains
d'où s'échappoit le ruisseau, se jouoient ainsi de la crédulité du peuple ;
ils le trompoient ce peuple, mais ils le rendoient heureux.

Scyros, Skiro, écartée vers le nord, ne présente à la vue qu'une terre
hérissée de montagnes et de rochers, d'où elle a été ainsi nommée, c'est-
à-dire escarpée et stérile. Elle fut peuplée d'abord par les Pelasges et
par les Cariens. Thésée, chassé d'Athènes par Mnesthée qui s'en étoit rendu
le maître, s'y réfugia. Lycomède, qui en occupoit le trône, craignant d'irriter Mnesthée, le mena au haut d'un rocher et le précipita dans la mer.
Ce fut dans cette île, et à la cour de Lycomède, qu'Achille s'étoit derobé
sous l'habit d'une femme, quand Ulysse le découvrit, et l'envoya avec les
autres princes Grecs au siége de Troie qui, suivant l'oracle, ne pouvoit
être prise sans lui. La ville étoit renommée par un temple magnifique
bâti sur le bord de la mer en l'honneur de Pallas, déesse tutélaire du
pays. On trouve encore quelques restes de ce temple, et d'un autre dédié à Neptune, près du port de Saint-Georges.

Tenos, Tine, est séparée d'Andros par un canal de 12 stades de largeur, c'est-à-dire près d'une demi-lieue : elle avoit aussi un grand nombre
de sources qui lui firent aussi donner le nom d'*Hydrusia* ; ensuite elle fut
appelée *Ophiusa*, à cause des serpens dont elle étoit infestée, le mot *Ophis*
signifiant un serpent. Elle reçut enfin le nom de Ténos, qui porte la même
idée ; *Tenos*, suivant Bochard, étant dérivé de *Tannoth* qui, en phénicien,
signifie un *serpent*.

Le nom de Ténos étoit commun à l'île et à la capitale, ville médiocre mais
bien bâtie, et qui avoit un temple superbe dans un bocage voisin, élevé en

---

Cyclades, lorsqu'elles se furent soumises à lui de leur propre mouvement (Diodor. Sicul.
lib. v).

(1) Du mot grec *hudor*, qui signifie eau. — (2) Plin. lib. xxxi, cap. 1.

l'honneur de Neptune comme Dieu de la Médecine. Ce temple étoit un des plus anciens asiles (1) de la Grèce. Parmi les éloges que l'on faisoit du Dieu, on le louoit sur-tout d'écarter ou de dissiper les maladies qui affligent les humains, et d'avoir détruit les serpens (2) qui rendoient l'île inhabitable, en y envoyant un grand nombre de cicognes.

Gyarus, Youra, n'avoit, suivant Strabon, qu'un petit village habité par des pêcheurs ; c'étoit dans cette île que les Romains exiloient ceux à qui l'eau et le feu étoient interdits (3).

Syros, Syra, que Stephanus met au nombre des colonies Ioniennes, a vu naître Phérécide qui naquit vers l'an 560 avant J. C., un des plus anciens philosophes de la Grèce, disciple de Pittacus, et maître de Pythagore. Cette île, suivant le témoignage d'Homère, produisoit toutes les choses nécessaires à la vie. Elle avoit autrefois une ville considérable, comme il paroît par une ancienne inscription que l'on voit encore, et par les ruines de plusieurs beaux édifices qui sont à une petite distance du port.

Myconus, Myconi, près de Délos, vers l'est, dont elle n'est éloignée que de vingt-quatre stades, c'est-à-dire deux mille deux cent soixante-huit toises. Cette île, sujette à de fréquens tremblemens de terre, fut long-temps inhabitée. Ces tremblemens s'étant ralentis pendant quelque temps, les habitans des îles voisines vinrent y fixer leur demeure et bâtirent une ville à laquelle ils donnèrent le même nom. Mais ils eurent à se plaindre de la stérilité de la terre et de la rigueur du climat brûlé par les feux ardens du soleil. Les poètes ont imaginé qu'elle étoit le lieu de la sépulture des derniers centaures tués par Hercule. Virgile, faisant allusion au mont *Diniastos*, que Pline assure être le plus haut de l'île (4), la désigne par l'épithète de haute, *Mycone celsa*.

Delos a porté plusieurs noms, dont il seroit difficile de donner la véritable origine. L'opinion la plus certaine est qu'elle a été long-temps flottante au gré

---

(1) Le bocage et le temple jouirent de cette prérogative jusqu'au règne de Tibère, qui supprima le droit d'asile dans tous les temples (Tacit. Annal. lib. III, cap. 60, 61).

(2) Goltzius et Tristan, et d'autres antiquaires font mention de plusieurs médailles, qui représentent d'un côté Neptune et de l'autre son trident. Le serpent, joint au trident sur quelques médailles, étoit chez les anciens un emblême de la médecine.

(3) Tacit. Annal. III, 68.

(4) Æneid. lib. III, vers. 76.

des vents et des flots ; qu'enfin Neptune la fixa et la rendit immobile en faveur de Latone (1).

Strabon la représente comme une terre de très-petite étendue , et , selon Pline , elle n'a pas plus de cinq mille pas de tour , c'est-à-dire qu'en toute sa circonférence elle n'a pas même deux de nos lieues. L'île en elle-même n'offre qu'un terrain inégal et stérile.

Rhenea n'en est séparée que par un détroit de quatre stades , ou de cinq cents pas. Cette proximité a fait que , dans les mémoires des voyageurs modernes , on ne parle jamais de Délos qu'en la joignant à *Rhenea* , et qu'on les a comprises sous le nom commun de Sdili , dérivé du grec moderne.

Très-anciennement les habitans de Délos érigèrent trois temples , deux en l'honneur du frère et de la sœur, et le troisième consacré à Latone. Erysichton , fils de Cécrops , jeta les fondemens de celui d'Apollon ; il fut agrandi dans la suite et embelli aux dépens de tous les états de la Grèce. Plutarque assure que ce fut un des plus superbes édifices de l'univers (2) ; qu'on y voyoit un autel digne d'être rangé au nombre des merveilles du monde : il étoit fait des cornes de différens animaux , jointes avec tant d'art, que l'ensemble se soutenoit sans aucun secours étranger (3). Pour purifier toute la partie qu'on pouvoit découvrir du temple, on fit transporter dans l'île *Rhenea* tous les tombeaux qui y étoient déposés ; suivant Thucydide , presque tous renfermoient les corps des anciens habitans que l'on reconnut être Phéniciens et Cariens , à la situation dans laquelle ils étoient posés et aux armes qui les accompagnoient.

---

(1) — *Immotamque coli dedit et contemnere ventos* (Æneid. lib. III , vers. 77).
Virgile attribue son immobilité à la puissance d'Apollon. Sa situation fait dire au même poète qu'elle est au milieu de la mer Egée.

Sacra mari colitur medio gratissima tellus
Nereidum matri et Neptuno Ægæo (Ibid. vers. 73).

Suivant la fable, Jupiter , au mépris de Junon , s'étant attaché à Latone , en eut Apollon et Diane. Avant leur naissance, Junon pria la Terre de ne laisser à Latone aucun lieu où elle pût s'arrêter et enfanter. La Terre promit, excepté l'île de Délos qui alors étoit flottante et presque toujours cachée sous les eaux. Mais Neptune , épris de compassion pour Latone, rendit Délos stable. Apollon y vint au monde , et fut surnommé *Delius*, de l'île où il avoit pris naissance.

(2) Plutarch. de solert. animal. tom. II , pag. 983.

(3) Les ruines du temple , qui occupent une grande partie de l'île, ont été soigneusement décrites par Spon, Whéler, Tournefort et autres voyageurs.

Strabon dit qu'il n'étoit pas permis d'avoir des chiens (1), de peur qu'ils ne détruisissent les lièvres et les lapins. Une loi défendoit aux femmes d'accoucher dans l'île; il falloit les transporter dans l'île *Rhenea*, de même que les malades. Une île, qui avoit servi de berceau à Apollon, auroit été profanée par la mort de tout individu. En un mot, Délos jouissoit d'une si grande considération, que le respect en fit pendant long-temps le dépôt sacré des richesses que la Grèce mettoit en réserve, avec la jouissance de toute immunité à l'égard du commerce. Les Perses eux-mêmes, après avoir dévasté les autres îles et détruit par-tout les temples, épargnèrent ceux de Délos.

Naxos (2), Naxia, la plus grande et la plus fertile des Cyclades, au sud de Délos, connue autrefois sous les noms de *Strongyle* (3), de *Dionisyas*, comme ayant été consacrée particulièrement au Dieu *Dionysius* ou Bacchus, qui y avoit pris naissance. On lui donna aussi le nom de *petite Sicile*, parce qu'elle le disputoit à cette île pour la fertilité. Bacchus y présidoit; lui seul avoit ses temples, où les habitans lui offroient différens hommages, comme au Dieu à qui ils devoient l'art de cultiver la vigne, et les merveilles opérées en leur faveur.

Paros, fut aussi nommé *Minoa*, de Minos, roi de Crète, qui s'en rendit le maître et de la plupart des autres îles de la mer Egée. Ses premiers habitans furent les Phéniciens, premiers souverains de la mer. Elle a de tour environ huit cent cinquante toises, onze lieues. Ses campagnes fertiles nourrissoient un grand nombre de troupeaux. Elle communiquoit au dehors par deux bons ports, d'où elle envoya des colonies au loin. Elle étoit renommée par son marbre blanc (4), en si grande estime chez les anciens, que Pline assure qu'on n'en employa point d'autre pour embellir le frontispice du fameux labyrinthe d'Egypte (5), qui passoit pour une des merveilles du monde. Plusieurs villes se glorifient d'avoir donné le jour à Homère; aucune ne dispute à Paros l'honneur ou la honte d'avoir produit le poète Archiloque, vers l'an 664 avant J. C.

Oliaros, Anti-Paro, offre à l'œil des curieux, dans la végétation des

---

(1) Strab. lib. x, pag. 486.

(2) Dérivé du mot phénicien *nacsa*, selon Bochard, lequel signifie un sacrifice, à cause du grand nombre de sacrifices qu'on offroit à Bacchus.

(3) Du mot grec qui signifie *rond*. Virgile fait allusion à l'autre dénomination, en disant :

Bacchatamque jugis Naxon, viridemque Donysam (Æneid. lib. III, vers. 125).

(4) Strab. lib. x, pag. 487. (5) Plin. lib. IV, cap. 12, xxxvi, 13.

pierres, une merveille décrite au long par Tournefort, voyageur moderne.

Amorgos, Amorgo, patrie de Simonide, une des îles où les Romains reléguoient les criminels (1). Ses habitans passoient autrefois pour les meilleurs astronomes et géographes de leur temps.

Ios, Nio, ainsi nommée, suivant Stephanus, des Ioniens qui l'habitèrent. Si l'on en croit une ancienne opinion, dans cette île étoit née la mère d'Homère, et lui-même y eut son tombeau.

Sicinos, Sikino, *Pholegandros*, Policandro, île stérile et inculte, que le poète Aratus désigne par l'épithète *ferrea*.

Thera, aujourd'hui Santorin (2) sortit du sein de la mer, de même que Rhodes, Délos et beaucoup d'autres, par l'effet des volcans qui se sont ralentis en différens temps (3). Pline dit formellement en deux endroits, que cette île n'a pas toujours été et que, dès qu'elle parut, on l'appela *Calliste*, c'est-à-dire très-belle. Les habitans croient encore qu'elle doit son existence à un volcan, qui depuis a produit cinq ou six autres îles dans son golfe. Elle fut peuplée d'abord par des Phéniciens qui s'y transportèrent sous la conduite de Cadmus, et ensuite par une colonie que Théra (4) dont elle a porté le nom, y amena de Lacédémone, onze cents ans environ avant J. C. Son état présent ne répond nullement au premier nom qu'on lui avoit donné; stérile et peu habitable, les tremblemens de terre et les volcans l'ont bouleversée plus d'une fois; le port, qui étoit très-commode, a été ruiné par les îles qui en sont sorties. De ce port, en vertu d'un ordre de l'oracle de Delphes, partit une colonie que Battus (5) conduisit dans la Lybie, pour y bâtir la ville de Cyrène. On voit encore dans l'île les ruines des temples de Neptune et de Minerve. Elle étoit consacrée à Apollon, c'est par cette raison que Pindare l'appelle l'*île Sainte*.

---

(1) Tacit. Annal. iv, 30.

(2) Ou Santorini, nom grec moderne qui signifie l'île de Sainte-Irène qui en est la patronne. Elle est placée entre Naxos et l'île de Crète. Les voyageurs modernes lui donnent douze grandes lieues de France.

(3) Plin. lib. ii, 87. — lib. iv, 12.

(4) *Calliste quondam, sed post modo nomine Thera.* Théras descendoit de Cadmus en droite ligne. Après avoir gouverné le royaume de Lacédémone avec beaucoup de sagesse, et y avoir établi la domination de Proclès et d'Eurysthène ses neveux et ses pupilles, il passa à la tête d'une colonie dans l'île *Calliste*, ne voulant pas devenir sujet après avoir été maître.

(5) Battus étoit fils de Polymnestus, descendant d'un des héros qui accompagnèrent Jason dans son voyage de la Colchide.

Therasia, petite île éloignée de la précédente d'environ une demie lieue (1); selon Pline, un volcan la fit paroître vers l'an 235 avant J. C. (2).

Anaphe, Namphio, à l'est de Théra. Suivant le grammairien Apollodore, les Argonautes s'étant écartés de leur route, offrirent un sacrifice à Apollon, pour lui demander un heureux retour dans leur patrie. Ce Dieu leur apparut éclatant de lumière, et leur découvrit une île où ils allèrent aborder contre leur attente. Ils y élevèrent un autel au Dieu, qu'ils nommèrent *Ægletes*, ou l'Eclatant, et appelèrent l'île *Anaphe*.

Astipalœa (3), Stampalie, la plus écartée vers l'orient. Cicéron dit que les habitans rendoient les honneurs divins à Achille, parce que la déesse Thétis étoit sa mère. *Jure naturæ qui deâ matre est, Deus sit necesse est. Itaque Achillem Astipalenses insulani sanctissimè colunt* (4).

Telles sont les Cyclades qui dépendent de la Grèce; les Sporades appartiennent à l'Asie, séparée de l'Europe par la mer Egée. Le nom d'Archipel, donné aujourd'hui à cette mer, n'est qu'une altération de celui d'Egio-Pelago, selon le grec moderne, et n'est nullement une expression de préférence sur quelqu'autre mer. Il seroit inutile de discuter ici les différentes opinions des anciens sur la véritable signification, sur l'origine de son nom et sur son étendue. Les savans, et Vossius entr'autres, attribuent cette dénomination aux flots toujours agités αἰγες, qui bondissent comme des chèvres. Quant à son étendue, l'opinion la plus générale lui donne depuis la Thrace et l'Hellespont jusqu'à la mer de Crète, en observant qu'elle a pris différens noms des îles qu'elle baigne.

CRETA.

La Crète a conservé son nom chez les Turcs sous la forme d'Icriti; l'application du nom de la capitale, qui est Candie (5), semble venir de l'usage qu'en ont fait les Italiens. Entre plusieurs noms sous lesquels elle fut connue des anciens, celui de *Macris* lui étoit plus propre à cause de sa fertilité et de la pureté de l'air qu'on y respire. C'est une des plus grandes îles

---

(1) Hist. nat. lib. II, 87. — (2) Senec. Quæst. nat. lib. VI, 21.

(3) Le mot *astu* signifie ville et *palæa* ancienne. Ainsi *Astipalœa* est un nom qui a pu être commun à beaucoup de villes, en ayant un autre qui lui étoit propre.

(4) De Natur. deor. lib. III, 18.

(5) Candie est une nouvelle ville qui, dans le neuvième siècle, étoit un poste de Sarrazins.

de la Méditerranée. Sa longueur d'occident en orient est, à ce que l'on prétend, de deux mille cinq cents stades (1); dans son milieu environ quatre cents de largeur (2); beaucoup moins par-tout ailleurs: elle a plusieurs promontoires; vers l'ouest, *Criu-Metopon*, c'est-à-dire, front du bélier, aujourd'hui Crio; vers l'est, *Samonium*, vulgairement Salamone; au nord, *Cimarus*, aujourd'hui Spada.

Ses principales montagnes sont *Ida* (3), la plus élevée; Jupiter y fut nourri secrètement, et, par cette raison, surnommé *Idœus*. On distingue dans la partie occidentale le mont *Dicte*, Sethia ou Lasthi, couvert de neige presque toute l'année, ce qui l'a fait appeler *montagne Blanche* par Strabon, Pline et Ptolémée; elle forme une chaîne de trois cents stades de longueur (4).

Elle étoit très-peuplée du temps d'Homère qui lui donne quatre-vingt-dix et même cent villes. Ses premiers habitans, suivant Diodore de Sicile, furent les *Idœi Dactyli* (5) qui occupoient le mont Ida : originaires du mont Ida en Phrygie, ils passèrent en Europe avec le roi Minos. Entre toutes les villes il y en avoit trois dominantes.

Cnossus, à quelque distance du rivage septentrional, étoit la ville royale de Minos; il y avoit établi le siège de son empire; c'est-là qu'il publia ses lois admirables dont l'antiquité vante la sagesse. Elle fut pendant quelque temps la capitale de l'île et eut l'avantage, selon Strabon, d'être la plus riche et la plus peuplée. Le fleuve *Ceratus*, qui couloit au pied de ses murs, lui a fait donner le même nom par quelques anciens. Les habitans se glorifioient d'avoir, à une légère distance de la ville, le tombeau de Jupiter dans une caverne creusée au bas du mont Ida. Des monceaux de pierres, d'anciens murs à moitié démolis, des restes d'édifices et le nom de *Cnossou*, conservé par les Grecs modernes dans l'emplacement, font connoître d'une manière certaine le lieu qu'elle occupoit.

Gortyna, Gortyne, ville de la plus haute antiquité, florissoit lorsque

---

(1) 94 lieues, 1,250 toises.

(2) 15 lieues, 300 toises.

(3) Ainsi nommée à cause des belles vues qu'elle fournit; l'action de voir étant exprimée en grec par *eidein*. Suidas même assure à cet égard que tout endroit d'où l'on pouvoit découvrir une grande étendue de pays s'appeloit *Ida*.

(4) 11 lieues, 850 toises. Son premier nom lui vient de Dictynne, nymphe de Crète à qui on attribue l'invention des filets pour la chasse.

(5) Suivant quelques auteurs, ils n'étoient que dix, et furent appelés *Dactyli*, par allusion aux dix doigts.

Lycurgue voyageoit en Crète. Située à l'entrée d'une plaine très-fertile, sur un petit fleuve nommé *Lethæus*, elle effaça avec le temps toutes les autres villes, sur-tout après qu'elle eut été subjuguée par les Romains qui parurent se plaire à humilier *Cnossus* et à élever sur ses ruines Gortyne sa rivale. On peut juger de sa grandeur et de sa magnificence par les restes que le temps et la barbarie n'ont pu détruire. Elle étoit célèbre par les temples d'Apollon, de Diane et de Jupiter Hécatombée (1). A une lieue de cette ville est le fameux labyrinthe (2), où Thésée mit à mort le Minotaure que Minos y tenoit renfermé. Diodore de Sicile rapporte, comme une conjecture (3), et Pline (4) comme un fait certain, que le labyrinthe d'Egypte avoit servi de modèle à Dédale pour construire celui de Crète, quoique de moindres proportions; ils ajoutent que de leur temps il ne subsistoit plus (5). Ils le regardoient comme un grand édifice, tandis que, suivant d'autres écrivains et des voyageurs, c'est une caverne qui s'ouvre au pied du mont Ida (6), du côté du midi. L'intérieur présente à chaque pas des circuits et des sinuosités sans nombre.

Lyctos, dont le nom se retrouve dans celui de Lassiti, étoit anciennement une des principales villes, et originairement, selon le rapport de Polybe, une colonie de Lacédémoniens. Ecartée dans les terres, son port *Chersonesus* convient à ce qu'on nomme Spina-Longa.

Hierapytna, où la largeur de l'île rétrécie par les deux mers n'est que de soixante stades, étoit une des plus fortes places, lorsque, l'an 67 avant J. C.,

---

(1) Ainsi surnommé, si l'on en croit Photius, parce que Ménélas y sacrifia cent bœufs à Jupiter, quand il reçut la nouvelle de la fuite d'Hélène.

(2) Le mot *labyrinthe*, dans la langue grecque, désigne un espace circonscrit et percé de quantité de routes, dont les unes se croisent en tous sens, comme celles des carrières et des mines, dont les autres font des révolutions plus ou moins grandes autour du point de leur naissance, comme ces lignes spirales qui se voient sur certaines coquilles.

(3) Diodor. Sic. lib. 1, pag. 55. — (4) Plin. lib. xxxvi, 13.

(5) L'auteur du Voyage du jeune Anacharsis remarque que ces deux historiens ont été abusés par une fausse tradition; « car, dit-il, si le labyrinthe de Crète avoit été construit » par Dédale sous Minos, pourquoi n'en seroit-il fait mention ni dans Homère, qui parle » plus d'une fois de ce prince, ainsi que de la Crète; ni dans Hérodote, qui décrit celui d'E- » gypte, après avoir dit que les monumens des Egyptiens sont fort supérieurs à ceux des » Grecs; ni dans les plus anciens géographes, ni dans aucun des écrivains des beaux temps » de la Grèce? » (tom. VI, pag. 505).

(6) Tournefort, Voyag. tom. 1, pag. 67.

Q. Métellus, lieutenant de Pompée, fit la conquête de cette île ; elle n'est plus aujourd'hui qu'un village connu sous le nom de Girapetra.

Prasos, dont Homère fait mention, renfermoit dans son enceinte un temple consacré à Jupiter Dictéen. Pendant les guerres civiles de Crète, cette ville fut détruite par les habitans d'Hierapytna.

Rhitymna, Retimo, sur le rivage septentrional, avoit autrefois un très-bon port ; elle est encore assez peuplée.

Amphimalia, golfe sur un des côtés duquel est la Suda, forteresse isolée.

Cydonia, aujourd'hui la Canée, avoit un port sous le nom de *Minoa*, lequel pouvoit contenir un grand nombre de vaisseaux. Strabon la compare à *Cnossus* et à *Gortyna*. Tite Live fait mention des deux peuples. (lib. xxxvii, 60).

Cisamus, Kisamo, sur le côté du cap *Cimarus*, servoit de port à une ville nommée *Aptera*.

Dans les environs de la Crète se trouvent plusieurs îles : *Dium*, vers le nord, aujourd'hui Stan-Dia ; *Gaulos*, vers le sud, Gozo de Candie ; *Ægilia*, Cérigotto, dans le canal qui sépare Cythère ou Cérigo de la Crète.

ITINÉRAIRE HISTORIQUE

DES CONQUÊTES D'ALEXANDRE (1).

Le nom seul de la Grèce (2) rappelle le souvenir du héros Macédonien, dont l'histoire, par des rapprochemens de circonstances et de faits mémorables, frappe d'une telle admiration et inspire un si grand intérêt, qu'il est bien difficile de ne pas se laisser entraîner à sa suite dans le cours rapide de ses conquêtes.

Alexandre vint au monde à Pella, la première année de la cent septième olympiade, l'an 356 avant J. C. Le jour de sa naissance fut marqué par l'embrasement du fameux temple de Diane (3) à Ephèse. Le même jour on célébroit les jeux Olympiques. On rapporte que Philippe son père reçut en même temps trois nouvelles; celle d'une grande victoire remportée par son armée sous le commandement de Parménion; celle du prix gagné aux jeux Olympiques par ses chevaux, et celle de la naissance de son fils. Ce jeune prince, âgé de dix-huit ans, avoit déjà signalé son courage dans plusieurs combats; à la bataille de Chéronée, il avoit enfoncé et mis en déroute l'aile droite de l'armée ennemie. Il monta sur le trône l'an 336 avant Jésus-Christ, la première année de la troisième olympiade. Doué de toutes les qualités nécessaires pour élever l'édifice dont Philippe avoit jeté les fondemens, il soutint seul tout le poids de sa couronne, et de-

---

(1) J'ai lu quelque part que le nom d'Alexandre n'étoit pas celui de ce prince, mais une épithète dérivée par corruption du mot *el-scander*, l'intrépide. De cette dérivation vient le nom de *Scanderia*, que les Arabes donnent à la ville d'Alexandrie.

On sait que les Romains, dans le choix qu'ils avoient à faire des citoyens les plus capables d'une grande action, donnoient la préférence à ceux dont les noms étoient d'un favorable augure: *quibus erant fausta nomina*. Ne diroit-on pas que la destinée de la France s'est chargée elle-même du choix de Bonaparte et de Napoléon?

(2) Afin de jeter plus de lumière sur cette contrée célèbre, et de la rendre plus intéressante pour les jeunes gens auxquels spécialement mon travail est destiné, j'ai recueilli, autant qu'une simple recherche peut le permettre, tous les renseignemens que le jeune Anacharsis, guidé par un nouveau Mentor, a rapportés de son voyage; je les exhorte à le lire avec attention; ils apprendront à connoître les hommes, leurs préjugés et leurs passions.

(3) Ce temple, une des sept merveilles du monde, avoit été élevé au nom et aux frais communs de l'Asie Mineure.

vint tout-à-coup le génie tutélaire de son royaume. Embrassant toutes les vastes conceptions de son père, il suivit la route qui lui étoit tracée, et surmonta tous les obstacles qui s'opposoient à l'exécution de ses desseins. A peine il étoit sur le trône, que les Thraces, les Illyriens et autres peuples voisins prirent la résolution de se soustraire à la domination Macédonienne.

Ce héros, à l'âge de vingt ans, se met à la tête de son armée, prend le chemin de la Thrace ; d'Amphipolis sur le Strymon, laissant le mont Orbile et Philippi sur sa gauche, il gagne le fleuve Nestus, et parvient en dix jours au mont Hæmus. Les Triballes et les autres peuples qu'il attaque, malgré leur courage, cèdent à l'intrépidité du chef et à la valeur de ses soldats. Après cette expédition, il se tourne vers l'*Ister*, afin de s'emparer de l'île appelée *Peuce*, où les Triballes, les Thraces et des nations Barbares s'étoient retirés. Alexandre est arrêté par la rapidité du fleuve et par la résistance que préparent les Gètes, peuple fier qui alors occupoit la rive opposée. Il remonte le fleuve et trouve moyen de le traverser dans l'espace d'une seule nuit. Les Barbares étonnés ne peuvent résister au premier choc, ils demandent la paix et se soumettent. Cet exemple fut suivi par toutes les nations voisines; le vainqueur leur accorda son amitié, et fit avec elles une alliance solemnelle.

Le jeune roi, informé que, par les conseils de Démosthène, l'ancien et irréconciliable ennemi de la Macédoine, toute la Grèce étoit prête à fondre sur son royaume, revient avec son armée, et, en sept jours de marche, il paroit à *Pellinæum* en Thessalie, ville située sur la rive gauche du fleuve Pénée, défendant à ses troupes de commettre la moindre hostilité. Par le détroit des Thermopyles, il pénètre dans la Béotie, avant même que les Thébains eussent entendu parler de son passage. Les Thébains avoient fait mourir sur la place publique deux des principaux officiers Macédoniens qui commandoient dans la citadelle. La ruine de Thèbes fut la vengeance que le roi voulut tirer d'un pareil attentat; mais par son ordre on épargna la maison et la famille de Pindare; qui avoit chanté les exploits d'Alexandre Ier., roi de Macédoine. Thèbes renversée, les traitemens exercés envers ses habitans jetèrent l'épouvante dans tous les états de la Grèce; les Athéniens eux-mêmes envoyèrent au vainqueur des députés pour le féliciter de son heureux retour des campagnes faites chez les Barbares.

Le calme étant rétabli dans la Grèce, Alexandre convoque une diète générale à Corinthe dans le Péloponèse, et à l'exemple de son père (1), se fait déclarer généralissime de toutes les forces de la Grèce. Il étoit temps de la venger des outrages qu'elle avoit éprouvés autrefois de la part des Perses, et de porter la guerre dans les états du Grand Roi; c'est le titre que les Grecs donnoient au roi de Perse. Les rois de cette contrée regardoient les princes Macédoniens comme leurs tributaires et comme leurs fidèles alliés. Mais la prospérité de Philippe, les plaintes continuelles des Athéniens contre lui, sa conduite envers plusieurs princes qu'il détrônoit à son gré, tout contribua à donner de l'ombrage et de l'espoir en même temps au Grand Roi. Avant la mort de Philippe, il avoit déjà fait des préparatifs pour attaquer la Macédoine, et ne sachant pas que le fils étoit bien digne de remplacer le père, il crut que la mort du monarque assuroit davantage le succès de ses armes.

Alexandre, disposant tout pour son expédition, offre d'abord aux dieux de magnifiques sacrifices, fait célébrer à *Dium* des jeux Scéniques, établis par l'un de ses ancêtres en l'honneur de Jupiter et des Muses; pourvoit à la tranquillité de son royaume pendant son absence. Au commencement du printemps de l'an 334 avant J. C., par son ordre l'armée Macédonienne s'assemble aux environs d'Amphipolis; elle se met en mouvement, passe le Strymon vers son embouchure, et après vingt jours de marche, elle arrive à *Sestos*, où elle s'embarque sur l'Hellespont. Trente mille hommes d'infanterie, cinq mille chevaux, soixante-dix talens, et des vivres pour un mois; c'étoit bien peu pour conquérir un des plus vastes empires de l'univers; mais le jeune guerrier se reposoit sur sa fortune, sur des soldats aguerris conduits par de vieux et habiles capitaines, et enfin sur les vices qui avoient énervé le courage et dénaturé le patriotisme des Perses. Au milieu de l'Hellespont, il sacrifie un taureau à Neptune et aux Néréides (2). Sa flotte étant près du rivage, il s'élance tout armé hors du vaisseau, met pied à terre à *Abydos*, et prend la route d'*Ilium*. Cette ville, jadis si fameuse, n'étoit plus, si l'on en croit Strabon, qu'un misérable village; il n'y restoit plus qu'un petit temple consacré à Pallas. Le roi s'y arrête, et fait immoler des victimes en l'honneur des

---

(1) Philippe prétendoit à la conquête de la Perse, lorsqu'il fut assassiné dans un festin par Pausanias un de ses gardes, dans sa quarante-septième année, après un règne de vingt-quatre ans.

(2) Différentes particularités, qui pourroient paroître minutieuses, font connoître le caractère de ce prince, et prouvent qu'il étoit observateur zélé des rites religieux de son temps.

héros dont les cendres reposent dans les environs. Il offre particulièrement un sacrifice aux mânes d'Achille, dont il envioit le bonheur d'avoir eu un Patrocle pour ami et un Homère pour chanter ses exploits. Ayant aperçu dans le temple des armes qui y étoient suspendues depuis la guerre de Troie, il les remplaça par les siennes.

Darius Codoman étoit monté sur le trône de Perse la même année; prince estimable à certains égards, mais manquant de politique et de bravoure. Alexandre s'avance vers le Granique, résolu de détruire *Lampsacus*, pour punir ses habitans de leur attachement à l'intérêt des Perses. Cette ville fut sauvée par l'ingénieuse intercession du rhéteur Anaximène, qui avoit joui d'une grande considération à la cour de Philippe, et qui même étoit estimé d'Alexandre son élève (1). Les Perses avoient une puissante armée postée sur l'autre bord du Granique, dans le dessein de disputer le passage de ce fleuve dont le cours étoit très-rapide en cet endroit et le bord garni de roches escarpées. Le jeune héros, dans l'idée qu'il seroit honteux de s'arrêter devant un ruisseau, après avoir passé l'Hellespont, donne à l'instant l'ordre du passage; tout s'y dispose; le fleuve est franchi, le combat s'engage, et le Granique devient célèbre par la victoire remportée sur Darius, l'an 334 avant J. C.

Le vainqueur, profitant de son avantage, s'empare de la Lydie, province voisine; il accorde aux habitans de *Sardes* et aux autres Lydiens la liberté de conserver leurs usages et leurs lois. La ville étoit comme le boulevard des Barbares du côté de la mer. Ayant appris que la garnison d'Ephèse, composée de Grecs à la solde de Darius, s'étoit embarquée sur deux galères et retirée dans la Perse, il s'y transporte en personne, rétablit le gouvernement populaire, et accorde au temple de Diane les revenus jusqu'alors perçus par les rois Perses. De là il prend le chemin de Milet, ville de Carie, qui se rendit après une vigoureuse résistance. Le roi fait son entrée dans cette ville, traite les citoyens avec bonté; mais il ordonne de vendre à l'encan tous les étrangers qui s'y trouvoient. Le sort de Milet détermina la plus grande partie des autres villes à se soumettre, excepté Halicarnasse, ville grecque de fondation, résidence des rois de Carie, ornée d'un superbe tombeau qu'Artémise avoit élevé au roi Mausole son mari.

---

(1) Dès que ce prince l'eut aperçu, saisissant avec dépit le motif qui l'amenoit : *Anaximène*, lui dit-il, *je jure solemnellement que je ne vous accorderai point ce que vous allez me demander.* « *Ce que j'ai à vous demander*, repondit le vieillard en souriant, *c'est qu'il vous plaise de détruire Lampsaque.* Le roi, désarmé par cette réponse, et se trouvant lié par son serment, ordonna que la ville fût épargnée.

Le siége d'Halicarnasse offre tout ce que l'on peut attendre de l'expérience la plus consommée dans la défense et dans l'attaque. Enfin elle fut prise et rasée jusques aux fondemens. Ada, reine de Carie, chassée du trône qu'elle devoit occuper après la mort de son époux, avoit conservé une place forte nommée *Alinda*. Dès qu'elle eut appris l'arrivée d'Alexandre, elle lui porta les clefs, en lui disant qu'elle l'adoptoit pour son fils. Alexandre, flatté de cette générosité et de sa grandeur d'ame, la reçut avec distinction, et témoigna qu'il étoit sensible à l'honneur qu'elle lui accordoit. Après la démolition d'Halicarnasse, il lui donna le gouvernement de toute la Carie. A la sollicitation de cette princesse, plusieurs rois de l'Asie Mineure recherchèrent son amitié et sa protection. Mithridate (1), roi de Pont, se présenta lui-même. Les manières obligeantes du roi de Macédoine l'attachèrent tellement, qu'il voulut l'açcompagner dans son expédition. Cette campagne fut terminée par le siége d'un ville qui appartenoit aux Marmariens que Diodore de Sicile ne désigne point. Ce peuple, qui n'étoit pas considérable, habitant vers les frontières de la Lycie, fut assez hardi pour attaquer Alexandre. Assiégés dans leur retraite au milieu des rochers, les Marmariens, après avoir mis le feu à leurs maisons, sortirent la nuit au nombre de six cents, se firent jour à travers le camp des Macédoniens, et se hâtèrent de gagner les montagnes voisines.

La campagne suivante, l'an 333, Alexandre, voulant soumettre toutes les villes maritimes pour ne rien laisser derrière lui qui pût l'inquiéter, entre dans la Lycie, et se rend maître de *Telmissus*, ville qui passoit pour avoir des devins très-habiles ; l'art de deviner y étoit si commun, que les femmes mêmes et les enfans en faisoient profession. Les habitans de *Xantus*, jaloux de leur liberté, brûlèrent leur ville plutôt que de se rendre. De là le conquérant va droit à *Phaselis* (2), adjacente à un passage tellement resserré par une croupe du *Taurus*, nommée *Climax* ou l'Echelle, qu'il ne peut entrer en Pamphilie sans mettre un pied dans la mer. Il envoie une partie de son armée à *Perga*, peu éloignée de la mer, et lui-même, rangeant la côte, conduit l'autre à *Side*. Quelques jours après son arrivée, s'étant éloigné de la ville, il rencontra des ambassadeurs envoyés par les habitans d'*Aspendus*, pour le prier de ne point mettre garnison dans leur ville, en lui assurant

---

(1) C'est de ce prince que descendit le fameux monarque de ce nom, l'implacable ennemi des Romains.

(2) Tite Live indique la position de cette ville : *in confinio Lyciæ et Pamphyliæ Phaselis est*. Il fait mention de *Side* et d'*Aspendus* (lib. XXXVII, cap. 23).

qu'ils

qu'ils étoient très-flattés d'augmenter le nombre de ses sujets. Alexandre y consentit en exigeant qu'ils lui envoyassent cinquante talens et le même nombre de chevaux qu'ils fournissoient ordinairement au roi de Perse. La condition fut acceptée avec promesse de la remplir ; mais les Aspendiens, y ayant manqué, furent bientôt obligés de demander la paix à des conditions plus dures que celles qu'ils avoient eux-mêmes proposées d'abord. Il s'avance ensuite vers *Termessus*, ville située au devant des défilés qui donnent entrée dans la Miliade, *Milias* (1). Prolongeant sa route vers le nord, il pénètre dans la Phrygie, et arrive à *Sagalassus*, que Tite Live (2) présente comme très-fortifiée dans un territoire fertile et bien peuplé. Les habitans de Celanœ voulurent inutilement lui opposer de la résistance. Cette ville, située au confluent du petit fleuve *Marsyas* dans le Méandre, est devenue célèbre par les Fables des poètes (3). Enfin il parvient à *Gordium* sur le Sangare, ancien et fameux séjour du roi Midas. Cette ville dépendoit de la Phrygie, avant que les Galates se fussent répandus dans une partie de cette province. Alexandre, qui avoit le dessein d'y rassembler ses troupes, fut curieux de voir le nœud Gordien si renommé (4). Une ancienne tradition, encore en vogue de son

---

(1) Ainsi étoit désignée une partie de la Lycie vers le nord, laquelle s'étendoit au-delà sur la frontière commune de la Pisidie et de la Phrygie, voisine des montagnes. C'étoit le centre de la demeure d'un ancien peuple, les *Solymi*, et d'une petite contrée nommée *Cabalia*, limitrophe de la Lycie et de la Pamphylie.

(2) Liv. lib. xxxvii, cap. 23.

(3) A *Celanœ*, presque dans le même emplacement, a succédé *Apamea* surnommée *Cibotus*, c'est-à-dire coffre ou magasin, connue aujourd'hui sous le nom d'Aphione-Karahisar, qui signifie château noir d'Opium, et peut donner à croire que ce soporatif, fort en usage dans le Levant, y est préparé. *Celanœ* étoit une grande ville, dans laquelle Cyrus avoit un palais et un parc rempli de bêtes sauvages, où il s'exerçoit à la chasse. C'est là que Xerxès se retira après sa défaite, et y bâtit un château et une forteresse.

(4) Gordius, Phrygien, étant un jour, dit-on, occupé à labourer son champ, un aigle vint se placer sur le joug et y resta jusqu'au coucher du soleil. Il va à *Telmissus*. En entrant dans un village, une jeune Telmissienne lui prédit tout ce qui devoit lui arriver, lui ordonna de retourner à son champ et d'offrir un sacrifice à Jupiter. Gordius la prie de l'accompagner, afin de lui montrer comment il devoit offrir ce sacrifice. Elle y consent, et même elle épouse Gordius, à qui elle donne un fils nommé Midas, qui devint dans la suite homme beau et courageux. Les Phrygiens, qui éprouvoient tous les malheurs de l'anarchie, allèrent consulter l'oracle : ils eurent pour réponse qu'ils verroient bientôt arriver dans un chariot celui qui les délivreroit des troubles dont ils étoient tourmentés. En effet Midas arrive avec son père et sa mère dans son chariot, et va se présenter au conseil. La réponse de l'oracle ayant été interprétée en sa faveur, il fut proclamé roi des Phrygiens. Midas rendit la paix à son royaume,

temps, portoit que l'empire de l'Asie étoit réservé à celui qui pourroit délier le nœud par lequel le chariot étoit suspendu. Ce nœud, formé d'une écorce de cornouiller, présentoit tant de tours et de détours, qu'on ne pouvoit en découvrir ni le commencement, ni la fin. Alexandre, qui étoit venu avec l'intention de le délier, pour augmenter la confiance de ses soldats, désespérant d'y réussir, coupa le nœud avec son sabre, en disant, au rapport de Quinte Curce : « Il n'importe comment on le dénoue » ; *sortem oraculi vel elusit, vel implevit.*

A son arrivée à *Ancyre*, la première des villes de la Galatie, toute la Paphlagonie vint lui offrir ses hommages ; il gagne ensuite la Cappadoce, dont il se rend maître jusqu'au fleuve *Halys*, et prend la route qui conduit en Cilicie (1). Déjà les Perses s'étoient emparés des portes du même nom. C'est un défilé fort étroit par lequel il faut passer pour aller de la Cappadoce à Tarse. Il continue sa route pendant la nuit jusqu'au défilé ; mais l'ennemi effrayé avoit quitté son poste avant le retour du soleil, abandonnant ainsi cette contrée au pouvoir d'Alexandre, qui en prend possession sans aucune résistance. Le service qu'il rendit à la ville de Tarse, que le gouverneur avoit dessein de piller et même de brûler avant son départ, pensa lui coûter la vie. Il essuya une maladie subite, dont on attribua la cause au bain qu'il prit dans le *Cydnus*. Ce fleuve, qui a sa source dans le mont *Taurus*, traverse la ville et roule des eaux d'une extrême fraîcheur. Alexandre, en état de poursuivre ses conquêtes, part pour *Anchiale*, bâtie sur la côte par Sardanapale (2). Il étoit à *Soli*, ancienne ville Grecque, où il avoit son camp, lorsqu'on vint lui annoncer les grands avantages que ses généraux, envoyés vers l'Hellespont, venoient de remporter sur ceux de Darius. Bien-

---

et suspendit le chariot de son père dans son palais, après l'avoir consacré à Jupiter, en reconnoissance de ce que l'oiseau du père des dieux avoit annoncé son élévation au trône.

(1) Cette province a à l'occident la Pamphylie ; à l'orient, la Syrie ; au midi, la baie d'*Issus*, et au nord la Cappadoce. On y distingue trois célèbres défilés ; le passage que s'est ouvert le fleuve *Sarus* au travers du mont *Taurus*, forme le premier appelé *Pylæ Ciliciæ* ; le second, par lequel on entre de la Cilicie dans la Syrie, se nomme *Syriæ Pilæ* ; le troisième, nommé *Pas d'Amanus*, du nom de la montagne qui, détachée du *Taurus*, pousse une branche jusqu'à l'embouchure de l'*Oroates*. Après avoir traversé le torrent *Carsus*, on se trouve resserré entre le pied de cette montagne et le rivage de la mer.

(2) Le tombeau de ce fameux roi s'y voyoit encore avec cette inscription : « *Sardanapale a bâti* Anchiale *et* Tarsus *en un jour :* VA, PASSANT ; BOIS, MANGE ET TE RÉJOUIS, CAR LE RESTE N'EST RIEN ». Inscription qui fait parler ce prince conformément à des maximes adoptées par les Orientaux qui accordent tout aux sens.

tôt il apprend que Darius lui-même traverse la Syrie ; il se hâte d'aller à sa rencontre, passe le défilé, campe près de la ville que Strabon appelle *Myriandrus*, non loin du golfe *Issus*. Le roi de Perse, se laissant conduire par les conseils de quelques courtisans aussi présomptueux qu'inhabiles, avoit imprudemment passé le torrent *Carsus* ; déjà même il étoit arrivé à *Issus*, où il fit périr par l'épée quelques Macédoniens qu'il y rencontra. Alexandre, étonné de ce que ce prince avoit quitté un pays ouvert et uni pour s'enfoncer dans un lieu étroit et resserré, ne tarda pas à lui faire connoître les avantages que donnent la prévoyance et la valeur. Le 30 septembre de l'an 333 avant J. C. fut livrée près d'*Issus* cette fameuse bataille où le prince Persan eut la douleur de voir son armée mise en déroute, et lui-même fut forcé de chercher son salut dans la fuite. Le vainqueur s'empara de sa tente, où il trouva Statira, épouse de ce monarque ; Sisygambis, sa belle-mère ; ses filles et un de ses fils encore enfant. Jeune et respectueux, il eut pour cette famille auguste tous les égards dus au rang suprême et au malheur. Les deux reines avoient leur cour dans son camp comme elles l'auroient eue dans le palais de Suse ou de Persépolis ; mais rien ne peut dédommager de la perte d'un trône et de la liberté. Parménion reçut l'ordre de se rendre maître de Damas, de s'emparer du trésor, du bagage, en un mot, de tout ce que le prince malheureux y avoit fait déposer.

Alexandre, après cette victoire, engage les princes voisins à s'attacher à lui, et traite ceux qui le reconnoissent pour souverain comme d'anciens et fidèles sujets. Ensuite il se rend à *Marathus*, ville considérable de Phénicie, à quelque distance de la mer. Il y séjourne et prend toutes les mesures nécessaires pour affermir sa domination sur les contrées nouvellement conquises. Pendant son séjour, Darius lui envoya des ambassadeurs qui réclamèrent inutilement la liberté de sa famille. Sans doute le héros Macédonien se seroit montré plus magnanime, si, ne se bornant pas à plaindre et à traiter avec respect ces augustes captives, il avoit rompu leurs fers, rendu une mère à son fils, une femme à son époux, de jeunes princesses à un père trop malheureux ; mais, en attaquant les Perses par ambition et par vengeance, il crut ne devoir être que politique à leur égard, et ne voulut pas rendre des princesses dont la captivité pouvoit servir ses projets. Déjà il avoit conquis la Lydie, l'Ionie, la Carie, la Pamphylie, la Cappadoce, pour ainsi dire en les parcourant ; la bataille d'*Issus* mit le comble à sa gloire. Il consacra sur le *Pinarus* trois autels, l'un à Jupiter, l'autre à Hercule et le troisième à Minerve, comme autant de monumens de sa victoire. Les villes maritimes députèrent vers lui pour le féliciter de ses succès. Tyr fut du nombre. Avant la captivité des Juifs à Babylone, cette ville passoit pour une des plus anciennes et des plus florissantes du monde (1). Alexandre témoigna aux Tyriens le désir d'y entrer pour offrir un sacrifice à Hercule, qui en étoit le dieu tutélaire. Sur leur refus, à l'approche du printemps, le siége fut résolu. Tyr étoit située dans une île et entourée d'une muraille fort élevée; ses habitans, habiles marins, pouvoient d'autant mieux se défendre que les Macédoniens n'avoient point de flotte. Pour y suppléer, Alexandre imagine de construire une chaussée qui s'étendoit depuis le continent jusqu'à l'île, afin d'établir ses machines et de battre la muraille en ruine. Les décombres de l'ancienne Tyr y furent employés; le mont Liban, qui n'étoit pas éloigné, fournit les cèdres pour la charpente et pour le pilotage; l'île fut jointe à la terre ferme (2). Mais Alexandre, voyant que, sans le secours d'une flotte, son entreprise ne pouvoit réussir, songeoit aux moyens de s'en procurer une, lorsque les rois d'*Aradus*, de *Biblos*, un grand nombre des princes Cypriens et les habitans de Sidon vinrent lui offrir leurs services dans le port de cette dernière ville avec une flotte de cent vingt voiles. Il dut cette offre obligeante à la générosité dont précédemment il avoit usé envers ces peuples. Après un siége de sept mois, soutenu par les assiégés avec le plus grand courage, Tyr fut prise, l'an 332 avant J. C., et détruite de fond en comble. Le vainqueur, comme s'il n'eût voulu faire la guerre qu'aux Tyriens, laissa le roi de Tyr sur le trône, le traita avec bonté, et ensuite releva la ville sur de nouveaux fondemens.

Quoiqu'à l'approche de l'hiver, le jeune conquérant se transporte de Phénicie en Judée, avec l'intention de punir les Juifs qui, plus attachés que les Samaritains à la fidélité qu'ils devoient à Darius, avoient refusé des vivres à son armée pendant le siége de Tyr, et médite la ruine de Jérusalem. Frappé d'étonnement et de respect à la vue du grand prêtre Jaddus, revêtu de ses habits pontificaux, il s'avance vers lui, se prosterne, et adore le nom de Dieu écrit sur une lame d'or que le grand prêtre portoit au front. Il se rend ensuite

---

(1) Tyr avoit été bâtie par les Sidoniens, 240 ans avant la construction du temple de Jérusalem, 1,252 ans avant J. C. L'an 719 avant J. C., elle fut inutilement assiégée par Salmanazar, roi d'Assyrie. L'an 572, Nabuchodonosor y mit le siége et ne la prit que treize ans après; mais, avant la prise, les habitans s'étoient retirés avec tout ce qu'ils avoient pu emporter dans une île voisine, où ils bâtirent une nouvelle ville. L'ancienne fut rasée jusqu'aux fondemens et n'a plus été qu'un simple village connu sous le nom de *Palæ-Tyrus*.

(2) C'est donc par erreur que, dans un extrait du Voyage de Néarque, le rédacteur d'un Journal, a avancé que le génie d'Alexandre commença de se déployer sous les murs de Tyr, lorsqu'il imagina de brider la mer par le moyen d'une digue, afin d'empêcher les Tyriens de recevoir aucuns secours.

à Jérusalem, accompagné de Jaddus, monte au temple, et offre des sacrifices à Dieu selon les cérémonies prescrites par la loi de Moïse. Jaddus lui lit quelques passages des prophéties de Daniel, dans lesquelles le prophète l'annonçoit comme le destructeur de l'empire des Perses, en termes aussi clairs que s'il avoit été lui-même témoin de l'événement et des circonstances qui l'accompagnèrent. Jérusalem fut conservée, et le roi, avant son départ, promit aux Juifs de les maintenir constamment dans la possession de leurs priviléges.

Gaza étoit la seule place dans cette contrée qui restât sous l'obéissance du roi de Perse, et dont il falloit qu'Alexandre se rendît le maître pour entrer en Egypte. Gaza soutint un siége de deux mois ; elle fut prise d'assaut, l'an 331 avant J. C., et toute la garnison passée au fil de l'épée. Cette ville a été rétablie depuis. Après cette expédition, le héros infatigable passe en Egypte ; en sept jours il arrive à *Pelusium*, le rempart et la clef de l'ancienne Égypte. La haine que les habitans portoient aux Perses les détermine à se soumettre, pour être délivrés de l'insolence et des outrages qu'ils enduroient tant pour eux-mêmes que pour leur religion. En quittant *Pelusium*, il s'embarque sur le Nil, qu'il remonte jusqu'à une certaine hauteur. Ayant mis pied à terre, il laisse le fleuve à sa droite pour se rendre à *Heliopolis*, ville du Soleil. De cette ville, où il fait un bref séjour, il va à Memphis, qui lui ouvre ses portes, de manière que, sans aucune opposition, à la fin de l'été de l'an 332 avant J. C., il se voit le maître de toute l'Egypte. Il offre, en grande pompe, plusieurs sacrifices non seulement aux divinités de la Grèce, mais aussi à Apis, dieu des Egyptiens. De Memphis, il descend le long du Nil jusqu'à la mer. En faisant le tour de *Canopus*, lieu décrié par la licence qui y régnoit, il remarque sur la côte, vis-à-vis de l'île de Pharos, un emplacement très-propre à bâtir une ville : c'est là que, l'an 331 avant J. C., fut bâtie Alexandrie, qu'il vouloit rendre le centre du commerce de toutes les nations (1). Il avoit formé le projet d'aller visiter le temple de Jupiter Ammon (2). Ce temple étoit situé au milieu des déserts sablonneux de la Lybie, à douze journées de Memphis ; il y arrive après de longues fatigues. C'étoit, selon Arrien, pour consulter

---

(1) Suivant Varron, dans le temps que l'on bâtissoit cette ville, on trouva en Egypte l'usage du *papyrus*.

(2) Cham, fils de Noé, commença, après le déluge, à peupler l'Egypte et la Lybie. Lorsque l'idolâtrie s'introduisit dans le monde, il devint la grande divinité de ces deux contrées, où sa postérité étoit demeurée. C'est lui que les Grecs appeloient *Zeus*, Jupiter, et les Egyptiens *Ammon*.

lui-même l'oracle de Jupiter, qui lui fit une réponse très-favorable. Cet auteur ne dit point en quoi consistoient la demande et la réponse (1). De retour à Memphis, il trouve des députés de presque tous les états de la Grèce, envoyés pour le féliciter sur son voyage.

L'armée étoit rassemblée à Tyr, Alexandre s'y rend et y séjourne quelque temps pour établir l'ordre dans les pays conquis; il y étoit encore, lorsqu'il apprend la mort de Statira. Cette infortunée princesse venoit de mourir en couche. Un eunuque avoit annoncé cette triste nouvelle à Darius. Ce prince, informé du respect que le vainqueur avoit toujours porté à sa femme, de la douleur que cette mort lui avoit causée, et des honneurs funèbres rendus à son rang, levant les mains au ciel, s'écria : « Dieux de ma patrie! daignez » me raffermir sur le trône; mais si le destin a prononcé, si c'en est fait de » Darius et de la monarchie des Perses, grands dieux! que le sceptre de Cyrus » ne passe qu'entre les mains d'Alexandre! » De Tyr, Alexandre prend la route qui conduit à *Thapsacus*, grand passage de l'Euphrate, par lequel on entre en Mésopotamie. Il y trouve les débris d'un pont qui avoit facilité la fuite de Darius, après la journée d'*Issus*. Ce roi avoit ordonné à un de ses généraux de garder le pont avec un corps de cavalerie; mais cet officier, soit par lâcheté, soit par une fausse politique, l'avoit fait rompre et s'étoit retiré après avoir ravagé tous les lieux où l'armée Macédonienne devoit passer.

Le pont est bientôt réparé, l'armée passe le fleuve et traverse une partie de la Mésopotamie. Le héros Macédonien dans la route est instruit que Darius est campé sur la rive gauche du Tigre avec toute son armée pour lui en disputer le passage. Faire traverser à une armée un fleuve aussi rapide que le Tigre, auroit été une entreprise téméraire et en apparence impossible à tout autre général; mais sur ce nouveau théâtre, le héros redouble d'activité et fait des conquêtes même sur la nature. Il est vrai que l'armée, parvenue à l'autre bord, étoit tellement épuisée, que Darius pouvoit aisément la mettre en fuite, s'il avoit osé l'attaquer, sans lui donner un instant de repos. La nombreuse armée Persane étoit postée près d'un bourg nommé *Gaugamela* (2),

---

(1) Plutarque dit positivement que ce prince, selon toutes les apparences, avoit fondé sa divinité sur une faute du grand prêtre qui, voulant le complimenter en grec, en l'appelant *Paidion*, qui veut dire *mon fils*, lui dit *Paidios*, c'est-à-dire fils de Jupiter.

(2) Ce nom, selon Strabon, signifie *maison du chameau*, ou, suivant d'autres, *le tribut du chameau*. Plutarque rapporte que ce fut en ce lieu que Darius, fils d'Hystape, ancien roi de Perse, s'étant sauvé sur un chameau, imposa un tribut sur les habitans pour nourrir cet animal. Ce lieu étoit destiné pour la nourriture des chameaux fatigués qui passoient en Scy-

dans l'Adiabène d'Assyrie. Alexandre avoit choisi un camp bien fortifié à quinze milles de ce lieu, afin de mettre en sûreté les bagages et les soldats malades ou blessés. Parménion lui donnant le conseil d'attaquer pendant la nuit : *Je ne veux point*, lui dit-il, *dérober la victoire ; je veux combattre et vaincre en plein jour*. Réponse pleine de prudence et digne d'un grand capitaine qui ne donne rien au hasard. Le lendemain l'attaque commence ; des deux côtés même courage, même animosité. La victoire fut long-temps incertaine ; mais le héros sut la fixer autant par sa prudence que par sa valeur. Telle fut l'issue de cette bataille qui le rendit maître de l'Asie. Elle se donna le 2 octobre de l'an 331 avant J. C.

Darius détrôné se réfugie dans la Médie, où Alexandre, ne jugeant pas à propos de le poursuivre, passe le fleuve *Lycus*, entre dans Arbèle, et s'empare de toutes les richesses que le prince Persan y avoit laissées. Forcé d'abandonner la ville, à cause de l'infection des corps morts dont la campagne étoit couverte, il dirige sa marche par les plaines vers Babylone (1), et en quatre jours il arrive à *Memnis*, où se voit dans une caverne la fameuse fontaine qui jette le bitume en si grande abondance, que l'on prétend qu'il a servi à la construction des murailles de Babylone. Le général, chargé de s'opposer au passage du Tigre comme à celui de l'Euphrate, mais qui, sans doute, n'aimoit pas le bruit des armes, commandoit dans cette place. Sur la nouvelle qu'Alexandre s'avançoit à la tête de son armée, il va, sans perdre de temps, lui en remettre les clefs. Les Babyloniens, fatigués de la domination Persane, allèrent au devant du jeune conquérant, et lui offrirent de magnifiques présens avec de grandes acclamations de joie. Il séjourne dans cette ville pendant un mois, cherchant à gagner l'affection des peuples et à se rendre favorables les prêtres Chaldéens. Il rétablit les priviléges, les droits et les revenus dont les Perses les avoient dépouillés. De Babylone il se rend en vingt jours à *Susa*, capitale de la Susiane. Le gouverneur vint à sa rencontre jusqu'au fleuve *Choaspes* (2), avec des présens dignes d'un roi, laissant à sa disposi-

---

thie. C'est de là qu'il a pris son nom. Comme il étoit peu considérable, et qu'*Arbela*, ville voisine, étoit fort connue, les Macédoniens aimèrent mieux désigner la bataille et leur victoire par ce nom.

(1) Babylone bâtie par Nemrod, et où il établit les fondemens de son empire, dont elle fut la capitale, étoit la plus ancienne du monde, la plus belle et la plus peuplée.

(2) L'eau du fleuve passoit pour être si délicieuse à boire, que les rois de Perse, quelque part qu'ils allassent, n'en buvoient point d'autre. On en portoit toujours à leur suite dans des vases d'argent, après l'avoir mise sur le feu. Le milieu du pays est traversé par le fleuve

tion des richesses de toute espèce déposées dans la ville, fruit des vexations exercées sur les peuples pendant plusieurs siècles. Résolu de poursuivre ses conquêtes, il laisse à Suse la mère et les enfans de Darius, accompagnés d'un homme de confiance, afin d'entretenir une correspondance avec ces illustres captifs sans le secours d'aucun interprète. Il passe l'*Oroates*, que Quinte Curce confond avec le *Pasitigris* (1), et pénètre dans le pays des *Uxii*, voisin de Suse, lequel s'étend jusqu'à la frontière de la Perse, ne laissant qu'un petit défilé entre elle et les Susiens. Les habitans de la plaine n'opposèrent aucun obstacle ; mais ceux des montagnes, ayant voulu exiger une somme qu'ils prétendoient leur avoir été toujours payée par les rois de Perse en reconnoissance du passage qu'ils accordoient, virent leurs maisons pillées et brûlées. Cette folle insolence auroit été plus sévèrement punie, si la mère de Darius n'avoit intercédé en leur faveur auprès du roi, qui leur fit grace en leur imposant des contributions.

Après avoir traversé la chaîne de montagnes qui se prolonge jusque dans la Perse, Alexandre va droit à *Persepolis*, dans le dessein de détruire cette ville comme la plus fatale aux Grecs, l'ancienne résidence des rois et la capitale de l'empire. Déjà les Perses l'avoient abandonnée. Il y entre à la tête de son armée. Le soldat, avide de butin, faisoit main basse sur tout, mais Alexandre le fait rentrer dans les bornes du devoir ; il prit pour lui, ou plutôt pour récompenser ses généraux, les richesses déposées dans le palais. Avant de partir, il leur donna un grand festin, où l'on but avec excès. Entre les femmes qui y furent admises, étoit Thaïs, née dans l'Attique, alors maîtresse de Ptolémée, qui dans la suite fut roi d'Egypte. Sur la fin du repas, cette courtisanne dit plaisamment « qu'elle auroit une très-grande joie, si,
» pour finir noblement cette fête, elle pouvoit brûler le magnifique palais de
» Xerxès, qui avoit brûlé Athènes, et le flambeau à la main y mettre elle-
» même le feu en présence du roi, afin que l'on dît par toute la terre que les
» femmes qui avoient suivi Alexandre à son expédition d'Asie, avoient bien
» mieux vengé la Grèce de tous les maux que les Perses lui avoient faits, que
» tous les généraux qui avoient combattu pour elle et par terre et par mer ».
La ville, le magasin de toute la Perse, fut livrée au pillage, et le feu consuma le plus superbe palais qui ait peut-être jamais existé.

Eulæus, qui prend aussi le nom de *Choaspes*, en perçant, pour arriver à la capitale, une montagne dont le nom de Koh-Asp signifie en persan *montagne du cheval*.

(1) La partie inférieure du Tigre, depuis la jonction de l'Euphrate, s'appelle *Pasitigris*. Du temps d'Alexandre, ce fleuve ne communiquoit à la mer qu'après avoir traversé une lagune nommée Marais Chaldaïque, *Chaldaicus Lacus*.

Alexandre étoit encore sur les lieux, lorsqu'on vint lui annoncer que Darius, avec les débris de son armée, étoit à Ecbatane capitale de la Médie (1). Il part à la fin du printemps de l'an 330, bien décidé à poursuivre ce prince fugitif, et dans l'espace de douze jours il est à *Tabas*, trois jours après à Ecbatane que Darius avoit quittée depuis cinq jours, pour se retirer dans les provinces les plus éloignées de son royaume. Voulant donner quelque temps de repos à ses soldats, il charge Parménion de faire transporter dans le château de cette ville, sous la garde de six mille fantassins Macédoniens et d'un bon corps de cavalerie, toutes les richesses amassées dans la Perse. Tourmenté par le désir de la vengeance, et peut-être plus encore par les chagrins domestiques que lui causoient les intrigues artificieuses de sa mère Olympias, le héros persiste dans sa poursuite; il gagne *Ragæ*, ville qui ne le cède qu'à la capitale; elle est située à une grande journée des Portes Caspiennes, *Caspiæ Pylæ*, fameux défilé par lequel on entre dans le pays qui borde la mer de même nom, vers le midi. Déjà Darius avoit franchi le défilé. Désespérant alors d'atteindre son ennemi, il campe auprès d'*Hecatompylos* (2) ville aux cent portes, que Ptolémée donne pour capitale à l'extrémité de l'ancienne Médie qu'il appelle *Parthia*. Il s'arrête plusieurs jours dans ce canton riche et fertile, afin de procurer du repos à ses troupes. Guidé par le génie des conquêtes, il pénètre chez les *Mardes*, uniquement parce qu'aucun prince avant lui n'avoit eu la pensée d'entrer dans un pays stérile et hérissé de rochers. Ce peuple, retiré dans des montagnes presqu'inaccessibles, ne vivoit que de rapines. Pendant cette expédition, quelques Mardes avoient trouvé moyen de surprendre Bucéphale le cheval du roi, et l'avoient emmené. Alexandre, sensible à la perte d'un cheval qui lui étoit cher par ses excellentes qualités et par les longs services qu'il lui avoit rendus dans les combats, fit publier au son de trompe dans la langue du pays, que, si on ne lui amenoit pas son cheval dans le même état où on l'avoit pris, il mettroit toute la contrée à feu et à sang. Les Barbares effrayés renvoyèrent sur-le-champ Bucéphale avec des députés chargés d'offrir des présens au roi et de lui rendre hommage au nom de toute la nation. Les *Tapuri* occupoient les Portes Caspiennes; il leur enlève

---

(1) C'est dans les plaines de la Médie que l'on trouve les *Nysæi Campi*, ou plaines de Nysa, renommées par des haras nombreux d'où sortoient des chevaux très-estimés.

(2) Ainsi nommée parce qu'elle présente différentes routes qui conduisent aux pays d'alentour. Quinte Curce (lib. VI, cap. 2), dit que, bâtie par les Grecs, elle étoit alors célèbre; mais Alexandre l'ayant trouvé fondée, en quel temps les Grecs l'ont-ils bâtie?

leur indépendance et se rend maître de *Zadra-Carta* ville principale de la contrée et qualifiée ville royale d'Hyrcanie (1). Il y séjourne quinze jours, pendant lesquels il célèbre des jeux solemnels et offre des sacrifices aux Dieux de la Grèce avec toute la pompe et la magnificence des rois de l'Asie.

Alexandre, parcourant ainsi le monde, entre dans la province nommée *Aria;* passe à *Susia* pour arriver à *Aria* capitale de la contrée, surnommée *Artacona*, comme étant la résidence royale. Il réduit les habitans qui, avec leur chef, s'étoient révoltés. Une partie est condamnée à la mort, les autres sont vendus comme esclaves. Descendant vers le pays des *Zarangœi* autrement appelés *Drangœ*, dont la ville principale est *Prophtasia*, il trouve sur son passage le lac *Aria*, nommé aujourd'hui *Zéré*, du nom de *Zaris* ville construite sur ses bords; il en bâtit une autre de son nom à quelque distance. Les Zarangues, ayant à leur tête un des complices de Bessus, dont il sera parlé, paroissoient résolus à faire une vigoureuse résistance. Mais la renommée d'Alexandre leur inspira une si grande frayeur, qu'ils prirent la fuite. Le chef, craignant d'être livré aux Macédoniens, se disposoit à chercher une retraite au-delà de l'Indus, lorsque les Zarangues eux-mêmes, soit par crainte, soit par la haine du crime commis sur la personne de Darius, le firent remettre entre les mains du roi qui, à l'instant même, le condamna à mort. Il entre ensuite chez les *Ariaspœ*, surnommés *Evergetœ* (2), les Bienfaisans. Ce peuple étoit distingué par sa sagesse et son humanité. Le conquérant éprouva que les descendans n'avoient point dégénéré. Il séjourne quelque temps à *Ariaspe*, pour célébrer une fête en l'honneur d'Apollon, et leur accorde des terres voisines qu'ils lui avoient demandées. Marchant vers l'orient, il pénètre dans l'Arachosie, contrée particulière sur les limites de l'Inde. Les habitans se soumettent sans répugnance; il prend possession d'*Arachotus* la capitale, et bâtit une ville de son nom sur le fleuve. Tournant ensuite vers le nord pour gagner

---

(1) Il n'est pas facile de déterminer les limites de l'Hyrcanie. En les prenant à l'embouchure du fleuve nommé *Sideris*, où la mer, que communément on appelle Caspienne, commence à prendre, selon Pline, le nom de *Mare Hyrcanum*, c'est se borner à l'angle que forme cette mer entre l'orient et le midi.

(2) Lorsque Cyrus, fondateur de l'empire des Perses, traversa leur pays pour aller attaquer les Scythes, il se trouva dans une si grande disette de vivres, que les soldats se mangeoient les uns les autres. Ce peuple généreux le tira de cette cruelle situation en lui fournissant trente mille charges de toutes espèces de vivres. Ce prince, pour reconnoître un si grand bienfait, les surnomma *Evergètes*.

la Bactriane, malgré la rigueur de l'hiver, ce prince toujours infatigable veut franchir le mont *Paropamisus*, un des plus élevés qui soient en Asie. La chaîne de cette montagne, qui borne d'un côté la Bactriane, se courbe de l'autre sur la frontière de l'Inde; les Macédoniens, pour flatter leur roi, lui donnèrent le nom de Caucase. Le pays, qui en tire le nom de *Paropamisus*, et les *Paropamisadæ* qui l'occupent, appartiennent plus à l'Inde qu'à l'Arie. Un lieu nommé *Carura* ou *Ortospana*, précède immédiatement le passage de la montagne. *Alexandria*, construite au-delà de ce passage, est Indienne. Alexandre, examinant le pays, le trouve par-tout uni, sans arbres, couvert de neige et parsemé de villages. Les habitans, pourvus de vivres, se renfermoient pendant l'hiver dans des maisons de briques, dont la forme se terminoit en cône vers le toit, au milieu duquel ils pratiquoient une ouverture pour la lumière et la fumée. Les soldats eurent beaucoup à souffrir dans un pareil climat.

Darius, retiré dans la Bactriane, avoit fait savoir à Alexandre que Bessus, gouverneur de cette contrée, ayant soulevé les troupes qu'il commandoit, s'étoit saisi de sa personne, l'avoit chargé de fers et emmené prisonnier. Le perfide Bessus, informé que le général Macédonien étoit à sa poursuite, avoit fait poignarder ce malheureux prince (1), se flattant qu'Alexandre, content de ses conquêtes, dont cette mort lui rendoit la possession plus assurée, souffriroit qu'il régnât dans la Bactriane et sur quelques provinces éloignées, où il espéroit d'ailleurs avoir le temps de se fortifier par des alliances avec des nations Scythes. En conséquence de ce plan, il prend, avec le diadême et le titre de roi de Perse, le nom d'Artaxerce. Alexandre, animé par le double motif de vengeance et de punition, crut ne devoir pas lui laisser le temps de recueillir le fruit de son crime. La Bactriane et la Sogdiane étoient des contrées très-fortes par leur situation et par la valeur belliqueuse des habitans. Après seize jours de marche forcée à travers les montagnes, il entre dans la Bactriane; il rencontre sur sa route une ville nommée *Drapsaca* où il fait reposer son armée. Après avoir franchi tous les obstacles, il s'avance vers *Bactra* ou *Zariaspa* la ville principale dont il se rend maître et va s'emparer en même temps d'une place connue sous le nom d'*Aornos*, nom qui paroît

---

(1) La mort de Darius est, selon Arrien, du dixième mois après la bataille d'Arbèle, et par conséquent du mois de juin 330 avant J. C., la troisième année de la cent douzième olympiade. Il étoit âgé de cinquante ans, après six ans de règne. Avec ce prince finit l'empire des Perses, qui avoit duré 206 ans, depuis le commencement du règne du grand Cyrus son fondateur, sous treize rois.

commun à plusieurs places fortes par leur assiette. Les habitans de *Bactra*, qui jusqu'alors avoient paru très-attachés à Bessus, l'abandonnèrent pour se soumettre au Macédonien.

Bessus, dans sa fuite, ravagea tout le pays entre le *Paropamisus* et l'*Oxus*, passa ce dernier fleuve avec son armée, brûlant tous les bateaux dont il s'étoit servi, afin de rendre le passage impraticable. Il se retira à *Nautaca* en Sogdiane, avec l'espoir qu'après de telles précautions, le Macédonien seroit obligé de renoncer à sa poursuite. Mais Alexandre, contre le gré de ses généraux, se décide à passer l'*Oxus*. La largeur du fleuve, sa profondeur, la rapidité de son cours, tout semble irriter le courage du conquérant. Point d'arbres dans les environs, aucun bois pour construire des barques. Son génie lui donne l'idée d'une nouvelle construction de bateaux ; elle consistoit en une très-grande quantité de peaux remplies de paille et d'autres matières sèches sur lesquelles toute l'armée traverse le fleuve en six jours, et, le 12 ou le 13 de novembre de l'an 330 avant J. C., il est sur le territoire de la Sogdiane. Il dirige sa marche directement au camp de Bessus qu'il trouve abandonné. Le même jour, un des principaux officiers de ce traître l'amène lié, garrotté, nud et la chaîne au cou. Conduit d'abord à *Bactra*, il fut jugé dans le conseil des généraux Macédoniens, ensuite envoyé dans le même état à Ecbatane pour être jugé de nouveau par l'assemblée des Persans et des Mèdes conformément aux lois de leur nation (1). Alexandre continue sa route vers *Maracanda* capitale de la Sogdiane, s'en empare, y laisse une forte garnison, brûle et ravage tout le plat pays. Il se disposoit à passer l'*Iaxartes* qui baigne le pays des Scythes et que les anciens donnent pour borne à la Sogdiane, lorsque les Abiens, peuple célèbre de la Scythie (2), lui envoyè-

---

(1) Suivant Plutarque, on fit courber par force des arbres l'un vers l'autre ; on attacha à chacun de ces arbres un des membres du parricide ; ces arbres, en reprenant leur état naturel, se redressèrent avec tant de violence, qu'ils emportèrent chacun le membre qui y étoit attaché.

(2) Quinte Curce fait dire à ces députés : « Tu nous auras pour gardiens et de l'Asie et de » l'Europe. Nous ne sommes séparés de la Bactriane que par le Tanaïs ; *Bactra, nisi dividat* » *Tanaïs, contingimus* (lib. vii, cap. 9). Au-delà du Tanaïs, nous nous étendons jusqu'à » la Thrace. On dit que la Macédoine se joint à la Thrace. Nous sommes placés sur les limi- » tes de ces deux empires ; vois si tu veux nous avoir pour amis ou pour ennemis ». Cette harangue, mise dans la bouche de ces Scythes, renommés comme les plus justes d'entre les hommes, prouve le peu de connoissances géographiques de cet historien. Il est constant que ce qu'il appelle le Tanaïs est ici l'Iaxarte qui sépare la Scythie de la Sogdiane, où étoit alors Alexandre. En termes plus clairs, il dit encore: « Le Tanaïs sépare les Bactriens des Scy-

rent des députés à *Maracanda* pour demander la paix ; ils étoient accompagnés de quelques députés des Scythes Européens. Mais ces Barbares ayant appris qu'Alexandre avoit choisi un lieu propre à bâtir une ville sur l'*Iaxartes*, pour tenir en respect ceux qu'il avoit déja subjugués et les autres auxquels il réservoit le même sort, prirent les armes, massacrèrent les garnisons Macédoniennes, se joignirent aux Bactriens et aux Sogdiens qui s'étoient révoltés. Le roi, irrité de cette perfidie, détruit plusieurs villes, et va en personne former le siége de *Cyropolis* (1), où il fut blessé. Quinte Curce observe qu'il avoit eu d'abord l'intention d'épargner cette ville et ses habitans en faveur de Cyrus qui en étoit le fondateur, mais que l'ayant prise d'assaut, il l'abandonna au pillage, la rasa jusqu'aux fondemens, l'an 329 avant J. C, et bâtit la ville de son nom dans le voisinage, pour servir de forteresse contre les Scythes.

De là Alexandre passe à *Gabœ* ville forte dans une contrée que Quinte Curce nomme *Xenippa* et qu'il dit être voisine de la Scythie et très-peuplée à cause de la fertilité de son terroir. Le roi prend de force une place désignée par le nom de *Petra* ou de Roche qui gardoit un défilé dans le canton nommé *Naura*. Maître de cette roche, il entre dans la Bazarie ayant pour ville *Basistis* sur l'Oxus. Cette contrée renfermoit un grand nombre de parcs peuplés de bêtes féroces. Le roi y prit le plaisir de la chasse qui l'exposa à un grand danger. Un lion d'une grandeur extraordinaire vint droit à lui ; il le

---

» thes que l'on nomme Européens ; *Bactrianos Tanais ab Scythis, quos Europœos vocant,* » *dividit ; idem Asiam et Europam finis interfluit.* Ce même fleuve sert de limite à l'Asie et » à l'Europe ». A ces traits on ne peut méconnoître le Tanaïs, et cependant les Macédoniens en étoient éloignés de plus de quatre cents lieues. Ce qu'il y a de plus étonnant, c'est que Ptolémée, Plutarque, Arrien, aient commis la même erreur en distinguant le Tanaïs du Iaxarte. Strabon seul place les Scythes Abiens dans la Scythie Européenne, quoiqu'ils paroissent appartenir à l'Asie. Quinte Curce confond sans cesse le Pont-Euxin avec la mer Caspienne. En parlant de la Bactriane, il dit que les vents qui soufflent du Pont-Euxin bouleversent les sables des plaines de la Bactriane ; *cùm vero venti à Pontico mari spirant, quidquid sabuli in campis Bactrianæ jacet, converrunt.* S'il fait mention des Arachosiens, situés à l'orient de la mer Caspienne, il dit que leur pays s'étend jusqu'au Pont-Euxin ; *quorum regio ad mare Ponticum pertinet.* Strabon attribue aux historiens d'Alexandre ce désordre géographique, et l'on ne peut entendre ce qu'ils disent des expéditions de ce prince, si l'on n'est au fait de cette confusion de mers, de fleuves et de régions.

(1) Ptolémée l'appelle *Cyreschata*, construite sur le bord citérieur du Iaxarte par Cyrus, dans son expédition contre les Massagètes, ou les Grands Gètes, et dont le nom, par sa terminaison, exprime la position la plus reculée. *Alexandria*, avec le surnom d'*Ultima*, répond en latin à ce qui est grec dans la terminaison précédente.

tua d'un seul coup (1). Mais les Macédoniens, effrayés du péril qu'il avoit couru, ordonnèrent, suivant la coutume de leur pays, que le roi n'iroit plus à la chasse à pied et sans être accompagné de quelques-uns de ses officiers. Il retourne à Maracanda (2) pour tirer vengeance de la rebellion des Sogdiens qui refusoient d'obéir au gouverneur qu'il avoit établi. Ils s'étoient retirés dans une forteresse appelée *Petra Oxiana,* ou Rocher d'Oxus. Il y avoit aussi une ville nommée *Oxiana*, où étoit le grand passage du fleuve. Le rocher, escarpé de tous les côtés, s'élevoit fort haut, et ne présentoit qu'un sentier taillé dans le roc par où l'on pouvoit y monter. Alexandre, avant d'entreprendre le siége, fit proposer aux Sogdiens de se rendre; mais leur chef, croyant sa forteresse imprenable, outre plusieurs propos insultans, demanda si Alexandre, qui pouvoit tout, pouvoit aussi voler et si la nature lui avoit aussi donné des ailes? Cette réponse insolente aigrit tellement le prince Macédonien, qu'il résolut de combattre contre la nature. La ruse et la valeur trouvèrent le moyen de gravir jusqu'au sommet et d'arborer le signal dont on étoit convenu. Alexandre envoya une seconde fois pour les sommer de se rendre, en leur assurant qu'il avoit dans son armée des soldats ailés. La vue des soldats Macédoniens, qui parurent en effet au haut de la roche et leurs cris de joie causèrent aux assiégés une si grande terreur, qu'ils livrèrent la place sans s'informer du nombre des ennemis. Après la prise de ce rocher, Alexandre érige plusieurs autels sur le bord de l'*Oxus* et établit ses quartiers d'hiver à *Bactra*. Avant de quitter cette ville, il s'empare d'une autre place sous le nom d'*Aornos*, et non loin il construit une ville de son nom.

Départ d'Alexandre pour les Indes.

Alexandre, ayant pourvu à la tranquillité de toutes les contrées qu'il avoit conquises, forme le projet de passer dans les Indes (3), parce que Bacchus et Hercule, tous deux fils de Jupiter comme lui, avoient pénétré jusque-là. Pour l'exécuter, il part de Bactra et se rapproche du Caucase

---

(1) Quint. Curt. lib. VIII, cap. 1.

(2) Ce fut dans cette ville, qu'au milieu d'un repas, il tua Clitus, le plus fidèle de ses amis, qui avoit osé lui dire la vérité.

(3) Ptolémée divise l'Inde en deux parties; l'Inde en deçà du Gange, *India intrà Gangem*; et l'Inde au-delà du Gange, *India extrà Gangem*. On seroit porté à croire que cette vaste région de l'ancienne Asie auroit reçu son nom du fleuve qui traverse, du nord au sud, tout ce qu'elle a d'étendue limitrophe aux pays extérieurs. Mais il faut savoir que, dans le pays, ce fleuve est appelé *Sinde*, d'un terme général désignant fleuve ou rivière, ce qui con-

dans l'espace de dix jours. L'an 328, il arrive à Alexandrie ville fondée par lui près du fleuve *Cophes*, lorsqu'il s'avançoit vers la Bactriane. La première ville qui se présente sur sa route est *Nicœa* au-delà du *Cophes*; il y offre un sacrifice à Minerve. Arrien laisse ignorer si le nom de cette ville, qui désigne une victoire, peut être attribué à quelques exploits de Bacchus ou d'Hercule. Il traverse le *Choes*. Les habitans de *Nysa*, qui prétendoient que leur ville étoit l'ouvrage de Bacchus, vinrent, comme ceux d'*Andaca*, se soumettre à l'obéissance. De là le héros gagne le fleuve auquel Arrien donne le nom d'*Euaspla*. Sur l'autre rive de ce fleuve, il rencontre les *Aspii*, qui formoient la principale nation de la contrée. A la vue des Macédoniens, ces Barbares, ayant mis eux-mêmes le feu à leur ville *Arigœum*, se sauvèrent dans les montagnes. Pour aller attaquer les *Assaceni*, il passe le *Gurœus* qui donne le nom au pays. Cette rivière très-rapide, et dont le fond étoit couvert de pierres rondes et unies, causa une peine extrême aux hommes et aux chevaux qui ne pouvoient s'y soutenir. La contrée étoit alors gouvernée par une femme, mère d'Assacine mort depuis peu de temps. Elle avoit pris à sa solde sept mille Indiens qui s'enfermèrent dans *Massaga* leur ville, fortifiée par la nature et par l'art, bien déterminés à la défendre, ainsi que quelques autres forteresses situées dans les environs. Alexandre reconnut que ce peuple étoit plus aguerri que ceux auxquels il avoit eu affaire jusqu'alors. Il fit investir la ville; mais, tandis qu'il étoit occupé à prendre connoissance des fortifications, il reçut un coup de flèche au gras de la jambe. Il en tira le fer, et, sans autre précaution, il continua sa ronde à cheval. Comme sa jambe étoit pendante, le sang coagulé lui fit éprouver une douleur qui lui arracha cet aveu : « Tous jurent que je suis fils de Jupiter; mais ma blessure me crie » et me fait sentir que je suis homme (1) ». Il y a lieu de croire qu'il n'auroit pu se rendre maître de la ville, si le général Indien n'eût pas été tué d'un trait lancé par une des machines. Peu de temps après, *Massaga* se ren-

---

vient aux temps les plus anciens, puisque le nom de *Sindus* ou *Sinthus* est cité dans l'antiquité comme étant celui de l'*Indus*.

Alexandre n'a point passé au-delà de l'Inde *intrà Gangem*; il n'a pas même été jusqu'au Gange. Cette dernière partie est renfermée entre ces deux grands fleuves. Le même géographe lui donne pour bornes vers l'occident, le *Paropamisus*, *Arachosia*, *Gedrosia*, voisines de la Perse; vers le septentrion, le mont *Imaus*; vers l'orient, le Gange; vers le midi, l'Océan ou la mer de l'Inde.

(1) *Omnes jurant me Jovis esse filium, sed vulnus hoc hominem esse me clamat* (Senec. Epist. 59).

dit ; la reine vint au devant du vainqueur avec une grande suite de dames qui lui offrirent du vin dans des coupes dont l'usage avoit été réservé jusqu'alors pour les sacrifices. Cette princesse fut rétablie sur son trône plutôt à cause de sa beauté et de son éloquence, que par un sentiment de générosité ou de compassion (1). *Ora*, ville entourée d'une forte muraille et défendue par un grand nombre d'Indiens mercenaires, ne résista pas long-temps. Alexandre y trouva plusieurs éléphans qu'il voulut employer dans son armée. Les habitans de *Basira*, en deçà de l'*Indus*, abandonnèrent leur ville pour se réfugier dans les montagnes.

Sur la route, près de la jonction du *Gurœus* avec le *Cophes*, étoit située *Peucela*, grande ville qui donnoit le nom de *Peucelaotis* à un canton particulier. Le roi descend vers *Embolima*, s'en empare et s'approche d'*Aornos* rocher dont le pied étoit baigné par les eaux de l'*Indus*. Arrien rapporte que, suivant la tradition du pays, Hercule l'ayant assiégé trois fois, un tremblement de terre l'avoit contraint d'en lever le siége. L'historien ajoute que cette assertion lui paroît destituée de vraisemblance ; en effet il est plus probable qu'elle ne fut accréditée qu'après la prise du rocher, pour relever la gloire du conquérant Macédonien. Sur ce rocher s'étoient retirés les habitans de *Basira*, bien décidés à tout souffrir pour conserver leur liberté. A eux s'étoit réuni un grand nombre de compatriotes, et tous ensemble se flattoient de rendre cette place imprenable par leurs travaux et leur courage ; mais, par ruse autant que par force, le rocher fut pris et les Indiens dispersés. Les *Sibœ* étoient un grand peuple que l'on prétendoit descendre, au rapport de Strabon, de ceux qui avoient combattu avec Hercule, lorsqu'il attaqua inutilement le rocher. Pour rappeler leur origine, comme Hercule, ils étoient couverts d'une peau de lion et portoient une massue, occupant la contrée qui s'étend entre l'*Indus* et l'*Acesines*.

Alexandre, après seize jours de marche, arrive sur le bord de l'Indus qu'il passe sans aucun obstacle sur un pont qu'il avoit fait jeter. Parvenu de

---

(1) Les historiens rapportent un événement qui caractérise la plus noire des perfidies dont Alexandre ait pu se rendre coupable. Il avoit permis aux Indiens de sortir de la ville en toute sûreté ; dès qu'il les vit en son pouvoir, il les fit massacrer sans pitié. Ces malheureux, en implorant la vengeance des Dieux, eurent beau lui reprocher qu'il violoit son serment, il leur répondit « qu'il leur avoit promis qu'ils sortiroient en toute sûreté de la ville, mais non » pas qu'il les regarderoit ensuite comme ses amis ». Croyant sa cruauté légitime par cette odieuse distinction, il les fit exterminer en sa présence, sans épargner même les femmes qui combattoient courageusement pour la défense de leurs maris.

l'autre côté du fleuve, il accorde à ses troupes un repos de trente jours dans le royaume de Taxile, qui étoit venu au devant de lui avec son armée, la mettant à sa disposition ainsi que son royaume, et lui offrant tous les secours dont il pourroit avoir besoin. Le roi lui présenta la main, le laissa en possession du royaume ; mais il mit une garnison Macédonienne dans Taxila, ville la plus considérable. Suivant Strabon, cette ville, située entre l'Indus et l'Hydaspes, étoit renommée par la sagesse de son gouvernement (1) et par la fertilité de la contrée au centre de laquelle elle étoit placée, et qui égaloit presque l'Egypte par son étendue.

Alexandre, qui sembloit avoir la mission de former et de détruire les empires, de subjuguer tous les peuples, part de Taxila pour arriver à l'*Hydaspes*. Le pont, qui avoit servi au passage de l'Indus, est transporté sur ce fleuve. Porus, qui régnoit sur une grande étendue entre l'*Hydaspes* et l'*Acesines*, étoit posté de l'autre côté de celui-ci avec une armée formidable et le dessein de s'opposer au passage. C'étoit vers le solstice d'été, où la fonte des neiges donne aux fleuves plus de largeur et de rapidité ; aussi le vainqueur de l'Asie eut-il plus d'un obstacle à surmonter. Porus, d'une habileté consommée dans le métier des armes, et dont la valeur répondoit à la grandeur de sa taille, avoit des soldats d'une complexion robuste, d'un courage à l'épreuve et réglé par une bonne discipline ; Porus, en un mot, de tous les rois de cette vaste contrée, étoit le plus digne de combattre Alexandre. Alexandre lui-même, sur le bord du fleuve, étoit fort embarrassé, lorsque la victoire, qui l'accompagnoit toujours, appela à son secours l'adresse et la ruse. Le fleuve fut passé, et Porus, deux fois vaincu, l'an 327 avant J. C., n'en fut pas moins grand. Il cède aux instances d'un Indien, nommé Méroé, de ses anciens amis, qui l'engage à venir trouver un vainqueur duquel il ne doit attendre que des égards. Alexandre va à sa rencontre avec quelques officiers de sa suite. Comme ils s'approchoient, le héros Macédonien s'arrête et contemple la taille de l'illustre vaincu, (il avoit six pieds dix pouces) son regard fier et sa contenance assurée. Prenant le premier la parole avec un air noble et gracieux, il lui fait demander par Méroé de quelle manière il veut qu'on le traite ? *En roi. — C'est ce que je ferai*, dit Alexandre, *par égard pour moi-même. — Ce seul mot renferme tout ce que je puis exiger*, fait répondre

---

(1) Suivant le même géographe, si les Taxiliens avoient des lois sages, ils avoient aussi certaines coutumes bien singulières ; entre autres celle-ci. Leurs brachmanes étoient en si grande considération, que, s'ils rencontroient quelqu'un portant des figues, des raisins, de l'huile ou toute autre denrée, ils en prenoient autant qu'ils vouloient sans en rien payer.

Porus. Le héros, touché de cette grandeur d'ame, dont le malheur sembloit encore relever l'éclat, non seulement lui rendit son royaume, mais il y ajouta plusieurs autres provinces, et, par cette générosité, s'en fit un ami fidèle et un puissant allié; de sorte qu'on ne sait lequel on doit le plus admirer du vainqueur ou du vaincu. Afin de conserver dans la postérité le souvenir de sa victoire, il bâtit deux villes dans l'endroit même où il l'avoit remportée; *Nicœa* sur la rive gauche de l'*Hydaspes*, et *Bucephala* sur la rive droite, en mémoire de son cheval qui, selon le rapport d'Arrien, mourut alors de vieillesse, âgé de trente ans.

Après quelques jours de repos, il entre dans le pays des Glauses, *Glausæ*, pays qui renfermoit trente-sept villes, un grand nombre de bourgs et de villages. Les habitans se livrent sans aucune résistance; la contrée est donnée à Porus par le vainqueur qui le réconcilie avec Taxile. Ensuite il fait avancer son armée sur les bords de l'*Acesines*, le plus considérable des fleuves qui coulent vers l'Indus. Au-delà régnoit un prince du même nom que Porus. Tandis qu'il balançoit s'il devoit résister ou se soumettre, le conquérant passe le fleuve malgré tous les obstacles. Déjà l'Indien, emmenant avec lui toutes ses troupes, avoit abandonné son royaume, dont le prince Macédonien fit présent à Porus son allié. Le cours de l'*Acesines* le conduit dans la contrée occupée par une nation puissante, les *Malli* auxquels étoient contigus les *Oxidracæ*. Il apprend que ces Indiens libres avoient conspiré pour défendre leur indépendance, et entre autres les Cathéens, *Cathœi*, les plus courageux et les plus expérimentés dans l'art de la guerre; qu'ils étoient campés près de *Sangala* ville forte entre l'*Hydraotes* et l'*Hyphasis*. Il passe le premier de ces fleuves, marche contre eux, les attaque; les Barbares se défendent avec courage; mais cédant à la destinée du héros Macédonien, ils rentrent dans leur ville qui fut emportée d'assaut, rasée jusqu'aux fondemens, et le territoire donné au petit nombre d'Indiens qui s'étoient soumis.

Comme si ce conquérant eût fait profession de forcer toutes les villes, de ravager toutes les contrées, d'exterminer tous les peuples, il se préparoit à passer l'*Hyphasis*. On lui avoit rapporté qu'au-delà de ce fleuve les contrées étoient riches et fertiles, que les habitans vivoient sous un gouvernement aristocratique, et qu'il y auroit d'autant plus de gloire à les soumettre, qu'ils trouvoient leur bonheur dans un pareil gouvernement; d'ailleurs ils avoient des éléphans d'une grandeur et d'une force extraordinaires. Tous ces détails irritoient la soif des conquêtes; mais il lui fut impossible de la communiquer à ses soldats qui, loin d'aspirer à de nouvelles victoires, ne demandoient qu'à s'éloigner de ces climats étrangers pour retourner dans leur patrie. Enfin ce héros, invincible pour le reste de l'univers, se laissa vaincre par les prières de ses soldats. Voulant néanmoins que l'*Hyphasis* (1) fût une des bornes de son empire, il fait élever sur les bords de ce fleuve douze autels, emblême de ses trophées.

Retour d'Alexandre.

Toutes les précautions étant prises pour la sûreté de ses conquêtes, l'an 326 avant J. C., ce prince se dispose à descendre jusqu'à la mer Erithrée par les rivières qui baignent cette région. Trois jours après l'embarquement, arrivé vis-à-vis des camps de Cratère et d'Ephestion, ses généraux qui l'avoient devancé, l'un avec ordre de suivre la droite, l'autre de cotoyer la gauche de l'*Acesines*, il est informé de la révolte des Malliens et des Oxidraques. Aussitôt il se résoud à reporter la guerre dans leur pays. Mais cette résolution l'exposa à un très-grand danger; car dans l'endroit où l'*Hydaspes* se joint à l'*Acesines*, sa flotte fut endommagée et sur le point d'être engloutie par les tournans que forme la jonction de ces deux fleuves; quelques vaisseaux y périrent et le sien faillit de subir le même sort. Délivré du danger, la flotte et l'armée étant réunies, ce prince descend à terre, fait passer le fleuve à une partie de ses soldats pour aller se joindre à Cratère qui occupoit la rive droite. Sur la gauche, ayant divisé son armée en trois corps, lui-même se met à la tête du premier, et après trois jours de marche, il arrive chez les Malliens, semblable à un chasseur qui s'enfonce dans les forêts pour y poursuivre des bêtes féroces. Enfin il s'approche de la ville des Oxidraques, commence le siége par un assaut qui les force à se retirer dans la citadelle. A l'instant, il ordonne l'escalade. Comme on tardoit trop à son gré, il arrache une échelle des mains d'un soldat, monte le premier couvert de son bouclier, parvient au haut de la muraille suivi seulement de deux officiers, et par un mouvement de témérité plutôt que de bravoure, il saute dans la place

---

(1) Alexandre employa environ quatre mois pour la conquête du pays entre l'Indus et l'Hyphasis, pays appelé le *Pengab*, c'est-à-dire les cinq eaux, à cause de cinq rivières qui l'arrosent. Au-delà de l'Hyphasis est une ville digne de remarque. Sur la rive ultérieure est *Serinda*, dont on trouve le nom cité comme national dans l'histoire de Julien ; *Indi et Serindi*. C'est de *Serinda* que la soie fut apportée à Justinien. On peut reconnoître, par le détail, que l'Hydaspes se joint à l'Acesines, et qu'Alexandre, de retour de son expédition sur l'Hyphasis, s'embarquant sur l'Acesines rencontra successivement, avant d'arriver à l'Indus, le confluent de l'Hydraotes et celui de l'Hyphasis.

remplie d'ennemis. Le chef des Indiens tombe sous ses coups ; mais lui-même atteint d'une flèche perd ses forces et reste évanoui. Sans le courage de deux officiers et des soldats qui survinrent, le vainqueur des nations trouvoit le terme de ses exploits et son tombeau dans l'enceinte d'une ville obscure. Il fut transporté dans sa tente ; la consternation étoit générale dans l'armée, lorsqu'au bout de sept jours sa présence ranima la confiance des soldats et dissipa les projets des ennemis. Les Malliens et les Oxidraques se soumirent avec l'aveu que l'amour de leur liberté les avoit déterminés à prendre les armes, mais qu'ils se croiroient heureux d'obéir aux lois d'un roi au dessus des rois ordinaires par sa grandeur d'ame et sa générosité.

Le conquérant s'arrête pendant quelques jours près de l'embouchure de l'*Acesines* dans l'Indus. En suivant le cours de ce fleuve, il descend chez les Sabraques, *Sabracæ*, peuple puissant qui se gouvernoit, selon ses lois, en forme de république : il avoit levé une armée formidable, mais dont la force s'anéantit à la vue d'Alexandre. Quinte Curce, qui en parle, ne fait point mention de leurs villes. Les *Sogdi* avoient une ville royale, sous le nom de *Sogdorum Regia*, située à l'extrémité de l'île formée par l'Indus et l'Hyphasis ; elle étoit la résidence des rois de cette contrée. Alexandre donne à Sambus le gouvernement d'une chaîne de montagnes habitées par des Indiens ; continuant sa navigation, il arrive sur les confins d'un royaume qui appartenoit à un prince nommé *Musicanus* (1). Le climat, suivant les renseignemens qu'on lui avoit donnés, étoit l'un des plus riches et des plus peuplés qu'il y eût dans les Indes. Musicanus n'étoit point venu lui rendre hommage. Ce monarque, surpris de voir le Macédonien entrer dans ses états à la tête d'une armée, s'empresse d'aller à sa rencontre avec de magnifiques présens, remet en son pouvoir sa personne et son royaume. Le conquérant, naturellement généreux, lui pardonne, lui promet son amitié en lui laissant le gouvernement du royaume dont il admire la beauté et celle de la ville. Sambus, établi gouverneur des montagnes, ayant appris que Musicanus son ennemi conservoit ses états, avoit pris la fuite ; Alexandre retourne en arrière, s'approche de *Sindomana* capitale de ce canton, et voit venir à lui les amis de Sambus qui lui offrent des présens de la part de leur maître, en assurant que la crainte d'être victime du ressentiment de Musicanus étoit le seul motif qui lui avoit fait abandonner sa province. Alexandre, content de

---

(1) Un bras sortant de l'Indus sur la rive droite, pour s'y joindre plus bas, forme une île spacieuse qui paroit nommée *Prasiane* ou Verdoyante. Dans cette île et au-delà s'étendoit le royaume de Musican.

cette excuse, attaque la ville qui s'étoit révoltée, la prend en un jour, et fait mettre à mort tous les brachmanes comme auteurs de la rebellion. Les peuples soumis à *Musicanus*, connus par leur sagesse et leur police, ne pouvant plus long-temps supporter le joug de l'esclavage, déterminèrent leur roi à le secouer. Aussitôt Alexandre envoie un de ses généraux pour les réduire ; des garnisons furent établies dans toutes les places fortes, Musicanus fut amené chargé de fers, et ensuite reconduit dans son royaume où il fut sacrifié avec tous les brachmanes de sa cour. Un petit prince voisin, nommé *Oxicanus*, ne s'étant présenté ni en personne, ni par des députés, vit son royaume envahi, et lui-même fut fait prisonnier dans sa ville prise d'assaut et livrée au pillage du soldat.

Après neuf mois de navigation, Alexandre arrive à *Patala*, vers la fin du mois de juillet 326 ans avant J. C. Ici l'Inde se sépare en deux larges bras et forme une île semblable au Delta du Nil, et c'est ce qui a fait donner le nom à la ville (1). Le roi de cette île vint se soumettre au conquérant et lui rendre hommage. Ayant examiné le local, il fait bâtir sur le bras gauche une ville nommée *Xilenopolis*, ou Ville de Bois, avec un port et un arsenal pour les navires. Pour lui, il s'embarque sur le bras droit et descend jusqu'à la mer Erithrée. Mais, en approchant du rivage, le flux et le reflux de cette mer, que les matelots ne connoissoient pas encore, exposèrent la flotte à de très-grands dangers, elle eut beaucoup à souffrir. A la vue de cette vaste étendue d'eau, le héros se crut dédommagé de toutes ses fatigues par un spectacle digne de lui, et sa vanité fut flattée d'avoir pénétré par les Indes jusqu'à l'Océan. Très-satisfait, il retourne à *Patala* pour rejoindre le reste de sa flotte et de son armée.

Alexandre, de retour dans cette île, charge Néarque, habile amiral, de reconnoître la côte maritime depuis l'Indus jusqu'au fond du golfe Persique, et lui-même prend la route qui conduit par terre à Babylone. Inutilement on lui donne l'idée la plus désavantageuse d'un pays où le défaut de vivres et la rareté des eaux, dans des marches couvertes de sables profonds et mouvans, avoient fait périr des armées de Sémiramis et de Cyrus ; comme s'il eût voulu encore une fois lutter contre la nature, il fixe sa route par la Gédrosie et la Carmanie. Sur cette route se présentent d'abord les Arabitæ vers les confins de la Gédrosie. Ils empruntoient leur nom du fleuve *Arbis* ou *Arabius* sur

---

(1) Selon Arrien, *Patala* signifie dans la langue indienne la même chose que *Delta* dans la grecque.

lequel leur ville étoit située, à peu de distance d'une île dont Plutarque fait mention sous le nom de *Psiltucis*, et appelée par Arrien *Cilluta* (1). Après avoir donné l'ordre de creuser un port qui porte son nom, Alexandre passe l'Arbis et entre dans le pays des Orites, *Oritæ* (2) qui, jusqu'alors ayant joui de la liberté, paroissoient dédaigner son amitié. Dès qu'ils l'aperçurent, ils cherchèrent leur tranquillité dans les déserts où il étoit impossible de les poursuivre. *Ora*, leur capitale, lui parut dans une position si avantageuse près du *Tomerus*, qu'il jugea à propos de la rebâtir. Sur ces entrefaites, les habitans lui ayant annoncé leur soumission par des députés, il dit que, sans aucune crainte, leurs concitoyens pouvoient rentrer dans leurs demeures. Avant de passer un défilé entre des montagnes qui pourroient être les *Parsici montes* de Ptolémée, il trouve *Rambacia*, dont on croit reconnoître la position dans celle d'Ermajil. La contrée des Ichthyophages, ou mangeurs d'hommes, est voisine de la mer ; ils se vêtissent d'une peau de poissons, qu'ils tirent des plus grands dont les côtes, selon Strabon, entrent dans la construction de leurs cabanes. Néarque, dans le cours de sa navigation, donne un assez grand détail des lieux de ce rivage. Un des principaux, connus aujourd'hui, Tiiz est *Tisa* dans Ptolémée. Enfin le terme de la marche pénible de ce prince dans la Gédrosie, en s'éloignant de la mer, est *Pura* ville principale de cette contrée sur la frontière de la Carmanie ; cette ville conserve son nom dans celui de Purg. Alexandre y séjourna quelque temps, afin de laisser prendre du repos à ses troupes.

Le héros entre ensuite dans la Carmanie, pays fertile et très-propre à dédommager son armée de la disette extrême qu'elle avoit éprouvée. Il ne lui donna pas toute licence, comme l'ont avancé Diodore de Sicile, Plutarque, et Quinte Curce qui, suivant sa coutume, cherche à faire briller son éloquence. Arrien affirme que Ptolémée et Aristobule, qui accompagnoient le conquérant, n'ont point parlé de cette fête de sept jours entiers, pendant lesquels l'armée s'abandonna à la dissolution la plus effrénée; au contraire cet historien nous apprend que la discipline la plus exacte fut observée. Alexandre permit aux habitans des différentes provinces de lui porter leurs plaintes, et donna tous ses soins à rendre la justice. Des exemples d'une

---

(1) Quinte Curce la place en pleine mer à quarante stades de l'embouchure de l'Indus. Près d'une bouche de ce fleuve, un canton sous le nom de *Sangada* est celui des Sangans, connus par les cruautés qu'ils exercent envers les étrangers qui tombent entre leurs mains.

(2) *Arabitæ* et *Oritæ* paroissent réputés Indiens. Les premiers se retrouvent dans Araba, les seconds dans le nom d'*Haür*.

sévère équité lui gagnèrent l'affection de ses nouveaux sujets, et obligèrent ceux qu'il avoit revêtus de son autorité à ne point s'écarter de leur devoir.

Néarque n'étoit point parti en même temps qu'Alexandre; c'étoit en été: il fallut attendre la saison des vents du nord qui soufflent en hiver. Cet amiral ne mit donc à la voile que vers la fin de septembre; mais, contrarié par les vents, il éprouva un retard de vingt-quatre jours. Parvenu au golfe Persique, à la hauteur d'*Harmozia* (1), ayant appris qu'Alexandre n'étoit qu'à cinq journées de chemin, il alla à sa rencontre. Le roi, en le voyant, lui témoigna la joie que lui causoit son retour. Il écouta avec le plus grand plaisir le récit de son voyage, des découvertes qu'il avoit faites, et lui souhaita une heureuse navigation en achevant de remonter l'Euphrate jusqu'à Babylone. Pendant son séjour en Carmanie, il reçut un grand nombre de plaintes des diverses provinces contre les concussions et les vexations des gouverneurs et autres officiers qu'il avoit préposés pendant son absence. Il fit mourir tous ceux qui furent convaincus, et dans la suite il usa toujours de la même sévérité. En continuant sa route, il passe à *Pasagardæ* ville bâtie par Cyrus, où dans la suite se faisoit le sacre des rois; Cyrus y avoit son tombeau. Le gouverneur étant mort pendant l'expédition de l'Inde, Orsine, grand seigneur Persan, descendant de Cyrus, s'étoit chargé de l'administration des affaires pour le maintien de l'ordre jusqu'à l'arrivée d'Alexandre. Il alla au devant du roi avec de riches présens, tant pour le roi lui-même que pour ses principaux officiers. Mais de toutes ses largesses il n'offrit rien, moins par oubli que par mépris, à l'eunuque Bagoas qui avoit joui d'une grande faveur auprès de Darius, et qui étoit devenu le favori d'Alexandre. Cet homme, pour se venger, eut recours à la calomnie, et abusant de la confiance trop crédule de son maître, il parvint à lui persuader que, entre autres crimes, Orsine s'étoit emparé des richesses immenses que renfermoit le tombeau de Cyrus. Cet infortuné prince fut mis aux fers et condamné au supplice de la croix (2).

De *Pasagardæ* Alexandre va droit à Persépolis. La vue des ruines de cette

---

(1) Harmozia étoit une ancienne position sur le continent avant la retraite des habitans dans une petite île voisine, ce qui arriva lors de l'invasion du pays par les Mogols dans le treizième siècle. Cette île se nommoit Gerun, et il en est mention sous le nom d'*Ogyris* dans l'antiquité, qui y place le tombeau du roi Erythias, qu'on a prétendu avoir donné le nom à la mer Erythrée.

(2) Il est vrai qu'Arrien et Plutarque rapportent que ce prince s'étoit rendu coupable d'oppressions, de sacriléges et de cruautés; mais il falloit au moins en donner la preuve.

malheureuse ville lui cause d'autant plus de douleur, que lui-même est l'auteur de sa destruction. Il se rappelle le jour du grand festin et se reproche d'avoir écouté la voix perfide d'une courtisane. De Persépolis il prend le chemin de Suse. Cette ville fut témoin de sa sévérité et de sa générosité en même temps. Il y épouse la princesse Statira fille aînée de Darius, et donne la plus jeune à Ephestion. Afin de cimenter l'union entre les Macédoniens et les Perses, il persuade aux seigneurs de sa cour d'imiter son exemple, il accorde des charges et des emplois sans distinction de patrie à ceux qui l'avoient bien servi. Après de longues réjouissances et avoir tout disposé pour son départ, il commande à Ephestion de se rendre sur les bords du Tigre avec les troupes pesamment armées, tandis que lui-même descendroit par le fleuve *Eulœus* jusqu'au golfe Persique. Arrivé sur la côte de ce golfe, il gagne l'embouchure et remonte par ce fleuve vers l'armée de terre qui étoit campée près de la ville d'*Opis*. Pendant le trajet, il fait enlever quelques digues que les Perses avoient jetées dans le courant du fleuve pour en rendre la navigation plus difficile. Ayant mis pied à terre à *Opis*, le héros fait déclarer dans le camp que tous les Macédoniens qui se trouveroient hors d'état de porter plus long-temps les armes à cause de leur âge, de leurs blessures, ou de quelque autre infirmité, pourroient retourner dans leur patrie, en ajoutant que son intention étoit de leur accorder leur congé et de les renvoyer honorablement dans leurs foyers. Cette déclaration produisit un effet contraire à ce qu'il en attendoit. Les soldats, mécontens de la préférence que le roi donnoit aux étrangers, imaginèrent qu'il vouloit se passer des Macédoniens, et les remplacer par de nouvelles troupes qu'il avoit levées dans les pays conquis. Au mécontentement succèdent la fureur, l'insubordination, l'insolence dans les gestes et dans les propos. Ce fut alors qu'Alexandre montra cette fermeté digne d'un roi qui sait commander. Sans délibérer, il fait saisir à l'instant les principaux mutins qu'il désigne lui-même à ses gardes; treize sont conduits au supplice. Ce coup d'autorité, comme un coup de foudre, dissipa l'esprit de sédition, et sa volonté fut exécutée.

De la ville d'Opis il marche à grandes journées vers Ecbatane. Arrien et les autres historiens ne font pas connoître le motif de ce second voyage. Selon toutes les apparences, il fut décidé par la fuite d'Harpalus établi gouverneur de Babylone pendant l'expédition de l'Inde, et qui, après avoir consumé dans d'infâmes débauches une partie des richesses qui lui étoient confiées, avoit quitté son poste, emportant des sommes considérables. Alexandre craignit sans doute que le trésor d'Ecbatane ne fût exposé au même pillage. Etant entré dans la ville, il offre d'abord des sacrifices aux Dieux, expédie les affaires

res les plus urgentes, ensuite il célèbre des jeux et des fêtes. Mais la célébration fut troublée par la mort d'Ephestion, l'ami le plus intime du roi et le confident de tous ses secrets. Cette mort fut causée par un excès de vin auquel il s'étoit livré avec Alexandre.

Pendant qu'Alexandre étoit occupé de tristes pensées que lui donnoit la perte de son favori, les Cosséens, *Cossœi*, nation belliqueuse qui dominoit dans cette contrée, et que les efforts des rois de Perse n'avoient pu dompter, commirent quelques brigandages. Quoiqu'alors on fût en plein hiver, il résolut d'aller les punir. Informés que les Macédoniens marchoient contre eux, ils se retirèrent dans leurs forteresses qu'ils croyoient inaccessibles ; le conquérant, accompagné de Ptolémée, franchit tous les obstacles. Poursuivis de rochers en rochers, ces Barbares envoyèrent des députés implorer sa clémence. Satisfait de leur soumission, il passe le *Choaspes* et le Tigre pour se rendre à Babylone. Cependant il emploie tous les moyens de faire rentrer dans la Grèce les statues et les autres monumens que Xerxès ou ses officiers avoient transportés dans la Perse. A une lieue et demie de Babylone, la superstition des mages s'empara de son esprit ; mais des philosophes Grecs le rassurèrent, en lui démontrant la futilité de l'art des astrologues. Quelques jours après son entrée, il se prépara à exécuter plusieurs desseins qu'il avoit formés, comme de subjuguer l'Arabie, de dessécher les marais qui entouroient la ville et d'y faire creuser un canal pour la garantir d'inondation, lorsque la fonte des neiges dans les montagnes qui donnent naissance à l'Euphrate, le fait sortir de son lit. Il se chargea lui-même de donner ses soins à l'exécution. Il répara l'ouverture d'un autre canal tiré du même bord de l'Euphrate, au dessous de Babylone ; ce canal se nommoit *Pallacopa*, aboutissant à un marais à l'extrémité duquel est située *Alexandria*, connue depuis sous le nom de *Hira*, lorsque des princes Arabes y résidoient.

Plusieurs écrivains ont cité différentes particularités qui précédèrent le jour de la mort de ce prince. Des officiers avoient passé la nuit dans le temple de Sérapis, et proposé au dieu la question suivante : *s'il étoit nécessaire de porter Alexandre dans son temple pour lui faire recouvrer la santé ?* L'oracle leur répondit *qu'il valoit mieux qu'il restât où il étoit*. A peine furent-ils entrés dans l'appartement du prince, que, dans les derniers mois de la cxiv.e olympiade, c'est-à-dire, vers le mois d'avril de l'an 323 avant J. C., il expira au milieu d'un vaste empire, dont il fut le premier et le dernier souverain. Suivant le témoignage unanime des anciens, il étoit âgé de trente-deux ans et huit mois. Au désir des conquêtes, ce prince joignit un goût décidé pour les sciences. Il voulut connoître les observations astronomiques qui, selon une ancienne tradition, avoient été faites depuis plusieurs siècles par les Babyloniens, et l'on peut dire qu'il a contribué beaucoup aux progrès de la géographie. C'est lui qui a ouvert aux Grecs le commerce avec l'Inde. Enfin ce prince eut des qualités éblouissantes, qui déroboient de grands vices aux yeux du vulgaire. Jouet de vils adulateurs, il prétendit être adoré comme un dieu, et il devint la victime de toutes les foiblesses humaines. Sénèque le traite de jeune insensé : *vesanus adolescens, cui pro virtute erat felix temeritas* (1).

Arrien, sans paroître y ajouter foi, rapporte une circonstance de la mort de ce prince, assez singulière pour être citée. Lorsqu'il sentit que sa maladie étoit mortelle, il parut désirer que son corps fût jeté dans l'Euphrate, afin que la postérité crût qu'étant issu des Dieux, il étoit allé les rejoindre dans l'Olympe. Son épouse Roxane s'opposa à l'exécution d'un pareil projet, ce qui lui attira le reproche d'envier à son époux la divinité de son origine. Ainsi finit dans la personne d'Alexandre, surnommé le Grand, un des règnes les plus célèbres qui aient figuré dans l'histoire.

Les Grecs, pour le flatter, disoient que sa domination s'étendoit sur tout le monde ; cette flatterie se rapprocheroit de la vérité, si l'on entendoit seulement que ce prince avoit fait des conquêtes dans les trois parties du monde alors connu. Loin que son empire n'eût d'autres limites que celles de la terre, il ne posséda qu'une partie de l'Asie, une très-petite partie de l'Afrique et seulement quelques contrées de l'Europe. Cependant il se vit le maître d'un grand nombre de belles provinces, et souverain de plusieurs royaumes riches et puissans. La Macédoine étoit son royaume héréditaire. Il avoit conquis une partie de la Thrace et de l'Illyrie. Toute la Grèce étoit sous sa protection, ou plutôt dans sa dépendance. Il avoit subjugué toutes les contrées de l'Asie, qui s'étendent depuis l'Hellespont jusqu'à l'Océan Indien, ce qui formoit une monarchie plus grande que celle d'aucun des rois de Perse. L'Egypte, la Lybie et toutes les îles Grecques le reconnurent pour souverain; mais après la mort de ce prince, l'empire qu'il avoit fondé, ayant perdu son plus puissant appui, inclina vers sa ruine, et fut divisé entre les principaux officiers de son armée.

---

(1) Senec. de Benefic. lib. 1, cap. 13 et Epist. 85.

ITALIA.

L'Italie, dont Pline nous donne la plus belle description, et qu'il considère comme le chef-d'œuvre de la nature, l'emporte, suivant le témoignage unanime des anciens, sur toutes les autres régions par la fertilité de son terroir, par le nombre des grands hommes qu'elle a produits; digne enfin de devenir, par le choix des Dieux, la patrie commune de toutes les nations répandues sur la terre : *numine deûm electa, quæ una cunctarum gentium in toto orbe patria fieret* (1). Virgile, en plusieurs endroits, et surtout au deuxième livre de ses Géorgiques (2), en fait un éloge qui semble dicté par l'enthousiasme (3).

Cette région est une grande presqu'île jointe à l'Europe par la chaîne des Alpes, en même temps qu'elle la sépare des contrées voisines. Sa figure la fait comparer à une botte. Les Alpes ne présentoient aux premières peuplades que trois passages. Les deux premiers, les plus courts, sont celui du nord, qui conduit de la Carniole dans le Frioul; il traverse les Alpes Carniques ou Juliennes, et est le plus aisé; le méridional, placé vers l'endroit où la chaîne aboutit à la Méditerranée, quoique moins facile que celui de la Carniole, est encore assez court et praticable même pour des sauvages. Le troisième, le plus commode, est celui du Tirol et du Trentin.

C'est par ces trois passages que cinq grandes nations, les Illyriens, les Ibères ou Espagnols, les Celtes ou Gaulois, les Pélasges ou les Grecs, et les Toscans pénétrèrent en Italie. Ces cinq colonies principales forment, pour ainsi dire, autant de classes dans lesquelles se distribuent tous les peuples particuliers. Toutes les traditions s'accordent à supposer que cette région s'est peuplée dans le voisinage du Pô. A l'arrivée de nouvelles colonies, les anciennes, au lieu de se défendre, leur abandonnoient le terrain pour s'établir au-delà. De cette émigration successive il résulte que les anciens habitans s'étant retirés vers le midi, ce sont les peuples de l'extrémité méridionale, ou même ceux des îles voisines, dont les ancêtres ont occupé la première place en Italie. Elle a eu différens noms; celui qui enfin a prévalu dérive, selon quelques auteurs, d'*italos*, mot grec ancien qui signifie un bœuf, parce que, ayant d'excellens pâturages, elle abondoit en bœufs d'une grosseur

---

(1) Plin. lib. III, cap. 5. — (2) Georg. lib. II, vers. 136 et seq.
(3) Æneid. lib. I, vers. 535.

extraordinaire. Mais il est plus vraisemblable de croire avec Denys d'Halicarnasse et Virgile (1), que ce nom vient d'Italus, roi des Sicules, qui y porta des lois et l'art de l'agriculture.

L'époque de l'entrée des colonies Celtiques ou Gauloises qui nous intéressent d'abord, est très-ancienne, et il seroit même presque impossible de la déterminer avec précision. Suivant M. Freret, dans ses Recherches (2), elles pénétrèrent par les gorges du Tirol et du Trentin. Arrivées en grand nombre, elles s'emparèrent les armes à la main des différentes contrées dans lesquelles les Illyriens et les Espagnols commençoient à se fortifier. Leurs établissemens vers les Alpes et dans ce qu'il est assez d'usage de désigner par le nom de Lombardie, ont communiqué à toute cette partie le nom de Gaule avec le surnom de Cisalpine, ou deçà les Alpes, eu égard à sa situation par rapport à l'Italie.

GALLIA CISALPINA.

Cette Gaule s'étend depuis le penchant des Alpes Orientales jusqu'au rivage qui borne la mer Adriatique ou Supérieure; la Rhétie la resserre du côté du nord, et le *Sinus Ligusticus,* aujourd'hui golfe de Gênes, termine la partie du sud. Une petite rivière, célèbre sous le nom de *Rubico* (3), formée de trois ruisseaux et nommée à son embouchure Fiumesino, en fait la séparation d'avec l'Italie proprement dite, sur le bord de la mer supérieure, et un petit fleuve nommé *Macra,* sur la mer inférieure: elle fut aussi appelée *Togata,* parce que les peuples avoient reçu le droit de porter la toge romaine. Mais, suivant le témoignage de Pline et du géographe Etienne de Bizance, le nom d'Italie passa à toutes les parties qui la composent, à mesure que les Romains y poussèrent leurs conquêtes.

La chaîne de l'Apennin, en se détachant des Alpes dans la Ligurie, divise toute la contrée en deux parties; c'est par cette raison que l'on appelle *superum* la mer qui est au nord, et *inferum* (4) celle qui est au sud: cette chaîne, qui traverse toute la longueur, se partage en deux branches, dont l'une atteint l'extrémité du pied de la botte, et l'autre le talon, mais plus en collines qu'en montagnes vers les extrémités.

---

(1) Æneid. lib. 1, vers. 534. — (2) Acad. tom. 18; Hist. pag. 82.

(3) Ce fut sur la rive de ce petit fleuve que le sort de l'univers fut mis un instant en balance avec l'ambition de César; celle-ci l'emporta, et la république fut renversée.

(4) Æneid. lib. VIII, vers. 149.

Padus, le Pô, le plus grand des fleuves, sort des Alpes, traverse la longueur du plat pays d'occident en orient, et se rend dans la mer Adriatique par plusieurs embouchures nommées *Septem Maria*. Les Grecs le nommoient *Eridanus* (1), et Virgile le qualifie roi des fleuves, *fluviorum rex Eridanus* (2). Son cours partage la Cisalpine en deux contrées, *Cispadana* et *Transpadana*; la première deçà, la seconde delà le Pô, par rapport à l'Italie. Sur la rive gauche, il reçoit un grand nombre de rivières qui ont aussi leurs sources dans les Alpes. Les principales sont : *Duria minor* et *major*, Doria Riparia et Baltéa; *Sessites*, la Sesia; *Ticinus*, le Tésin (3) ; *Addua*, l'Adda; *Ollius*, l'Oglio qui traverse le lac *Sevinus*, aujourd'hui lac d'Iséo; *Mincius*, Mincio qui sort du *Benacus*, lac de Garde (4). Sur la rive droite, *Tanarus*, le Tanaro sortant de l'Apennin ; *Trebia* et *Parma* (5), qui conservent le même nom; *Tarus*, le Taro; *Gabellus*, la Secchia; *Rhenus*, le Rhéno.

Augusta Taurinorum, anciennement dite *Taurasia*, est la première ville qui se présente sur la rive gauche du Pô. Elle étoit la capitale d'un peuple réputé Ligure (6), voisin de la descente des Alpes, à l'endroit où le fleuve commence à être navigable. Auguste, en y établissant une colonie, lui donna son nom; mais, suivant l'usage presque général dans les cités de la Gaule, elle le changea pour prendre celui du peuple, d'où est venu le nom de Turin, capitale du ci-devant Piémont.

Segusio (7), Suze, située sur *Duria minor* et dans un défilé qui servoit de passage aux Romains pour entrer dans la Gaule, étoit la capitale des *Se-*

---

(1) Selon Polybe, les Gaulois et les Liguriens le nommoient *Bodincus*. Pline assure que, dans la langue des Gaulois, ce nom signifioit un fleuve profond. *Boddi*, dans cette langue, signifie encore noyer et se noyer; en ajoutant *ing* à la racine, on en a fait *bodding* et par altération *bodinco*, le noyeur, celui qui noie.

(2) Georg. 1, vers. 481.

(3) Sur les bords du Tésin, P. Cornélius Scipion, consul Romain, fut vaincu par Annibal dans un combat de cavalerie.

(4) *Amnes acceptos reddunt Adduam Larius, Ticinum Verbanus, Mincium Benacus, Ollium Sevinus*. Cellar.

(5) La Trébie est célèbre par la bataille qui se livra sur ses bords entre Annibal et le consul Sempronius, dont la témérité causa la défaite de l'armée Romaine (Liv. lib. xxi, 55).

(6) Plin. lib. iii, 17.

(7) Fondée par des Teutons ou des Celtes. A l'occasion de quelque victoire remportée peut-être contre les Ligures, ils la nommèrent Sieghus, maison de la victoire, dont les Latins ont fait *Segusio*, nom devenu par contraction en italien *Susa* et en françois Suze.

gusini et la résidence de Cottius, prince qui, par une faveur d'Auguste, fut maintenu dans le droit de régner sur un assez grand nombre de petits peuples cantonnés dans les montagnes, et dont l'état plus étendu en Gaule, que dans la Cisalpine, ne fut uni à l'Empire Romain que sous Néron. Ce canton répondoit à une partie du Piémont et du marquisat de Saluces.

Eporedia (1), Ivrée, sur *Duria major*, ville fondée par le peuple Romain sur un ordre exprès des livres sibyllins.

Vercellæ, Verceil, ville des *Libici*, dans le plat pays. Les habitans étoient sortis des Salyes, dont il est parlé dans la Gaule comme d'une nation Ligurienne. Cette ville est située près de *Sessites*, la Sesia. Du temps de Strabon, elle n'étoit qu'un simple bourg qui s'agrandit ensuite et devint municipe; elle avoit dans son voisinage une mine d'or.

Augusta Prætoria Sallassorum, Aouste, nommée par les Italiens Agosta, dans une vallée profonde occupée par les Salasses, qui furent subjugués par Terentius Varro, surnommé Murena. Auguste partagea ce canton entre les soldats de sa garde et fonda la ville pour cette nouvelle colonie dans l'endroit même où Varro avoit campé. C'est de cette ville que Pline et ses commentateurs mesurent la longueur de l'Italie.

Mediolanum (2), Milan, bâtie entre l'Adda et le Tésin par Bellovèse chef d'une colonie, dont Tite Live nomme les différens peuples. Elle étoit la capitale des Insubres, qui occupoient une partie du Milanez, du Crémonois et le Cremasque. Ce n'étoit d'abord qu'un bourg qui devint très-considérable dans la guerre des Gaulois contre les Romains, l'an 222 avant J. C.

Ticinum, peu au dessus de l'embouchure du Tésin dans le Pô, ayant

---

(1) *Eporedias Galli bonos equorum domitores vocant* (Plin. lib. III, cap. 17). Les Gaulois appellent Eporédie un habile écuyer. En effet, dans le langage celtique, *vred* signifie une bride, qui n'est autre chose que ce même mot. *Vred* différemment prononcé est *ewred*, bonne bride, d'où *Ewredia*, nom de plusieurs villes, dont les Latins ont fait *Eporedia*. Cette ville eut dans la suite le titre de municipe (Tacit. hist. lib. 1, cap. 70).

(2) Tite Live (lib. V, cap. 34), décrivant l'invasion des Celtes en Italie, met les Eduens au nombre des peuples qui passèrent les Alpes dans la partie de ces montagnes qui est voisine des *Taurini*; ils défirent près du Tésin les Toscans venus pour s'opposer à leur passage. S'étant informés du canton où ils étoient postés, on leur dit qu'il s'appeloit le pays des *Insubres*, nom que portoit aussi le canton des Eduens. Ce nom leur paroissant d'un bon augure, ils y bâtirent une ville et la nommèrent *Mediolanum*, Milan.

Le nom de Milan est composé de deux mots celtiques, *med*, fertile, abondant, et de *lan*, terroir. Ce nom étant commun à plusieurs villes des Gaules, il n'est pas étonnant que les Gaulois l'aient donné à quelques villes qu'ils fondèrent dans les pays éloignés.

pris postérieurement le nom de *Papia*, est aujourd'hui Pavie. Elle fut bâtie, selon Pline, par les Lœves, *Lœvi*, et les Marices, *Marici*, sur la rivière de même nom. Tite Live fait mention des Ligures Lœves, et dit que c'est une ancienne nation établie aux environs du Tésin (1). Ce nom de *Lœvi* exprime leur situation à la gauche du Pô.

Cremona, Crémone, fondée par les Gaulois Cénomans sur la rive septentrionale du fleuve. Suivant Tacite, Polybe et Tite Live, cette fondation se fit sous le consulat de Sempronius et de Cornélius Scipion, du temps d'Annibal, pour servir de rempart contre les Gaulois de delà le fleuve et contre les incursions des peuples au-delà des Alpes. Elle étoit alors colonie Romaine. Devenue florissante par la bonté du terroir et des rivières qui l'arrosent, par la multitude des habitans et par l'alliance de ses voisins, elle ne souffrit point durant les guerres étrangères, et succomba sous les guerres civiles. Virgile se plaint de ce que Mantoue est trop près de l'infortunée Crémone (2).

Mantua, Mantoue, située dans un lac formé par le Mincio, fut fondée par les Toscans. Son origine est assurément fort ancienne. Virgile (3) nous l'explique, mais en poète qui semble oublier le lieu de sa naissance pour en rapporter toute la gloire à une ville qu'il avoit illustrée par son génie.

Andes, Petula, petit bourg près de Mantoue, vit naître Virgile l'an 70 avant J. C.

Brixia, Brescia, près de la rivière *Mela*, fondée ou envahie par les Gaulois Cénomans, c'est-à-dire par les Gaulois du Maine. Ses habitans firent alliance avec les Romains et leur donnèrent des secours lorsque les Boïens, à la sollicitation des Insubres, manquèrent à leur parole (4). Dans plusieurs médailles elle est présentée comme municipe.

Comum, Côme, attenant au lac *Larius*, auquel elle donne son nom. Cette ville est remarquable par la naissance de Pline le Jeune, neveu du naturaliste, et disciple de Quintilien. Elle fut bâtie par les *Orobii*, dont le nom, selon quelques-uns, dérive du mot grec *oros* qui signifie montagne. Il y a plus d'apparence que c'est une dénomination gauloise, puisque les villes qu'ils fondèrent sont reconnues, presque par tous les auteurs, pour des fondations Gauloises de la contrée d'Orbe, ville Helvétienne, ou des rives

---

(1) Liv. lib. v, xxxv.
(2) *Mantua væ miseræ nimium vicina Cremonæ* (Eclog. ix, vers. 28).
(3) Æneid. lib. x, vers. 200. — (4) Liv. lib. xxxii, 30.

de l'*Orbe*, rivière de la Gaule Narbonnoise, appelée *Orobis* par Ptolémée.

Bergomum, Bergamo, ville des Orobiens, capitale du Bergamasc.

Placentia, Plaisance, sur le bord méridional du Pô, près de l'embouchure de la Trébia dans le territoire enlevé aux Gaulois. Pour tenir en respect ceux qui étoient subjugués, on établit deux colonies Romaines, l'une à Crémone, l'autre à Plaisance sur les bords opposés du fleuve. Elles devinrent recommandables par leurs forces et leurs richesses.

Parma, Parme, sur une rivière de même nom; c'étoit une ancienne colonie. Cluvier remarque que l'année, où elle fut établie, est la 569.ᵉ de Rome et la 184.ᵉ avant J. C. Cette ville eut beaucoup à souffrir durant le triumvirat. Cicéron (1) fait un triste tableau des infâmes cruautés que les partisans d'Antoine y exercèrent. Auguste dédommagea cette ville par de grands bienfaits; il envoya de nouveaux colons, et par reconnoissance elle prit le surnom de *Julia Augusta Colonia*.

Mutina, Modène, sur la Secchia, ville opulente et qui devint colonie Romaine, la même année que Parme (2). Elle est célèbre par les guerres civiles entre César et Antoine (3).

Bononia, Bologne. Pline dit qu'on la nommoit vulgairement *Felcina*, du temps qu'elle étoit la capitale de l'Etrurie. Cette ville est remarquable même par son antiquité. On peut présumer que le nouveau nom lui fut donné par les Gaulois Boïens, qui avoient une ville de même nom dans la Gaule Belgique. Elle devint colonie Romaine.

Ravenna, Ravenne. Strabon, s'appuyant sur la tradition, dit que cette ville ancienne fut bâtie par les Thessaliens, peut-être les mêmes qui, selon Denys, long-temps avant la guerre de Troie, avoient fondé la ville de *Spina*, c'est-à-dire plus 1,500 ans avant J. C. Ses fondateurs, après l'avoir habitée plus de 200 ans, furent remplacés par les *Umbri* qui, 700 ans après, furent chassés par les Gaulois pendant le règne de Tarquin l'Ancien. Les Gaulois s'y soutinrent jusqu'à ce que Marcellus et Cnéius Scipion, par la défaite des Boïens, se furent rendus maîtres de leur territoire, l'an 222 avant J. C. Près de cette ville, Auguste avoit fait creuser un port pour y tenir en station une

---

(1) Philipp. xiv, 5. — (2) Liv. lib. xxxix, 55.

(3) La bataille de Mutina, entre César et Antoine, se donna le 17 des calendes de mai, comme il paroît par une lettre que Galba, qui s'y trouva, écrivit à Cicéron (lib. x, *ad famil.* epist. 30). Ceux qui prétendent qu'Auguste gouverna l'Empire Romain quarante-six ans, quatre mois et un jour, semblent dater le commencement de son règne du troisième jour après cette bataille.

flotte

flotte sur la mer supérieure, comme il y en avoit une à Misène dans le voisinage de Naples sur la mer inférieure. La mer, en s'éloignant de son ancien rivage à Ravenne, a laissé dans les terres le lieu où ce port existoit, et qui néanmoins conserve le nom de Classé.

Spina, fondée par Diomède à l'embouchure la plus méridionale du Pô, la première et la plus ancienne des limites de la Vénétie. Elle étoit devenue très-puissante, à en juger par les trésors qui furent transportés de cette ville à Delphes. Du temps de Strabon, elle n'étoit plus qu'un simple village, ayant été détruite lors de la défaite des Gaulois par les Romains, l'an 290 avant Jésus-Christ.

LIGURIA.

Au midi du Pô, c'est-à-dire, dans la Gaule Cispadane, est une contrée de la Cisalpine, séparée et connue sous le nom de Ligurie, nom qu'elle tenoit des Ligures (1), peuple Celtique. Elle comprend cette longue côte renfermée entre l'Apennin et la mer depuis le fleuve *Macra* jusqu'au *Varus*, sur la frontière de la Gaule, s'étendant ensuite aux pays situés entre l'Apennin et le Pô, depuis les Alpes jusqu'à la *Trebia*.

Nicœa, Nice, colonie de Marseillois, comme Marseille de Phocéens. Elle fut bâtie d'abord sur un roc qui s'élève entre le torrent Paglione et un ruisseau appelé *Limpia*. Après s'être étendue au pied de ce rocher et entourée de fortes murailles, l'ancien emplacement fut converti en une forteresse qui devint fameuse, sur-tout lorsque le corsaire Barberousse l'attaqua inutilement (2).

Tropœa Augusti, Turbia. L'Alpe Maritime au-delà du Var portoit un

---

(1) Le nom de Ligures, *Lly-gour* en celtique, signifie homme de mer. Les Bretons du pays de Galles donnent encore aujourd'hui le nom de Lhægyr aux Anglais descendus des Saxons et des Normands, parce que les pirates Saxons et Normands avoient long-temps fait des courses sur les côtes de cette île avant que de s'y établir. Les Ligures furent les premiers Gaulois Transalpins domptés par les Romains. Pirates sur mer et brigands sur terre, ils étoient si puissans, que les Romains, après une guerre de quatre-vingts ans, eurent beaucoup de peine à obtenir un chemin de sept stades de largeur pour leurs armées. Enfin, vers l'an 283 avant J. C., ils furent réduits sous la forme d'une république tributaire du peuple Romain.

(2) Cette forteresse, prise par les François et démolie en 1705, n'est plus qu'un monceau de ruines; mais la ville qui est au bas a été embellie et agrandie; avant l'invasion de 1792, il s'y trouvoit un grand nombre d'étrangers.

trophée élevé à Auguste pour avoir soumis les peuples des Alpes entre les deux mers qui embrassent l'Italie (1).

Augusta Vagiennorum, vers l'endroit où l'Apennin se détache des Alpes. Les *Vagienni* occupoient la pente qui regarde le nord, comme l'indique le nom de Viozenna qui subsiste en ce canton. L'emplacement de leur capitale est celui d'un lieu devenu obscur sous le nom de Vico près de Mondovi. La ville fut détruite par les Goths sous Alaric, et n'a jamais pu se relever à un état bien florissant.

Asta, Asti, sur le *Tanaro*, fut une colonie Romaine.

Dertona, Tortone, est peut-être la plus ancienne ville de la Gaule Cisalsalpine et de la Ligurie. Strabon en parle comme d'une ville distinguée; Pline dit qu'au-delà de la chaîne de l'Apennin sont des villes renommées, et il cite celle-ci comme une colonie.

Genua, Gènes, que Strabon appelle la ville de commerce des Ligures, étoit la capitale de la Ligurie, comme elle l'étoit de la ci-devant république de Gènes. Dans la seconde guerre Punique, elle fut détruite par Magon le Carthaginois, frère d'Annibal, lorsqu'il passa en Italie avec une flotte considérable. Lucrétius la rebâtit sous le consulat de Cn. Servilius, l'an 203 avant Jésus-Christ.

Vada Sabatia, Vadi ou Vai; Pline l'appelle *Vadûm Sabatiûm*. Brutus dit que sa position est entre l'Apennin et les Alpes, dont le passage est très-difficile. Par cette difficulté, il entend les montagnes et les marais qui ont donné lieu au mot *Vada*: *jacet inter Apenninum et Alpes impeditissimus ad iter faciendum* (2).

Ligusticus sinus, aujourd'hui golfe de Gènes, appelé Ligustique du nom des Ligures.

VENETIA.

La Vénétie, comprise dans la Cisalpine, occupe la côte qui borde le fond du golfe de la mer Adriatique, depuis le Pô jusqu'à la rivière *Arsia* qui n'a point changé de nom : elle est bornée au nord par la Rhétie et les Alpes Carniques. Elle étoit habitée, cultivée et même florissante avant que Rome étendît sa domination hors du pays Latin et de l'Etrurie. L'opinion commune est que les *Veneti* de ce canton étoient venus d'Asie, nommément de la Paphlagonie, sous la conduite d'Antenor après la ruine de Troie, lesquels ayant chassé les *Euganei*, s'établirent au fond de ce golfe dans un territoire nommé depuis

---

(1) Plin. lib. III, cap. 20. — (2) Brut. ad. Cicer. lib. XI, Epist. 13.

Pagus Trojanus. Mais Strabon se range à l'avis des auteurs qui font venir ce peuple des côtes occidentales de la Gaule, c'est-à-dire, des Vénètes qui occupoient la partie de la Bretagne, à présent nommée le Finistère et Côte du Nord.

Les principales rivières sont : *Athesis*, l'Adige ; *Medoacus major*, Brenta ; *Medoacus minor*, Bachiglione ; *Piavis*, Piavé qui sortent de la Rhétie ; *Liquentia*, Livenza ; *Tilavemeptus*, Tagliamento ; *Sontius*, Lisonzo, descendent des Alpes distinguées en cette partie par le nom de *Carnicœ* ou Carniques, qui séparent la Vénétie du Noricum. Cette ancienne Vénétie est aujourd'hui le Frioul, le Vicentin, et toute la partie maritime du ci-devant état de Venise qui borde le fond du golfe.

Atria ou *Hadria*, Adria, à quelque distance de la mer, et dont la fondation est attribuée aux anciens Toscans. Strabon en parle comme d'une ville médiocre de son temps ; mais il ajoute qu'elle passoit pour avoir été très-puissante. Pline dit que, non loin des sept mers, se voit le port célèbre d'Atria, d'où la mer Adriatique prenoit autrefois le nom d'Atriatique. Les vaisseaux y arrivoient par le Tartaro. Il n'y a plus que quelques restes d'une si grande ville, et elle a été tellement dégradée par les inondations, qu'elle n'est plus guère habitée que par des pêcheurs. Les restes d'un théâtre trouvés sous les fondemens d'une église attestent son ancienne splendeur.

Patavium (1), Padoue, ville bâtie, suivant Virgile, par Antenor, prince Troyen. Suivant Strabon, elle est la ville la plus illustre de ce canton, riche par les différens commerces qu'elle faisoit avec Rome. Les Romains lui accordèrent le droit de bourgeoisie et le pouvoir de choisir son sénat ; mais ce qui lui fait le plus d'honneur, c'est d'avoir donné la naissance à Tite Live.

Verona, Vérone sur l'Adige, fondée, au rapport de Pline, par les Rhétiens et les Euganéens. Tite Live (2) attribue cette fondation à une troupe de Gaulois qui, ayant passé les Alpes sous la conduite d'un chef nommé Elitovius, s'arrêta dans le territoire où se trouvent Brixia et Vérone. Tacite (3), en lui donnant le titre de colonie Romaine, fait l'éloge de sa beauté et de son opulence. Cette colonie fut renouvelée sous Gallien avec le nom de *Colonia Augusta*. Elle est remarquable sur-tout en ce qu'elle a vu naître Catulle et Pline le Naturaliste.

Vicentia, Vicence sur le Bachiglione, fondée, dit-on, par les Euganéens, étoit habitée par les Hénètes dans le temps que Vitellius et Vespasien se dis-

---

(1) Æneid. lib. 1, vers. 251. — (2) Liv. lib. v, 35. — (3) Tacit. Hist. lib. III, 8.

putoient l'Empire ; elle fut prise sans résistance par le parti de ce dernier. Cette conquête peu importante par elle-même, la ville, quoique municipe, étant sans force, fit cependant du bruit, parce que Cecina, chef des ennemis, y étoit né, et que c'étoit enlever sa patrie au général des ennemis (1).

Venetus Portus, Venise, n'est point connue dans l'antiquité comme une ville, mais comme un port. Son existence actuelle rappelle l'entrée d'Attila en Italie. Ce prince Scythe et idolâtre, se disant le fléau de Dieu, après avoir désolé la Thrace et l'Orient, répandit une si grande terreur dans toute la contrée ; qu'une multitude réfugiée dans les lagunes qui bordent le rivage jeta les fondemens d'une ville aujourd'hui distinguée par sa situation dans la mer et les accroissemens de sa puissance (2).

Une autre nation, connue sous le nom de CARNI, occupoit le nord au pied des montagnes qui, de son nom, furent appelées *Carnicæ*, Carniques. Le même nom subsiste dans ce que nous appelons aujourd'hui la Carniole, quoique plus resserrée dans ses limites, que lorsqu'elle s'étendoit dans une partie de la Vénétie.

Julium Carnicum, situé au pied des montagnes appelées *Alpes Carnicæ vel Juliæ*, se retrouve dans Zuglio, qui n'est plus qu'un lieu obscur. Pline nomme l'ancienne ville la Cité de Juliens dans la dépendance des Carnes. Elle avoit été fondée par César, dans le temps qu'il gouvernoit la Gaule Cisalpine, et qu'il la défendoit à la tête des légions Romaines.

Forum Julii, Ciudal di Friuli, sur le Natison. Nous connoissons une province entière sous le nom de Frioul. Pline appelle les habitans *Foro-Julienses*, surnommés *Transpadani*.

Æmona, Laybach, sur une rivière appelée *Nauportus*, qui se rend dans la Save. Un lieu connu sous le même nom, au pied des montagnes, est le haut Laybach. Æmona étoit une colonie Romaine.

Aquileia, Aquilée, peu loin de la mer et du *Sontius*, ville autrefois la

---

(1) Tacit. Hist. lib. III, cap. 8.

(2) Le poète Jacques Sannazar, relevant la gloire de cette ville au dessus de celle de Rome, a composé six vers latins gravés sur un marbre noir.

Viderat Adriacis Venetam Neptunus in undis
Stare urbem, et toto dicere jura mari :
I nunc Tarpeias quamtumvis, Jupiter, arces
Objice, et illa tui mœnia Martis, ait.
Si Tiberim Pelago confers, urbem aspice utramque ;
Illam homines dices, hanc posuisse Deos.

plus considérable qui fût dans ce canton, bâtie par les Romains, l'an 187 avant J. C., comme une barrière contre les incursions des Barbares qui venoient du nord. Elle avoit pris son nom d'un aigle que l'on vit voler vers l'orient lorsqu'on la bâtissoit. Cinq ans après, entre la première et la seconde guerre Macédonique, les Romains y envoyèrent une colonie pour servir de boulevard à la Cisalpine, dans un temps où les provinces ultérieures n'étoient point encore soumises. C'étoit une place très-avantageuse pour le commerce; mais assiégée par Attila, l'an 452 de J. C., elle fut prise, saccagée, ruinée; à peine reste-t-il aujourd'hui quelques vestiges de sa ruine.

Timavus fl., Timao. Ce petit fleuve, qui rencontre la mer à peu de distance de plusieurs sources dont il sort, est célèbre dans l'antiquité (1).

Tergeste, Trieste, dans le fond du golfe qui en tire son nom. Pline et Ptolémée donnent à cette ville le titre de colonie, mais on ignore le temps de son établissement.

Tergestinus sinus, golfe de Trieste, qui fait partie de la mer Adriatique.

HISTRIA.

L'Istrie, située à l'orient des *Carni* et de la Vénétie, dont elle est séparée par le fleuve *Formio*, Risano, a la figure d'une presqu'île. Elle faisoit autrefois partie de l'Illyrie et ne fut jointe à l'Italie que sous les règnes d'Auguste et de Tibère, qui reculèrent les limites jusqu'à *Pola*. Dans la suite on y ajouta le terrain compris entre *Pola* et le fleuve *Arsia*; la petite partie qui est audelà appartient à l'*Illyricum*.

Ægida, Capo d'Istria, située au fond d'un petit golfe et peu éloignée de *Formio*. Pline dit qu'elle jouissoit du privilége des cités Romaines. Dans le moyen âge, elle fut appelée *Justinopolis* par l'empereur Justin, fils de Justinien. Son nom moderne lui vient de ce qu'elle est la capitale de l'Istrie Vénitienne.

Pola, la principale des villes de l'Istrie, a conservé son nom et sa situation au fond d'une anse assez profonde, où se trouvent, selon Strabon, des petites îles fertiles et propres à retirer des vaisseaux. Ce géographe et Pline s'accordent à dire qu'elle fut anciennement fondée par ceux de Colchos (2) qui, envoyés à la poursuite de Médée, ne l'ayant pas trouvée, se fixèrent en cet endroit, n'osant pas retourner vers leur roi; ce qui fit donner le nom de

---

(1) Strab. lib. v, pag. 215 et seq. — Æneid. lib. 1, vers. 246. — (2) Strab. *ibid.*

Pola à la ville qu'ils bâtirent, ce mot signifiant en leur langue des *gens bannis*, comme le remarque Strabon. Du temps de Pline, elle étoit colonie Romaine sous le nom de *Pietas Julia*.

ILLYRICUM.

L'Illyrie, qui termine toute cette partie vers le nord-est, s'étend depuis les limites de l'Istrie et le bord du petit fleuve Arsia qui en fait la séparation; ensuite le long de la mer Adriatique, jusqu'à l'embouchure du *Drilo* ou Drin. Quant à des limites du côté de la Pannonie qui borde le nord de cette contrée, on les trouve déterminées par plusieurs positions de lieu sous le nom de *fines*, déterminations qu'il faut attribuer au gouvernement Romain, sous lequel ces points se font remarquer en plusieurs des parties qui ont été soumises à cette puissance.

Une chaîne de montagnes, qui prend le nom d'*Albius mons*, à la suite des Alpes Carniques, sur la frontière du *Noricum*, traverse l'Illyrie dans toute sa longueur d'occident en orient, jusqu'au mont *Scardus* de la Dardanie. *Colapis*, le Culp, sort de ces montagnes vers le nord pour se rendre dans la Save en Pannonie.

Vers le sud, *Titius*, Kecra; *Mestus*, Mesto; *Naro*, Narenta, ont leur cours vers la mer Adriatique. Le Drin, débouchant dans la Save près de *Sirmium*, sépare cette contrée de la Mésie qui s'étend en longueur d'occident en orient, depuis la Pannonie et l'Illyrie jusqu'au Pont-Euxin. Ce pays répond en général à ce que nous nommons Servie et Bulgarie.

Les nations Illyriques passoient dans les premiers temps pour un peuple sauvage, qui s'imprimoit des marques sur la peau, comme les Thraces. La piraterie, qu'il exerçoit, fournit aux Romains une première occasion d'armer contre lui plus de deux cents ans avant J. C., quoique l'entière soumission de tout le pays n'ait été achevée que par Tibère, vers la fin du règne d'Auguste. On y distingue deux provinces particulières, l'une, en remontant la mer Adriatique, sous le nom de *Liburnia*; l'autre plus célèbre et dont le nom de *Dalmatia* s'est conservé.

Une partie de la Liburnie, contigue à l'Istrie, et sous le mont *Albius*, et qu'on nomme Murlaka dans l'étendue de la Croatie, étoit occupée par les *Iapydes*.

Metulum, leur ville principale, au siége de laquelle Auguste, n'étant encore que triumvir, fit preuve de bravoure et d'intrépidité, se découvre dans le lieu nommé *Metuc Vetus* en la contrée de Licka entre les montagnes qu'habitoient les Iapydes. Sur le rivage de la mer, *Signia*, Segna; *Ænona*, Nona.

Jadera, aujourd'hui Zara, sous le titre de comté, étoit la ville du premier rang.

A cette nation succédoient les Liburni jusqu'au fleuve Titius. Au-delà de ce fleuve, en Dalmatie, on distingue deux nations principales, *Autariatæ* et *Ardyæi*. La première avoit antérieurement étendu sa puissance fort au-delà de ses limites, et c'est avec la seconde que les Romains ont commencé la guerre dans ce continent.

Scardona, sur la droite du *Titius*, conserve purement son nom.

Salona, la plus considérable des villes en cette contrée et illustrée par la retraite de Dioclétien, conserve son nom dans ce qui reste des vestiges.

Aspalathos, Spalato, qui domine aujourd'hui dans le voisinage, est postérieure au temps que l'on appelle proprement celui de l'antiquité.

Narona, à quelque distance du fleuve *Naro*, Narenta, est ensevelie sous ses ruines.

Epidaurus existoit peu au-delà de Raguse, dans le lieu nommé vulgairement Ragusi Vecchio.

Scodra, à l'issue du lac *Labeatis*, subsiste dans le nom de Scutari, autrement Iscodar suivant l'usage des Turcs, maîtres du pays qui a pris le nom d'Albanie.

Lissus, peu au dessus de l'embouchure du *Drilo*, sur la droite, est Alesso.

Les îles adjacentes à la côte Illyrique sont nommées *Absyrtides*. Quelques auteurs ont cru trouver dans ce nom celui d'*Absyrtus*, frère de Médée. Les plus remarquables sont :

Scardona, comme couchée devant la position de *Jadera*, s'applique à Isola Grossa.

Issa, Lissa, située plus au large et peu considérable par son étendue, figure néanmoins dans l'histoire de la première guerre des Romains dans l'Illyrie.

Pharus, la plus grande de toutes, est aujourd'hui Lesina.

Corcyra, Curzola; le surnom de *Nigra* ou de Noire la distinguoit d'avec l'île plus considérable de même nom, adjacente au rivage de l'Epire.

ITALIA PROPRIÈ DICTA.

Suivant Strabon (1), tout ce qui n'étoit point Gaule Cisalpine, tout ce qui n'étoit pas Grande Grèce (2), étoit Italie proprement dite. Les Romains croyoient que ce nom avoit été d'abord uniquement donné aux pays voisins du Tibre par Italus, roi de Sicile, lorsqu'il vint s'y établir, et qu'ensuite ce nom s'étoit communiqué peu à peu aux autres contrées qui composent aujourd'hui l'Italie, à mesure que Rome y avoit étendu ses conquêtes. Les premières contrées sont, vers la mer inférieure, *Etruria* ou *Tuscia*, *Latium*, *Campania*; vers la mer supérieure, *Umbria*, *Picenum*, *Samnium*.

§. I. ETRURIA (3) *vel* TUSCIA.

Une nation, connue sous le nom d'*Etrusci*, a donné le nom d'Etrurie à tout ce qui borde la rive occidentale du Tibre, depuis sa source dans l'Apennin jusqu'à la mer. Cette contrée s'étend le long de la mer depuis *Macra* jusqu'aux embouchures du Tibre, bornée au nord par l'Apennin et par le Tibre à l'est. Pline dit qu'elle commence depuis le fleuve Macra, et qu'elle-même a souvent changé de nom : *Etruria ab amne Macrâ, ipsa mutatis sæpè nominibus* (4). Dans les temps les plus anciens, les Ombres en furent chassés par les Pélasges; ceux-ci par les Lydiens qui la nommèrent Thyrrhénie du nom d'un de leurs rois. Ces mêmes Etruriens furent ensuite nommés *Tusci*, du mot grec *thuein* qui signifie sacrifier, par allusion à leurs rites et à leurs sacrifices religieux; on sait qu'ils s'appliquoient particulièrement à la science frivole des augures.

---

(1) Strab. lib. v, pag. 227.

(2) La Grande Grèce comprenoit quatre principales parties, le Bruttium, la Lucanie, la Messapie et l'Apulie. Selon toute apparence, c'est du nord de la Grèce que sortirent les nombreuses colonies qui occupèrent cette contrée; Strabon (lib. vi, pag. 253) y attache même la Sicile, parce qu'en effet la Sicile a été peuplée par des Grecs. Tite Live (lib. vii, 26) la regarde comme une partie de la Grèce, et la nomme Grèce Citérieure par rapport à lui-même, appelant Grèce Ultérieure la véritable Grèce. Il est démontré que la Grande Grèce, ou cette partie de l'Italie, est plus grande que la Grèce proprement dite. Il est prouvé que ce surnom donné par les Grecs n'a rien d'absurde, et que ce qui a été dit par les anciens n'est pas si éloigné de la vérité qu'ils n'aient pu le dire.

(3) L'Etrurie, cette ancienne patrie des arts, est réunie à l'Empire François, ainsi que plusieurs autres états qui forment aujourd'hui différens départemens.

(4) Plin. lib. iii, cap. 6.

Luna,

Luna, première ville des *Tusci*, sur la rive ultérieure du fleuve Macra; il n'en existe que quelques vestiges, et le nom de Lunegiano dans les environs.

Luca, Lucque, sur la rive gauche du Serchio, *Anser; Colonia Luca à mari recedens.* Cette colonie y fut envoyée, selon Velléius Paterculus, l'an de Rome 574. L'an 576, on y fit passer deux mille citoyens Romains; mais elle devint municipe et colonie en même temps (1). Là se forma le premier triumvirat entre Jules César, Pompée et Crassus. Luca étoit recommandable par son port qui est dans le territoire de la Ligurie.

Pisœ, Pise, sur le fleuve *Arnus*, fut fondée par Pélops et une colonie Grecque venue de Pise, ville de l'Elide dans le Péloponèse (2). Cette ville avoit aussi un beau port, dont le poète Rutilius fait l'éloge (3). Tite Live nous apprend que, l'an de Rome 571, sur les instances des habitans qui promettoient des terres pour y recevoir une colonie Latine, le sénat leur fit ses remercîmens et créa des triumvirs pour cette affaire (4). Dans la suite, César Auguste y fit passer une nouvelle colonie, d'où lui sont venus les surnoms de *Colonia Juliensis, Colonia Obsequens, Julia Pisana.*

Portus Herculis Labronis vel Liburni, Livourne, a conservé son ancienne dénomination; on ne trouve rien qui en détermine l'origine. Zosimes, qui a composé une Histoire des Empereurs, laquelle nous est restée imparfaite, fait mention d'une ville située sur la côte de l'Italie, qu'il nomme *Liburnum*, et il ajoute, sans autorité, que dans cette ville ont été construites les premières Liburnes (5). On pourroit conjecturer que le nom *Labro* s'est changé dans la suite en celui de *Liburnum* (6).

Volaterræ, Volterra, ville située sur une colline élevée et escarpée des deux côtés. Plusieurs des Etrusques et de ceux qui avoient été proscrits par Sylla (7) se réunirent dans le territoire de cette ville, formèrent quatre cohortes et soutinrent un siége de deux ans; mais ils furent enfin obligés de se soumettre et d'abandonner la place. Selon Denys d'Halicarnasse, elle seule des douze villes des Etrusques étoit colonie et municipe (8); Cicéron en parle

---

(1) Liv. lib. xli, 13. — (2) Plin. lib. iii, 5. — (3) Itinerar. lib. i, vers. 531.

(4) Liv. lib. xl, 43.

(5) Les Liburnes étoient des bâtimens légers, des tartanes propres à la course, ainsi appelés du nom des Liburnes, peuple de l'Illyric, qui le premier entra dans l'Italie. C'est avec ces tartanes que ces peuples infestoient la mer Ionienne; à ces tartanes Horace fait allusion (Epod. lib. i, od. i).

(6) Zosim. lib. v, cap. 20.—(7) Strab. lib. v, pag. 223.—(8) Dionys. Hal. lib. iii, pag. 189.

comme d'un municipe avec lequel il avoit une liaison particulière (1). Frontin (*de Coloniis*) dit qu'elle avoit aussi le titre de colonie : *Colonia Volaterrana lege Triumvirali est assignata.* Enfin elle est remarquable et par les vestiges qu'elle possède, et pour avoir été la patrie de Perse qui, sous le règne de Néron, se rendit fameux par ses satires.

Sena Julia, Sienne, presque au centre de l'Etrurie, ville d'un temps postérieur, car il n'en est pas mention avant le temps de César Auguste qui, comme dans beaucoup d'autres villes, y fit passer une colonie, ainsi que le surnom l'indique; le surnom de *Julia* ne se trouve que dans la table de Peutinger.

Populonium, Popolonia, destruta; sur ses ruines s'est élevé Piombino. Du temps de Strabon elle étoit absolument déserte, si l'on en excepte des temples et quelques maisons. Du vivant de Pline, on y voyoit encore une statue de Jupiter que le temps avoit respectée. Pline s'accorde à dire avec Strabon qu'elle est la dernière ville des anciens Etrusques sur ce rivage, où elle avoit un port dont Tite Live fait mention (lib. xxx, 39).

Ilva, Elbe (2), île célèbre autrefois par ses mines de fer.

Rusellæ, Roselle, étoit une des douze cités des anciens Etrusques; Pline l'appelle *Colonia Rusellana*. Holstenius, qui vivoit vers le milieu du 17.ᵉ siècle, atteste dans ses Notes que les ruines de cette colonie sont encore si frappantes, qu'elles conservent leur ancien nom.

Cosa n'existoit déjà plus qu'en ruines du temps d'Alaric. De ces ruines s'est élevé, dit-on, ou Orbitello, ou Alsidonia. Elle avoit un beau port, non loin duquel furent arrêtés par la flotte Carthaginoise les vaisseaux de charge qui, du port d'Ostie, portoient les provisions de l'armée en Espagne (3).

Forum Aurelii, Mont Alto, marché établi par Aurélius, le même, sans doute, qui fit la voie Aurélienne.

Tarquinii, la Turchina, cité ancienne un peu au dessus de l'embouchure du fleuve *Marta*. Atys, fils d'Hercule et d'Omphale, avoit deux enfans, Lydus et Tyrrhénus. Forcés par la disette et la stérilité de quitter le pays qu'ils occupoient, ils tirent au sort; Lydus reste près de son père, et Tyrrhénus, avec la plus grande partie du peuple, va chercher une autre place. Ce chef d'une nouvelle colonie sortie de la Lydie, arrivé en Italie, appelle *Tyrrhenia* de son nom le pays où il s'arrête. Il bâtit douze villes dont il confie le soin à Tarconte, duquel vient le nom de *Tarquinii*; c'est de lui que l'on raconte

---

(1) Cicer. lib. xiii, Epist. 4. — (2) Æneid. lib. x, vers. 173. — (3) Liv. lib. xxii, 11.

qu'il étoit né blanc de vieillesse, parce que, dès son enfance, il avoit la prudence d'un vieillard (1).

Centum Cellæ, Civita Vecchia. Ce n'étoit d'abord qu'une maison de campagne de Trajan, avec un port magnifique que ce prince fit construire à grands frais. Le nom ancien semble annoncer que dans ce lieu il y avoit cent habitations ou magasins.

Cære, Cer-Veteri. Suivant le témoignage de tous les anciens, le premier nom de cette ville étoit *Agylla*, dont on attribuoit la fondation à des Pélasges venus de la Thessalie (2). Virgile nous la représente comme très-ancienne (3). Les Lydiens, que l'on appelle aussi Tyrrhéniens, ayant formé le siége d'Agylla, un soldat s'approcha de la muraille et demanda quel étoit le nom de cette ville. Le Thessalien, au lieu de réponse, l'ayant salué d'un bon jour qui se dit en grec *chaïré*, les Tyrrhéniens acceptèrent l'augure, prirent la ville et changèrent son nom en *Chaïré, Cære*. Strabon ajoute que cette ville si belle, si renommée, n'offre plus que des décombres. Ce fut dans cette ville, selon Tite Live, que Tarquin, âgé de soixante-seize ans, chassé de sa capitale, se réfugia avec sa femme et ses enfans.

Veii, capitale des Véiens, existoit sur un monticule adjacent à un lieu nommé Isola; ce peut être Scrofano, colonie Grecque venue de Lydie. Cette ville puissante autrefois et très-riche est comparée par Denys d'Halicarnasse à Athènes, tant pour la grandeur que pour la richesse.

Capena, Civitella, près de Fiano et de la rive droite du Tibre. Il y avoit dans ses environs un bois consacré à la déesse Féronie.

Fescennia, Civita Castellana, est citée par Pline comme une ville Latine. Servius dit que c'est dans cette ville que l'on a imaginé les vers libres et satiriques sur les nouveaux mariés, appelés *carmina fescennina* (4).

Falerii, Falari, capitale des Falisques, bâtie par Halésus d'Argos. Pline l'appelle du nom du peuple, et la range dans le nombre des colonies. Solin, qui nomme cette ville *Falisca*, écrit qu'elle fut fondée par les Argiens sous la conduite de Halésus, témoignage confirmé par celui d'Ovide (5). Virgile donne aux Falisques l'épithète de Justes (6), parce que

---

(1) Strab. lib. v, pag. 219. — (2) *Idem*, pag. 220. — (3) Æneid. lib. vIII, vers. 478.

(4)   *Fescennina per hunc inventa licentia morem*
        Versibus alternis opprobria rustica fudit (Horat. lib. II, Epist. 1, vers. 145).

(5)   *Venerat Atridæ fatis agitatus Halesus*,
        A quo se dictam terra Falisca putat (Ovid. Fast. lib. IV. — Liv. lib. v, 27).

(6) Æneid. lib. VII, vers. 695.

le peuple Romain reçut d'eux, par le ministère des décemvirs, l'ordre qui régnoit dans les féries latines, *ferialia jura*, et quelque supplément à la loi des XII Tables.

Vulsinii, Bolsena sur le lac de même nom, chef-lieu d'un peuple Etrusque et la ville la plus riche, suivant Valère Maxime (1). Elle passoit pour la capitale de l'Etrurie. Elle fut entièrement consumée par la foudre, au rapport de Pline, qui dit que les meules tournantes y furent inventées; il la range au nombre des villes Latines (2).

Perusia, Pérouse, située près du Tibre, l'une des trois plus fortes cités de l'Etrurie (3). Selon Tite Live, elle étoit peuplée, puisque le même historien dit que, l'Etrurie s'étant révoltée une seconde fois, Fabius fit mourir quatre mille cinq cents habitans et fit jusqu'à dix-sept cent quarante prisonniers (4).

Trasimenus lacus, lac de Pérouse, célèbre et fatal aux Romains par l'imprudence d'un consul choisi par la faveur du peuple. Ce consul étoit Flaminius, homme d'un caractère aussi ambitieux qu'imprudent. L'an 217 avant J. C., Annibal remporta sur lui une victoire signalée; le consul fut tué, et quinze mille Romains, suivant Plutarque, restèrent sur le champ de bataille.

Clusium (5), Chiusi, sur le *Clanis*, la Chiana qui se rend dans le Tibre, au rapport de Tite Live (6), avoit d'abord été appelée *Camers* (7), et, du

---

(1) Valer. Max. lib. IX, 1.—(2) Plin. lib. II, pag. 100.— lib. XXXVI, pag. 748.

(3) Liv. lib. X, 31, 37.

(4) Le triumvir Octavien, maître de la ville par une trahison insigne, fait amener devant lui chargés de fers ceux qui composoient le sénat ou le conseil de la ville et les condamne tous à mort contre les articles du traité. Tous enchaînés au nombre de trois cents furent conduits au pied d'un autel dédié à Jules César, où on les immola comme autant de victimes aux mânes du dictateur, le jour même des ides de mars, anniversaire de sa mort. Enfin la ville fut par ses ordres abandonnée au pillage. Un habitant appelé Sestius, et surnommé Macédonius parce qu'il avoit servi long-temps en Macédoine, pour ne point survivre à la ruine de sa patrie, mit le feu à sa maison. Les flammes s'étant communiquées aux maisons voisines, en peu de temps toute la ville fut entièrement réduite en cendres. Telle fut la fin de cette malheureuse guerre connue sous le nom de Perouse.

(5) Suet. Vit. August. cap. 14. — (6) Liv. lib. X, 25.

(7) Pline, sous le nom des peuples, distingue deux *Clusium*; *Clusini novi*, *Clusini veteres*. Holstenius, dans ses Notes sur l'Italie ancienne, pense que ces peuples ne diffèrent que de nom et que la position est réellement la même. Ce n'est pas le sentiment des anciens, car dans le fragment de l'Itinéraire d'Antonin, on voit *Clusium vetus et Clusium novum*

temps d'Orose, *Tusia*, distante de Rome, suivant Polybe, de trois journées de chemin ; elle étoit la résidence du roi Porsenna.

Cortona, Cortone, au dessus du lac Trasimène. Pline la désigne sous le nom de ses habitans, *Cortonenses*, et la met au nombre des villes Latines. Tite Live dit qu'elle étoit une des plus fortes de l'Etrurie, et qu'elle envoya à Rome des députés pour obtenir la paix et un traité, et qu'on lui accorda une trève de trente ans (1).

Arretium fidens, Castiglione-Aretino, près du *Clanis*, une des anciennes villes de l'Etrurie. Pline en distingue trois sous le nom de leurs peuples. De son temps, elles étoient villes Latines ; mais celle-ci, sous Auguste, étoit colonie avec le nom de *Colonia fidens Julia*.

Arretium Vetus, Arezzo, est aussi une des anciennes villes ; elle resta long-temps fidèle aux Romains. Près de cette ville et pour sa défense, les Romains engagèrent un combat contre les Sénonois, où le général Romain fut tué avec sept tribuns légionnaires (Polyb. II). Elle fut la patrie de Mécène, favori d'Auguste.

Florentia, Florence, située sur le haut de l'*Arnus : fluentini*, dit Pline, *præfluenti Arno appositi* (2). Florus rapporte que, dès le temps de la guerre de Sylla, cette ville tenoit un rang distingué parmi les municipes (3). Suivant Frontin (4), elle fut faite colonie Romaine par les triumvirs, et la loi *Julia* assigna deux cents arpens de terre à la centurie Césarienne. Lors des proscriptions de Sylla, tous les biens des habitans furent confisqués et vendus à l'encan, parce qu'ils s'étoient déclarés contre lui. Suivant Tacite (5), on entendit les remontrances des municipes et des colonies, les Florentins priant que l'on ne détournât pas le *Clanis* de son lit pour le faire entrer dans l'*Arnus*, ce qui leur causeroit un grand dommage.

§. II. LATIUM.

Le Latium, car c'est ainsi, selon Strabon (6), que l'on appelle le pays des Latins, doit son nom à Saturne. Ce père, chassé par son fils et fuyant son ressentiment, aima mieux que cet asile, où il avoit rassemblé des hommes épars sur le sommet des montagnes, asile où il leur avoit donné des lois, fût ainsi

---

(1) *A Perusiâ et Cortonâ et Arretio, quæ ferme capita Etruriæ populorum eâ tempestate erant, legati pacem fœdusque ab Romanis petentes, inducias in trigenta annos impetraverunt* (Liv. lib. IX, cap. 57).
(2) Plin. lib. III, 5. — (3) Flor. lib. III, cap. 21, in fine. — (4) Front. de Colon. pag. 93.
(5) Tacit. Annal. 1, cap. 79.—(6) Strab. lib. v, pag. 219.

nommé, parce que sans crainte, dérobé à toutes poursuites, il avoit fait revivre l'âge d'or en y faisant régner la paix (1). L'ancien Latium a gardé ses anciennes limites, s'étendant depuis le Tibre jusqu'à *Circeii*. « C'est cependant, dit Pline, sur de si foibles racines qu'a pris croissance le plus florissant des empires : *tam tenues primordio imperii fuere radices*. Mais les Eques, les Volsques, les Herniques et les Ausoniens étant subjugués, les limites du nouveau Latium furent portées jusqu'au *Liris* (2) ».

Tiberis, le Tibre, dont le cours dirigé du nord vers le sud sépare le Latium de l'Etrurie et celle-ci de l'Ombrie, après avoir reçu un grand nombre de rivières, se jette dans la mer inférieure par deux embouchures. Selon Virgile, il fut ainsi nommé du nom d'un roi Toscan qui fut tué sur la rive, lorsqu'il s'abandonnoit au pillage (3). Tite Live rapporte que, dans un traité de paix, il fut stipulé par les Etrusques et les Latins que le fleuve *Albula*, aujourd'hui le Tibre, seroit la ligne de démarcation (4).

Ostia, Ostie, tire son nom de sa position près de la principale des deux embouchures du Tibre, aussi l'appeloit-on *Tiberina Ostia;* elle est aujourd'hui un peu plus reculée, parce que le fleuve a éloigné le rivage par un attérissement. La ville et le port furent bâtis par Ancus Martius, quatrième roi de Rome, l'an 640 avant J. C. Ce prince y fit passer une colonie, et pour faciliter le commerce, il creusa des salines sur le bord de la mer ; le sel qu'il en tira, et dont une partie considérable fut distribuée au peuple, servit d'origine à ces libéralités publiques connues dans la suite sous le nom de *congiaria* (5).

Roma, Rome, sur le Tibre, jadis la plus puissante et encore aujourd'hui une des plus belles villes de la terre : *Roma terrarum caput*, chef-lieu de l'univers (6). Rome fondée, selon l'opinion commune, par Romulus, 753 ans avant J. C., fut d'abord gouvernée par des rois pendant deux cent quarante-quatre ans, ensuite par des consuls environ 500 ans, et enfin par des empereurs pendant cinq ou six siècles. Auguste la rendit la plus superbe ville du monde.

Tibur, Tivoli sur le fleuve *Anio*, le Teverone qui se jette dans le Ti-

---

(1) Æneid. lib. VIII, vers. 520. — (2) Plin. lib. III, cap. 5. — (3) Æneid. lib. VIII, vers. 330.
(4) Liv. lib. I, 3.
(5) Ce mot vient de *congius*, le conge, mesure romaine des choses liquides, qui contenoit six setiers.
(6) Plin. lib. III, 5.

bre, formant en cet endroit une cataracte. Cette ville très-ancienne fut bâtie, dit-on, par des Grecs : *Tibur Argæo positum Colono* (1).

Gabii, presque à égale distance entre Rome et Préneste. C'est dans cette ville que Faustule, intendant des troupeaux du roi Amulius, envoya Remus et Romulus pour apprendre les lettres (2). Elle fut aussi témoin et en même temps la victime du noir complot formé par le roi Tarquin et par Sextus son fils. Celui-ci, sous le faux prétexte d'une conspiration, fit exterminer tous les habitans les plus distingués et sans peine livra la ville au roi des Romains. Mais en cette occasion Tarquin, consultant les règles d'une sage politique, traita les Gabiens avec beaucoup d'humanité, et conclut avec eux une alliance dont les articles furent tracés sur un bouclier de bois couvert de la peau d'un bœuf immolé après les sermens. Ce bouclier se voyoit encore à Rome, du temps d'Auguste, dans le temple de Jupiter *Pistius*, c'est-à-dire le dieu de la fidélité (3).

Præneste, Palestrine (4), à en croire Etienne de Bizance, doit son nom et sa fondation à Prenestus, fils de Latinus et petit-fils d'Ulysse et de Circé. Virgile (5) nous donne sa position sur une hauteur. Cette ville étoit fortifiée par la nature et par l'art. Sylla, maître de Rome et de Préneste, se rend dans cette dernière ville ; pour inspirer plus de terreur, il fait exposer pendant quelque temps dans la place publique la tête de Marius, et passer au fil de l'épée les Prénestins en état de porter les armes ; la ville elle-même est abandonnée au pillage. On vit alors combien ce tyran étoit altéré de sang ; il fait enfermer dans le même endroit douze mille hommes, au nombre desquels étoient des prisonniers Samnites, et comme si cette scène affreuse fût pour lui un spectacle agréable, il donne ordre de les massacrer. Mais voulant accorder la vie à un des habitans, qui autrefois l'avoit bien reçu dans sa maison : « Non, lui dit ce généreux Prénestin avec indignation, je ne veux « point devoir la vie au bourreau de mon pays ». En achevant ces mots, il se mêle parmi ses compatriotes et périt avec eux.

Anagnia, Anagnie, capitale des Herniques, ville recommandable selon Strabon. Virgile la désigne comme une ville riche, soit à cause de son terroir, soit parce que M. Antoine y fit frapper monnoie (6). Rome n'eut point de

---

(1) Horat. lib. II, od. 6. Ce même poète vante la beauté de Tibur, qu'il préfère à toutes les villes Grecques, lib 1, od. 7.

(2) Plutarch. in Romul. — (3) Dionys. Hal. lib. IV.

(4) La Palestrine d'aujourd'hui n'est que la nouvelle Préneste, car l'ancienne, qui étoit au haut d'une montagne, fut détruite par le pape Boniface VII ; la moderne est dans une vallée.

(5) Æneid. lib. VII, vers. 682.

(6) *Hernica saxa colunt, quos dives Anagnia pascis* (Æneid. lib. VII, vers. 684).

peine à la soumettre, et en récompense elle lui accorda le droit de bourgeoisie (1). Mais comme elle s'étoit révoltée, ce droit n'emportoit pas le droit de suffrage; dans la suite elle devint colonie.

Aricia, la Riccia, aujourd'hui village. Horace en fait mention dans le détail qu'il donne de son voyage (2). Près de cette ville étoit un bois consacré à Diane Aricina, dans lequel couloit la fontaine de la nymphe Egérie dont parle Tite Live (3). Le roi Numa s'y transportoit souvent sans témoins pour s'entretenir avec la déesse. Il le consacra aux Muses, parce qu'elles formoient avec son épouse Egérie une espèce de conseil; aussi plusieurs ont-ils cru que la nymphe étoit une des Muses.

Alba Longa, entre Aricia et Tusculum, existoit dans le lieu nommé Palazzolo; selon l'opinion commune, rivale de Rome et de fondation plus ancienne, bâtie par Ascagne au pied du mont Albain (4). Ses premiers habitans furent une colonie venue de Lavinium, bâtie 300 ans auparavant. Elle fut nommée *Albe* d'après une truie blanche qu'Enée avoit trouvée dans l'endroit où l'on jeta les fondemens, *Longue* pour la distinguer d'une autre ville de même nom dans le pays des Marses. Elle fut la résidence des rois jusqu'à la fondation de Rome; de là cette prédiction que Virgile met dans la bouche d'Anchise (5).

Tusculum, au nord et à peu de distance d'Aricia, Frascati sur une colline. C'étoit un municipe auquel Cicéron donne l'épithète de *clarissimum* (6). Ses environs sont fort agréables, et la beauté du terroir fut cause que les Romains y bâtirent différentes maisons de plaisance.

Ardea, fondée par Danaë, mère de Persée, étoit la capitale des Rutules, le peuple d'alors le plus riche de la contrée. Turnus leur roi y avoit son palais, et Virgile nous en donne une grande idée (7). Selon Strabon, les Ardéates étoient une colonie de Rutules. Il y avoit dans le voisinage un temple dédié à Vénus, où les Latins se rassembloient avec solemnité; mais ce géographe ajoute que *Lavinium*, *Laurentum* et *Ardea* ont été détruites par les Samnites et ne présentent plus aujourd'hui que des ruines.

---

(1) Liv. lib. ix, 43.

(2)   *Egressum magnâ me excepit Aricia Româ,*
      Hospitio modico (lib. 1, sat. 5).

(3) Liv. lib. 1, cap. 21. — (4) Liv. lib. 1, cap. 3.
(5) *Unde genus longâ nostrum dominabitur Albâ* (Æneid. lib. vi, vers. 766).
(6) Pro Fonteio, cap. 14. — (7) Æneid. lib. vii, vers. 409.

Laurentum,

Laurentum, Torre di Paterno. Du temps de Strabon, l'on disoit qu'Enée avoit abordé en cette ville avec son père Anchise et son fils Ascagne, près d'Ostie et du Tibre (1). Son nom lui vient des bois de lauriers qui ombrageoient tous les environs. Si nous en croyons Virgile (2), là étoit le palais des plus anciens rois, tels que Latinus, Picus et Faunus.

Antium, Anzio, sur un rocher, une des principales villes des Volsques, où se retira Coriolan pour se venger de l'ingratitude de ses concitoyens. Bientôt à la tête d'une armée de Volsques, ennemis les plus implacables du nom Romain, on le voit paroître aux portes de Rome qui trembloit, et sans deux femmes, Véturie sa mère et Volumnie son épouse, ce brave Romain alloit porter le fer dans le sein de sa patrie. Pour reconnoître un service aussi grand, on éleva un temple dans le lieu même où Véturie avoit désarmé Coriolan, et la statue de la Fortune des Dames fut érigée aux dépens du public. C'est, sans doute, à cette déesse qu'Horace fait allusion (3).

Pomptinæ Paludes, marais Pomptins, tiroient leur nom, ainsi que le champ qu'ils environnoient, de *Pometia*, ville des Volsques : *à quâ palus Pomptina appellata est juxta Terracinam* (4). On avoit tenté de les mettre à sec, et il est certain qu'ils étoient desséchés en partie. Jules César, suivant le témoignage de Suétone, forma la même entreprise, mais on ignore avec quel succès.

Circeii, île autrefois située en haute mer et appelée par Homère *Æete*, d'un surnom qu'avoit la magicienne Circé; c'est aujourd'hui Monte Circello qui, dès le temps de Pline, appartenoit au continent, et qui est un promontoire nommé *Circeium*. Les habitans étoient une ancienne colonie que Tarquin le Superbe y avoit fait passer. Ils adoroient particulièrement Circé. Cette fameuse magicienne, devenue odieuse à ses sujets pour avoir empoisonné son mari, roi des Sarmates, se sauva dans un lieu désert sur les côtes d'Italie, qui, à cause d'elle, fut appelé le promontoire Circéen.

Terracina, Terracina, nommée avant *Trachina* à cause de sa situation sur le sommet d'un rocher (5). Les Volsques, dont elle étoit la capitale, la nommoient *Anxur*, du surnom de Jupiter qui y étoit adoré sous la figure

---

(1) Strab. lib. v, pag. 229. — (2) Æneid. lib. vii, vers. 170.
(3) *O diva gratum quæ regis Antium* (lib. 1, od. 35).
(4) Festus. P.
(5) *Impositum saxis late candentibus Anxur* (Horat. lib. 1, satyr. 5, vers. 26).
Anxur, selon Plutarque, en langue volsque, répondoit au *Terracina* des Latins.

d'un jeune homme sans barbe. Cette ville fut prise par le parti de Vespasien qui cherchoit à précipiter Lucius Vitellius d'un trône qu'il ne savoit pas occuper. Ce foible empereur, voyant Rome dans la main de son rival, veut fuir à Terracine; mais arrêté par la crainte, il va se cacher chez le portier du palais dans la loge aux chiens. Bientôt découvert, il est conduit au lieu des supplices sans proférer un seul mot. Insulté par le tribun même, il lui dit seulement : « *J'ai cependant été votre empereur* ». Un moment après il tombe percé de mille coups, l'an 69 avant J. C., l'année de son règne n'étant pas encore révolue.

Speluncæ, Sperlonga, lieu où fut jadis la caverne Amycléenne (1). Sénèque dit que les Romains aimoient à avoir leur maison de campagne dans le voisinage de quelque grotte, dans laquelle ils se retiroient souvent, sur-tout en été; telle étoit celle dont il s'agit. Un jour, Tibère étant à table sous cette grotte naturelle, des pierres détachées tout à coup écrasèrent quelques-uns de ses serviteurs. Séjan couvre l'empereur de son corps et écarte les pierres qui s'écrouloient. Ce service rendu fort à propos lui mérita toute la confiance de Tibère, dont il abusa trop long-temps; mais enfin ce ministre insolent, flatteur, audacieux jusqu'à se dire l'empereur de Rome, trouva la punition de ses crimes. Tibère donna l'ordre au sénat de lui faire son procès; ordre promptement exécuté : il est arrêté, étranglé dans sa prison, l'an de Rome 778, de J. C. 31.

§. III. CAMPANIA.

En sortant du Latium, on entre dans la Campanie : *hinc felix illa Campania est*. Cette contrée, au dire de Pline, où s'assemblent comme à l'envi toutes les délices imaginables, a eu successivement pour colons les Osques, les Grecs, les Ombres, les Toscans et les Campaniens, qui ont pris leur nom de l'excellence du territoire. Elle fait la partie principale de ce qu'on nomme aujourdui Terre de Labour. Séparée du Latium par le fleuve Liris, le Gariglian, elle s'étend le long de la mer jusqu'aux limites de la Lucanie, resserrée dans l'intérieur par le Samnium.

Vulturnus, Volturno, le fleuve le plus considérable, se forme de la rencontre de plusieurs petites rivières, qui se réunissent dans les montagnes des Samnites, pour couler ensuite dans le même lit jusqu'à la mer.

---

(1) *Amiclæ* sur le bord de la mer, fondée par une colonie de Laconiens, habitans d'une ville du même nom dans le Péloponèse, qui portèrent en Italie le précepte du silence qu'ils avoient reçu de Pythagore; aussi furent-ils appelés les Taciturnes (Æneid. lib. x, vers. 56).

Capua, Capoue, bâlie l'an 801 avant J. C., suivant la supputation de Velléius Paterculus, autrefois grande et délicieuse ville, n'a point conservé son emplacement en prenant sur le Vulturne une position à trois milles de l'ancienne. Elle étoit la capitale de la Campanie; Florus (1) la met en parallèle avec Rome et Carthage. Les anciens ne sont pas absolument d'accord sur l'origine de son nom. Strabon (2) le dérive de *caput*, qui signifie tête, parce qu'elle étoit en effet la capitale de douze villes habitées par les Tyrrhéniens. Diodore de Sicile l'attribue aux campagnes qui l'environnoient. Tite Live dit (3) qu'ayant été prise par Capys, général Samnite, il lui donna son nom. Suétone (4) parle de Capys Troyen comme du fondateur de cette ville; mais Tite Live ajoute qu'il est plus vraisemblable que ce nom lui vient de ses campagnes; *à campestri agro*, sentiment conforme à celui de Pline. On sait que ce furent les délices de Capoue qui énervèrent le courage d'Annibal, et lui devinrent plus funestes que la bataille de Cannes ne l'avoit été aux Romains. Les Romains devenus les maîtres de cette ville et de ses fertiles plaines, y firent passer des affranchis pour cultiver les terres. Cette espèce de colonie étoit gouvernée par un officier, qui se rendoit tous les ans sur les lieux. Les anciens habitans furent dépouillés de leurs biens, et dispersés sans espérance de revoir jamais leur patrie. Quelques-uns d'eux furent vendus, et d'autres renfermés en différentes prisons où ils périrent de faim.

Neapolis, Naples, fondée par les Chalcidiens, et surnommée *Parthenope* du nom d'une sirène dont le tombeau étoit en cet endroit (5). Ayant été détruite par les habitans de Cumes, qui craignoient qu'elle ne surpassât la leur, ils furent attaqués d'une peste cruelle. L'oracle leur fit savoir que ce fléau ne cesseroit que quand ils auroient reconstruit la ville de *Parthenope*, et à condition qu'ils rendroient au tombeau de la nymphe le culte qu'elle méritoit. La ville fut donc reconstruite et appelée la Ville Neuve.

Néron, ne croyant pas son palais ni ses jardins suffisans pour la beauté de sa voix, et n'osant commencer dans Rome, choisit cette ville comme plus propre à son ambition musicale, parce que c'étoit une ville Grecque. Un jour qu'il chantoit à son ordinaire, le théâtre fut tout à coup ébranlé par un violent tremblement de terre, sans que pour cela l'intrépide musicien voulût interrompre son chant. Après avoir achevé, il permit à la multitude

---

(1) Flor. lib. 1, cap. 16. — (2) Strab. lib. v, pag. 242. — (3) Liv. lib. iv, 37.
(4) Suet. in Pompeio. — (5) Plin. lib. iii, cap. 5.

de se retirer. A peine étoit-elle sortie que l'amphithéâtre s'écroula (1).

Vesuvius mons (2), le mont Vésuve ou Monte di Somma, à peu de distance de Naples vers le nord, le rival, en quelque sorte, de l'Etna par ses incendies fréquens et les feux qu'il lance. Strabon donne la description de ce volcan (5). Vers la fin de l'année 79 de J. C., et la première du règne de Titus, ce mont vomit tant de feux, qu'Herculanum périt entièrement avec ses habitans. Déjà elle avoit été fort endommagée l'an 64, mais elle avoit été rebâtie et même embellie. On y avoit élevé un théâtre, où le peuple étoit assemblé quand la ville fut engloutie par un tremblement de terre qui accompagna l'éruption des flammes du volcan.

Cumœ, Cumes, ville très-ancienne bâtie par une colonie de Chalcis en Eubée, peu de temps après celle de Néapolis. Cumes détruite a laissé des ruines près desquelles est une grotte que l'on prétend avoir été la demeure de la sibylle. Enée, affligé de la perte de Palinure, aborde sur cette côte, et étant entré dans l'antre de la sibylle, il consulte l'oracle d'Apollon (4).

Capreœ (5), Caprée, faisoit autrefois partie du continent, mais de violentes

---

(1) (Plin. lib. II, cap. 82). Tacite rapporte que ce tremblement arriva sous le consulat de C. Lecanius et de M. Licinius, c'est-à-dire l'an 64 de J. C. (Annal. lib. xv, cap. 34).

C'est dans cette ville que le corps de Virgile fut transporté, ainsi qu'il l'avoit ordonné par un des articles de son testament, pour être déposé dans un monument qu'il avoit fait élever sur la route de Naples et de Pouzzole. Sur ce monument étoit gravé un distique composé par le poète lui-même, et dans lequel il marquoit modestement sa naissance, sa mort, le lieu de sa sépulture et ses ouvrages.

Mantua me genuit: Calabri* rapuere, tenet nunc
Parthenope: cecini pascua, rura, duces.

* Ce poète mourut à *Brundusium*, Brindisi.

(2) Diodore de Sicile, qui vivoit du temps d'Auguste, dit expressément que les éruptions remontoient dans l'antiquité jusqu'aux temps fabuleux. Hercule, étant parti du Tibre, vint dans le pays de Cumes, habité, selon la tradition, par des hommes forts et appelés géans à cause de leurs crimes. Ce pays même fut nommé *Phlegrœus*, c'est-à-dire brûlé, parce que la colline autrefois, comme l'Etna de Sicile, vomissoit beaucoup de feu. On la nomme aujourd'hui Vésuve, conservant beaucoup de vestiges d'un ancien feu : *multa servans ignis antiqui vestigia* (Diodor. Sic. Antiq. Hist.).

Ce fut pendant l'éruption de l'an 79 que Pline, curieux d'observer ce terrible phénomène, périt martyr de la nature, dont il cherchoit à approfondir les mystères.

(3) Strab. lib. v, pag. 247. — (4) Æneid. lib. vi, vers. 2 et 10.

(5) Telon, suivant la fable, régna long-temps dans cette île. Il avoit épousé la nymphe Sébéthis, de laquelle il eut un fils nommé OEbalus. Ce fils se trouvant trop resserré dans le

commotions l'en ont séparée. Cette île, fameuse par la retraite de Tibère (1), est séparée du promontoire de Minerve par un bras de mer d'environ trois milles. Caprée devint, pour ainsi dire, un volcan plus désastreux que le Vésuve ; de là s'élançoient jusqu'à Rome les semences de troubles, de trahisons, de crimes et de mort.

Salernum, Salerne au fond du golfe *Pœstanus*, golfe de Salerne. Strabon dit (2) que les Romains la fortifièrent pour tenir en respect les Picentins, les Lucaniens et les Bruttiens. Selon Tite Live, c'étoit une place forte qui ne devint une ville que quand on y eut fait passer une colonie (3). Dans la guerre des Alliés, elle fut prise par Apronius, qui ravagea toute la Campanie.

Abella, Abella Vecchia, située sur une hauteur, raison pour laquelle Virgile dit qu'elle voit les peuples au dessous d'elle (4). Elle produisoit en abondance une espèce de noix, qui de son nom ont été appelées avelines (5).

§. IV. UMBRIA.

En remontant vers la mer supérieure, l'Ombrie est bornée au nord par le Rubicon, au sud-est par le *Picenum* et le fleuve *Æsis*, à l'ouest par l'Etrurie ; l'Apennin la traverse obliquement. Les habitans, *Ombri* (6), passent pour les plus anciens de l'Italie. La partie renfermée entre le rivage et l'Apennin fut envahie par la nation Gauloise des *Senones* jusqu'au fleuve *Æsis*, Iési.

Ariminum, Rimini, à l'embouchure du fleuve *Ariminus*, Marecchio ; étoit la première ville en entrant dans l'Italie. Colonie Romaine du temps de Strabon, elle avoit un port et un fleuve de même nom. Ce fut sous le

---

royaume de son père, passa en Campanie, et après avoir subjugué un grand nombre de peuples, il agrandit son royaume ; c'est à cette conquête que Virgile fait allusion (Æneid. lib. vii, vers. 733).

(1) Tacit. Annal. iv, 67. — (2) Strab. lib. v, pag. 251. — (3) Liv. lib. xxxiv, 45.
(4) Æneid. lib. vii, vers. 740. — (5) Plin. lib. xv, 22.
(6) Le nom d'*Ombri*, sous lequel Pline désigne les nations Celtiques qui pénétrèrent en Italie par les gorges du Tirol et du Trentin, étoit dans leur langue une épithète honorable qui signifioit *noble*, *vaillant*, et dont le nom singulier *Ambra* est encore usité dans la langue irlandoise. Pline donne une très-grande étendue au pays occupé par les *Ombri*. Selon cet auteur, ils avoient été les maîtres de l'Etrurie avant l'arrivée des Pelasges ou Grecs et des Toscans ; ils occupoient alors tous les pays qui sont des deux côtés du Pò, au nord et au sud. *Ariminum* et *Ravenna* sont deux de leurs colonies.

consulat de P. Sempronius Sophus et d'Appius Claudius Crassus, fils du fameux Appius, que Rome, pour mieux assurer sa nouvelle conquête, y envoya une colonie.

Urbinum Hortense, Urbino, ville la plus considérable et qui, suivant Gruter, étoit municipe dans le temps que Vitellius et Vespasien se disputoient l'empire. Fabius Valens, un des généraux de Vitellius, fait prisonnier aux îles d'Hières près de Marseille, fut conduit dans cette ville. Comme on répandoit le bruit qu'il s'étoit sauvé en Allemagne, où il levoit une nombreuse armée, pour détruire ce faux bruit, il fut mis à mort dans la prison et sa tête montrée à Vitellius. A cette vue, qui ne lui laissoit plus aucune espérance, toute l'armée se soumit à Vespasien.

Metaurus fl. (1), Metauro. Strabon parle d'une caverne assez grande pour recevoir tout le fleuve, qui disparoît et parcourt sous terre un assez long trajet et reparoît ensuite (2).

Urbinum Metaurense, Castel Durante, située sur le fleuve dont elle emprunte le surnom et au sud de la première. Pline dit que les habitans de ces deux villes étoient distingués par le surnom : *Urbinates cognomine Metaurenses, et alii Hortenses* (3). Le nom moderne Urbania vient du pape Urbain VIII, qui l'agrandit.

Spoletium, Spoleto. Florus compte cette ville au nombre des municipes les plus distingués (4); elle devint colonie. L'an de Rome 512, Annibal l'assiégea inutilement ; les habitans fournirent même des secours aux Romains contre ce général. Dans un temps postérieur, elle a donné son nom à un duché considérable dont elle est la capitale.

Pisaurum, Pesaro : *Pisaurum cum amne* (5). Cette ville devint colonie l'an de Rome 221. César s'en rendit le maître dans le temps qu'il disputoit à Pompée la conquête de Rome même. *Pisaurus*, fleuve du même nom que la ville, aujourd'hui Foglia.

---

(1) Ce fleuve est célèbre par la défaite d'Asdrubal, frère d'Annibal, sous le consulat de Néron et de Livius. Près de ce fleuve il y eut une bataille sanglante ; l'armée Carthaginoise fut taillée en pièces et Asdrubal mourut les armes à la main. Cette bataille, livrée l'an 207 avant J. C., coûta aux vaincus cinquante-six mille hommes et aux vainqueurs environ huit mille, tant Romains qu'alliés. Horace fait allusion à cette victoire (lib. IV, od. 4).

(2) Strab. lib. VI, pag. 275. — (3) Plin. lib. III, 14.
(4) Flor. lib. III, 21. — (5) Plin. lib. III, 14.

§. V. PICENUM.

Le *Picenum*, connu sous le nom d'*Ager Picenus*, dans lequel César dit qu'il faisoit des levées, s'étend sur la côte depuis le fleuve *Æsis* jusqu'au fleuve *Aternus*, Pescara. Ce pays répond à peu près à la Marche d'Ancone. Strabon appelle cette contrée *Picenus Ager*, et dit que les *Piceni* vinrent du champ des Sabins, conduits par un pivert, *picus*, et que c'est du nom de cet oiseau que la colonie a pris le sien (1). Pline les fait aussi originaires des Sabins (2), qui autrefois, par forme de *ver sacrum* (3), *voto vere sacro*, envoyèrent une colonie.

Ancona, Ancone, ville Grecque bâtie par les Syracusains qui avoient fui la tyrannie de Denys, tire son nom de sa situation dans l'angle d'un coude formé par la côte. Suivant Pline (4), cette ville étoit colonie, ce qui est confirmé par Frontin et par les médailles. Trajan fit construire un port plus commode et plus sûr (5).

Firmum, Fermo, surnommée *Picenum* (6), étoit une place forte avec un port qui en dépendoit. Afranius, un des principaux officiers des alliés, toujours jaloux de Rome, tenoit le consul Cn. Pompée assiégé dans cette ville, lorsque Servius Sulpicius, après avoir défait les *Peligni* en bataille rangée et conquis tout leur pays, marche au secours du consul, attaque le camp d'Afranius, le tue lui-même dans l'action, et taille en pièces la plus grande partie de son armée.

---

(1) Strab. lib. v, pag. 240. — (2) Plin. lib. v, pag. 170.

(3) C'étoit un acte de religion chez les Sabins de faire vœu (Plutarch. in Fabio, pag. 176), au commencement du printemps, de dévouer aux Dieux pour être immolé tout ce qui, dans un troupeau de chèvres, de porcs, de brebis et de bœufs, étoit né entre les calendes de mars et la veille des calendes de mai ; c'étoit *ver sacrum pecus* (Liv. lib. xxxiv, cap. 44). Par allusion à ce dévouement sacré, les Sabins, comme plusieurs peuples, lorsque le sol ne pouvoit fournir aux besoins d'une population trop nombreuse, mettoient, au commencement du printemps, sous la protection des Dieux, leur jeunesse en état de porter les armes, et la forçoient à chercher une autre patrie sans aucun espoir de retour. C'est ainsi que les Lacédémoniens se fixèrent dans l'endroit où ils bâtirent *Heraclea* dans la Lucanie.

(4) Plin. lib. iii, pag. 170.

(5) Une inscription trouvée dans cette ville, porte :

Imperat. Cæsari divi Nervæ filio, Nervæ Trajano Aug... providentissimo principi senatus P. Q. R. quòd accessum Italiæ, hoc etiam addito ex pecuniâ suâ portu, tutiorem navigantibus reddiderit.

(6) Strab. lib. v, pag. 241.

Hadria, Atri; Pline nomme son territoire *Ager Adrianus*. La ville étoit une colonie, *Adria Colonia*, ainsi nommée d'Adrien qui y avoit pris naissance. Cette ville n'avoit plus la même splendeur du temps de Strabon (1); on disoit alors qu'elle avoit été illustre, et que, par un léger changement de lettres, elle avoit donné son nom au golfe Adriatique. Ce que dit ici Strabon doit se rapporter à *Hadria* près du *Padus*.

Asculum, Ascoli, sur *Truentus*, le Tronto, surnommée *Picenum*, pour la distinguer de celle qui est dans *Apulia*. Cette ville non seulement fortifiée par la nature, mais encore environnée d'une muraille qu'une armée ne pourroit franchir (2), étoit, selon Pline, la plus belle colonie du *Picenum*.

§. VI. SAMNIUM.

Le pays des Samnites, traversé dans sa longueur par l'Apennin, s'étend depuis le Picenum jusqu'à l'Apulie et depuis les limites du Latium jusqu'à la mer supérieure. Ses habitans nommés *Samnites* par les Grecs, *Samnites* et *Sabelli* par les Romains, tirent leur origine des Sabins, selon Strabon. Ce peuple belliqueux résista long-temps aux armes des Romains, qui combattirent 70 ans, au rapport de Tite Live, pour les réduire. Le pays fut tellement dévasté, qu'on ne pouvoit plus le reconnoître. Il renfermoit dans sa plus grande étendue neuf peuples; savoir, du nord au sud, les Sabins, les Eques, les Marses, les Vestins, les Marrucins, les Pélignes, les Frentans, les Samnites, les Hirpins; les sept premiers répondoient à ce que nous appelons l'Abruzze, le huitième au comtat de Molise, et le neuvième à une partie de la principauté ultérieure.

Nomentum, Lamantana, ville des Sabins (3). Au rapport de Columelle, le territoire étoit très-renommé de son temps, à cause des biens de campagne que Sénèque y possédoit (4). Dans ce même territoire étoient des eaux connues sous le nom de *Labanœ*, très-propres à guérir différentes maladies, soit qu'on en fît usage en boisson ou en bain; mais elles ont perdu beaucoup de leur qualité. Près de cette ville couloit la petite rivière *Allia*, célèbre par la victoire que les Gaulois Sénonois remportèrent sous la conduite de Brennus: *infaustum Allia nomen* (5).

---

(1) Strab. lib. v, pag. 214. — (2) *Ibid.* pag. 241. — (3) *Ibid.* pag. 238.
(4) Columel. lib. iii, cap. 3. — (5) Liv. lib. v, 38.

Cures,

Cures, Corrèse, « aujourd'hui, dit Strabon (1), très-petit bourg (2), au-
» trefois ville illustre, d'où sont sortis T. Tatius et Numa Pompilius qui ont
» régné à Rome ». Cette ville étoit la capitale des Sabins (3).

Reate, Rieti. Tacite rapporte (4) que, lorsqu'on assembla à Rome les députés des villes et des colonies qui avoient intérêt au projet de détourner le cours des rivières et des lacs qui causoient les inondations du Tibre, les habitans de *Reate* s'opposèrent ouvertement à ce qu'on bouchât le passage par où le lac *Velinus* se décharge dans le *Nar*, Nera, qui sépare l'Ombrie du Samnium et va se rendre dans le Tibre.

Amiternum n'est connu que par quelques vestiges près de la ville nommée l'Aquila. Cette ville appartenoit aux Vestins.

Teate, Chieti, capitale des *Marrucini*. Pline désigne les habitans sous le nom de *Marrucinorum Teatini*.

Anxanum, l'Anciano sur la rive gauche du fleuve *Sagrus*, Sangro, capitale des *Frentani* : *intùs Anxani, cognomine Frentani* (5).

Corfinium, San Perino, capitale des *Peligni : quod est Pelignorum caput* (6), est aujourd'hui un très-petit lieu. Pline les désigne, selon sa coutume, sous le nom de *Pelignorum Corfinienses*. C'étoit la place d'armes des peuples ligués contre Rome dans la guerre appelée Sociale.

Sulmo, Solmona, au sud-est de *Corfinium*. Ovide se félicite d'avoir eu cette ville pour patrie (7). Elle devint colonie Romaine sous Néron.

---

(1) Strab. lib. v, pag. 228.
(2) Virgile, en parlant de Numa :

 . . . . . *Primus qui legibus urbem*
 Fundabit, Curibus parvis et paupere terrâ
 Missus in imperium magnum (Æneid. lib. vi, vers. 811).

(3) Les Sabins, dont le nom s'est conservé dans celui de la Sabine, succèdent à l'Ombrie sur la même rive du Tibre, jusqu'au fleuve Anio. Ce peuple, un des plus anciens de l'Italie, est réputé sorti d'un lieu près de la ville d'*Amiternum*, pour venir s'établir à *Reate* et occuper le pays jusqu'au Tibre. Ils fondèrent une ville sous le nom de *Cures*, duquel on fait dériver celui de *Quirites*, que l'on donne au peuple Romain en lui adressant la parole.

(4) Tacit. Annal. lib. 1, cap. 79.
(5) Plin. lib. iii, 12.—(6) Strab. lib. v, pag. 241.

(7)   *Sulmo mihi patria est gelidis uberrimus undis,*
   Millia qui novies distat ab urbe decem (Ovid. lib. iv, Trist. Eleg. 9).

On voyoit à Sulmo, sur la plate-bande d'une des murailles, une inscription composée de ces quatre lettres : S. M. P. E., que l'on interprète par *Sulmo munimentum Pelignorum est*, à cause des défilés par lesquels il faut passer pour arriver dans son territoire.

Marrubium, San Benedetto sur le bord oriental du lac Fucin, étoit la capitale des Marses (1).

Fucinus Lacus, aujourd'hui Lago di Celano, du nom d'une petite ville qui en est voisine. Strabon dit que les eaux de ce lac s'élèvent quelquefois à une très-grande hauteur (2), qu'elles retombent et s'écoulent de manière à abandonner le fond que l'on peut labourer; effet qui a pour cause, soit la grande abondance d'eau qui sort du bas, s'élève en changeant de direction, et revient sur elle-même dans le même fond; soit que les sources qui fournissent viennent à manquer ou à s'engorger.

Aufidena, Alfidena sur la rive droite du *Sagrus*, fameuse par la guerre des Samnites vaincus par le consul C. Fulvius, qui prit la ville de force : *Aufidenam vi cepit* (3).

Beneventum, Bénévent, près de la jonction du *Sabatus*, Sabato, et du *Calor*, Calore, se soutenoit encore du temps de Strabon. Pline dit que la seule colonie des Hirpins est celle de Bénévent (4), nom qu'elle a pris sous de meilleurs auspices que celui de Malévent qu'elle portoit d'abord. Solin rapporte comme une chose connue, qu'elle doit sa fondation à Diomède. Selon le savant Holstenius, la colonie fut renouvelée et augmentée par Auguste : *Colonia Julia Concordia. Aug. felix Beneventum.* Au sud-ouest, en sortant de la Campanie, est un défilé nommé *Furcula Caudina*, aujourd'hui Forchié, et dont Tite Live donne la description (5).

Compsa, Conza, près de la source de l'*Aufidus*, l'Ofanto. Annibal, après la bataille de Cannes, se rendit chez les Hirpins, sur la parole de Statius qui lui promettoit de livrer la ville (6). Compsa se rendit sans résistance et fut ainsi la première place qui se déclara pour les Carthaginois.

Rufrium, Ruvo. Tite Live, en parlant des avantages remportés sur les Samnites, dit que trois villes furent réduites sous la puissance des Romains, *Allifæ, Callifæ* et *Rufrium* (7); il les attribue au Samnium en étendant ses limites qui renfermoient les *Hirpini* d'origine Samnite.

J'ai déjà observé que la contrée appelée par les anciens Grande Grèce, à

---

(1) *Marruvium veteris celebratum nomine Marri,*
Urbibus est illis caput (Silius, lib. VIII, vers. 506).

(2) Strab. lib. v, pag. 240. — (3) Liv. lib. x, cap. 12.

(4) *Hirpinorum colonia una Beneventum, auspicatius mutato nomine, quæ quondam appellata Maleventum* (Plin. lib. III, pag. 167).

(5) Liv. lib. IX, cap. 2. — (6) *Idem*, lib. XXIII, in princip.

(7) *Idem*, lib. VIII, 25.

cause des nombreux établissemens formés par des Grecs qui y dominoient plus qu'ailleurs, diminua insensiblement à mesure que Rome étendit ses conquêtes ; elle semble même avoir perdu son nom long-temps avant le siècle de Cicéron, qui demande si Pythagore a donné des leçons dans toute cette ancienne Grèce de l'Italie, qui autrefois étoit appelée la Grande (1). « Aujourd'hui, dit Strabon, excepté Trente, Rhege et Naples, tout est réduit » sous un pouvoir barbare (2) ; une partie est occupée par les Lucaniens et » les Bruttiens, une autre par les Campaniens, le tout possédé par eux en » apparence, mais en effet par les Romains, puisqu'eux-mêmes sont deve-» nus Romains ». Il est donc évident que toutes les parties qui la composoient, en y comprenant même la Sicile, étoient une dépendance de la domination Romaine.

§. VII. LUCANIA (3).

La Lucanie, habitée par des peuples sortis du Samnium, occupe le fond du golfe de Tarente depuis le *Silarus*, Silaro, jusqu'au petit fleuve *Laüs*, Laino, bornée au nord par le *Bradanus*, Bradano, qui la sépare de l'Apulie.

Pæstum, Pesti, aujourd'hui bourg sur le golfe, formée par une colonie de Doriens, appelée par les Grecs *Posidonia*, comme une ville consacrée à Neptune. Tite Live fait cette colonie très-ancienne et même antérieure à la première guerre Punique (4). Selon les médailles, ce fut une ville remarquable et du nombre des colonies qui, sur cette côte, soutinrent la gloire du nom Romain. Elle offre aujourd'hui de belles ruines long-temps inconnues, même aux gens du pays, parce qu'elles sont écartées de la route. Son territoire produisoit deux fois l'année des roses d'un parfum délicieux et renommé (5).

Velia ou *Helea*, Castello a mare della Brucca, colonie de Phocéens, est la patrie de Parménides et de Zénon, Pythagoriciens (6).

Œnotrides insulæ duæ, sont deux îles favorables pour le mouillage des vaisseaux. Pline, comme Strabon, reconnoît deux îles dans le même gise-

---

(1) *An ipse Pythagoras totam illam veterem Italiæ Græciam, quæ quondam magna vocitata est, expolivit ? Equidem non arbitror* (de Orator. lib. III, cap. 34).

(2) Strab. lib. VI, pag. 253.

(3) Lucania et Bruttium étoient renfermés dans le canton nommé Œnotria, d'Œnotrus qui, à la tête d'une colonie nombreuse, abandonnant l'Arcadie, remplit à la fois le continent de la Grèce, les îles de l'Archipel, les côtes de l'Asie Mineure et presque toute l'Italie.

(4) Epitom. XIV. — (5) Georgic. lib. IV, vers. 119. — (6) Strab. lib. VI, pag. 252.

ment et les nomme *Pontia* et *Iscia*, du nom commun *Œnotrides* (1), ce qui prouve, dit-il, qu'elles ont été sous la domination des anciens Œnotriens d'Italie; sentiment conforme à celui de Strabon, qui dit aussi que les Œnotriens ont été autrefois les maîtres de toute l'Italie (2).

Palinuri pr. promontoire, Capo Palinuro au dessous de *Velia*. Ce promontoire, selon Virgile, doit son nom à Palinure, le pilote et l'ami d'Enée (3).

Pyxus ou *Buxentum*, Policastro. Strabon rapporte que Micythus, roi de Messana dans la Sicile, conduisit dans cette ville, où est un fort, une colonie, mais qu'il n'y eut qu'un petit nombre qui s'y fixa (4). Au-delà du *Melphes*, petit fleuve qui se jette dans la mer au dessous du promontoire Palinure, on trouve la ville de *Buxentum*, nommée par les Grecs *Pyxus: oppidum Bruxentum, græcè Pyxus* (5). Au rapport de Tite Live (6), une colonie envoyée par les Romains n'ayant pas réussi, une nouvelle y fut conduite en vertu d'un sénatus-consulte.

Laüs sinus, golfe de Policastro.

Sybaris, ou *Thurii*, Sibari ruinata, entre le *Crathis* et le *Sybaris*, près de l'embouchure de celui-ci, fondée par les Achéens. Cette ville devint très-florissante; mais les mœurs dépravées et l'arrogance de ses habitans causèrent sa perte. En soixante-dix jours, les Crotoniates s'en rendirent les maîtres et l'engloutirent dans les eaux du fleuve. D'autres Grecs, du nombre desquels étoit Hérodote l'historien, vinrent la rétablir dans ce lieu voisin et la nommèrent *Thurii*, du nom d'une fontaine qui couloit auprès. Pline dit que la ville de *Thurii* est entre les deux fleuves *Crathis* et *Sybaris*, qui renfermoient aussi autrefois une ville de ce dernier nom : *oppidum Thurii, inter duos amnes Crathin et Sybarin, ubi fuit urbs eodem nomine* (7).

Sybaris, Coscile. L'eau de ce fleuve, au rapport de Strabon, a la vertu singulière d'inspirer l'épouvante aux chevaux qui en boivent (8); aussi a-t-on le soin d'en écarter les troupeaux.

Heraclea n'a laissé que peu ou point de vestiges sur la rive du fleuve *Aciris*, Agri. Cette ville fut bâtie par les Tarentins. Strabon la nomme ville d'Hercule (9). Cicéron fait l'éloge de ses habitans : *civitas œquissimo jure ac fœdere* (10). C'étoit dans Héraclée que, chaque année, se faisoit une assem-

---

(1) Plin. lib. III, pag. 161.—(2) Strab. lib. VI, pag. 253.—(3) Æneid. lib. VI, vers. 381.
(4) Strab. lib. VI, pag. 253. — (5) Plin. lib. III, cap. 5.
(6) Liv. lib. XXXII, cap. 29.—lib. XXXIV, 45.
(7) Plin. lib. III, pag. 165. — (8) Strab. lib. VI. pag. 263.— (9) *Idem.* pag. 264.
(10) Pro Archiâ. cap. IV.

blée de tous les Grecs qui résidoient dans le canton. Alexandre Molossus, qu'ils avoient appelé à leur secours contre les Lucaniens et les Messapiens, par un mécontentement que les Tarentins lui causèrent, voulut que cette assemblée fût transportée sur les frontières des *Thurii*, et fit construire un lieu commode sur les bords du fleuve que Strabon(1) nomme *Acalandros*(2). Pline fait mention d'un fleuve du même nom qui coule à une certaine distance au sud de Métaponte, et aujourd'hui appelé Salandrella.

Siris ou *Sunnum*, Torre di Senna, ville Troyenne, selon Strabon, et qui tire son surnom du fleuve *Siris*, aujourd'hui Sino, à l'embouchure duquel elle est située. Les Tarentins ayant bâti Héraclée, *Siris* devint un port pour les Héracléens. La preuve qu'elle est colonie Troyenne, est un statue de Minerve Iliaque qui y étoit révérée (3).

Metapontum (4), Torre di Mare, dans le fond du golfe entre *Bradanus* et *Casuentus*, Basiento. On dit que cette ville fut construite par des Pyliens (*à Pyliis*) qui, revenant de la guerre de Troie sous la conduite de Nestor, abordèrent sur cette côte (5); que la terre répondit si bien à leur culture, qu'ils dédièrent dans le temple de Delphes une statue d'or représentant l'été. Elle fut détruite par les Samnites. Annibal, désespérant d'attirer Fabius à un combat, retiré dans cette ville avoit imaginé un stratagème qui auroit été funeste aux Romains, si par un stratagème Fabius avoit pu être vaincu. Le Carthaginois venoit à marches forcées au secours de Tarente assiégée; mais ayant appris que la ville étoit au pouvoir de l'ennemi : les Romains, dit-il, ont aussi leur Annibal : *et Romani suum Annibalem habent* (6).

---

(1) Strab. lib. vi, pag. 280.

(2) Ce fut à la hauteur d'Héraclée que Hannon et Amilcar, amiraux Carthaginois, s'avancèrent avec une flotte de trois cent soixante voiles, pour y observer les mouvemens des Romains et les empêcher de faire une descente en Afrique. La flotte des Romains étoit de trois cent trente galères. Les deux flottes étant en présence, le combat se livra, et les Carthaginois furent entièrement défaits. Tel fut le commencement d'une guerre d'autant plus terrible, qu'elle s'étoit allumée entre deux rivales.

(3) Strab. lib. vi, pag. 264.

(4) Tite Live, contre le sentiment de Cicéron, dit qu'il est constant que Pythagore de Samos, sous le règne de Servius Tullius, a tenu son école aux environs de Métaponte, d'Héraclée et de Crotone, aux extrémités de l'Italie : *Pythagoram, Servio Tullio regnante Romæ, in ultimâ Italiæ orâ circa Metapontum, Heracleamque, et Crotona juvenum æmulantium studia cætus habuisse constat* (Liv. lib. 1, cap. 18).

(5) Strab. lib. vi, pag. 264. — (6) Liv. lib. xxvii, 16.

§. VIII. APULIA.

Les Latins ont ainsi nommé cette contrée séparée de la Lucanie par le fleuve *Bradanus*. Les poètes et plusieurs historiens la nomment *Iapygia*, quoique la Iapygie soit proprement la presqu'île qui offre plusieurs ports pour passer en Grèce, et que l'on appelle aussi *Messapia*. Ce canton est le pays des anciens *Calabri*, bien différent de ce qui, dans le temps postérieur, a pris le nom de Calabre. Le nom d'Apulie ou de l'Apouille subsiste à peu près sous la forme de Puglia. La terre avancée en mer, qui fait l'éperon de la botte que donne la figure de l'Italie, portoit le nom particulier de *Daunia*, ou *Apulia Dauniorum cognomine*, surnommée ainsi des Dauniens qui eux-mêmes prenoient leur nom de Daunus leur chef, beau-père de Diomède; il étoit homme célèbre, Illyrien de naissance, qui sortit de son pays à l'occasion d'une sédition domestique, et s'empara de cette portion de l'Italie. Tzetzès écrit que Daunus étoit déjà roi de l'Apulie Daunienne, quand Diomède aborda en Italie, et que Diomède, à la tête des siens, secourut Daunus dans une guerre qu'il eut à soutenir (1).

Aufidus, *fl.* l'Ophanto, descend de l'Apennin et traverse la contrée d'un cours rapide (2).

Garganus Mons, Monte Sant-Angelo, couvre la terre avancée en mer qui fait l'éperon de la botte; le promontoire du même nom est formé par le prolongement de cette montagne: c'est par cette raison que Pline l'appelle le promontoire du mont Gargan.

Urias sinus, golfe de Manfredonia. Pomponius Méla dit que ce golfe est de difficile accès dans sa plus grande partie.

Sipontum, ruines près de Manfredonia qui est une ville nouvelle sous le nom d'un prince Napolitain. L'ancienne ville semble avoir été fondée par Diomède; les Grecs la nommèrent *Sepius* à cause d'une espèce de poisson nommé *sepia*, sèche, que les flots y apportèrent. Les Romains y avoient envoyé une colonie, l'an de Rome 558 (3); mais, sur le rapport du consul Sp. Posthumius, que cette colonie étoit abandonnée, neuf ans après on en fit partir une autre (4).

Arpi, Arpi, près du fleuve Candelaro. Suivant Strabon, elle fut d'abord nommée *Argos Hippion* (5), et depuis *Argyripa*. Virgile, en parlant de Dio-

---

(1) Tzetzès in Lycophr. pag. 60. — (2) Horat. lib. IV, od. 14.
(3) Liv. lib. XXXIV, cap. 45. — (4) *Idem.* lib. XXXIX, 22. — (5) Strab. lib. VI, pag. 283.

mède et de la ville qu'il avoit fondée (1), lui donne aussi deux noms (2).

Luceria (3), Lucera, bâtie par le même prince. Strabon met au nombre des preuves que Diomède a régné dans cette contrée (4), les anciennes offrandes déposées dans le temple de Minerve et que l'on envoyoit à *Luceria*, elle-même ville ancienne des Dauniens, mais réduite presque à rien de son temps.

Canusium, Canosa. Cette ville, selon Strabon, fut une des plus grandes de l'Italie; Horace en attribue la fondation à Diomède (5). Le même poète fait allusion au langage des habitans, qui étoit composé de grec et de latin (6).

Cannæ, Cannes, au nord de la ville précédente et près de l'Ofanto, n'étoit, selon Tite Live (7), Appien et Florus, qu'un pauvre village, qui devint célèbre par la sanglante bataille où quarante mille Romains restèrent sur la place. Polybe, qui vivoit vers le temps de la seconde guerre Punique, donne ce nom à une ville, mais il ajoute qu'elle avoit été rasée avant la défaite des Romains. Le témoignage de Silius s'accorde avec celui de Polybe.

Ut ventum ad Cannas, urbis vestigia priscæ.

Venusia, Venosa, ville encore florissante du temps de Strabon, qui la range au nombre des villes Samnites (8). Pline en fait une colonie de Dauniens (9). Horace, dont elle est la patrie, ignore si elle est de la Lucanie ou de l'Apulie (10). Cette ville servit d'asile, après la malheureuse journée de

---

(1) Æneid. lib. xi, vers. 243 et seq.

(2) On voit que Virgile connoissoit bien le local, et Servius, son commentateur, sur ce passage, dit que Diomède étoit d'une ville nommée *Argos Hippion*, que ce prince, en bâtissant une ville dans l'Apulie, lui donna le nom de celle où il étoit né. Ce nom se corrompit dans la suite en celui d'*Argyripa*, d'où s'est encore formé *Arpi*, ce qui est conforme au sentiment de Strabon et de Pline.

(3) *Dauniorum colonia Luceria*. Pline ne parle que des anciennes colonies Dauniennes qui s'y établirent (lib. iii, pag. 167), sans faire aucune mention de celle que les Romains y envoyèrent. Mais Velléius Paterculus nous apprend (lib. i, cap. 14) que, huit ans après la fondation d'Alexandrie, les Romains firent passer une colonie à *Luceria*.

(4) Strab. lib. xi, pag. 284.

(5) *Qui locus à forti Diomede est conditus olim.* (Horat. lib. i, satyr. 5).

(6) . . . . *Patriis intermiscere petita*
Verba foris malis, Canusini more bilinguis (Satyr. x, vers. 30).

(7) Liv. lib. xxii, 48 et 49. — (8) Strab. lib. v, pag. 250.
(9) Plin. lib. iii, pag. 167. — lib. vi, pag. 254. — (10) Horat. lib. ii, satyr. 1, vers. 34.

Cannes, au consul Varron, cause d'un si grand désastre. Il s'y retira avec soixante-dix chevaux, sans songer seulement à réunir les débris de son armée.

Vultur mons; ainsi est désignée une partie de cette longue branche de l'Apennin qui se détache au dessous de *Venusia* pour traverser l'Apulie, la Messapie et gagner le promontoire *Iapygium.* Horace, qui étoit de la contrée, parle de cette montagne avec complaisance (1).

Barium, Bari, ville très-ancienne, que Ptolémée attribue à la Peucétie, étoit la capitale de la contrée. Silanus Torquatus, allié aux Césars, se montroit digne de l'empire aux yeux du peuple, à cause de ses éminentes qualités; c'en étoit assez pour qu'il fût coupable aux yeux de Néron. Par son ordre il est enfermé dans la ville de *Barium* ville municipe, et un capitaine des gardes est chargé de le tuer: *Silanus municipio Apuliæ, cui nomen est Barium, clauditur* (2).

Egnatia, Torre d'Anazzo. Ceux qui côtoient la mer Adriatique, en partant de *Brundusium,* rencontrent la ville *Egnatia* (3), où ils trouvent des rafraîchissemens, soit qu'ils aillent à *Barium* par mer ou par terre; mais par mer on n'y va que par un vent du midi. On croit que ses habitans sont venus de l'Arcadie. Pline rapporte que, chez les auteurs, il est mention qu'à *Egnatia,* qu'il nomme Bourg des Salentins (4), il y a une roche sacrée qui d'elle-même met le feu au bois que l'on expose à son contact. Horace, dans la description de son voyage à *Brundusium,* se moque ouvertement de cette ville qu'il nomme *Gnatia,* bâtie, pour ainsi dire, en dépit de l'eau douce. « Elle » nous fit bien rire, dit-il (5), en voulant nous persuader que l'encens se » fond et se consume sans feu à l'entrée de son temple. Un juif peut le croire; » pour moi, je n'en crois rien ».

Diomedeæ Insulæ, les îles de Diomède ou de Tremiti. Le gisement de ces îles est dans la mer Supérieure ou golfe de Venise, en face de l'Apulie. Les anciens ne sont pas d'accord sur leur nombre. Strabon en compte deux de même nom (6); selon lui, l'une est habitée, et l'on rapporte que l'autre est déserte. Pline en compte deux aussi (7). En face du rivage de l'Apulie est l'île de Diomède, remarquable par le tombeau de ce prince: *contra Apulum*

---

(1) Horat. lib. III, od. 4. — (2) Tacit. Annal. lib. XVI, 9.
(3) Strab. lib. VI, pag. 283. — (4) Plin. lib. II, pag. 123.
(5) Horat. lib. I, satyr. 5, vers. 97. — (6) Strab. lib. VI, pag. 284.
(7) Plin. lib. III, pag. 181.

littus

littus Diomedea (1), *conspicua monumento Diomedis.* Cette île se nomme aujourd'hui S. Nicolas. Quelques-uns distinguent l'autre par le nom de *Teutria*, dont le nom actuel est S. Domingo. Une troisième, qui n'est point désignée par les anciens, a reçu le nom moderne de Caprara.

§. IX. MESSAPIA *vel* IAPYGIA.

Pline dit que cette portion de l'Italie fut autrefois nommée par les Grecs *Messapia*, de leur chef Messapus, et auparavant *Peucetia* (2), de Peucetius frère d'Œnotrus, du nom duquel l'Italie entière fut appelée *Œnotria. Iapygia* doit son nom à Iapix, un des fils de Dédale. Suivant Strabon, on appeloit communément cette péninsule *Messapia, Iapygia, Calabria* et *Salentina* (3). Il ne reste aucuns monumens qui indiquent une division exacte de ces différentes parties.

Tarentum (4), Tarente, nommée par les Grecs *Taras* leur chef et fils de Neptune. Justin dit (5) que les Parthéniens de Sparte (c'est ainsi que les Grecs appeloient, comme l'on sait, les enfans illégitimes), fâchés de leur sort, cherchèrent une nouvelle terre sous la conduite de Phalantus. Après avoir couru beaucoup de hasards, ils furent enfin portés sur les côtes de l'Italie, et ayant chassé les anciens habitans, ils y fixèrent leur demeure. Par cette raison, Ovide (6) donne à Tarente l'épithète de *Lacedemonium* (7). L'opinion de Pline est qu'elle fut fondée par les Lacédémoniens dans l'enfoncement du golfe. Horace dit aussi qu'elle étoit consacrée à Neptune. Enfin cette ville est célèbre par son port, par le séjour de Pythagore et la naissance d'Architas, l'un et l'autre philosophes.

Callipolis, Gallipoli, dans la partie occidentale du golfe. Ce nom grec signifie une belle ville, aussi étoit-ce un établissement Grec, comme le dit Méla : *urbs Graia Callipolis.*

---

(1) Plin. lib. III, pag. 181. Tacite, qui appelle cette île *Trimerus*, rapporte que Julie, petite-fille d'Auguste, y fut reléguée pour crime d'adultère, et qu'elle y mourut après vingt ans d'exil (Tacit. Annal. IV, cap. 71).

(2) Plin. lib. III, pag. 166. — (3) Strab. lib. VI, pag. 277 et 282.

(4) Les bornes de cet ouvrage ne permettent pas d'entrer dans les détails que donne Strabon sur l'origine de cette ville : on peut le consulter (lib. VI, pag. 278 et seq.).

(5) Just. lib. III, cap. 4. — (6) Ovid. Metamorph. XV, vers. 30.

(7) Virgile donne la même idée en nommant Tarente *OEbalia*, soit à cause de Phalantus, ou d' *OEbalus* qui fut roi des Lacédémoniens (Georg. lib. IV, vers. 125).

Leuca, Santa Maria di Leuca, c'est-à-dire Blanche. On y voit une source d'eau qui répand une mauvaise odeur. (1).

Iapygium ou *Salentinum, pr.* cap Leuça, le Finistère de l'Italie : c'est un rocher que l'on appelle *Acra Iapygia*, qui se prolonge en grande partie dans la mer, regardant l'orient d'hiver ; il se retourne néanmoins vers le promontoire *Lacinium* (2) qu'il voit au couchant, et qui, de son côté, termine le *Sinus Tarentinus*.

Hydruntum ; Strabon la nomme *Hydrus*, Otrante. Cette ville est située sur cette langue de terre (3) qui sépare la mer Ionienne de la mer Adriatique vers le plus court passage d'Italie en Grèce. Pyrrhus, roi d'Epire, fut le premier qui songea à rendre ce trajet praticable au moyen d'un pont. Après lui, Marcus Varron, commandant la flotte de Pompée dans la guerre des Pirates, s'occupa du même projet, mais l'un et l'autre en furent empêchés par d'autres soins. Cette ville fut prise par les consuls Numerius Fabius et Junius Pera ; les Salentins furent obligés de se rendre.

Brundusium, Brindisi. On dit que cette ville a été bâtie par des Crétois qui y vinrent de *Gnossus* sous la conduite de Thésée. Elle a des ports plus commodes que ceux de Tarente ; plusieurs sont fermés et ne présentent qu'une entrée à l'abri des flots, avec des golfes dont les prolongemens ressemblent à des bois de cerf ; de là est venu son nom. En effet, à considérer l'ensemble, c'est la figure d'une tête de cerf qui, dans la langue messapienne, se nomme *Brentesium* (4). La bonté de ses ports étoit une raison pour laquelle les Romains désiroient d'en être les maîtres, parce qu'ils pouvoient à leur gré porter la guerre en Afrique, en Asie et dans la Grèce. Malgré la prise de la ville, les Salentins se défendirent si bien, que le pays ne put être subjugué. Elle servit de retraite à Pompée, moins heureux que César et obligé de fuir. C'est dans cette ville que les lettres perdirent leur plus bel ornement, par la mort de Virgile.

§. X. BRUTTIUM.

Ce pays, occupé par les Bruttiens, est une presqu'ile qui forme la partie antérieure du pied de la botte à laquelle on a coutume de comparer l'Italie ;

---

(1) La fable raconte que des géans, échappés des champs brûlés de la Campanie, furent poursuivis jusques-là par Hercule, accablés sous de nouveaux monceaux de pierres, et que c'est leur sang qui jaillit ainsi. (Strab. lib. vi, pag. 281). Comme ces géans se nommoient *Leuternii*, la partie de cette côte est par cette raison appelée *Leuternia* ; ce mot, qui est grec, signifie couverte de pierres (Strab. *ibidem*).

(2) Strab. *ibidem*. — (3) Plin. lib. iii, pag. 166. — (4) Strab. lib. vi, pag. 282.

c'est ce qu'on nomme aujourd'hui la Calabre. Il ne paroît pas qu'il ait eu de nom particulier, mais toujours désigné par celui de ses habitans. Une vaste forêt qui donne de la résine, étoit appelée *Bruttia Sila* (1), et dans l'Apennin on connoît encore *la Sila*.

Pandosia. Selon d'Anville, ce nom n'est point connu ; cependant Strabon donne cette ville pour une place bien fortifiée (2), ayant trois cornes élevées et près de laquelle coule l'*Acheron*.

Consentia, Cosenza, sur le *Cratis*, ville capitale des Bruttiens, selon Strabon et suivant Pline : *oppidum Consentia intus*. Elle fut prise par le consul P. Sempronius Tuditanus, pendant qu'Annibal, après sa défaite, s'étoit retiré à *Croton*.

Terinœus sinus, golfe de Sainte-Euphémie. Ce golfe qui, selon Pline, est d'une étendue immense, doit son nom à la ville *Terina*.

Terina, Sainte-Euphémie. Cette ville, fondée par les Crotoniates, *Terina Crotoniensium, sinusque ingens Terinœus* (3), fut détruite par Annibal, au moment où il se vit obligé de se réfugier chez les Bruttiens (4).

Vibo, d'abord nommée *Hipponium*, Bivona. *Hipponium*, bâtie par les Locriens, fut enlevée aux Bruttiens par les Romains, qui la nommèrent *Vibo Valentia* : *Hippo, quod nunc Vibonem Valentiam appellamus* (5). Cette ville a un port que fit construire Agathoclès, tyran de Sicile, après s'en être emparé (6). Au rapport de Tite Live, l'an de Rome 561, en vertu d'un sénatus-consulte et d'un plébiscite, une colonie y fut envoyée (7).

Rhegium, Regio, bâtie par une colonie venue de Chalcis. On dit que, à cause de la disette, ayant été décimés par l'oracle et consacrés à Apollon, dans la suite ils vinrent de Delphes en ce lieu (8). Cette ville fut toujours puissante et en eut beaucoup d'autres sous sa domination. Suivant Strabon (9), c'étoit un rempart opposé à la Sicile, non seulement autrefois, mais même de son temps, lorsque Sextus Pompée attira la Sicile dans son parti.

---

(1) Plin. lib. III, pag. 158. — (2) Strab. lib. VI, pag. 256, et Liv. lib. VIII, cap. 24.
(3) Plin. *ibidem*. — (4) Strab. *ibidem*. — (5) Plin. *ibidem*.
(6) Strab. *ibidem*. — (7) Liv. lib. XXXV, 40.
(8) Strab. lib. VI, pag. 257. Eschile écrit que le nom de *Rhegium* lui vient de la révolution que ce pays éprouva. En effet on est d'accord que la Sicile a été arrachée au continent par des tremblemens de terre, et que c'est pour cela qu'elle est nommée *Rhegium*, nom dérivé du mot grec *rhegion*, qui signifie terre séparée de la Sicile par un tremblement.
(9) *Idem*, pag. 258.

Locri Epizephyrii, Motta di Burzano (1). Strabon nous apprend que cette ville a été fondée par une colonie de ces Locriens qui habitoient le golfe *Crissœus*, golfe de Salone dans la Phocide, colonie conduite par Evanthe peu de temps après la fondation de *Croton* et de *Syracusæ*. Ce sont ceux-là que l'on a cru, d'après eux-mêmes, avoir eu les premiers des lois écrites. Pendant long-temps ils vécurent heureux sous l'empire de ces lois (2); mais Denys, chassé de Syracuse, y apporta avec lui le crime et la tyrannie. Les habitans doivent leur surnom au promontoire *Zephyrium*, Capo Burzano, ainsi nommé, parce qu'il a un port exposé à l'ouest. A *Locri*, suivant Pline, commence le front de l'Italie, appelée la Grande Grèce : *à Locris Italiæ frons incipit, Magna Græcia appellata* (3).

Herculis pr. cap Spartivento, est le dernier promontoire vers le midi.

Caulon, Colonia distrutta. Strabon l'appelle *Caulonia*, nommée avant *Aulonia*, à cause d'un fond environné de collines auxquelles elle confinoit, ce que les Grecs entendent par *aulon*, qui signifie colline; en effet cette ville fut bâtie par des Grecs (4). Aujourd'hui, ajoute ce géographe, elle est déserte. Virgile la représente comme une ville fortifiée (5).

Scylacium, Squillace, presqu'au milieu du golfe auquel elle donne son nom. Cette ville fut fondée par une colonie d'Athéniens sous la conduite de Mnesthée; ils la nommèrent *Scylletium*, mais, du temps de Strabon, on l'appeloit *Scylacium*. Pline s'accorde avec Strabon. Elle est dans cette partie qui, resserrée par le golfe *Terinæus*, forme une presqu'île. C'est en cet endroit que la largeur de l'Italie est la moindre (6); aussi Denys l'Ancien eut-il le dessein de couper l'Italie en ce sens pour joindre la presqu'île à la Sicile; mais ce dessein n'eut point son exécution. Strabon dit au contraire que ce prince faisant la guerre aux Lucaniens, entreprit d'élever une muraille dans la partie resserrée pour joindre la presqu'île au continent, sous le prétexte de mettre à l'abri des insultes des Barbares ceux qui occupoient l'inté-

---

(1) Æneid. lib. III, vers. 399. — (2) Strab. lib. VI, pag. 259.

(3) Plin. lib. III, pag. 164. — (4) Strab. lib. VI, pag. 261.

(5) *Caulonisque arces et navifragum Scylacæum* (Æneid. lib. III, vers. 553).

Selon Diodore de Sicile, elle fut détruite par Denys le Tyran. Du temps de Pline, on n'en voyoit plus que des vestiges: *vestigia oppidi Caulonis* (Plin. lib. III, pag. 165). Au rapport de Pausanias, dans la guerre de Pyrrhus elle fut prise et ravagée par les Campaniens alliés des Romains.

(6) Plin. *ibidem*.

rieur. Les incursions de ces Barbares firent échouer une pareille entreprise (1).

Scylacium pr. Près de la ville est un promontoire ou rocher de même nom, que Virgile appelle *Scylacœum* avec l'épithète *navifragum* (2). *Scylacius Sinus* est le golfe de Squillace.

Croton, Crotone, près de l'embouchure du fleuve *Æsarus*, Ésaro, fut bâtie par les Achéens auxquels l'oracle d'Hercule en avoit donné l'ordre. Cette ville semble s'être appliquée au métier de la guerre et à l'exercice des athlètes. Dans une seule olympiade, de sept vainqueurs, tous furent Crotoniates (3), de manière que l'on peut dire que le dernier des Crotoniates étoit le premier des autres Grecs. La salubrité de l'air, la santé robuste des habitans passèrent en proverbe. Cette ville est célèbre sur-tout par le plus fameux athlète qu'elle ait produit, Milon en même temps disciple de Pythagore qui y fit un long séjour.

Templum Junonis Laciniæ. Ce temple n'étoit point à *Croton*, mais dans son territoire. Strabon parle du promontoire, de la ville et du temple de Junon, riche autrefois et rempli de beaucoup d'offrandes (4). Le promontoire est aujourd'hui Cap dell' Colonna. Cicéron rapporte qu'Annibal, ayant le dessein d'enlever du temple une statue d'or massif, vit en songe Junon qui le menaçoit de lui faire perdre l'œil dont il voyoit, s'il touchoit à la statue ; cette menace produisit son effet sur un homme clairvoyant qui vouloit voir encore (5). Tite Live cite une punition exemplaire dans la personne de Flavius Flaccus et de ses enfans. Flaccus périt d'une mort honteuse pour avoir dépouillé ce temple (6).

SICILIA.

La plus célèbre de toutes les îles est la Sicile, appelée *Sicania* par Thucydide, et par plusieurs *Trinacria*. Le nom de *Sicania*, que Denys d'Halycarnasse fait dériver des *Sicani*, Espagnols, est plus ancien que celui de *Sicilia*, s'il est vrai que les *Sicani* aient possédé cette île avant les *Siculi*, que l'on fait sortir de l'Italie quelque temps avant la guerre de Troie. Elle a reçu son dernier nom de sa figure triangulaire, formée par les trois fameux promontoires (7). Ayant été occupée par des colonies Grecques, et les Car-

---

(1) Strab. lib. vi, pag. 261. — (2) Æneid. lib. iii, vers. 355. — (3) Strab. lib. vi, pag. 262 et 263. — (4) *idem* pag. 261 — (5) Cicer. de Divin. lib. i, cap. 24. — (6) Liv. lib. xlii, 28. (7) Ovid. Fast. iv, vers. 346.

thaginois s'y étant rendus puissans, on y parloit trois langues, l'italique, la grecque et la punique.

Fretum Siculum, le détroit de Sicile, aujourd'hui phare de Messine, sépare l'île du continent. C'est là que la flotte d'Octavien fut vaincue par celle de Pompée. Il est remarquable par la rapidité de ses courans, par le flux et le reflux de la mer qui sont très-irréguliers.

Pelorum, pr., cap de Faro, regardant Scylla (1), fait face à l'Italie.

Pachynum, cap Passaro, où commence la côte méridionale de l'île, vers la Grèce.

Lilybœum, cap Boéo, à l'occident, vers l'Afrique ; il est, selon Virgile, environné de rochers cachés sous les eaux (2) ; son ancien nom se conserve bien dans le nom moderne.

Lilybœum opp. Marsalla. Lilybée étoit, suivant Cicéron (3), une des plus fortes et des plus puissantes villes de cette île ; il n'en reste plus aujourd'hui que les ruines de quelques aqueducs et de quelques temples (4), quoiqu'elle subsistât encore du temps de Strabon. Il y a apparence que la ville de Marsalla a été bâtie sur les ruines de Lilybée, qui avoit un bon port du temps de Jules César. Les Romains essayèrent plusieurs fois de le combler ; mais leurs efforts furent inutiles, tous les monceaux de pierres qu'on y jetoit ne pouvant résister à la violence des ondes (5). Dans la suite Auguste y fit passer une colonie.

Mazarum, Mazara, ville connue, mais sans aucun vestige d'antiquité, sur un fleuve de même nom, remarquable aujourd'hui en ce qu'une des trois divisions de cette île est appelée Val di Mazara.

Selinus (6) *opp.*, la ville de Sélinonte. Ses ruines donnent une haute idée

---

(1) *Scylla* et *Charybdis*, si célébrés par les poètes, sont à l'entrée septentrionale. Scylla est un rocher sur la côte d'Italie, et Charybde un gouffre où la mer tourne et s'abîme en forme de spirale (Æneid. lib. III, vers. 420 et seq.) Le passage entre ces deux écueils étoit fort dangereux autrefois, au moins suivant l'opinion commune.

(2) Æneid. *ibidem*, vers. 706. — (3) Act. in Verr. v. — (4) Liv. lib. XXI, 49.

(5) Polybe, qui fait la description du port et de la ville, dit que la ville, située sur le promontoire de même nom, est environnée de murailles, d'un fossé très-profond et rempli des eaux de la mer.

(6) *Selinus*. Ce nom dérive du mot grec *selinon*, qui signifie persil, lequel croissoit en abondance dans les environs, et dont les habitans faisoient usage. Virgile lui donne l'épithète *Palmosa*, soit à cause de ses palmiers, soit parce qu'elle remporta beaucoup de palmes des combats sacrés. (Æneid. lib. III, vers. 420 et seq.)

de son ancienne splendeur. Strabon assure qu'elle fut bâtie l'an 640 avant J. C. par les habitans de Mégare : *Selinuntem Megarenses Siculi condiderant* (1). Assiégée par Annibal, on vit jusqu'aux femmes et aux enfans s'armer pour leur patrie; mais enfin ses habitans, ne pouvant plus résister, furent taillés tous en pièces, les maisons pillées, brûlées; les femmes et les enfans jetés au milieu des flammes, et la ville rasée 390 ans après avoir été bâtie. Rétablie depuis, assiégée de nouveau par Hannon, elle fut détruite une seconde fois l'an 268 avant J. C., et les habitans transférés à *Lilybœum*.

Agrigentum, Girgenti Vecchio, à peu de distance vers le sud-est de la nouvelle ville. Son premier nom étoit *Acragas*, nom grec; les Romains l'appelèrent Agrigente: *oppidum Acragas, quod Agrigentum nostri dixere*. Thucydide affirme qu'elle fut fondée par les habitans de Gela, l'an 690 avant J. C., près du fleuve *Acragas*, fium de Girgenti, rivière dont elle tiroit son nom et qui lui servoit de rempart du côté du midi. Sa situation élevée et la manière dont elle étoit fortifiée, la rendoient une des plus fortes places de l'île (2), ses murs étant bâtis sur un roc que l'art a rendu inaccessible. Dans cette ville étoit le fameux taureau d'airain, dans lequel Phalaris, le plus cruel de tous les tyrans, avoit coutume, par un supplice inouï, de faire enfermer un homme vivant et d'allumer du feu dessous, de manière que les cris du malheureux, sortant de cette horrible machine, rendoient les mugissemens d'un bœuf (3).

Gela, située peu au dessus de l'emplacement actuel de Terra-Nova, sur la rive droite du fleuve *Gela*, aujourd'hui Fium di Terra-Nova. Cette ville, suivant Thucydide, fut bâtie par un nommé Antiphème, qui avoit fait une descente dans l'île à la tête de deux cents Rhodiens de la ville de *Lyndus*. Ces derniers donnèrent le nom de leur ville natale au nouveau séjour qu'ils étoient venu habiter. Quelques années après, un grand nombre de Crétois, sous la conduite d'Entime, ayant mis pied à terre dans cet endroit, se joignit aux Rhodiens, et conjointement avec eux peupla la ville quarante-cinq ans après la fondation de Syracuse (4). Dans la suite, le nom de Lyndus fut changé pour celui de *Gela*, nom du fleuve qui arrosoit le pays d'alentour. *Gela* est la patrie de Gélon, qui s'empara de l'autorité souveraine à Syracuse, l'an 484 avant J. C.

---

(1) Strab. lib. vi, pag. 272.
(2) Æneid. lib. iii, vers. 703. — (3) Cicer. in Verr. iv, cap. 33, 43.
(4) Æneid. *ibid.* vers. 702.

Enna (1), Castro Janni, ancienne ville municipale, située sur une montagne au centre de la Sicile, suivant Strabon, ce qui, au rapport de Diodore, la fit nommer le nombril de la Sicile. C'étoit une des plus fortes places de l'île, distinguée par la beauté de ses plaines, la fertilité de ses terres, et le grand nombre de lacs et de sources qui arrosent son territoire.

Camarina, Syracusanorum colonia (2), Camarana, fondée environ l'an 600 avant J. C. par les Syracusains qui, 46 ans après, à l'occasion de quelques différends entre les deux villes, la prirent d'assaut et la détruisirent de fond en comble. Il ne reste plus de cette grande ville que des ruines, et le nom de S. Maria di Camarina que les habitans du pays donnent à une tour et à un marais.

Neetum, Noto, est remarquable parce qu'une des trois parties que nous distinguons est appelée Val de Noto.

Syracusæ (3), Syracuse, jadis la plus grande et la plus puissante ville de l'île, fondée par Archias de Corinthe, un des Héraclides, l'an 757 avant J. C. Velléius observe qu'elle devint plus forte que Corinthe sa mère. Des différens quartiers qui la composoient, il ne reste qu'une pointe isolée qui se nommoit *Ortygia* (4). C'étoit une petite île séparée du continent par un bras de mer étroit qui avoit communication par un pont. A l'extrémité de l'île étoit une fontaine d'eau douce, nommée *Arethusa* (5), abondante en poissons et garantie des eaux de la mer par une forte digue de pierres. La prise de Syracuse par Marcellus, l'an 208 avant J. C., assura aux Romains la possession de toute l'île. Syracuse est la patrie d'Archimède (6).

Megara, nommée d'abord Hybla, située dans un golfe de même nom. Elle fut bâtie par les Sicani qu'une colonie de Mégare avoit chassés. Ces nou-

---

(1) Bochard fait dériver le nom d'Enna du mot *canaam*, qui en phénicien signifie *une fontaine agréable*, les eaux de ce lieu ayant été vantées par les anciens comme extrêmement saines et limpides. Cicéron en fait une belle description (Verr. de sign. lib. iv, cap. 48).

(2) Strab. lib. vi, pag. 272.—(3) Cicer. in Verr. de sign. lib. ii, cap. 2.—lib. iv, cap. 52, 55.

(4) Æneid. lib. iii, vers. 693. — (5) Plin. lib. ii, pag. 119. — Florus, lib. ii, cap. 6.

(6) Marcellus, après un long siége, ayant surpris la ville, ordonna en entrant que l'on épargnât Archimède. Ce grand homme, fortement occupé de la solution d'un problème, ignoroit la prise de la ville, lorsqu'un soldat se présenta à lui pour lui ordonner de venir parler à son général. Le géomètre le pria d'attendre un moment jusqu'à ce qu'il eût fini son opération. Le soldat ne comprenant rien à ce qu'il lui disoit, le perça de son épée, l'an 208 avant J. C. Cette mort causa une vive douleur au général Romain, qui traita les parens d'Archimède avec une distinction marquée, et lui fit élever un tombeau sur lequel on voyoit un cylindre et une sphère.

veaux

veaux venus donnèrent à la ville qu'ils venoient de fonder le nom de leur ville natale. Du temps de Strabon (1), elle avoit repris son ancien nom, à cause de l'excellence de son miel si vanté par les poètes.

Leontini, Lentini, bâtie par les Chalcidiens sous la conduite de Théocles l'Athénien, la première année de la xiiie olympiade. Du temps de Thucydide, elle étoit défendue par deux fortes citadelles, l'une appelée la citadelle de Phocée et l'autre de Bricinnie. A une petite distance de la ville étoit un lac poissonneux, nommé par les anciens *Herculeus,* aujourd'hui connu sous le nom de Beverio. Les vapeurs, qui s'élevoient des marais formés par les débordemens du lac, infectoient l'air et le rendoient très-malsain en cet endroit; mais, par une espèce de compensation, les champs étoient si fertiles, que Cicéron donne à Léonte le nom de grenier de la Sicile. Les plaines, selon Pline, avoient servi de demeure aux Lestrygons, et il les nomme *Læstrigonii campi* (2).

Symœthus fl. est le nom que les anciens donnoient à plusieurs rivières réunies, connues aujourd'hui sous celui de la Jaretta; elles ont leurs sources dans les monts Hévéens et se perdent dans la mer par un seul bras au dessous de *Catana.*

Catana, Catania, située sur le golfe de la mer Ionienne, fut bâtie et peuplée par des Chalcidiens, l'an 728 avant J. C., après avoir chassé les Sicules qui habitoient cette partie de l'île. Elle passoit pour une des plus riches et des plus puissantes. Hiéron, tyran de Syracuse, mourut dans cette ville peu de temps après l'avoir repeuplée, et il y fut enterré avec beaucoup de magnificence. Ptolémée et Pline donnent à cette ville le titre de colonie. Cicéron rend témoignage à sa richesse et à sa beauté : il ajoute (3) que l'on y voyoit un temple dédié à Cérès, pour lequel on avoit la même vénération que pour celui qui étoit à Rome; on y conservoit l'image de cette déesse, mais aucun homme ne pouvoit se vanter de l'avoir vue, parce que l'entrée de ce lieu n'étoit permise qu'aux femmes et aux filles auxquelles la garde en avoit été confiée.

Ætna mons, mont Gibello (4), terme appellatif de montagne, qui est Gibel dans la langue des Arabes, auxquels la Sicile a été soumise par conquête sur l'empire Grec de Constantinople. Le feu toujours allumé dans les entrailles de cette montagne a fait dire aux poètes que les Cyclopes y tra-

---

(1) Strab. lib. vi, pag. 267. — (2) Plin. lib. iii, pag. 162.
(3) Cicer. in Verr. de sign. lib. iv, cap. 23, 45. — (4) Æneid. lib. iii, vers. 571.

vailloient sous les ordres de Vulcain, et que ce lieu servoit de prison au géant Encélade, qui s'étoit révolté contre les Dieux.

Acis, fl., Iaci, petit fleuve illustré par la fable du cyclope Polyphème et de la nymphe Galatée. Sa source est au pied du mont Etna dans un bois épais. Quelques-uns prétendent qu'il est ainsi nommé, parce que ses eaux coulent comme une flèche. Il a donné son nom à un bourg de la vallée de Demona.

Tauromenium, Taormina, bâtie sur une montagne nommée *Taurus*. Par un traité fait avec Magon, général Carthaginois, cette ville, colonie Carthaginoise, fut donnée à Denys le Tyran qui, après en avoir chassé les anciens habitans, la peupla de l'élite des étrangers qu'il avoit à sa solde. Cette ville fut réduite sous la domination Romaine par le consul P. Rupilius. Cicéron lui donne le titre de ville fédérée : *fœderata civitas*.

Heræi montes, montagnes de Junon, aujourd'hui Monti-Sori, s'étendent du nord au sud, dans la vallée de Demona.

Messana, Messine. Cette ville très-remarquable s'appeloit *Zancle*, avant que les Messéniens, chassés du Péloponèse par les Lacédémoniens, vinssent s'y établir. Quelques auteurs font dériver l'ancien nom de *zancle*, vieux mot sicilien qui signifie une faulx, parce que l'endroit où elle étoit bâtie en avoit la figure. Suivant les chronologistes, elle fut fondée 530 ans avant le siége de Troie, et 964 ans avant la fondation de Rome. Les habitans, tourmentés par les corsaires de Cumes, eurent recours aux Messéniens, peuple de la Grèce. Ceux-ci étant venus au secours des Zancléens, nettoyèrent leurs côtes, entrèrent en alliance avec eux et s'établirent dans leur ville, appelée par les Grecs *Messene* et *Messana* par les Latins. Messine est la première ville que les Romains aient possédée dans la Sicile ; elle leur avoit été cédée par les Mamertins qui s'en étoient emparés. Pline la qualifie de cité Romaine, dont les habitans se nomment Mamertins : *oppidum Messana civium Romanorum, qui Mamertini vocantur* (1).

Mylæ, Milazzo, située dans une presqu'île, étoit une colonie de Tyndaritains. Pline dit que dans les environs de *Messane* et de *Mylæ* (2), la mer jette sur le rivage une écume fort approchante du fumier, ce qui a donné lieu à la fable des bœufs du soleil ; dans cet endroit les poètes ont placé les étables (3). Mais Théophraste, dans son Traité des Plantes (4), prétend que cette fable n'a d'autre source que l'excellence du terroir. C'est entre *Mylæ* et

---

(1) Plin. lib. III, cap. 8. — (2) *Idem*, lib. II, cap. 98.
(3) Senec. Quæst. nat. lib. III, cap. 26. — (4) Theophr. lib. VIII.

Naulochus (1) que la flotte de Sexte Pompée fut détruite par celle du triumvir Octavien.

Tyndaris, Tyndari, étoit originairement une colonie de Lacédémoniens qui donnèrent, dit-on, ce nom à la ville d'après Tyndare, mari de Léda et roi de Lacédémone. Il y avoit anciennement un temple consacré à Mercure et une statue de ce dieu qui passoit pour un chef-d'œuvre. Suivant Pline, une grande partie de cette ville fut engloutie par la mer (2). Elle devint colonie Romaine sous Auguste après la défaite de Pompée.

Cephalœdis, Céfalu, ville très-ancienne, située sur un rocher avancé en mer. Himilcon, général Carthaginois, fit alliance avec elle 396 ans avant J. C. (3). Les Romains s'étant mis en mer avec une flotte de 250 voiles, cette ville eut la première attaque à essuyer, et fut prise par la trahison de quelques habitans.

Himera, fondée par une colonie venue de *Zancle*, fut détruite par Annibal 409 ans avant J. C., après avoir subsisté 240 ans. On croit reconnoître ses ruines dans un lieu nommé Campo di San Nicolo. Cicéron parle de cette ville (4) comme d'une des plus considérables de la Sicile. Elle fut le lieu de la naissance du poète grec Stésichore. Elle tiroit son nom de la rivière *Himera*, présentement fium di Termini, qui en baignoit les murs (5).

Thermœ Himerenses, Termini, bains et ville. Cicéron dit que les citoyens d'Himera, que le fléau de la guerre avoit épargnés, se réfugièrent aux bains (6), s'établirent à l'extrémité de ce territoire à peu de distance de l'ancienne ville, et y fondèrent une nouvelle que la Table de Peutinger et l'Itinéraire d'Antonin nomment simplement *Thermœ*. Cette ville devint colonie Romaine sous Auguste, comme il paroît par quelques médailles.

---

(1) *Naulochus*, au nord-ouest de Messana, dérivé du grec, signifie une rade où les vaisseaux restent en sûreté.

(2) Thomas Phazelle, dans son Histoire de Sicile, écrit qu'on voit encore sous l'eau la partie que la mer a couverte, et que la seule chose que l'inondation ait épargnée, est un petit édifice consacré à la Vierge et que l'on nomme Santa Maria à Tyndaro.

(3) Cicer. in Verr. ii, cap. 52. — (4) *Idem*, lib. ii, cap. 35.

(5) C'est de cette rivière que parle Tite Live (lib. xxxiv, cap. 6), lorsqu'il rapporte que l'on convint, par un traité entre le roi Hiéron et les Carthaginois, que la rivière *Himera*, qui divise presque en deux parties la Sicile, seroit désormais la borne de l'empire des Carthaginois et du royaume de Syracuse, c'est-à-dire que ce qui étoit à l'orient de cette rivière seroit de ce royaume, et que ce qui se trouvoit à l'occident appartiendroit à Carthage: *Himera amnis, qui fermè insulam dividit, finis regni Syracusani ac Punici imperii esset.*

(6) Cicer. in Verr. lib. ii, cap. 35.

Panormus, Palerme, ainsi nommée par les Grecs à cause de l'avantage de son port; ville ancienne bâtie, au rapport de Thucydide, par les Phéniciens, quelque temps avant que les premiers Grecs eussent abordé dans l'île. Elle étoit la ville principale du domaine des Carthaginois. Mais, l'an 254 avant J. C., les Romains, après s'être emparés du port, sommèrent la place de se rendre; sur le refus des habitans, le siége fut poussé avec vigueur. Les assiégés commençant à manquer de vivres, offrirent de se soumettre à condition qu'on leur laisseroit la vie et la liberté. Cette offre n'étant point acceptée, on les obligea de se racheter pour deux mines par tête (1).

Segeste, nommée d'abord *Egesta*, ville très-ancienne. Ségeste fut, suivant une ancienne tradition confirmée par Cicéron, bâtie par Enée qui avoit abordé sur cette côte en fuyant les malheurs de Troie. C'est par cette raison que les Ségestins se croyoient attachés aux Romains non seulement par une alliance et une amitié qui ne devoient pas finir, mais aussi par les liens du sang (2). Enée, en partant pour l'Italie, la donne à Aceste dont elle portera le nom (3):

Urbem appellabunt permisso nomine Acestem (Æneid. lib. v, vers. 718).

Drepanum, Trapani; son nom vient du grec *drepanon*, qui signifie une faulx. Ce fut dans cette ville que mourut Anchise, père d'Enée (4). C'étoit une ville de commerce avec un bon port; elle avoit été mise en état de défense par Amilcar, qui en fit le siége de la guerre contre les Romains, jusqu'à ce que, par ordre du sénat et de Carthage, il fit la paix.

Eryx mons et opp. Suivant Diodore, la ville avoit été bâtie par Eryx, fils de Vénus, sur le sommet d'une montagne la plus haute de la Sicile, après le mont Etna. Méla rapporte qu'Enée bâtit un temple sur la cime de cette montagne à l'honneur de sa mère Vénus. Ce temple étoit fréquenté par un concours nombreux qui venoit de tous les endroits de la Grèce, de l'Italie et de

---

(1) C'est-à-dire environ 150 livres de notre monnoie. Ceux qui ne purent pas fournir cette somme, furent vendus avec le butin. Ainsi les Carthaginois perdirent la plus belle ville qu'ils avoient dans la Sicile. La ville devint dans la suite colonie Romaine.

(2) Cicer. in Verr. lib. iv, cap. 53.

(3) Ce fut d'après Aceste qu'elle fut nommée Egeste, jusqu'à ce qu'elle tombât au pouvoir des Romains qui, par superstition, changèrent le nom d'Egeste en celui de *Segeste*, *Egesta* étant le même, à une lettre près, que celui d'*Egestas*, qui signifie pauvreté. De pareils noms, portant quelque idée de malheur, alarmoient leur crédulité, et ils les considéroient comme des présages funestes pour ceux qui les prononçoient.

(4) Æneid. lib. iii, vers. 707.

la Sicile pour lui faire des offrandes. Virgile parle de ce temple et de son emplacement (1). La ville s'étant dépeuplée et le temple ne pouvant plus être entretenu, la statue de Vénus fut transportée à Rome par Marcellus, l'an 222 avant J. C. Au temple a succédé une citadelle nommée San Guiliano.

Æoliæ vel Vulcaniæ *Ins.* sont sept petites îles aujourd'hui nommées îles de Lipari, du nom de Lipara qui en est la principale. Elles gisent dans la mer inférieure et au nord de la Sicile, dont elles dépendent. On les appelle Eoliennes du nom d'Eole qui y régnoit au temps de la guerre de Troie, et qui étoit le souverain des vents. On les nomme aussi Vulcaniennes, parce que quelques-unes vomissent des flammes comme l'Etna, et que Vulcain passoit pour le dieu tutélaire des volcans. Par la même raison, les Grecs les ont appelées, selon Pline, îles des Lipariens ou Héphæstiades, soit à cause de la fertilité, soit à cause des volcans.

Lipara, Lipari. La fertilité de son terroir feroit penser que son nom même en dérive, puisque c'est l'expression dont se servent les Grecs pour signifier la graisse de la terre. La ville du même nom fut bâtie, suivant Diodore de Sicile, avant le siége de Troie; Ulysse y alla voir Eole successeur de Liparus et fondateur de la ville (2). Les Lipariens étoient une colonie de Cnidiens, nation Grecque originaire de la Carie, venue vers l'an 630 avant J. C. L'an 396, elle tomba sous la puissance des Carthaginois commandés par Himilcon, et devint colonie Romaine l'an 251.

Vulcania, Vulcano, située entre la Sicile et Lipara, fut d'abord appelée *Thermissa*, suivant Strabon, à cause des flammes qu'elle vomit et qui semblent sortir de la forge de Vulcain; *Hiera*, parce qu'elle étoit consacrée à ce dieu, et par cette raison nommée *Vulcania* (3). Cette île se montra dans le temps qu'Annibal, réfugié chez Prusias, roi de Bithynie, trouva, par le poison qu'il portoit toujours, le moyen de se soustraire à la vengeance des Romains, l'an 183 avant J. C.

---

(1) Æneid. lib. v, vers. 759.

(2) L'ancienne ville, située sur un rocher escarpé, et dont la mer baignoit une grande partie de l'enceinte, fut ruinée de fond en comble, en 1544, par Barberousse II, général des armées navales de Soliman II; il fit esclaves plus de sept mille habitans de la ville ou de la campagne, et les emmena en Turquie. Charles-Quint, touché de compassion, travailla à la rétablir; il releva ses murailles et en fit une place qui est regardée comme imprenable. Le tremblement de terre du 5 février 1783 s'est fait vivement sentir dans cette île, les habitans l'avoient même abandonnée.

(3) Æneid. lib. viii, vers. 416, et seq.

Didyme, Salini, au nord-ouest de Lipara. Cette île fut ainsi nommée par les Grecs à cause de sa figure qui, au premier aspect, semble former deux îles. Baudran pense que le nom moderne lui vient de ce que l'on y faisoit beaucoup de sel.

Strongyle, Stromboli, nom que Strabon dit lui avoir été donné à cause de sa rondeur (1). C'est là qu'Éole faisoit son séjour. Les feux qu'elle jete different de ceux de Lipara par une plus grande transparence, et l'on prétend que, suivant la nature de sa fumée, ceux du lieu savent prédire quelles sortes de vents ils auront le troisième jour d'ensuite ; ce qui a fait croire qu'Éole commandoit aux vents. C'est dans cette île que la jalouse Junon va le trouver, pour le prier d'exciter une tempête, qui écarte la flotte d'Énée des côtes de l'Italie (2).

Hicesia, au sud de *Strongyle*; Strabon et Pline la nomment *Evonymos* (3), aujourd'hui Panaria, île déserte et que l'on pourroit plutôt considérer comme un rocher.

Phœnicodes, Felicudi, ainsi nommée du mot grec *phoinix*, qui signifie palmier ; Pline l'appelle *Phœnicusa* (4), et dit que ses palmiers servoient de pâturages aux troupeaux des îles voisines.

Ericodes, Alicudi, la plus occidentale ; Strabon et Pline la nomment *Ericusa* ; son nom dérive du mot latin *erice* qui signifie bruyère, herbe qui croît sur les rochers. Cette île est fort petite et n'a que quelques cabanes de pêcheurs.

Cossyra, Pantalaria, entre la Sicile et le continent de l'Afrique. Strabon la place à une distance à peu près égale du promontoire Lilybée et d'*Aspis* ou *Clypea*, ville d'Afrique. La ville, qui porte son nom, est vers le nord de l'île et défendue par un château bâti sur l'extrémité d'un rocher escarpé de

---

(1) Strab. lib. vi, pag. 276. — (2) Æneid. lib. i, vers. 55.

(3) *Evonymos*. On pourroit ici hasarder une conjecture fondée sur l'idée même que donnent ces deux noms purement grecs. Le premier signifie prières adressées aux Dieux, le second est un nom de position qui indique la gauche. Strabon ajoute (lib. vi, pag. 276), qu'elle fut ainsi nommée, parce qu'elle est à la gauche de ceux qui vont de Lipara en Sicile. Il sembleroit que ce géographe n'entend point parler de l'île dont il s'agit, puisque ceux qui naviguent de Lipara en Sicile la laissent bien loin derrière eux. Mais on sait que les anciens regardoient comme d'un bon augure, par exemple, un coup de tonnerre qu'ils entendoient à gauche. Quel autre nom pouvoient-ils donner à cette île la plus voisine de celle où Éole faisoit sa résidence ?

(4) Plin. lib. iii, pag. 164.

tous côtés qui la rend entièrement inaccessible (1). La stérilité oblige les habitans de recourir à la Sicile qui leur fournit le blé.

Quoique l'étendue de la carte n'ait pas permis d'y placer deux îles qui se trouvent au sud-ouest du promontoire *Pachynum*, cependant c'est ici le lieu d'en parler.

Melita, Malte. Diodore de Sicile parle avec éloge de ses ports, des beaux édifices de la ville et sur-tout des fabricans de toile de lin, art qu'ils avoient reçu des Phéniciens, qui les premiers avoient habité cette île. De la domination des Carthaginois, elle passa sous celle des Romains, qui établirent un gouverneur avec titre de préfet ou de prince, comme on le voit dans les Actes des Apôtres, chap. xxviii, vers. 7 (2).

Gaulos, Gozo, au nord et très-voisine de celle de Malte, a eu les mêmes maîtres et la même destinée, ayant été soumise successivement aux Carthaginois et aux Romains.

Ægades *Ins.* au nombre de trois, peu loin de la côte occidentale et au dessus du promontoire Lilybée. Elles sont célèbres par la victoire que les Romains, sous le consulat de C. Lutatius, remportèrent dans un combat naval sur Hannon, général des Carthaginois. Cette victoire mit fin à la première guerre Punique et procura aux vainqueurs, l'année suivante, toutes les villes situées entre l'Afrique et l'Italie, et une somme de 2,200 talents, chaque année, pendant l'espace de vingt ans. Virgile (3), considérant ces îles comme des rochers, dit que les Italiens les nomment Autels, à cause du traité qui y fut fait entre les Romains et les Carthaginois.

SARDINIA.

Pausanias, historien et orateur Grec, qui a écrit sous l'empereur Antonin le Philosophe, avoue qu'il ignore le nom que les premiers habitans avoient donné à cette île (4); mais il ajoute que ceux des Grecs, que le commerce y avoit fait aborder, l'appelèrent *Ichnusa*, mot qui exprime sa ressemblance avec la trace du pied humain. Quant à la dénomination de *Sardinia*, elle vient de Sardus, fils d'Hercule, qui, avant le siége de Troie, y conduisit une colonie de Lybiens d'Afrique. Alors il n'y avoit point de villes; elles ne

---

(1) Ovid. Fast. lib. iii, vers. 567.
(2) Cicer. in Verr. de sig. lib. iv, cap. 46. — (3) Æneid. i, vers. 113.
(4) Pausan. in Phoc. cap. 17.

furent bâties que par les Grecs et les Espagnols qui vinrent après. Les Phéniciens, qui alloient par-tout, y furent plus d'une fois vaincus. Les Carthaginois devenus maîtres de l'île, les naturels profitèrent d'une peste qui survint, l'an 392 avant J. C., pour se soulever ; mais subjugués et punis de leur révolte, ils subirent le joug jusqu'au moment où leurs vainqueurs en furent chassés par les Romains dans la première guerre Punique. Cette île est couverte de montagnes qui, vers le nord, sont tellement escarpées, que Ptolémée les nomme *Mainomena ;* Tite Live et Florus *Insani montes*, les monts Insensés. La chaîne de ces montagnes est connue sous le nom de Fidimontis.

Taphros (1), Fossé. Les Grecs ont ainsi nommé le canal qui sépare la Corse de la Sardaigne, aujourd'hui bouche ou détroit de Bonifacio, nom emprunté de Bonifacio, petite ville de l'île de Corse.

Emporium. Ce mot latin, dérivé du grec, ne signifioit d'abord qu'un lieu où se tenoit le marché, où les marchands se rendoient pour leur commerce.

Herculis ins. ainsi nommée par Ptolémée, aujourd'hui Asinara ou Zavara ; c'est le même nom, car âne et zèbre sont synonymes.

Gorditanum pr., Capo di Asinara.

Turris Libysonis. Ce lieu est indiqué par le Porto de Torres sur la côte (2). Cette ville est Romaine et ses environs conservèrent le nom de Romangia dans un temps où des Barbaresques, qui ont laissé celui de Barbaria à un canton de l'île, avoient envahi la Sardaigne.

Corax, Algeri, ville forte, agréable avec un bon et grand port qui est le *Nymphœus,* aujourd'hui Porto Conte.

Bosa. Cette ville maritime et très-ancienne, qui a conservé son nom, est située près de la rivière de même nom, avec un château, un assez bon port et de bonnes salines. Pline appelle ses habitans *Bosenses.*

Hermœum pr., promontoire de Mercure, est le cap de Bosa.

Usellis, Usel, ville presque ruinée. Ptolémée lui donne le titre de colonie, mais sans fondement, puisque Pline, de son temps, ne connoissoit qu'une seule colonie.

---

(1) Ce mot dans son origine exprime un sépulcre, pour donner à entendre que l'on ne pouvoit s'y engager sans s'exposer à être englouti.

(2) Pline dit : *Colonia autem una, quæ vocatur ad Turrim Libysonis.* Voilà peut-être le plus ancien exemple que l'on trouve chez les auteurs Latins d'un nom de lieu commençant par la préposition *ad*. Chez les écrivains postérieurs à Pline, ces exemples deviennent très-fréquens. (Plin. lib. III, pag. 161).

Thyrsus fl.,

Thyrsus fl., le plus considérable des fleuves, coulant du nord au sud, se rend dans la mer sur le rivage occidental près d'Oristagni, ville moderne qui lui donne son nom.

Neapolis, Napoli, ancienne ville ruinée; son nom s'est conservé dans le fond du golfe d'Oristagni.

Metalla, Villa de Glesia, ainsi nommée à cause de ses mines. Cette ville fortifiée a profité de la chute de *Sulci*.

Accipitrum ins. l'île des Eperviers; Pline la nomme *Enosis*. Son nom moderne est S. Pietro.

Plumbaria, S. Antioco, ainsi nommée à cause de ses mines de plomb.

Sulci, ville très-ancienne bâtie par les Carthaginois. On en reconnoît les ruines dans l'île *Plumbaria* près du détroit qui la sépare de la Sardaigne.

Boaria, la Vacca. Ce nom, dérivé du grec, exprime le meuglement du bœuf ou de la vache.

Chersonesus, Cap Tavolaro. Le nom, composé de deux mots grecs, porte l'idée d'une île déserte et inculte. Les Grecs n'avoient pas d'autre terme pour exprimer une terre presque environnée d'eau et qui ne tient au continent que par un côté (1).

Cunicularium pr. répond au cap de Pola formant la pointe occidentale du golfe de Cagliari. Le nom ancien donne à entendre que dans cet endroit il y avoit des mines, des conduits sous terre.

Caralis, Cagliari. Tite Live la nomme *Carales* (2), bâtie, comme *Sulci*, au rapport de Pausanias, par les Carthaginois au fond du golfe auquel elle donne son nom. Elle étoit même la capitale; *urbs urbium*, dit Florus (3); mais elle fut dévastée comme les autres villes, lorsque Gracchus s'empara de l'île. Ses habitans, que Pline nomme *Caralitani*, devinrent dans la suite citoyens Romains. *Caralitanus sinus* est le golfe de Cagliari.

Ficaria ins. Cortelazzo. Pline dit qu'elle regarde le promontoire Caralitain. Son nom fait connoître qu'elle étoit plantée de figuiers.

---

(1) C'est ce que les Latins nomment péninsule et les François presqu'île; ils l'employoient non seulement pour les grandes presqu'îles, pour lesquelles il semble être présentement réservé, mais encore pour des places situées bien avant dans les terres; il suffisoit qu'elles fussent dans un terrain qu'une rivière ou un lac, ou un étang entouroit de trois côtés pour que ce fût une Chersonèse.

(2) Liv. lib. xxiii, 40. — xxx, 39. — (3) Flor. lib. ii, cap. 6.

Belerides ins. Serpentera. Quelques-uns mettent aussi dans le voisinage de *Ficaria*, dit Pline, les îles Belerides (1).

Ferraria, ville détruite ; elle étoit située à l'ouest de *Caralis*, et ainsi nommée à cause de ses mines de fer. Elle peut avoir donné son nom à un cap voisin, aujourd'hui cap Ferrato.

Nura, dans un canton montueux, n'a point changé de nom. Pausanias dit qu'elle fut fondée par des Ibériens qui passèrent dans l'île sous la conduite de Norax (2).

Sulcis, Ogliastro ; *Lesa*, Alès, petite ville dans la contrée nommée Arboréa.

Portus Luquidonis, le port de *Luquido*, dont on peut reconnoître la position dans un lieu nommé Posata près de la rivière de Biti.

Luquido, dans les montagnes et au sud d'*Olbia*. Le nom de cette ville, quoique détruite, semble être celui de Lugodori qui, dans l'état actuel, distingue ce canton d'avec plusieurs autres.

Olbia, ville Grecque, suivant Pausanias, et très-ancienne, devoit être où existe aujourd'hui Terra Nova, près de la partie enfoncée du port.

Columbarium pr. cap Figari. Ce promontoire prend son nom des pigeons dont il y avoit sans doute une grande quantité ; c'est la pointe nord du port d'*Olbia*.

Hermœa donne le nom à un groupe connu sous celui d'Isles de la Magdelaine, lesquelles dépendent de la Sardaigne.

CORSICA.

Les premiers habitans de cette île, suivant Hérodote, le père de l'histoire, furent les Phocéens. Sénèque, Espagnol, écrivant à Helvia sa mère, de l'île de Corse où il étoit en exil (3), lui dit que cette île a déjà plusieurs fois

---

(1) La dénomination ancienne, quoique corrompue, signifiant dans la langue grecque *traire le lait* et même *sangsue*, semble se rapprocher de la dénomination moderne ; car on sait que les serpens aiment beaucoup le lait, d'où l'on peut inférer que ces îles nourrissoient des troupeaux et des serpens.

(2) Pausan. Phoc. cap. 17.

(3) Il fut exilé dans cette île sur le simple soupçon qu'il avoit eu un commerce illicite avec Julie Liville, veuve de Vinicius un de ses bienfaiteurs. La fameuse Messaline, qui gouvernoit avec une autorité absolue, jalouse du crédit de Julie, détermina Claude à la renvoyer

changé de colons (1). Des Grecs, qui, de son temps, étoient fixés à Marseille, après avoir quitté la Phocide (2), y abordèrent les premiers. Elle fut ensuite possédée successivement par les Ligures et des Espagnols. La conformité des usages ne permet pas d'en douter : on y retrouve les ornemens de tête et les chaussures des Cantabres et quelques mots de leur langue, parce que le commerce des Grecs et des Ligures a entièrement dénaturé le langage primitif. On peut voir dans Strabon le tableau qu'il fait de cette île. Pline ajoute que les Grecs l'ont nommée *Cyrnos*, à cause des caps dont elle est environnée. Les Corses avoient éprouvé la tyrannie des Carthaginois avant que les Romains eussent entrepris de les soumettre. Deux colonies de citoyens Romains y furent envoyées, l'une par Marius, l'autre par Sylla (3).

Sacrum pr. cap Corse. Ce cap est la pointe de terre la plus avancée en mer et la plus voisine du continent de l'Italie. L'épithète *sacrum*, qui signifie sacré, inviolable, est donnée à beaucoup de caps, pour faire entendre dans le langage des Romains la difficulté d'y aborder.

Cenelata, San Fiorenzo, aujourd'hui petite ville avec un port bien fortifié. La ville est mal peuplée à cause du mauvais air; cependant l'évêque de Nebbio y réside.

Casalus sinus répond à l'anse de Calvi, qui s'avance dans la côte occidentale. L'évêque de Sagone, ville ruinée, réside à Calvi.

Aureus mons, montagne d'Or, aujourd'hui Monti di Tenda, suivant d'Anville. Il est à présumer que Ptolémée n'a pas voulu désigner ainsi ce seul mont, car l'île est hérissée de montagnes dont la chaîne, sous des noms différens, se prolonge dans toutes les parties. Sans doute ce géographe a voulu faire entendre, par un terme générique, que les vallées formées par ces monts, malgré l'âpreté du sol, produisent du blé, et les collines du vin, des fruits et des amandes.

Urcinium, Ajaccio ou Adjazzo. Cette ville est bâtie au nord du golfe de

---

en exil et fit partager à ce philosophe la disgrace de cette infortunée princesse. C'est là qu'il écrivit ses Livres de Consolation adressés à Helvia sa mère. Il a peint en peu de mots le caractère et les mœurs des anciens habitans.

Prima est ulcisci lex, altera vivere raptu;
Tertia mentiri, quarta negare Deos.

(1) Senec. ad. matrem Helv. cap. 8.
(2) Sénèque confond ici la Phocide, située dans la Grèce, avec Phocée ville d'Ionie ou de l'Asie Mineure, dont une colonie alla fonder la ville de Marseille (Liv. lib. v, cap. 34).
(3) Senec. *ibidem.*

même nom, sur un terrain qui avance dans ce golfe en forme de presqu'île. Elle est bien peuplée, fort agréable par sa situation, et fréquentée par les marchands Génois. Son territoire est très-fertile en vins.

Ticarius fl. Valinco. Cette rivière se jette dans le golfe nommé Valinco.

Marianum opp. et prom. Bonifacio, petite ville avec un port, située près du détroit qui sépare l'île de la Sardaigne.

Favonii portus, port du Vent de l'Ouest, Porto Vecchio, bourg situé sur le golfe de même nom.

Syracusanus portus, golfe de Santa Manza; Ptolémée l'indique sur la côte orientale. Diodore dit qu'on aborde aisément dans l'île, qui a un très-bon port nommé *Syracusanus;* peut-être ce nom vient-il des Syracusains qui y avoient débarqué.

Aleria, Aleria détruite. Cette ville fut bâtie, selon Diodore, par des Phocéens sur le fleuve *Rhotanus* et près de son embouchure (1).

Rhotanus fl. Tavignano; il a sa source vers le milieu de l'île au lac nommé Creno, près de celles du Golo et du Liamone; il coule en serpentant de l'ouest à l'est et va se perdre dans la mer.

Mariana, ruines qui ont conservé le nom. Si l'on en croit Diodore, elle fut bâtie par les Etrusques. C'est dans ce lieu que Marius envoya une colonie, qui de son nom fut nommée *Mariana Colonia;* de même que Sylla en établit une à *Aleria*, qui prit aussi le titre de *Colonia*.

Tavola fl. Golo, sort du lac nommé Ino vers le milieu de l'île, et se rend dans la mer après avoir baigné les ruines de *Mariana*.

Mantinorum opp. On estime que cette dénomination est remplacée par la ville moderne de Bastia, aujourd'hui capitale de l'île avec un bon port et un fort château (2).

Ici se termineroit la description de l'Italie, telle que j'ai cru devoir la donner; mais elle laisseroit encore quelque chose à désirer si je passois sous silence la division faite par Auguste. Quoique cette division n'ait pas été d'un usage qui semble la rendre fort intéressante, cependant elle le devient par l'ouvrage de Pline, le seul qui en ait parlé, et qui nous donne le dénombrement d'un grand nombre de peuples et de villes contenus dans chacune de

---

(1) Les Carthaginois, qui étoient en possession de l'île, y avoient fortifié quelques places dans le dessein d'être plus à portée de l'Italie; mais le consul L. Cornelius Scipion la réduisit sans peine, après s'être rendu maître d'Aleria, la seule place forte qui pût lui résister.

(2) Les Anglois et les rebelles de Corse la prirent en novembre 1745; les Génois la reprirent quelque temps après, et ils l'ont cédée à la France avec l'île l'an 1768.

ces divisions. J'ai rétabli l'ordre qu'il n'a pas jugé à propos de suivre, afin d'en faciliter la recherche.

Auguste, I.er empereur des Romains divisa l'Italie entière en onze contrées (Plin. lib. III, pag. 149).

La première s'étendoit depuis le Tibre, renfermant le *Latium* et la Campanie jusqu'au *Silarus* (pag. 156).

La II.e faisoit partie du *Samnium*, en y comprenant les *Hirpini*, (1) et delà se prolongeoit dans l'Apulie et dans l'ancien pays des Calabrois jusqu'au promontoire *Iapygium* (pag. 166).

La III.e commençoit à l'autre rive du *Silarus*, occupoit la campagne Lucanienne et Bruttienne, et se terminoit à *Metapontum*. Cette contrée a changé souvent d'habitans (pag. 157, 165).

La IV.e, habitée par les peuples les plus braves de toute l'Italie, se trouvoit entre *Tifernus* et *Aternus*, dans le Samnium et la Sabine (pag. 168).

La V.e étoit celle du *Picenum*, autrefois très-peuplée (pag. 170).

La VI.e confinoit au *Picenum*, laquelle embrassoit l'Umbrie et la campagne Gallique autour d'*Ariminum*. La côte Gallique commençoit après Ancone, elle étoit surnommée *Gallia Togata* (pag. 170, 171).

La VII.e comprenoit l'Etrurie jusqu'au fleuve *Macra*; avec l'Umbrie elle formoit l'ancienne Italie proprement dite (pag. 150).

La VIII.e étoit bornée par le fleuve *Ariminus*, le Pô et l'Apennin, jusqu'à Plaisance inclusivement (pag. 172).

La IXe. étoit la Ligurie, dont la côte se prolonge entre *Varus* et *Macra*; une autre partie au-delà du Pô, jusqu'au sommet des Alpes, étoit appelée *Transpadana* (pag. 150).

La X.e, bordant la mer Adriatique, comprenoit la Vénétie et le pays des *Carni* (pag. 174).

La XI.e, que Pline appelle *Suburbana* (2), étoit la partie la plus voisine de Rome, c'est-à-dire l'ancien et le nouveau *Latium* (tom. II, pag. 392).

---

(1) *Hirpini* occupoient la partie de l'Apennin, d'où sort l'*Aufidus*, et cette partie se nommoit *Hirpini Montes*.

(2) Florus, en parlant de la Sicile, pour donner à entendre qu'elle n'est pas éloignée de Rome, l'appelle *Suburbana provincia* (Flor. lib. III, cap. 19).

INSULÆ BRITANNICÆ.

Sous ce nom l'on comprend deux grandes îles et plusieurs petites. *Britannia* (1), la plus grande connue des anciens, fut aussi appelée *Albion* (2) lorsque toutes les autres étoient nommées les Britannies (3). Les Romains lui donnèrent le nom de *Britannia Major* pour la distinguer d'une seconde adjacente, mais fort inférieure en étendue. Elle est bornée au sud-est par le pays des Cantii, vis-à-vis du promontoire *Itium* de la Gaule. Une pointe avancée en mer, désignée sous le nom de *Antivestœum* ou *Bolerium*, Lands end qui a la même signification que Finisterre ; *Dumnonium* ou *Ocrinum pr.*, cap Lezard, terminent ensemble la partie du sud-ouest. *Orcas*, aujourd'hui Dungsby-Head, est la pointe du nord de l'Ecosse ; son nom est relatif aux îles Orcades qui avoisinent cette pointe.

Les rivières les plus remarquables sont : *Sabrina*, la Saverne ; *Sabrinæ Æstuarium* est moins son embouchure qu'un golfe prolongé dans les terres. *Tamesis*, la Tamise, que Tacite nomme *Tamisa* (4), est la seule dont César fasse mention.

Metaris Æstuarium, golfe de Boston ; *Abus*, l'Humber, dont l'embouchure forme aussi un golfe ; *Tinna*, la Tinne, près du rempart d'Adrien ; *Bodotria Æstuarium*, golfe de Fort ou d'Edimbourg ; *Taum Æstuarium*, golfe de Tay (5) ; *Varar Æstuarium*, golfe de Murray.

La Grande Bretagne renferme les deux royaumes d'Angleterre et d'Ecosse réunis en 1607, pour ne faire qu'une seule et même monarchie. Long-temps elle a été regardée comme une région entièrement séparée du reste du

---

(1) *Britannia insula, Clara Græcis nostrisque monumentis, inter septentrionem et occidentem jacet* (Plin. lib. III, cap. 6). Pour les Grecs, Pline fait allusion au voyage vrai ou faux d'Ulysse en Ecosse, à celui de Pithéas de Marseille le long de cette côte, et pour les Romains, aux conquêtes qu'ils y ont faites.

(2) Il faut se rappeler que le mot *alb* ou *alp* est ancien dans la langue celtique, et qu'il signifie une montagne.

(3) *Albion ipsi nomen fuit, cum Britanniæ vocarentur omnes* (Plin. lib. IV, cap. 16).

(4) *Visam speciem in æstuario Tamesæ subversæ coloniæ* (Tacit. Annal. lib. IV, 32). L'historien rapporte des phénomènes extraordinaires arrivés sous le règne de Néron.

(5) *Tertius expeditionum annus novas gentes aperuit, vastatis usque ad Taum (æstuarii nomen est) nationibus* (Tacit. Agric. 22).

monde (1). On a peu de certitude sur ses premiers habitans entre lesquels on remarque une différence de sang et d'origine. La chevelure d'un blond ardent chez les Calédoniens et une haute taille annoncent (2) une origine Germanique. Au teint basané et aux cheveux crépus des Silures se reconnoissent les descendans d'une peuplade sortie de l'Ibérie. Mais comme il est généralement vrai que les îles n'ont été peuplées qu'après le continent, les rapports qui, suivant le même historien, existent entre les Bretons et les Gaulois ne permettent nullement de douter que la Bretagne n'ait reçu de la Gaule au moins une partie de ses premiers habitans, puisque plusieurs de nos anciens peuples s'y retrouvent, tels que les *Belgæ,* les *Atrebates* et les *Parisii.* En effet on doit aisément présumer que des Gaulois se sont établis dans une contrée dont la leur n'est séparée que par un bras de mer: *Gallos vicinum solum occupasse credibile est* (3). César dit qu'une partie de cette île fut peuplée par des Gaulois Belges (4). Un grand rapport dans le langage, même culte religieux, conformité dans les mœurs, quoique moins douces dans les Bretons que dans les Gaulois, sont un témoignage non équivoque d'affinité entre des peuples.

Les Bretons jouissoient de leur liberté, lorsque César arriva sur les rives de la Tamise. C'étoit la découverte d'une conquête à faire, si Auguste avoit été jaloux de reculer les limites de l'Empire. Claude commence ; il assujettit et réduit en province Romaine la partie située vers la Gaule entre l'orient et le midi. Sous le règne de Domitien, les armées Romaines, commandées par Julius Agricola, pénètrent jusque dans la Calédonie, c'est-à-dire au centre de l'Ecosse. La difficulté de se soutenir dans cet éloignement contre l'invasion des peuples non soumis, détermine Adrien à donner des bornes moins reculées à la nouvelle province Romaine, la séparant du pays Barbare par un rempart, *Adriani Vallum,* de 80 milles de longueur, depuis le fond d'un golfe appelé aujourd'hui Solwai-Firt, jusqu'à Tin-Mouth, *Tinnocellum,* poste qui est à l'embouchure de la *Tinna.*

L'empereur Sévère, moins craintif, recule les limites et élève un rempart, *Severi Vallum,* dans un espace plus resserré et de 32 milles, entre *Glota,* qui est la rivière de Clyd, et *Bodotria Æstuarium,* Firth of Forth, ou le

---

(1) *Penitus toto divisos orbe Britannos* (Virg. Eclog. 1, vers. 67).
(2) *Britanniam qui mortales initio coluerint, indigenæ an advecti, ut inter Barbaros parum compertum* (Tacit. Agric. 11).
(3) Tacit. Vita. Agricol. xi. — (4) Comment. lib. v, cap. 12.

fond du golfe, dont la ville d'Edimbourg est voisine vers le midi. Ce rempart divisoit la Bretagne en Romaine au sud et en Barbare au nord; mais la première n'a pas, comme la Gaule, de divisions bien limitées entre différentes provinces.

BRITANNIA ROMANA.

La Bretagne Romaine s'étendoit jusqu'au rempart de Sévère, c'est-à-dire qu'elle comprenoit l'Angleterre et une partie de l'Ecosse méridionale. On la nommoit aussi Citérieure ou Méridionale. La multiplication des provinces dans tout ce que renfermoit l'Empire, lui en donna cinq; savoir : la Première et la Seconde Bretagne; la Flavie Césarienne, la Grande Césarienne, et une autre qui parut un peu plus tard sous le nom de *Valentia*, que l'on juge avoir été la plus reculée vers le rempart de Sévère.

§. I. BRITANNIA PRIMA.

Cette province, ainsi appelée parce qu'elle fut la première conquête des Romains, occupoit la partie maritime et orientale, le long de la Manche, pour entrer dans le détail des peuples et des villes principales.

CANTII habitoient le pays que César nomme *Cantium* et qui conserve son nom dans celui de Kent, comté portant autrefois le titre de royaume. *Duro-Vernum*, ville principale de ce coin de terre, aujourd'hui nommée Cantorbéri; *Rutupiœ*, Sand-Wick, vers la pointe méridionale de l'île nommée *Tanetos*, Tanet, paroît être le port le plus fréquenté sous les empereurs pour aborder dans l'île Britannique.

Dubris portus, Douvre, dont il est fait mention dans l'Itinéraire d'Antonin et dans la Notice de l'Empire. C'est le passage le plus ordinaire d'Angleterre en France.

Lemanis, Lyme, vers le sud-ouest. On présume que c'est l'endroit où César fit sa descente dans l'île.

REGNI, à l'ouest des précédens, dans le comté de Surrey, partie du royaume de Sussex. *Noviomagus*, vers la Tamise, est la seule ville que leur donne Ptolémée, laquelle, selon Cambden (1), n'existe plus.

---

(1) Guillaume Cambden, surnommé le Strabon d'Angleterre, a employé une partie de sa vie à la recherche des antiquités de la Grande Bretagne. Il a donné une excellente Description de l'Angleterre sous le titre de *Britannia*.

Belgæ occupoient depuis la mer jusqu'à l'embouchure de la Saverne, c'est-à-dire une partie du comté de Hant avec ceux de Wilt et de Sommerset. *Venta* conserve son nom dans celui de Winchester (1).

Vectis ins. île de Wight, au sud, fut soumise par Vespasien lorsque, sous le règne de Claude, il commandoit en qualité de lieutenant (2).

Atrebates, contigus aux Belges, dans le comté de Barck et une portion de celui de Hant ou de Southampton.

Durotriges, sur la côte, dans le comté de Dorset. *Durnovaria,* leur ville, est Dorchester.

Dumnonii avoient ce qui reste de la partie méridionale resserrée par la mer jusqu'à l'embouchure de la Saverne, aujourd'hui les comtés de Devon et de Cornouaille, celui-ci renommé par le bel étain qu'il fournit. *Isca*, sur une rivière de même nom, conserve le sien dans celui d'Excester.

Cassiterides, nom dérivé du grec (3), qui signifie étain, dont les Phéniciens et les Carthaginois faisoient un grand commerce. Ce nom fut donné aux îles Sorlingues dont on le croyoit tiré (4).

§. II. BRITANNIA SECUNDA.

La Bretagne Seconde ainsi nommée, selon les apparences, parce qu'elle fut la seconde conquête, s'étendoit depuis l'embouchure de la rivière Dée, *Seteia Æstuarium,* jusqu'à la Saverne, comprenant les Silures, les Demetes et les Ordovices.

Silures, peuple puissant et belliqueux, dans le midi de la principauté de Galles, habitoient les provinces d'Hereford, de Radnor, Breknok, Mon-

---

(1) La terminaison de *chester,* commune à un grand nombre de villes, dérive du latin *castrum,* que la domination Romaine a pu établir et rendre familier, et qui, sous les Anglo-Saxons, ayant pris la forme de *ceaster,* est devenu cester ou chester dans l'usage.

(2) Suet. Vit. Vespas. cap. IV.—(3) Plin. lib. IV, cap. 22.

(4) Plusieurs géographes anciens se sont trompés sur le gisement de ces îles; en les supposant voisines du Finistère de l'Espagne (Strab. lib. III, pag. 147). Hérodote dit qu'il n'a point connu les îles Cassitérides, d'où étoit apporté l'étain (Herodot. lib. III, cap. 125); il n'en existe aucune dans les environs de l'Espagne. Ce qui fait croire à d'Anville que c'est à la pointe de l'île Britannique qu'il faut rapporter les Cassitérides, et sans se borner aux rochers de Silly ou Sorlingues, comprendre sous ce nom des promontoires qui, séparés par des golfes à l'extrémité du continent, pouvoient être pris par des navigateurs étrangers arrivant dans ces parages, pour des terres isolées.

mouth et Clamorgan. Ils étoient les ennemis les plus acharnés des Romains (1); mais enfin ils furent subjugués sous l'empire de Vespasien (2).

Isca Silurum, différente de celle que nous avons vue chez les *Dumnonii ;* elle étoit la résidence de la seconde légion Romaine ; *statio legionis II Augustæ,* aujourd'hui Caer-Leon, c'est-à-dire ville de la légion, dans le comté de Monmouth, sur une rivière dont le nom d'Usk est évidemment le même que l'ancien nom propre de la ville. *Venta*, autre ville du même peuple, et dont le nom se retrouve dans celui de Caer-Vent.

DEMETÆ, contigus sur le même rivage, dans les comtés de Pembrock, Carmarden et Cardigan. *Maridunum*, Carmarden.

ORDOVICES, dans les comtés de Montgomeri, Merionet, Denbygh, Flint et Carnarvan. C'est en général un pays de montagnes, dont quelques-unes sont toujours couvertes de neiges et si élevées, que Cambden leur donne le nom d'Alpes Britanniques. *Segontium*, Carnarvan, sur le détroit qui sépare l'île *Mona* du continent. Peu avant l'arrivée d'Agricola, les Ordovices avoient massacré un corps presque entier de cavalerie qui étoit cantonné sur leurs limites ; Agricola, pour en tirer vengeance, les fit passer presque tous au fil de l'épée : *cæsa prope universa gens* (3).

Mona (4) île Angles-ey (5) ; les Gallois la nomment encore dans leur langue l'île de Man, et l'appellent leur mer nourrice, parce qu'elle est très-fertile en blé. C'étoit le séjour des Druides, qui avoient des bois sacrés souillés de sang humain. Tacite rapporte la conquête de cette île dont les habitans, animés par le fanatisme (6), se défendirent avec le plus grand courage. Ces Barbares se faisoient un devoir d'arroser les autels du sang des captifs, et de chercher la volonté des Dieux dans les entrailles des hommes.

---

(1) *Silurum gens, non atrocitate, non clementiâ mutabatur* (Tacit. Annal. lib. XII, cap. 32).

(2) *Validumque, et pugnacem Silurum gentem armis subegit* (Tacit. Agric. cap. 17).

(3) Tacit. *ibidem.* cap. 18.

(4) Paulinus Suetonius, gouverneur de la Bretagne, sous Néron, avoit passé le détroit et étoit maître de l'île peuplée d'habitans courageux et le réceptacle des transfuges (Tacit. Annal. lib. XIV, cap. 29 et 30), lorsqu'un soulevement général le força de l'abandonner. Agricola, sous Vespasien, par son génie et par son courage vint à bout de soumettre ces Barbares, qui avoient cru ne pouvoir être attaqués dans leur île qu'à la faveur d'une haute marée, avec une flotte ou au moins avec des barques (Vit. Agricol. cap. 18).

(5) Cette terminaison est un mot propre dans la langue de plusieurs peuples septentrionaux, pour désigner une ile, comme si l'on disoit l'île des Anglois. Edouard I.er essaya de faire un pont de bateaux sur le canal étroit qui la sépare de la côte.

(6) Tacit. Annal. lib. XIV, cap. 30.

Monabia, autre île située au large entre le nord de l'Angleterre et de l'Irlande, dont César fait mention sous le nom de *Mona*, est aujourd'hui l'île de Man.

Verginium Mare, aujourd'hui canal de S. Georges, entre le pays de Galles et l'Irlande, conserve chez les Gallois celui de Weridh-More.

§. III. FLAVIA CÆSARIENSIS.

Cette province semble devoir son nom à Constance Chlore, père de Constantin, à la maison duquel étoit attaché le prénom de *Flavius*. Constance mérita le titre de César par les victoires qu'il remporta dans la Grande Bretagne et dans la Germanie.

CORNAVII occupoient ce qui compose aujourd'hui les comtés de Chester, Stafford, Shrop, Worcester et Warvich.

Deva, Chester, dont il est parlé dans l'Itinéraire d'Antonin, comme du poste de la vingtième légion surnommée *Victrix*.

CORITANI, dans les comtés de Northampton, de Leicester, de Lincoln, de Nottingham et de Darby. *Lindum Colonia*, Lincoln, nom formé de celui de la ville et d'une colonie qui y fut établie.

DOBUNI, vers les sources de la Tamise, dans les comtés de Glocester et d'Oxford. *Clevum*, Glocester sur la Saverne.

CATYEUCHLANI occupoient les comtés de Buckingham et de Harford. *Verulamium*, ville à laquelle Tacite donne le titre de municipale, fut détruite par les Bretons (1). On voit encore près du bourg de St.-Albans des ruines dans lesquelles on a trouvé un grand nombre de monumens anciens.

TRINOBANTES s'étendoient, depuis la rive gauche de la Tamise jusqu'au territoire des *Iceni*, dans les comtés actuels d'Essex et de Mildlesex. Ils s'étoient volontairement soumis à César; mais engagés à la révolte par les Icènes leurs voisins, ou plutôt par la haine qu'ils avoient conçue contre une colonie de vétérans, ils formèrent en secret le dessein de secouer un joug auquel ils n'étoient point accoutumés (2).

Les Trinobantes avoient deux villes principales. *Londinium*, Londres sur la Tamise. Quoique, du temps de Tacite, cette ville ne jouît pas du titre de colonie, cependant la multitude de ses navires et de ses commerçans la

---

(1) Tacit. Annal. lib. XIV, cap. 33. — (2) *Ibid.* 31.

rendit très-célèbre (1). Pour la soustraire aux incursions des Barbares, elle eut le sort de *Verulamium* et presque tous ses habitans furent massacrés.

Camalodunum, Col-Chester, fut la première colonie établie en Bretagne sous le règne de Claude, et dans la dénomination actuelle on voit un reste du surnom de *Colonia*. Ce fut cette même colonie de vétérans (2) qui donna lieu à la révolte, en chassant les habitans de leurs maisons, de leurs champs, les appelant des captifs et des esclaves.

Iceni, au nord des Trinobantes, séparés de Coritains par le golfe de Boston, *Metaris œstuarium*, occupoient ce que nous nommons aujourd'hui les comtés de Cambrige, Hungtington, Norfolck. Leur roi, nommé Prasutagus, dont l'opulence étoit connue depuis long-temps (3), avoit institué, avec ses deux filles, l'empereur Néron héritier de tous ses biens, croyant, par cette déférence, mettre son royaume et sa famille à l'abri de toute insulte; le contraire arriva (4).

Venta, leur capitale, désignée par le même nom que nous avons déjà trouvé, se reconnoît dans le lieu appelé Caster, près de Norwich, ville principale du comté de Norfolck.

§. IV. MAXIMA CÆSARIENSIS.

La plus grande Césarienne devoit ce nom à sa plus grande étendue, avant qu'on l'eût démembrée en établissant la Flavienne et la Valentienne. Elle renfermoit deux peuples, *Parisii* et *Brigantes*.

---

(1) *Cognomento quidem coloniæ non insigne, sed copiâ negotiatorum et commeatuum maximè celebre.* (Tacit. Annal. lib. xiv, 33). Il falloit qu'elle fût la place la plus importante de l'île, lorsque l'Itinéraire d'Antonin fut dressé, puisque c'est de là, comme du centre, qu'il commence ses routes, de même qu'elles y aboutissent. Aujourd'hui capitale de la Grande Bretagne et le siége de la monarchie Britannique, c'est une ville des plus grandes, des plus belles, des plus riches et des plus commerçantes de l'Europe.

(2) Tacit. *ibid.* 31 — (3) *Ibid.*

(4) A peine ce prince avoit rendu les derniers soupirs, que des centurions ravagèrent ses états, des esclaves sa maison, comme une conquête sur l'ennemi, et outragèrent Boudicée sa veuve et ses deux filles. Cette princesse, indignée de pareils attentats, soulève les habitans, qui ayant pris les armes sous sa conduite, forcèrent plusieurs places, et passèrent au fil de l'épée un grand nombre de Romains. A la nouvelle de ce soulèvement, Paulinus vient fondre sur les Bretons, et par une bataille, où il en périt environ quatre-vingt mille, il les force de rentrer dans le devoir. Après cette sanglante défaite, Boudicée se donna la mort, pour ne pas survivre au malheur de sa nation. (Annal. lib. xiv, 37)

Parisii habitoient un petit canton sur l'Océan dans la partie orientale du comté d'Yorck. *Petuaria*, Brough, selon d'Anville, située au passage de l'Humber, *Abus*.

Brigantes, peuple puissant (1), à en juger par l'étendue de pays qu'il occupoit dans toute la largeur de l'île entre les deux mers, et du sud au nord, depuis l'embouchure du fleuve *Abus*, jusqu'au rempart d'Adrien; aujourd'hui Lancastre, Westmorland, une partie de Cumberland, Durham et la plus grande partie du comté d'Yorck. Ils furent soumis par Pétilius Cerealis, général Romain, sous Vespasien.

Eboracum, Yorck, la seconde ville du royaume en grandeur et en beauté, se distingue aussi par la résidence des empereurs Septime Sévère et de Constance Chlore, pendant leur séjour dans l'île, où ils moururent, le premier, l'an 211, et l'autre l'an 306. Ptolémée et Antonin placent dans cette ville la sixième légion surnommée la Victorieuse, ce qui est confirmé par une médaille de Sévère qui porte : *Col. Eboracum leg.* vi *Victrix*.

§. V. VALENTIA.

Contrée de la Grande Bretagne, selon Ammien Marcellin. Les Barbares s'étant jetés sur la province Romaine, Valentinien Ier, qui régnoit alors, envoya contre eux le comte Théodose; le comte Théodose les repoussa, s'empara d'une partie de leurs terres, dont il fit une cinquième province à laquelle il donna le nom de *Valentia*, pour faire honneur à Valentinien. Cette province étoit comprise entre les remparts d'Adrien et de Sévère. Elle avoit plusieurs peuples; ceux en deçà du rempart de Sévère étoient en général appelés Mæatæ, pour les distinguer des *Caledonii*, qui habitoient au-delà.

Alata Castra, que Ptolémée appelle le Camp aîlé, étoit le dernier poste des Romains, aujourd'hui Edimbourg, capitale de l'Ecosse.

Otadini occupoient le rivage oriental au-delà de la rivière *Tinna*.

Selgovæ, à l'ouest, dans les petites provinces d'Annandail, d'Eskedail.

Novantæ dans la province de Galloway, jusqu'à l'angle que l'on trouve

---

(1) Tacite parle de la cité des Brigantes, qui passoit pour la plus nombreuse. Après plusieurs combats, dont quelques-uns furent assez sanglans, Petilius Cerealis soumit ou ravagea une grande partie de cette province (Tacit. Agric. cap. 17).

Petilius Cerealis Brigantum civitatem, quæ numerosissimæ provinciæ totius perhibetur, adgressus : multa prœlia, et aliquando non incruenta, magnamque Brigantum partem aut victoriâ amplexus, aut bello (*Ibib.* 17).

être appelé *Novantum Chersonesus*, ce qui désigne la presqu'île dont cette province est terminée, et dont la pointe se nomme Mula, ou le Bec.

Damnii, vers le nord ; Ptolémée leur attribue une ville qu'il nomme *Victoria*, et qui, selon toute apparence, avoit servi de monument à la victoire remportée par Agricola sur les Calédoniens vers le mont *Grampius*, dont parle Tacite (1). Ce mont, aujourd'hui nommé le Gran-Bains, paroît diviser l'Ecosse en citérieure et ultérieure. Il est peut-être le seul de l'île Britannique, dont il soit fait une mention particulière dans l'antiquité.

BRITANNIA BARBARA.

Tout ce qui n'étoit point renfermé dans l'étendue des limites plus ou moins reculées de la domination Romaine, étoit réputé Barbare ; par cette raison, la contrée dont il s'agit se distinguoit sous le nom de Barbare. Quant à celui de *Britannia ulterior*, que les Romains donnèrent à cette partie de l'île, il est évident que c'est par rapport aux remparts dont ils se fortifièrent contre les incursions des peuples qu'ils n'avoient encore pu dompter. Les anciens, selon Tacite, l'ont appelée *Caledonia*, du nom des Calédoniens, peuple particulier de ce pays. C'est aujourd'hui l'Ecosse septentrionale. Les Calédoniens étoient du nombre des Pictes, *Picti*, dont le nom ne se trouve employé que postérieurement, mais exprimant l'usage, établi chez cette nation sauvage, de s'imprimer sur la peau diverses figures colorées (2).

La Bretagne étoit encore sous la puissance Romaine, lorsqu'une autre nation, sortie de l'Hibernie, *Scoti*, vint attaquer les Pictes, et pénétra même dans les possessions des Romains les plus reculées vers le nord, en sorte que

---

(1) Vit. Agricol. 29.

(2) De cet usage est venu le nom de *Brittones* donné aux peuples de l'île Britannique ; *Brith*, en gallois, signifie *pictus*, *Brithou*, *picti*, *brithenes*, *Britannia*, l'île des hommes peints, parce que c'étoit la coutume des anciens Bretons de se peindre et de s'imprimer sur la peau diverses figures. Les Romains, par la même raison, appelèrent *Picti* les Calédoniens ou Bretons du nord, qui conservèrent plus long-temps la mode nationale. L'usage de se peindre, en un mot, de se matacher, a régné et règne encore parmi des nations qui n'eurent jamais de relation entre elles. A l'autre extrémité de notre hémisphère, les Tongouses du fleuve Jenisea se tailladent cruellement le visage et les mains. Dans l'Amérique Septentrionale, presque tous les peuples en agissent à peu près de même ; dans la Méridionale, on se peint de différentes couleurs, l'on s'imprime différentes figures, lorsque, par des exploits militaires, on a mérité le privilége de se donner cet étrange agrément. Mais enfin comment est-il arrivé que des nations si éloignées les unes des autres se soient rencontrées dans une coutume si singulière, et fondée sur des idées si peu naturelles ?

la partie septentrionale prit d'eux le nom d'Ecosse qu'elle porte aujourd'hui.

Entre les peuples de l'ancienne Calédonie, les *Horestæ* se trouvent cités dans l'histoire et paroissent avoir habité au-delà du *Taum Æstuarium*, qu'on ne peut rapporter qu'à l'embouchure du Tay, la plus considérable des rivières de l'Ecosse.

Devana, plus au nord, est la rivière nommée Dée, dont la ville d'Aber-Den, située sur son embouchure, tire son nom.

Cornabii, dans le nombre de plusieurs peuples, dont on ne trouve que les noms, semblent devoir se placer vers l'angle le plus reculé de l'Ecosse, dans la province appelée aujourd'hui Cat-Ness, en y employant le terme usité chez plusieurs nations septentrionales pour désigner une terre fort avancée dans la mer.

Orcades Insulæ, appelées Orkn-ey par les Anglois, n'ont point changé de nom; elles sont séparées de la partie la plus septentrionale de l'Ecosse par un détroit que les Anglois nomment Pentland-Firth. Tacite rapporte que la flotte Romaine, par les ordres d'Agricola, doubla cette pointe pour la première fois, s'assura que la Bretagne étoit une île, fit la découverte et la conquête des Orcades, iles jusqu'alors inconnues : *incognitas ad id tempus insulas, quas Orcadas vocant, invenit domuitque* (1).

Thule. Cette île étoit réputée la plus reculée des terres dans l'Océan voisin du septentrion, d'après la relation de Pythéas le Marseillois, sur la foi duquel Virgile a dit *ultima Thule*, et que Servius, son commentateur, a pris faussement pour l'Irlande. Cette Thulé, que la flotte Romaine eut en vue, ne peut avoir de rapport qu'avec les îles de Schetland (2), à moins de vingt lieues dans le nord-est des Orcades : *dispecta est et Thule, quam hactenus nix et hiems abdebat;* elle est donc bien différente de celle qui se trouve dans la Scandinavie.

Ebudes insulæ, aujourd'hui îles Westernes, c'est-à-dire occidentales. Solin dit qu'elles étoient gouvernées par un roi qui n'avoit rien en propre et qui étoit nourri aux dépens du public.

HIBERNIA.

Cette île a différens noms; quelques auteurs anciens l'ont appelée *Ierne*, nom qui a un grand rapport avec celui d'*Erin*, qu'elle conserve et duquel, par contraction, s'est formé le nom actuel d'Irlande. Les Romains l'ont appelée *Britannia Minor*. Vers l'époque de la chute de l'empire Romain en occi-

---

(1) Tacit. Vit. Agricol. 10. — (2) *Ibid.*

dent, on la voit nommée *Scotia*, parce que c'est de là que, dans le v.ᵉ siècle, sortirent les *Scoti* pour s'emparer du nord de l'île Britannique. Les Romains n'ayant jamais porté leurs armes dans cette île, n'en avoient de connoissance que par le commerce entre deux terres à la vue l'une de l'autre. Il est donc difficile, on peut dire même presque sans intérêt, de connoître les peuples dénommés dans la géographie de Ptolémée, qui fournit des détails bien postérieurs aux temps de l'antiquité. Tacite dit que l'Hibernie ressemble à beaucoup d'égards à la Bretagne. Le terroir, le ciel, le caractère et les usages des habitans y sont à peu près les mêmes. On ne connoît guère l'intérieur de l'île. « Nous sommes, ajoute l'historien, plus au fait des ports et des côtes par le moyen des commerçans (1) ».

Cependant cette île étoit divisée en plusieurs cantons, habités par autant de petits peuples obscurs et inconnus. Ptolémée nous la représente comme un parallélogramme déterminé par quatre promontoires, deux vers le sud et deux vers le nord. *Sacrum* est la pointe du sud-est, *Notium*, ou le méridional, est ce qu'on nomme aujourd'hui cap Cléar ; *Boreum* est le septentrional sur le rivage occidental ; *Robogdium* la pointe nord.

Senus, sur le rivage occidental, est le Shannon, la plus considérable des rivières du pays.

Regia, dans l'intérieur, vers le nord, est Armagh qui, suivant la tradition locale, a été la résidence des anciens rois de cette partie appelée Ultonie, ville autrefois célèbre, mais qui n'est plus qu'un bourg, quoique siége primatial pour l'île entière.

Buuinda fl. sur la côte orientale, est la Boyne qui a sa source dans la Lagénie.

Eblana, Dublin, aujourd'hui capitale de toute l'île.

Iernis, Cashel, capitale de la Momonie, dans le centre de la partie méridionale.

---

(1) *Melius aditus portusque per commercia et negotiatores cogniti* (Tacit. Agricol. 24).

F I N.

De l'Imprimerie de P. N. ROUGERON, rue de l'Hirondelle, N° 22.

NOUVEL ATLAS
PORTATIF
DE LA GÉOGRAPHIE ANCIENNE

Pour servir à l'intelligence des Auteurs Anciens, et guider dans la lecture de l'Histoire; de même format que l'Atlas de la GÉOGRAPHIE MODERNE, *dressé par M. Robert de Vaugondy.*

Cet Atlas, composé de dix neuf Cartes, y comprise celle de l'Itinéraire historique des Conquêtes d'ALEXANDRE, *vient à l'appui d'une description Géographique et Historique des différentes Régions de l'*EUROPE, *des peuples et des lieux les plus remarquables;*

PRÉCÉDÉE

de quelques notions analytiques sur ce que les Romains entendoient par Provinces, Municipes, Colonies, Préfectures &c. &c.

Par C. F. Delamarche *Successeur de* Sanson *et de* Robert de Vaugondy.

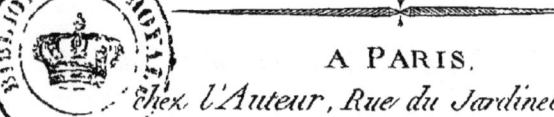

A PARIS,
chez l'Auteur, Rue du Jardinet, N°. 13.
An 1809

TABLE DES CARTES.

ORBIS VETERIBUS NOTUS... 1
  EUROPA... 2
Hispania... 3
Gallia... 4
Germania... 5
Germano - Sarmatia... 6
Dacia, Mœsia, Thracia, Macedonia... 7
Græcia... 8
Les Conquêtes d'Alexandre... 9
Italia... 10
Insulæ Britannicæ... 11
  ASIA... 12
Asia Minor... 13
Colchis, Iberia, Albania... 14
Assyria, Mesopotamia, Babylonia, &c... 15
  AFRICA... 16
Africa, Numidia, Mauretania... 17
Ægyptus... 18
Carte de la Retraite des dix mille pour la lecture de l'histoire de Xénophon... 19

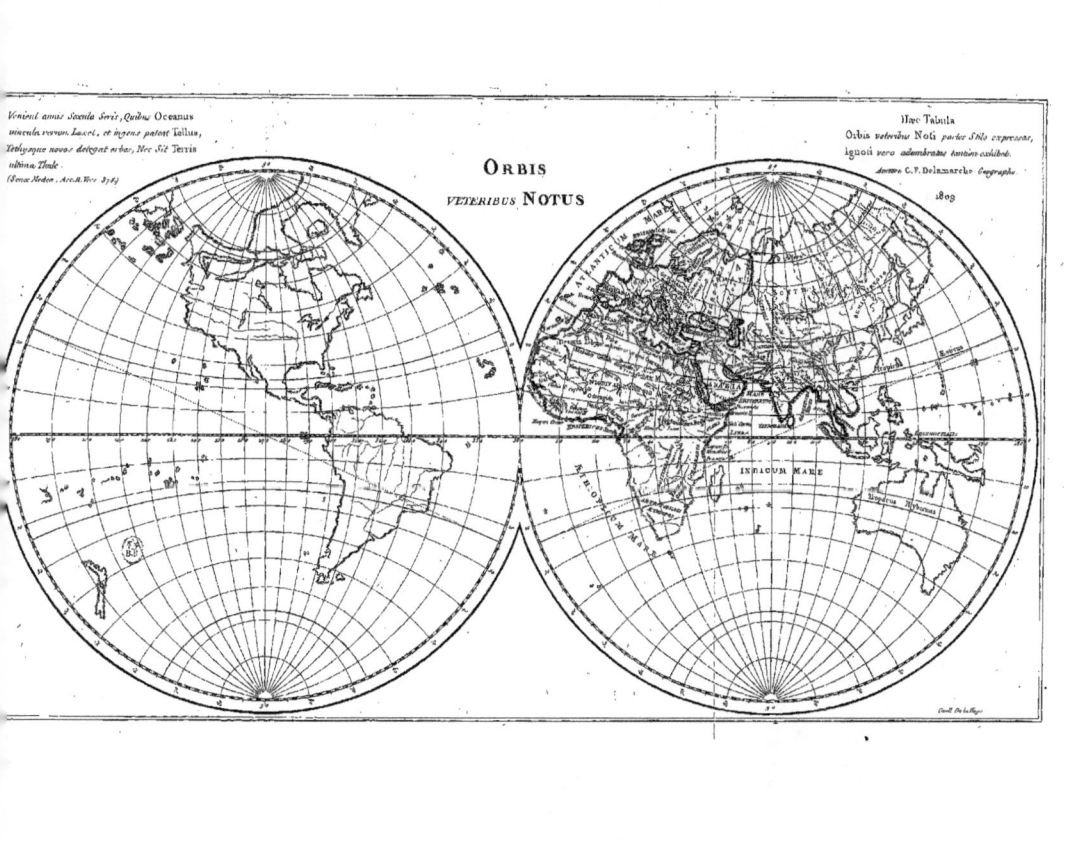

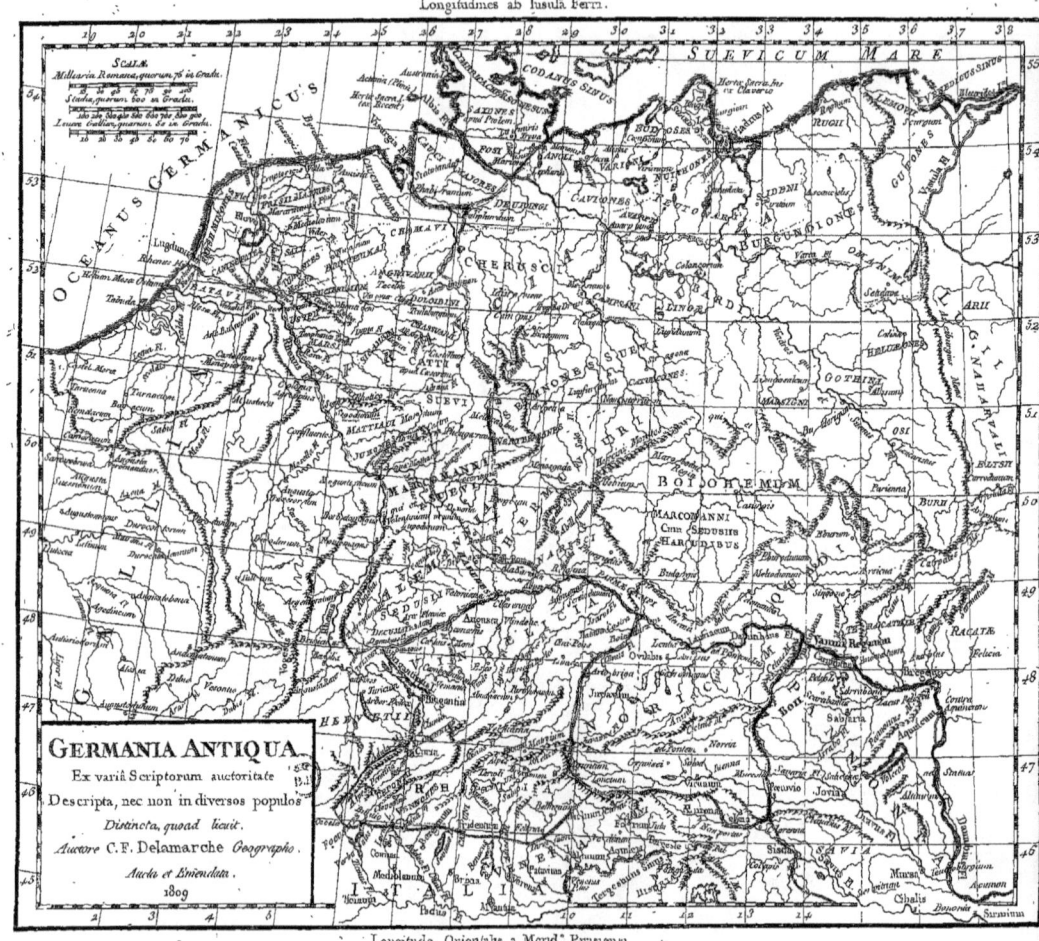

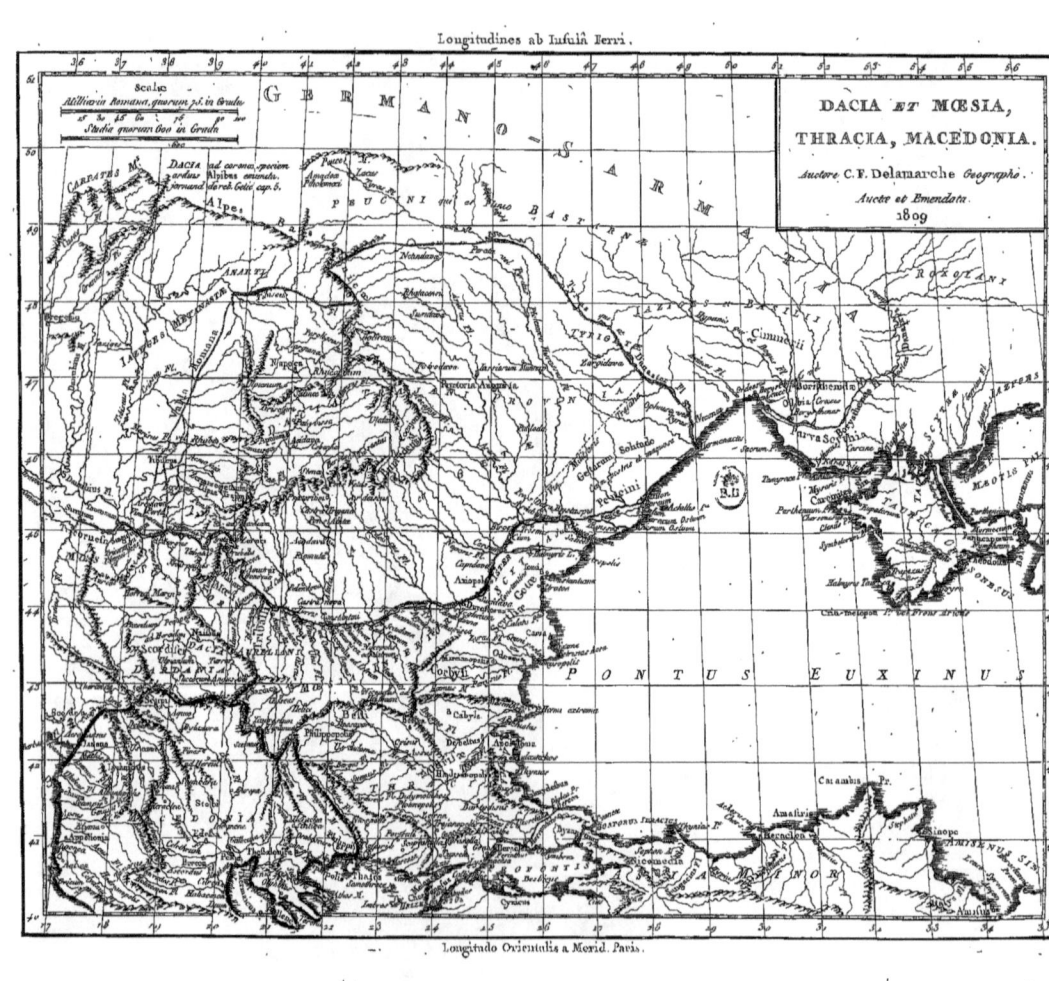

Longitudines ab Insulâ Ferri.

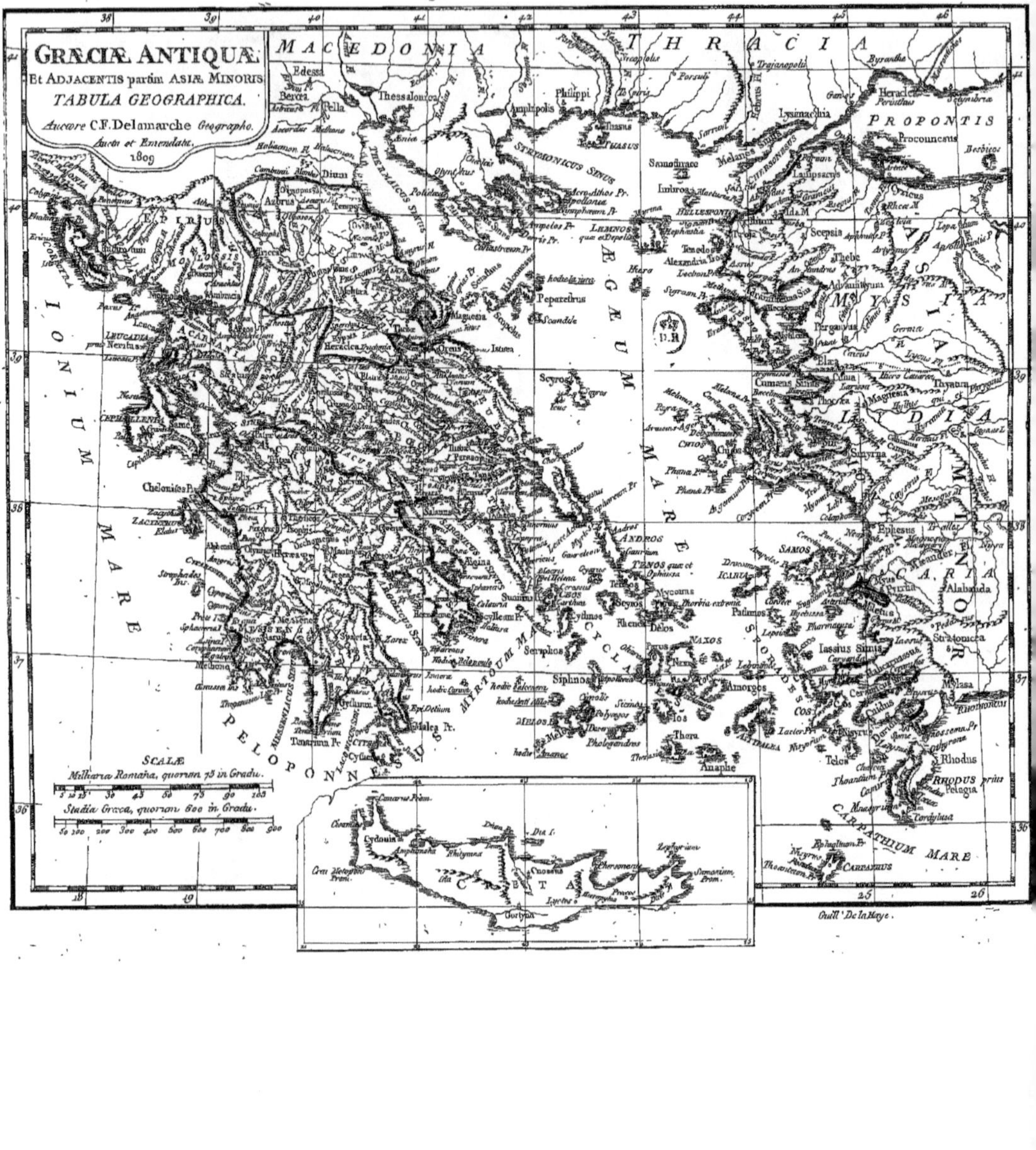

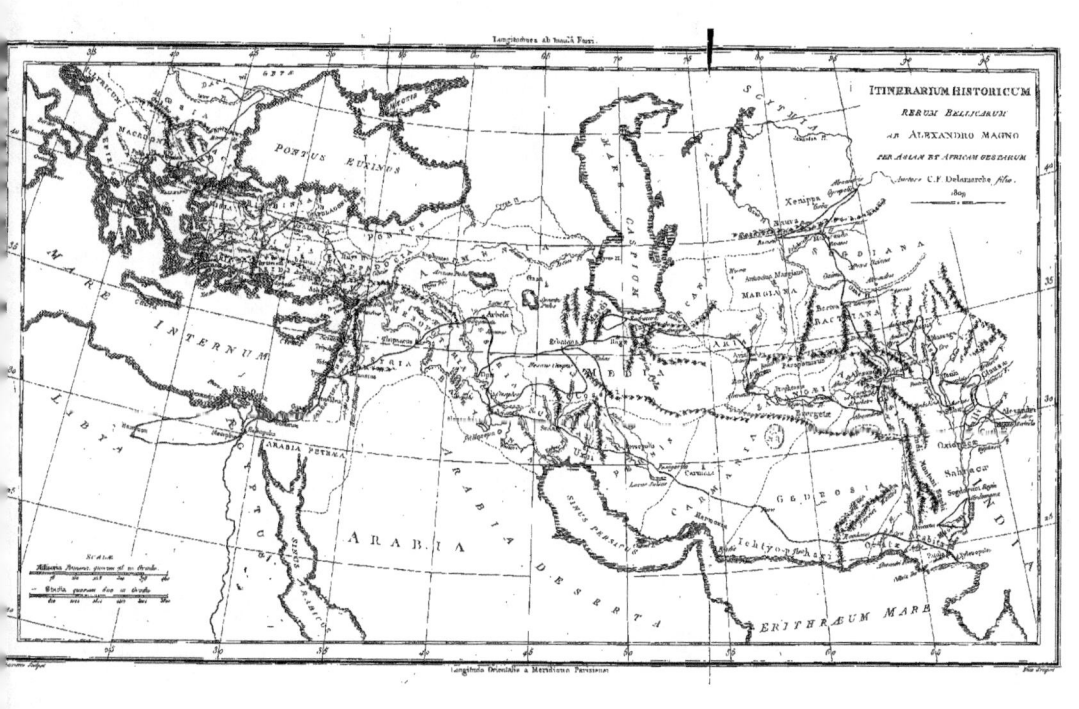

Longitudines ab Insulâ Ferri.

Guill. De la Haye.

Longitudo Orient? Merid? Paris?

11

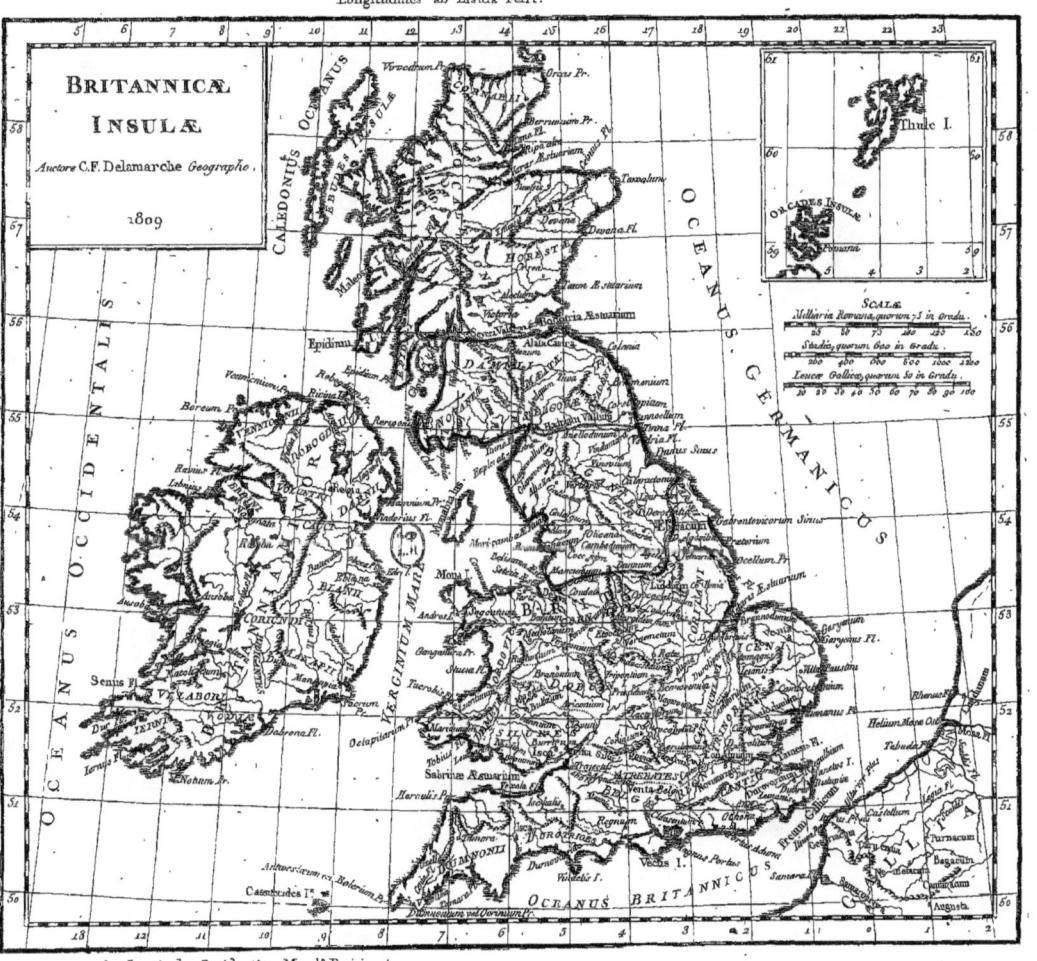

Longitudines ab Insulâ Ferri.

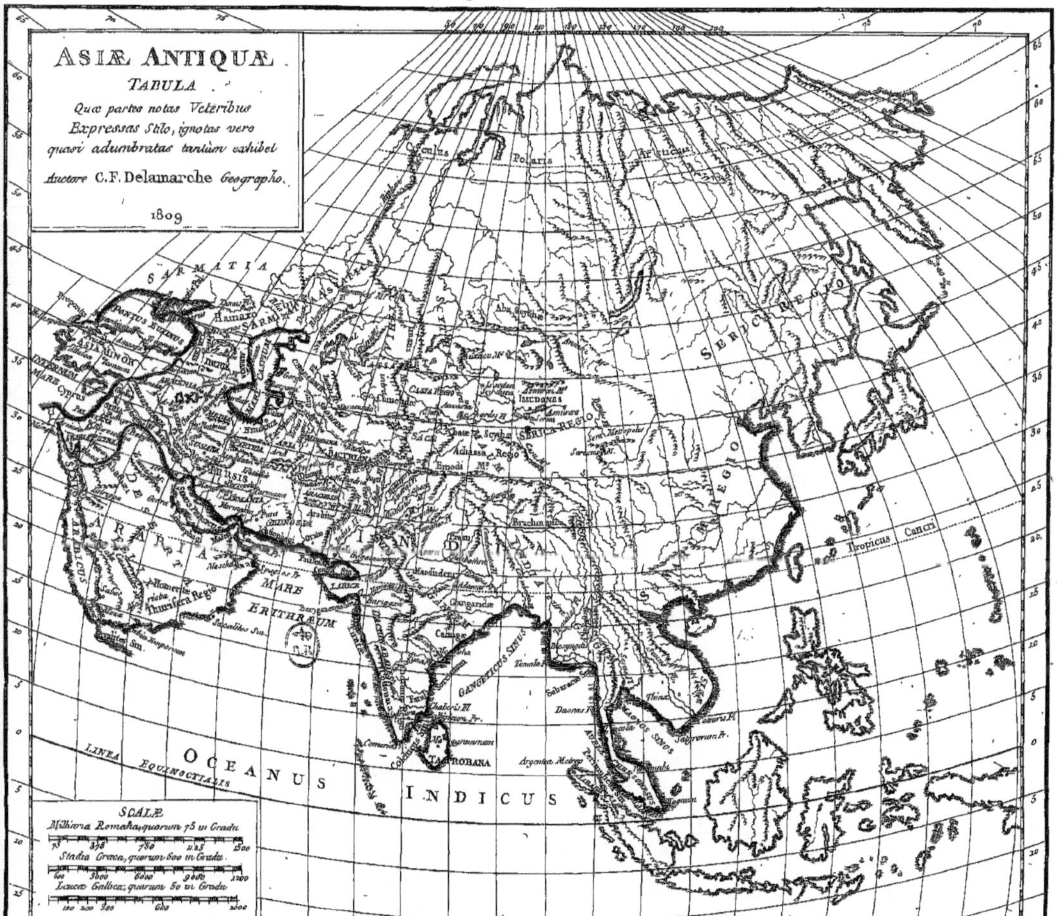

Longitudo Orient. a Merid. Paris.

Guill. Delahaye

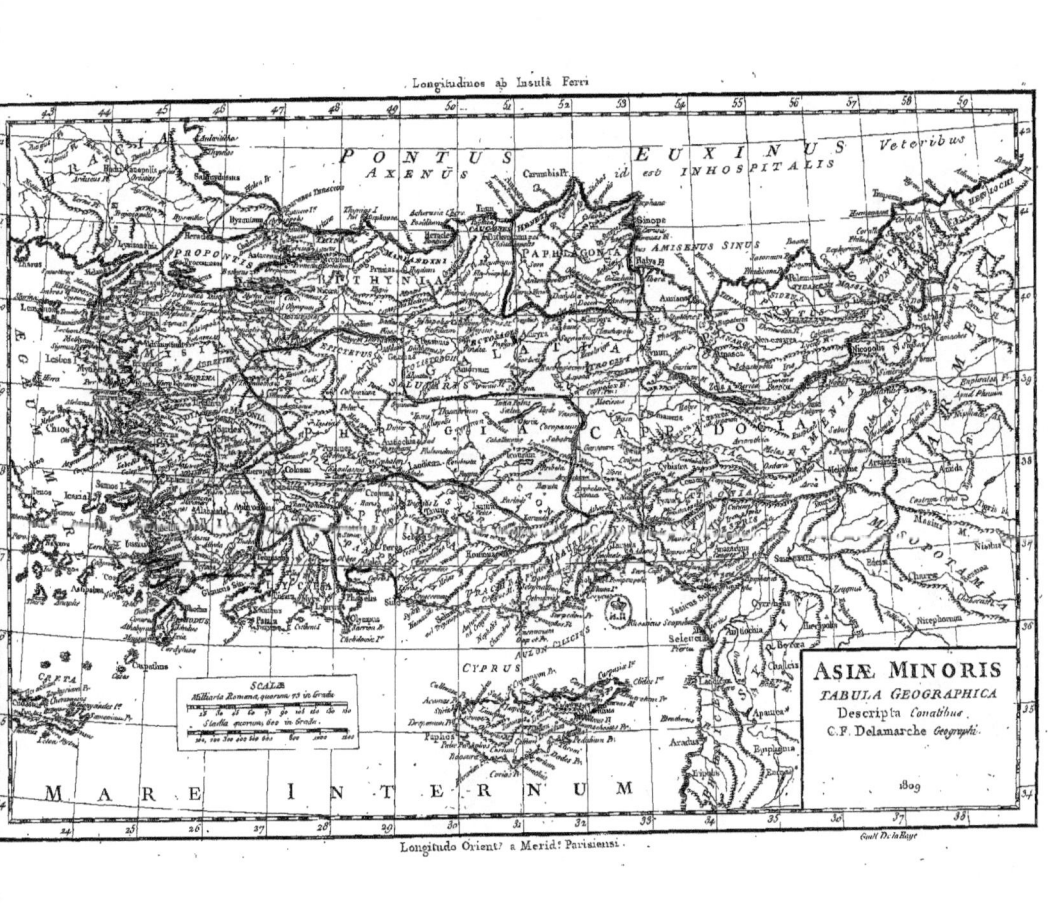

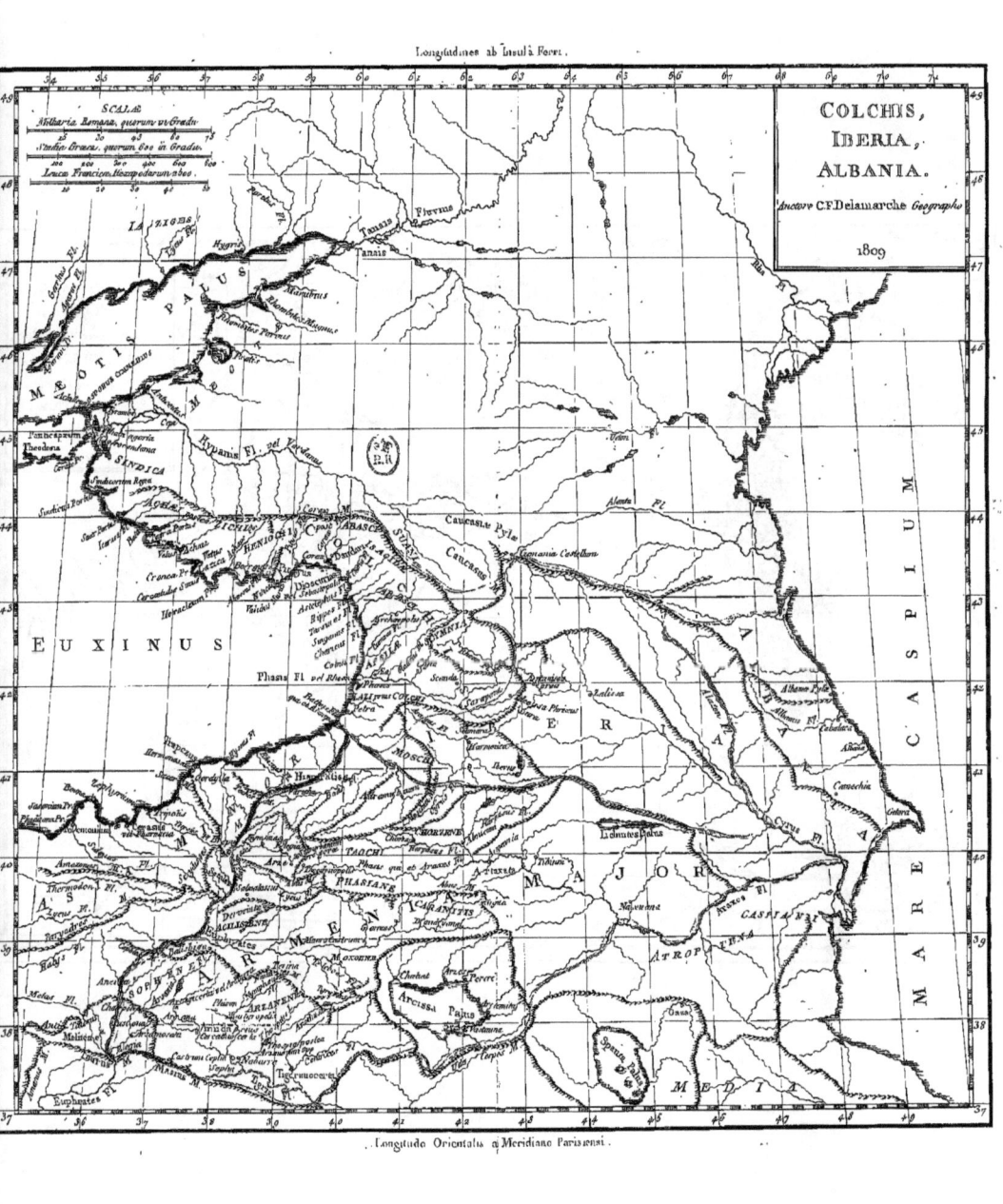

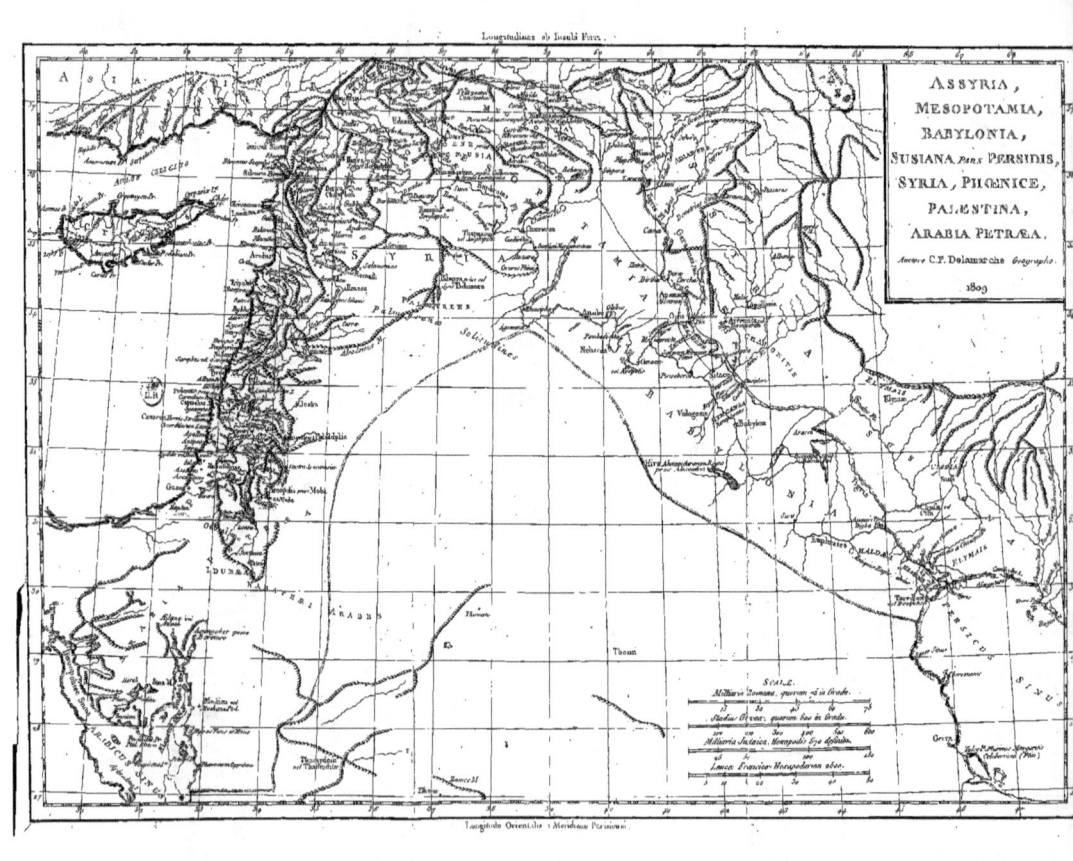

15

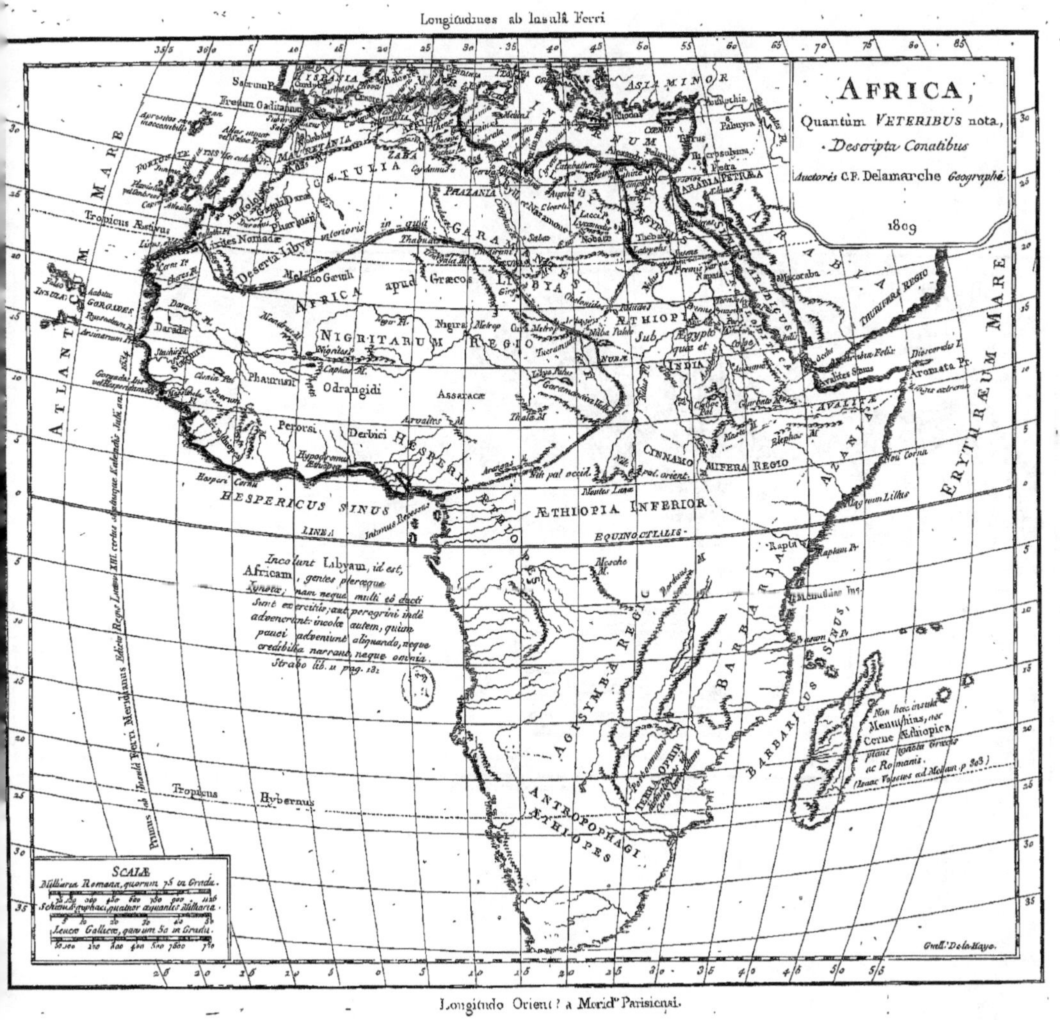
Longitudines ab Insulâ Ferri
AFRICA,
Quantùm VETERIBUS nota,
Descripta Conatibus
Auctoris C.F. Delamarche Geographe
1809
ATLANTICUM MARE
ERYTHRÆUM MARE
Tropicus Æstivus
Tropicus Hybernus
GÆTULIA
MAURITANIA
Deserta Libyæ interioris
AFRICA apud Græcos
NIGRITARUM REGIO
Odrangidi
Perorsi
Derbici
HESPERII ÆTHIOPES
HESPERICUS SINUS
ÆTHIOPIA INFERIOR
LINEA
EQUINOCTIALIS
ÆTHIOPIA
CINNAMOMIFERA REGIO
AZANIA
BARBARIA
BARBARICUS SINUS
AGYSYMBA REGIO
ANTROPOPHAGI ÆTHIOPES
Aromata Pr.
Incolunt Libyam, id est, Africam, gentes plerœque Ignotæ; nam neque multi eò ducti Sunt exercitùs; aut peregrini indè advenerunt: incolæ autem, quùm pauci adveniunt aliquando, neque credibilia narrant, neque omnia.
Strabo lib. II pag. 131
Non hæc insula Menuthias, nec Cerne Æthiopica plane Graecis ac Romanis.
SCALÆ
Milliaria Romana, quorum 75 in Gradu.
Schœni Ægyptiaci, quatuor æquantes Milliaria.
Leucæ Gallicæ, quarum 25 in Gradu.
Gravé: De la Haye.
Longitudo Orient.le a Merid.no Parisiensi.

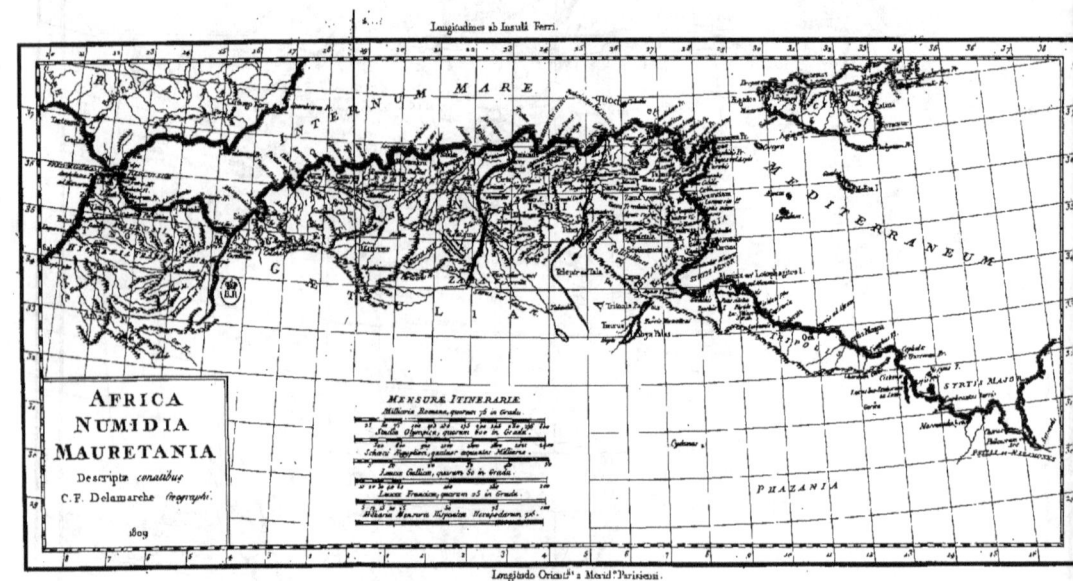

www.ingramcontent.com/pod-product-compliance
Lightning Source LLC
Chambersburg PA
CBHW060501170426
43199CB00011B/1287